「関東大震災前の横浜市街」 1923 年　横浜開港資料館所蔵
パノラマ写真で、画面左手側が野毛方面、右手方面が海側になります。画面手前を流れるのが大岡川で、中央の駅舎が桜木町駅と貨物駅の東横浜駅です。桜木町駅舎は震災で倒壊する前の初代横浜駅の駅舎です。画面左手の大岡川に架かる橋が弁天橋、画面右手の、海に向かって進む道が貨物線の鉄道で現在汽車道として整備されています。現在北仲橋が架かっている場所には、旧大岡川橋梁があったのですが、こちらが架かるのは震災後ですので、写真では確認できません。東横浜駅では川沿いにハシケが係留され、荷物の積み下ろしを行っている様子がうかがえます。そこから大岡川に目を転じると、弁天橋付近にも多くのハシケが確認できます。海側に目を向ければ、港に多くの船舶が停泊しているのがわかります。一見すると桜木町駅がメインなのですが、この写真は、港と河川運河と鉄道（さらに鉄道に目を向けると馬車や人力車も！）が有機的につながっていた、横浜の景観を示す一枚とも言えます。（松本和樹）

神奈川大学人文学研究叢書 52

大学的神奈川ガイド
――こだわりの歩き方

平山　昇編

昭和堂

ハマのメリーさん（© HIDEO MORI）

2020年コープランド墓前祭の様子（写真提供：キリンビール株式会社 横浜支社）

ビール大手4社の大瓶ビール。右からキリン、サッポロ、サントリー、アサヒ。キリンだけ「なで肩」の形状で、「聖獣麒麟」の図と「KIRIN」の文字が刻印されている（他の3社は「BEER」の文字だけ）。（写真撮影：藤原佳枝氏）

熊澤酒造敷地内に置かれた曙光樽と貧乏徳利（写真撮影：吉原勇樹氏）

宮ヶ瀬湖（写真提供：清川村）

江の島と江ノ電（写真撮影：吉原勇樹氏）

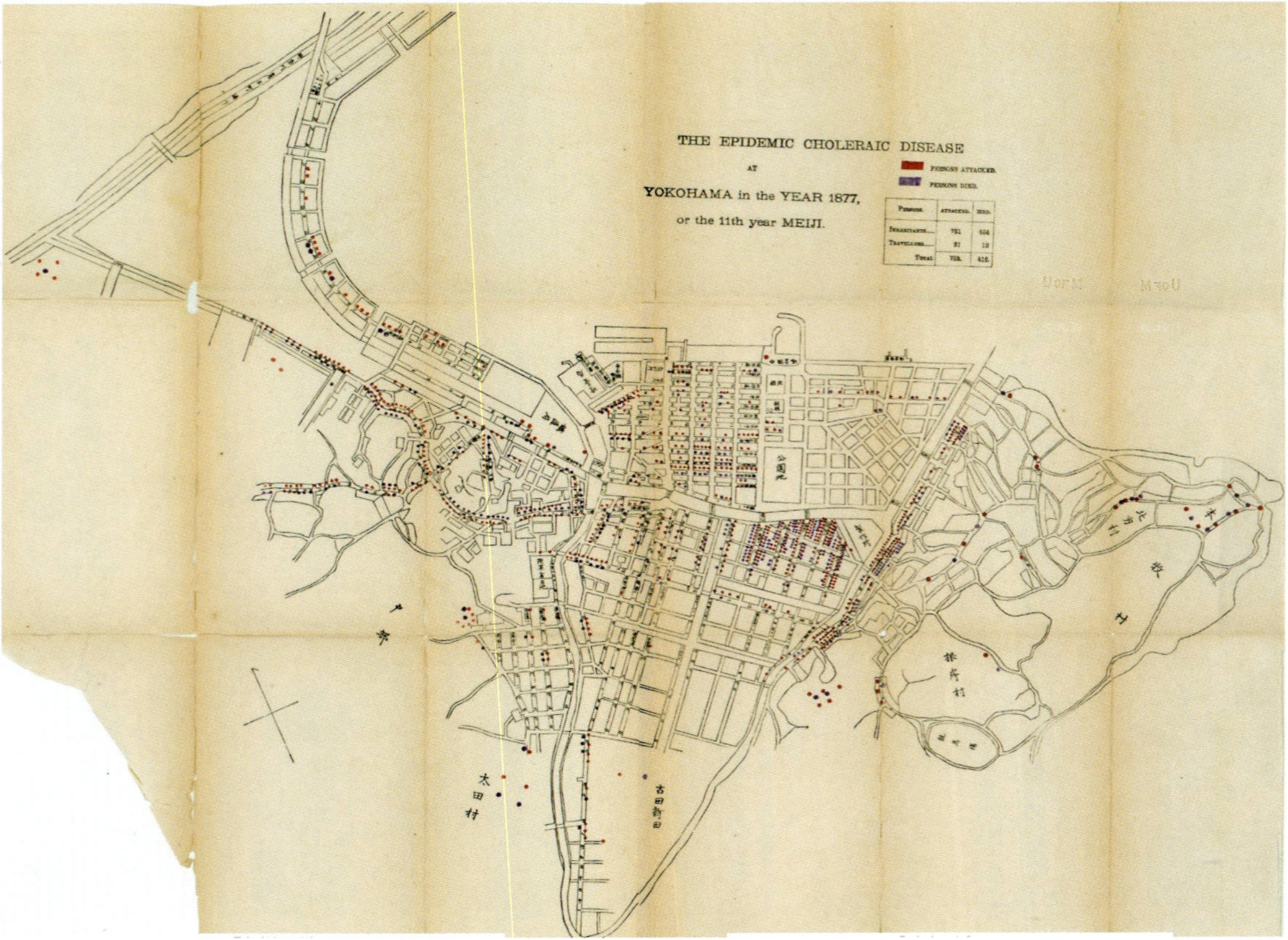

1877年横浜のコレラ流行状況

（出典：Geerts, A.T.C., "On the Drinking Water of Yokohama and the Necessity for itsImprovement: Being the Result of a Systematic Inspection and Analysis of the Wells in Yokohama", *Transactions of the Asiatic Society of Japan*, Vol.VII, 1879.）
https://babel.hathitrust.org/cgi/pt?id=mdp.39015008779624&seq=274（2024年4月14日最終閲覧、原本はミシガン大学図書館所蔵）

はじめに

読者のみなさん、『大学的神奈川ガイド』へようこそ！

この本は、いろいろとユニークな特徴をもっていますが、何よりも特筆すべきは、本書をつくりあげるために参加してくれた仲間たちの多彩さです。

本書は、神奈川大学（神大《じんだい》）の人文学研究所からの出版助成を得て、この大学に所属する研究者たちが結集して企画したものです。ただし、それ以外にも神奈川に縁もゆかりもあるという研究者たちがたくさん参加してくれました。とりわけ、横浜や神奈川の歴史に関する調査研究をパワフルに牽引している公益財団法人横浜市ふるさと歴史財団の研究者たちが多数参加していることは、本書の大きな特色となっています。

さまざまな領域の研究者たちが結集してつくりあげたことも、本書の重要な特徴です。

まず、全体の構成のアイデアを授けてくださったのは、地理学の研究者たちでした。当初編者である私は地理的な網羅性をとくに重視していなかったのですが、地理学の皆さんとの対話を通じて、「海と港」「山と平野」「道」という構成が生みだされました。神大に所属する地理学の研究者たちが総結集して企画段階から関わってくださったことが、本書の土台になっています。

日本常民文化研究所（常民研）を有する神大らしく、民俗学と歴史学の研究者たちが一緒に執筆しているというのも大切な特徴です。私自身の専門は歴史学ですが、本書を通じて民俗学の皆さんとともに日頃の研究や教育の成果を社会に発信できることを、とても誇らしく、そして嬉しく思っています。

誇らしくて嬉しいと言えば……私が所属する観光文化コースの仲間たち!!　私たちは、目先の利益だけにとらわれることなく「人間とは何なのか?」という問いを追求する人文学の精神を大切にしながら新たなる観光学を構築していこうという志を共有しています。そのような神大観光文化コースの特色が、本書には随所に反映されています。

あわせて特筆すべきは、神大の職員と学生も参加しているということです。神大の職員にして写真家としても活躍する吉原勇樹さんが撮影した珠玉の写真が、本書のいたるところにちりばめられています。吉原さんは、自身も神奈川県民であることから、本書の趣旨に共感して多大な協力をしてくださいました。あわせて、ゼミナールや演習に参加した意欲的な学生たちも力を貸してくれました。『大学的ガイド』のシリーズのなかで、大学の研究者のみならず職員も学生も参加した企画というのは、後にも先にも本書だけなのではないでしょうか。

もっとも、これだけ多種多様な人びとが集まって一冊の本をつくりあげるというのは容易なことではありません。本書の刊行までたどりつくことができたのは、昭和堂編集部の大石泉さんがあたたかくサポートしてくださったおかげです。

本書をつくりあげるために力をかしてくださった皆さんに、心をこめて「ありがとう」

の言葉をおくりたいと思います。

そして、この本を手にとってくださった読者のあなたへ――ありがとうございます。「この本に出会えてよかった」とあなたに思ってもらえたなら、これに勝る喜びはありません。もちろん、本書に対する忌憚のない御意見も、ぜひ寄せてください。

それでは、神奈川の面白さと奥深さが詰まったこの本を、どうぞお楽しみください！

二〇二四年八月

編者　平山　昇

はじめに …… 平山　昇　i

総論　本書を読み解く三つのヒント …… 平山　昇　001

第Ⅰ部　海と港から見る神奈川（1）　現代編

横浜ベイエリアのホテルの世界観 …… 島川　崇　023

【コラム】横浜関内——ミュージアムが集積するまち …… 青木祐介　041

〈学生研究〉崎陽軒が目指す真のローカルブランドとは …… 045

「美の基準」のまち——真鶴町 …… 崔　瑛　051

【コラム】貝塚の魚と出会う——街中のFish Watching …… 太田原潤　073

第Ⅱ部　海と港から見る神奈川（2）　歴史編

貝塚に見る今昔——横浜・横須賀の貝塚から …… 太田原潤　081

横浜を生きた遊女と娼婦——二度の「開国」の最前線に立った女たち……平山　昇　093
【コラム】横浜開港の恩人は誰なのか？——掃部山公園の井伊直弼銅像をめぐって……木村悠之介　112
〈学生研究〉外国人居留地制度下の横浜における「洋楽」の様相……116
横浜でパンデミックの痕跡を歩く……市川智生　119
横浜中華街……伊藤泉美　139
遺体は悩む、故郷か異郷か——中華義荘……中林広一　151
〈学生研究〉横浜にある外国人墓地……165
横浜から見えるビールの歴史……平山　昇　171
軍都横須賀の旅館業と軍港観光——新井屋旅館の資料から……山本志乃　187

第Ⅲ部　山と平野から見る神奈川

「農」と「食」からみた横浜……清水和明　203
湘南唯一の酒蔵と茅ヶ崎ノースの風景……髙井典子　221
清川村の社会文化形成における観光振興の役割、課題、在り方……柏木　翔　239
城下町小田原でひろがる、新しい都市生活スタイル……小泉　諒　255
箱根町における宿泊施設の立地と特徴……山口太郎　267
江戸文学に見える相模大山参詣……原淳一郎　285

第Ⅳ部　道から見る神奈川

川崎・横浜の寺社参詣と鉄道——川崎大師と伊勢山皇大神宮を中心に……木村悠之介　299
【コラム】常民文化ミュージアム——大学の研究所を博物館にする……安室　知　314
関東大震災と神奈川県の交通網——震源地の被害を中心に……吉田律人　317
【コラム】川の町・横浜の姿——横浜市街地の河川運河と水運……松本和樹　331
湘南トライアングル——地図に描かれた鉄の道……大矢悠三子　335
【コラム】江ノ電が走る街……大矢悠三子　350
【コラム】学生が見る鎌倉駅西口・御成通り商店街の観光地化の様相……山口太郎　353

地名索引
事項索引
執筆者紹介

総論　本書を読み解く三つのヒント――平山　昇

はじめに――「里と海はつながっている」

「この本を読めば、神奈川を見る目が変わる」

本書のエッセンスは、この一言につきる。本書を執筆しているのは観光学、地理学、考古学、民俗学、歴史学といった様々な専門領域の研究者たちであるが、本書を読む読者がこれまでとはひと味違った新鮮なまなざしで神奈川を見つめることができるようにしたいという思いを一人残らず共有している。

たとえば、本書**第Ⅲ部「山と平野から見る神奈川」**では、茅ヶ崎市の内陸部が登場する。「湘南といえば海！」というイメージからこの地域は「じゃないほうの茅ヶ崎」と言われることもあるのだが、ここで私たちは「酒づくりのために田を耕せば、養分が川を下って海に流れ魚が育つ。里と海はつながっている」という信念をもって米づくりと酒づくりにはげむ人びとに出会うことになる（**第Ⅲ部　髙井**）[(1)]。この出会いは、「森は海の恋人」を合言

(1)　以下では、同じ部のなかで章とコラムを両方担当している執筆者についてのみ、コラムの場合だけ「第Ⅳ部 大矢 コラム」のように種別を明記する。また、同一部に複数の章を書いている執筆者については区別のために章のタイトルも付記する。それ以外はすべて「第Ⅲ部 髙井」のように表記する。

葉に何十年もかけて植林運動に取り組んできた宮城県のカキ漁師を思い起こさせる。[2] 海とともに生きる人は山と平野を想い、山と平野とともに生きる人もまた海を想う。海から遠いようにも見える「じゃないほうの茅ヶ崎」は、人知れず湘南の海を育てているのである。たったこれだけのことを知っただけでも、あなたの「湘南」のイメージは変わってくるのではないだろうか。

このように、本書はどこからどう読み始めても「神奈川を見る目が変わる」という体験ができる。したがって、この総論をすっ飛ばして気になるところを自由に読んでもらってもいいのだが、せっかくなので、以下では「〈視点〉を生みだす」「〈イメージ〉をゆさぶる」「〈つながり〉を発見する」という三本の糸を通しながら、本書の内容を俯瞰してみたい。

1 〈視点〉を生みだす

まったく同じ場所を対象としていても、まったく異なる視点がいくらでもある。さまざまな領域の研究者が結集してつくりあげた本書は、それぞれの研究者がどのような視点で神奈川という対象を掘り下げているのかということに着目して読んでみると、たいへんスリリングである。

資料×現場

どのようなテーマであれ、現場に行かなければわからないことが必ずある。しかしなが

(2) 畠山重篤『森は海の恋人』文春文庫、二〇〇六年(原著一九九四年)。

ら、現場に行くだけでは決して見えてこないこともある。現場というのは、何らかの事実の痕跡が残されているだけでなく、それが消去されていることも珍しくないからである。だからこそ、本書の執筆者たちは、資料を収集して分析すること（文字だけではなくインタビューも含む）と、五感をフル活用して現場を踏査すること、この二つを両輪にして新たな視点を生みだすことを目指している。

印象的な例を一つ挙げておこう。歴史学者の市川智生（横浜出身）は、横浜にのこされた明治時代のコレラとペストのパンデミックの痕跡を探る。日本人と欧米人たちが感染者を隔離するためにもうけた病院の場所は、現在も後継の医療施設や石碑によってはっきりと確認できるのに対し、華僑の人びとがもうけた隔離病院は場所の特定が容易ではない。だが、市川は文献で得られた情報を駆使しながら現場を歩きまわることにより、ついにその場所を特定する手がかりとなるかすかな痕跡を見出すにいたるのである（**第Ⅱ部　市川**）。

データからの帰納法的アプローチ　——きっと何かが見えてくる!

次に注目したいのが、地理学者山口太郎が見せるアプローチである（**第Ⅲ部　山口**）。箱根といえば、かつて小田急グループと西武グループの熾烈な開発競争が「箱根山戦争」と称されたことにも象徴されるように、リゾート開発の印象が強い。ところが、山口があるデータを丁寧に分析してみたところ、箱根にはリゾート系の旅館・ホテルだけでなく寮や保養所といった福利厚生施設も多く立地しており、むしろそれこそが箱根の重要な特徴をなしていることが見えてきた。さらには、このような宿泊施設の種類によって許可や廃止の時期にも違いがみられるという意外な発見も生まれてきたのである。

ここから見えてくるのは、「まとまった量のデータを集めて丁寧に分析していけば、何かが見えてくるはずだ」という帰納法的なアプローチの面白さである。

〈人間〉へのさまざまなアプローチ

横浜市内の黄金町といえば、かつて日本有数の「ちょんの間」（違法風俗店）の密集場所として知られていた。[3] そのような土地で、ある研究者はアートで街を再生させようと活動する人びとに注目する。[4] ところが別の研究者は、この街を流れる川の中をのぞきこんで、そこで生息する魚の種類にこの土地の歴史が影響していることを見出す（**第Ⅰ部 太田原**）。あるいはまた、同じ横須賀でも、ある研究者はこの軍港都市とともに歩んだ旅館の人びとの物語を掘り起こし（**第Ⅱ部 山本**）、ある研究者は海から離れた高台にある貝塚に着目して、温暖化が激しかった縄文時代を生きた人びとへと思いをはせる（**第Ⅰ部・第Ⅱ部 太田原**）。

ここから見えてくるのは、「人間とは何なのか？」という人文学の問いを追求するとき、人間そのものを直接の対象とするだけでなく、人間が遺した痕跡や生態系に与えた影響といった間接的なアプローチも重要であるということである。

以上三つをとりあげてみたが、その他の章・コラムもすべて執筆者それぞれの専門を活かして多種多様な〈視点〉を提示しているので、ぜひ楽しんでもらいたい。

（3）「黄金町「バイバイ作戦」一〇年 文化の発信拠点に再生」『読売新聞』二〇一五年一月一二日付。

（4）本書の執筆者である崔瑛の下記の論考を参照。崔瑛「アートとまち―黄金町のアーティストたち―」友原嘉彦編『クリエイティブツーリズム「あの人」に会いに行く旅』古今書院、二〇二二年。

2 〈イメージ〉をゆさぶる――「首都圏」「神奈川」「横浜」「湘南」

本書には、「首都圏」「神奈川」「横浜」「湘南」といった私たちがふだん何気なく使っている地域名について再考を促す内容が豊富にちりばめられている。「知ってるつもり」の神奈川のイメージをゆさぶることを私たち執筆者は強く意識しているからである。

「首都圏」?

神奈川県に一つだけ村があるのをご存じだろうか。清川村である。村だからといって侮るなかれ。この村の出身者である柏木翔は、日本全体で「観光立国」ということが盛んに言われるようになる前から、この村が「観光立村」という言葉を掲げて観光振興に取り組んでいたという事実を明らかにしている(**第Ⅲ部 柏木**)。先見の明が中央よりむしろ地方自治体の歩みのなかから見いだせるということは、決して珍しいことではない。

その意味で特筆しておきたいのが、多文化共生を実現するために先進的な取り組みを積み重ねてきた川崎市である。同市は、一九七五年に全国で初めて市営住宅入居資格の国籍要件を撤廃し、一九九六年(平成八)には政令市として初めて市職員採用試験(消防士を除く)の国籍条項を撤廃した(当時大学一年生だった私はこのニュースに衝撃を受け、大学の基礎ゼミナールの課題と結びつけて川崎市役所の担当部署にインタビューをおこなった)。同年には外国人の市政参加を目的に外国人市民代表者会議を設置した。これは、公募で選ばれた外国人の代表者が会議を開いて市に提言するというもので、現在でも継続している。[5] さらに二〇二〇年には、全国で初めてヘイトスピーチに刑事罰を科す条例を全面施行した。[6]

幕末の開港以来多文化共生の最前線に立ってきた横浜も注目すべきことが多い。たとえば、華僑たちは亡くなった人の遺体を中国の故郷に送り届ける「帰葬」という慣習を持っており、そのための仮の安置の場としてつくられたのが中華義荘である。しかしながら、日本で生まれ育つ華僑がふえていくなかで、中華義荘は永久に遺体を葬る墓地へと性格を変えていった（**第Ⅱ部 中林**）。世界的にみれば、移民の慣習が現地で摩擦を起こすことは珍しくなく、とりわけ埋葬など「死」をめぐる慣習は対立の火種になりやすい。だが、横浜では、華僑社会の埋葬慣習が日本社会への「現地化」を伴いながらソフトランディングし、地域のなかに溶け込んでいるのである。

よく知られている中華街も、華僑と日本人が一緒に暮らしてきた多文化共生の空間としてみれば、理解が深まる。この街では、周辺に増加したマンションの住民が獅子舞の練習で鳴らされる太鼓やドラの音に苦情を寄せるといった問題が近年生じており、多文化共生の模索は今なお現在進行中である（**第Ⅱ部 伊藤**）。

神奈川は「首都圏」とひとくくりにされがちだが、以上みてきたように、ただ単に東京に従属するだけの存在ではなく、さまざまな意味で強烈な独自性を発揮してきたのである。

東京との関係

一方で、神奈川が隣接する首都東京と密接な関係を有してきたことは言うまでもない。そのことをよく示すのが交通である。

（5）「川崎市は、外国人市民をともに生きる地域社会づくりのパートナーと位置付け、一九九六年一二月に外国人市民の市政参加の仕組みとして外国人市民代表者会議を条例で設置しました。代表者会議は、公募で選考された二六人以内の代表者で構成され、代表者は市のすべての外国人市民の代表として職務を遂行することとなっています。代表者会議の運営は自主的に行われ、毎年調査審議の結果をまとめて市長に報告します。〔中略〕市長は提言を尊重し、全庁的な会議である人権・男女共同参画推進連絡会議で協議し、担当局を中心に施策に反映するよう、取り組んでいます」（「外国人市民代表者会議とは」、川崎市ウェブサイト、https://www.city.kawasaki.jp/250/page/0000041052.html、二〇二三年七月四日更新、二〇二四年一月二五日閲覧）

（6）以上の経緯については、以下の二点を参照した。「外国人市民に関わる本市の主な施策」『川崎市多文化共生社会推進指針 ―共に生きる地域社会をめざして―〈改訂版〉』川崎市市民・こども局人権・男女共同参画室、二〇一五年、六―七頁、「川現在神奈川県となっている地域は、道路でみれば江戸時代の東海道（街道）、近代以降の国道一号線、東名高速道路、鉄道でみれば明治期以来の東海道本線、戦後の東海道新幹線といったように、江戸・東京と関西方面を結ぶ東海道ルートの発達と密接に結びついてきた。それゆえに、神奈川の神社仏閣の歴史をひもとくと、江戸・東京との結びつきが非常に重要だったことがみえてくる（**第Ⅲ部 原、第Ⅳ部 木村**）。

実は、交通の発達は神奈川にとっては諸刃の剣である。というのも、近代交通技術の発達によって「通過されてしまう場所」に転落する危機と常に隣り合わせだからである。

横浜駅は、もともと明治の初めに港のすぐそばの位置（現在の桜木町駅）につくられた。ところが、その後二度にわたって北へ移転して現在の位置に落ち着いた（**第Ⅳ部 吉田**）。一九六四（昭和三九）年、さらに北上した場所に東海道新幹線の新横浜駅が開業したが、当初は各駅停車のこだま号しか停車せず、「超特急」と呼ばれたひかり号はすべて通過となってしまった。のぞみ号（運行開始は一九九二年）をふくむすべての新幹線がこの駅に停車するようになったのは、開業から四〇年以上もたった二〇〇八（平成二〇）年のことである。[7]

喜んだのもつかの間、神奈川にはふたたび「通過されてしまう場所」になる運命が待ちうけている。というのも、リニア中央新幹線の「神奈川県駅」（仮称）が新横浜駅よりもさらに北上した相模原市で現在建設中であるが、開業後は品川～名古屋をノンストップで走行する便が多数設定されるのは確実だからである。

これにかぎらず、戦後しばらくはさかんだった箱根への修学旅行が東海道新幹線と東京ディズニーランドの開業によって激減したということをみても、[8] 神奈川が東京の動向にい

崎市、「多様な社会」先導　外国人に門戸、次の一〇〇年へ」『日本経済新聞』二〇二三年七月二九日付。

（7）　岡田直『横浜　鉄道と都市の一五〇年』有隣新書、二〇二三年、一五八―一五九頁、「いま熱い、新横浜　新幹線、一五日からすべて停車　駅ビル、きょうオープン」『朝日新聞』二〇〇八年三月二六日付。

（8）　勝俣陽次「体験者が語る戦後の旅　戦後の箱根と旅館業」『旅の文化研究所研究報告』二〇号、二〇一一年三月。

かに左右されやすいかということがわかるであろう。
様々な独自性を発揮しながらも、東京という強力な磁場から決して逃れることはできない。この両面は、どちらも神奈川の真の姿なのである。

「神奈川」と「横浜」

県名は「神奈川」、県庁所在地は「横浜」。この二つの地名の関係は、なかなかややこしい。今の神奈川県庁と横浜市役所は横浜市中区にあるが、横浜市内には別に神奈川区もあるのである。謎を解くヒントは幕末の歴史にある。

一八五八（安政五）年に江戸幕府が締結した日米修好通商条約では「神奈川」を開港すると記されていた。これは東海道沿いの神奈川宿（現・横浜市神奈川区）を指すはずだったのだが、人通りの多い場所で外国人と日本人の接触が増えることを警戒した幕府は、街道から離れた漁村の横浜村（現・同市中区）を神奈川の一部だと言い張り、翌年ここで開港した。「神奈川」の拡大は、元をたどれば江戸幕府のこじつけから始まったのである（**第Ⅳ部 木村**）。

「神奈川」と「横浜」をめぐる複雑な経緯は、私が所属している神奈川大学（神大《じんだい》）にも甚大《じんだい》な影響を与えている。この大学の本部がある横浜キャンパスは、幕末に開港場となった本来の横浜から離れており、むしろ神奈川宿に近い（住所表記は神奈川区）。一方で、二〇二一年に新設されたみなとみらいキャンパスは、むしろ本来の横浜に近い。ある神大生が「歴史をふまえたら、みなとみらいキャンパスを横浜キャンパスに、今の横浜キャンパスを神奈川キャンパスに改称すべきですよね」と言ったが、たしかに理にかなっている。

もっとも、今さら名称を変更するわけにもいかないのだろうが……

「横浜」＝港町？

横浜といえば港町とイメージする人が多い。ところが実は、神奈川県内の各市町村の農業産出額のデータをみると、なんと横浜市がトップなのである。これは、戦前に何度も繰り返された市域拡張によって農業地帯が横浜市に加わり、戦後も横浜市独自の「農業専用地区制度」などによって都市型農業が推進されてきたためである（**第Ⅲ部 清水**）。

こういう話をすると、「内陸部は本当の横浜じゃない」などと冗談交じりに言う横浜市民がいる。そういう人は「だったら、新幹線の新横浜駅は内陸部にあるから、新神奈川駅に改称した方がいいですよね！」と言い返されたら、どうするのだろうか。

前述した幕末以来の歴史をふまえれば、街道沿いの「道の町」である神奈川から距離をとって「港の町」として誕生したはずの横浜が、その後どんどん拡大していった。そのため、横浜市域は「道の町」（もともとの神奈川）と「港の町」（もともとの横浜）という二つの極を一緒にかかえこむようになった。したがって、どちらか片面だけでは横浜を理解することはできないわけである。

「湘南」＝海？

神奈川県内の地域名のなかで横浜とならんでよく知られているのが「湘南」である。

この名称は、かつて日本の知識人が中国の文化に憧れていたことに由来している。また、現在のように「湘南」と海を結びつけるイメージは、この海岸沿いに鉄道路線が形成されて東京から行楽客が訪れるようになったことが背景にある（第Ⅳ部　大矢）。つまり、「湘南」とは、中国や東京といった「文明の中心」を強く意識して構築された概念なのである。

そのような歴史的背景は気にもとめずに、今では誰もが当たり前のように湘南を海と結びつけてキラキラしたイメージで語る。そのため、海から離れた内陸部を「じゃない方の茅ヶ崎」などと称することもある。だが、そのような地域も湘南の海としっかりつながっているということは、冒頭で述べたとおりである。

ここで注意したいのが、実態とイメージの関係である。「実態＝本物」「イメージ＝虚構」と決めつけるわけにはいかない。なぜなら、両者は相互に影響しあっているからである。江ノ電の踏切が『SLAM　DUNK』の影響で観光客がつめかける場所になったのはよく知られているが、江ノ電とフィクション作品とのかかわりは昭和時代にまでさかのぼる。実は江ノ電は廃線の危機に陥った時期があったのだが、一九七六（昭和五一）年から放送されたテレビドラマ『俺たちの朝』で突如脚光を浴びて以降、多くの作品に登場して観光の目玉となり、廃線の危機を免れたのである（第Ⅳ部　大矢　コラム）。架空のイメージが現実を大きく変える力をもつこともあるのだから、イメージの力はあなどれない。

横浜は常にナンバーワンなのか？

城下町小田原で生まれつつある新たな生活スタイルを論じる小泉諒は、「つい横浜や湘南が連想されがちな「神奈川」の西の中心である、小田原」に目を向けようと力強くうったえている。小田原は、明治初期には小田原県と足柄県の県庁所在地になったこともある（第Ⅲ部　小泉）。横浜や湘南の比重がやたらと大きい一般的なイメージには到底おさまりきらない神奈川の多様な独自性を、本書では一貫して重視している。

たとえば、神奈川県内で路線バス営業が初めて誕生したのは横浜ではなく、小泉が注目をうながす神奈川県西部であった。[9] このエリアに位置する箱根は、時代の変化に機敏に対応しながら国内外から観光客を集めてきた分厚い歴史があり、興味深いトピックに満ち溢れている（**第Ⅲ部 山口**）。

県の東端の川崎に目を転じてみよう。「初詣」といえば日本全国で定番の正月行事となっているが、実は明治時代になって鉄道の影響を受けて川崎大師で誕生した近代的な習俗である（**第Ⅳ部 木村**）。ついでに言うと、県内で乗降客数がもっとも多い鉄道駅は、現在では横浜駅であるが、今から約半世紀前は川崎駅だった。[10]

「過去はともかく、今は横浜が圧倒的ナンバーワンでしょ！」と思った人は、リニア中央新幹線の神奈川県駅（仮称）が相模原市に建設中ということをもう一度思いだしてほしい。少なくとも高速鉄道の分野においては、将来的に横浜市の優位が崩れることがすでに確実となっている（リニア中央新幹線計画が中止にならないかぎりは……）。

これらの事例にかぎらず、横浜は神奈川県のなかでずっと不動のナンバーワンというわけではないということを、あらためて確認しておきたい。

小さな町と村の強み　――あえて合併しないことの意味

本書は、都市部だけでなく、清川のような山奥の村（**第Ⅲ部 柏木**）、あるいは真鶴のような小さな港町（**第Ⅰ部 崔**）が、そこに生きる人たちによってオンリーワンの魅力を生みだしていることに着目する。ここで考えたいのが、一九九九（平成一一）年から二〇一〇（平

（9）　箱根の富士屋ホテルが一九一九（大正八）年六月から国府津駅と箱根駅のあいだで富士屋自働車（現・箱根登山バス）の営業を開始したのがはじまりである（岡田直、前掲書（7）、九一頁）。

（10）　さらに言えば、横浜市内だけでみても横浜駅はトップではなかった。一九五九（昭和三四）年までは桜木町駅が横浜駅の乗降客数をうわまわっていたのである。これは、戦後を通じて横浜の賑わいの中心が伊勢佐木町から横浜駅西口へ移っていったことと関連する（岡田直、前掲書（7）、一六九―一七〇頁、一九六―一九七頁）。

成二二）年にかけて展開した「平成の大合併」との関係である。

真鶴町は湯河原町との合併に向けた協議を進めたが、二〇〇四（平成一六）年の住民投票で合併しない道を選択した（**第Ⅰ部 崔**）。ほぼ同じ時期に、清川村も近隣自治体との合併を検討したが、[11]実現はしなかった。全国的に「平成の大合併」の嵐が吹き荒れるなかであえて独自の道を選んだということが、清川村や真鶴町の人びとが意識的にオンリーワンの魅力を追求する原動力の一つになっているのは間違いない。近年、住民の声が政治・行政に届きにくくなるなど「平成の大合併」の弊害が全国各地で顕在化しつつあることをふまえると、[12]たとえば外から移住してきた人びとがまちづくりや移住者受け入れで活躍している真鶴町のように（**第Ⅰ部 崔**）、コンパクトな自治体だからこそ風通しのよい住民参加型の地域づくりがしやすいという強みが見えてくる。

以上みてきたように、ふだん何気なく馴染んでいるさまざまな地域イメージをゆさぶるというのが、本書を貫くモチーフとなっている。

(11) 「健全財政も高齢化見据え、静かに着々と合併へ論議　清川村」『朝日新聞』神奈川全県版、二〇〇五年七月八日付。

(12) 「大合併の影　進む衰退　島民「行政遠くなった」」『読売新聞』西部版、二〇一九年三月二六日付、「大合併で議員ゼロ　122区域　住民「声　届きにくく」　本社調査」『読売新聞』二〇二三年三月二五日付。

3 〈つながり〉を発見する

シウマイでお馴染みの崎陽軒の社史をたどっていくと、九州との意外なつながりが見えてくる（**第Ⅰ部 学生研究、第Ⅱ部 平山「横浜から見えるビールの歴史」**）。本書は、いろいろな対象や角度から神奈川を深掘りしていくことで思いがけない〈つながり〉を発見するということを一貫して重視している。

横浜と世界

幕末の開港を契機として日本を代表する国際貿易港へと発展していった横浜が、そのときどきの世界情勢とつながっていたことは言うまでもない。

日本は、ペリー来航による開国とアジア太平洋戦争の敗戦による占領という米国主導の二度の「開国」を経験してきた歴史がある。そのどちらの「開国」においても最前線となった横浜では、外国人を相手とする遊女や娼婦の存在が求められた（**第Ⅱ部　平山「横浜を生きた遊女と娼婦」**）。幕末の開国については、その恩人は誰なのかという問題をめぐる対立が、掃部山公園の井伊直弼銅像の建設に際して噴出した（**第Ⅱ部　木村**）。

当たり前のことだが、「世界」は欧米だけではない。幕末以来横浜で生きてきた外国人たちの多様性は、横浜市内に四か所ある外国人墓地にも反映している（**第Ⅱ部　学生研究「横浜にある外国人墓地」**）。そのなかに華僑を埋葬した中華義荘があることからもわかるように（**第Ⅱ部　中林**）、横浜は欧米だけでなくアジア太平洋地域とりわけ中国と密接に結びついてきた。歴史の教科書では江戸幕府が幕末に欧米五か国と条約を結んで開国したと習うが、実は開港後の横浜にやってきた外国人の半数近くは条約相手国ではないはずの中国（清国）の人びとだった（**第Ⅱ部　伊藤**）。中国の革命家である孫文も、亡命も含めて何度も横浜を訪れた。孫文も訪れた横浜中華街は、現在では日本を代表するグルメ観光地になっているが、その歴史は前述した二度の「開国」と関東大震災抜きには語れない（**同**）。

また、現在みなとみらい地区の景観で大きな存在感を見せているのがヨコハマ グラン

ド インターコンチネンタル ホテル（一九九一年開業）とザ・カハラ・ホテル&リゾート横浜（二〇二〇年開業）であるが、後者は前者とともに葛飾北斎のよく知られた浮世絵の世界観を表現することを意図してデザインされた。しかも、ハワイの名門ザ・カハラ・ホテル&リゾートが世界進出の最初の地として横浜を選んだ背景には、かつて独立国であったハワイ王国の国王が横浜を訪れた歴史があった。新しく見える「みなとみらい」の空間には、日本と世界の歴史が詰まっているのである（**第Ⅰ部 島川**）。

国際的な港湾都市は、感染症流行の最前線となる。近年のコロナ禍でも横浜港に停泊したクルーズ船の集団感染が連日メディアで報道され、風評被害によって中華街の客足が途絶えてしまった（**第Ⅱ部 伊藤**）。横浜と感染症の歴史をたどっていくと、ペスト発生地域の家屋が軒並み焼き払われたという衝撃の事実に出くわす。戦後もかろうじて残っていたその痕跡は、みなとみらいの再開発によって消し去られてしまった（**第Ⅱ部 市川**）。現在その場所は、夜景がきれいな「インスタ映えスポット」として人気を集めている。

水でつながる相模と横浜

神奈川県域で忘れてはならない地域名に「相模」がある。実は、「相模」と「湘南」の関係もこれまたややこしい。前述したように戦前に「湘南」を海とむすびつけるイメージが広まったため、沿岸部にある平塚や茅ヶ崎はもともと相模国だったにもかかわらず、現在では「相模」よりも「湘南」と称されることの方が多いようである。そういうわけで、ここでは内陸部のエリアを「相模」ととらえて話をすすめたい。

本書では相模に関連する章は二つにとどまる（**第Ⅲ部 柏木、同原**）。そこで、既刊の『大学的相模ガイド』も参照しながら、横浜と相模の重要なつながりを一つ指摘しておきたい。それは、水である。

大きな河川がない横浜はもともと上水源に乏しく、飲用できる水がたいへん貴重だった。それゆえに、横浜のビール醸造の恩人であるコープランドは、良質な湧き水が得られる場所をいちはやく確保したのだった（**第Ⅱ部 平山「横浜から見えるビールの歴史」**）。

横浜が都市化していくにつれて熱い視線が向けられたのが相模である。一九三八（昭和一三）年に神奈川県が計画した相模川河水統制事業は、横浜をはじめとする京浜地区のための水源開発が目的であった。この事業によって誕生したのが、日本初の多目的ダムとなった相模ダムである。[13]現在でも相模ダムや宮ヶ瀬ダム（**第Ⅲ部 柏木**）など相模地域の水源が、横浜の水道を支えている。

関西では京都府民や大阪府民にからかわれた滋賀県民が「琵琶湖の水止めたろか」と切り返すのが定番のジョークとなっているが、[14]相模の人びとが横浜市民に対して「相模ダム／宮ヶ瀬ダムの水止めたろか」と言うのは聞いたことがない。なぜなのだろうか。

軍隊と観光

神奈川の歴史と現状を学ぼうとするとき、軍隊との関係は避けて通れない。

他の都道府県から移り住んだ人であれば気づきやすいが、神奈川は米軍の存在が（沖縄ほどではないにしろ）目立つ県である。現在では軍隊と無関係に見える土地も、もとをたどれば旧日本軍や米軍にたどりつくことが珍しくない。相模エリアの大学の多くは戦前の「軍都」の跡地利用と深くかかわっているし、[15]横浜市青葉区の「こどもの国」はもともと日本

(13) 松下優一「事件に映る相模――「相模原事件」と「座間事件」を通して――」、塚田修一編『大学的相模ガイド』昭和堂、八二―八三頁。

(14) 「「琵琶湖の水止めたろか!」は可能か 「翔んで埼玉」で話題」『朝日新聞』二〇二三年一二月一六日付夕刊。

(15) 加島卓「学生街としての相模――青山学院大学厚木キャンパスと本厚木――」、塚田修一編、前掲書(13)、一六一―一六二頁。

陸軍の弾薬庫があったところで、戦後も米軍が弾薬庫として使用し続けた。[16]

軍隊と観光の微妙な関係が凝縮されているのが横須賀である。かつて「東洋一の軍港」と称されたこの街で戦前に発行された絵葉書をみると、軍の検閲を受けていたことがわかる。横須賀をふくめて戦前の三浦半島では軍事的な理由から観光開発が制約されがちであった。[17] 一方で、軍の存在は観光を促進する面もあった。海軍の造船所は戦前の横須賀観光の目玉となり、とくに軍艦の進水式がおこなわれるときは「横須賀第一の賑ひ日」と称されるほどの人出となった。明治期には相模の大山《おおやま》や三重県の伊勢神宮などへの参詣のついでに造船所を見物しにくる人たちもいた。前近代から近代へと時代が移りつつあった過渡期の旅の特徴を示す興味深い事実であろう（**第Ⅱ部 山本**）。

横須賀は、軍港都市であるがゆえに国によるインフラ整備でも大きな恩恵を受け（**第Ⅳ部 吉田**）、結果的に観光に必要なインフラを手に入れることができた。ただし、国家的な必要性から建設された横須賀線は、旧跡の保存への配慮に乏しかった。線路の距離を短くして効率的に完成させるために、鎌倉で円覚寺の境内を分断したり、若宮大路を斜めに横切るなど、現代でも目に見える形で痕跡を残している（**第Ⅳ部 大矢**）。

帝国海軍とともに歩んだ横須賀は、敗戦後は米軍とともに歩むことになるが、様々な問題に直面してきた。なかでも、二〇〇六（平成一八）年に空母キティホークの乗組員による強盗殺人事件が発生したことは、大きな衝撃をもたらした。しかしながら、この事件をきっかけに市、住民、米軍が連携して重要案件に対処する基地周辺地区安全対策協議会が発足した。関係者の越川昌光さんは、「米軍との問題も見て見ぬふりをせず、一つ一つ潰してきた結果、全国の米軍基地の中でも珍しい良好な関係を築くことができた」とふりか

（16）「弾薬庫跡」、「こどもの国」ウェブサイト、https://www.kodomonokuni.org/sansaku/danyakuko.html　二〇二四年一月二四日閲覧。

（17）戦後になってその制約が大幅に緩んだことをうけて三浦半島の観光開発を積極的に推進したのが、京浜急行電鉄である（岡田直、前掲書（7）、一六四頁）。

えっている。米軍と協力して人気の観光スポットに成長した成功事例として、現在では米軍基地がある沖縄や韓国からの視察も相次いでいる。[18]

陸の道と水の道

本書は神奈川県域全体を俯瞰してイメージできるように、「海と港」「山と平野」「道」という地理的な区分にもとづいて四部構成にしている（「海と港」は内容が多いため現代編と歴史編に分けた）。ここまでの説明からわかるように、それぞれの部のあいだにはさまざまなつながりが見えてくるのだが、ここで重要となるのが「道」である。言うまでもなく、「海と港」と「山と平野」をつなぐのは、さまざまな「道」だからである。たとえば、高度成長期の頃までは、東京湾をまたいで横浜と房総半島を結ぶ航路を商売や通勤の人びとが多く行きかっていた。横浜市街地のなかでも運河が重要な役割をはたしていた。水の「道」は、現在よりももっと身近なものだったのである（**第Ⅳ部　松本**）。

「道」とはヒト・モノ・情報・文化が移動する回路であり、宿場町や港町のように海陸さまざまな道が交わる結節点にはそれらが集積しやすい。かつて幕府がおかれて日本全国へ通じる道の結節点となっていた鎌倉は、現在ではその歴史的背景を活かしながら若者からも人気を集める観光地となっている（**第Ⅳ部　山口**）。城下町の歴史を有する小田原は、交通インフラの充実と近年のコロナ禍を背景として、通勤とリモートワークを組み合わせた新しい生活スタイルを構築する拠点となりつつある（**第Ⅲ部　小泉**）。

横浜に目を転じてみると、明治時代には外国人居留地が洋楽輸入の最前線になり（**第Ⅱ部　学生研究「外国人居留地制度下の横浜における「洋楽」の諸相」**）、戦後には米軍の広大な居住

（18）以上、発言の引用もふくめて、「空母五〇年　光も影も　横須賀基地×ドブ板通り商店街　米兵事件機に関係深め」（『毎日新聞』神奈川版、二〇二三年一〇月六日付）を参照した。横須賀の歴史については高村聰史『〈軍港都市〉横須賀　軍隊と共生する街』（吉川弘文館、二〇二一年）をぜひ参照してもらいたい。

空間が広がる本牧《ほんもく》が、米国からの流行輸入の最前線として脚光を浴びた[19]。

あるいはまた横浜の関内を歩いてみると、ミュージアムが集積する街となっていることがよくわかる（第Ⅰ部 青木）。これにかぎらず、神奈川県は博物館・美術館・資料館がすばらしく充実しており、本書に寄稿している公益財団法人横浜市ふるさと歴史財団所属の諸氏も資料の収集・保存と展示に日々奔走している。一方で、大学もまた地域のなかで知の結節点としての役割を担っている。二〇二三（令和五）年には、神奈川大学横浜キャンパスという海と陸の両方の「道」の歴史が刻みこまれた名称の場所に、地域に開かれた入館無料の常民文化ミュージアムが誕生した（第Ⅳ部 安室）。本書をきっかけに、ぜひこれらの施設に足を運んで、気鋭の研究者たちの渾身の成果を堪能してもらいたい。

ところで、「道」はとつぜん機能不全に陥ることもある。一九二三（大正一二）年に発生した関東大震災では、震源地をふくむ神奈川県域の多くの地域が壊滅的な被害をうけ、さまざまな「道」が寸断された。だが、このようなときだからこそ、ふだんあまり意識しないさまざまな地域や人とのつながりが見えてくる。この震災の復興においても、横浜市電に電力を供給してくれたのは、群馬の電力会社であった。千葉の鉄道連隊も神奈川に出動した。群馬や千葉だけではない。全国各地から鉄道作業員が結集して、神奈川県の鉄道網を復旧させていった（第Ⅳ部 吉田）。

（19） 山崎洋子『天使はブルースを歌う　横浜アウトサイド・ストーリー』亜紀書房、二〇一九年。

おわりに

以上あれこれと述べてきたが、本書には編者ですら気づいていない新たな読み解き方がきっとあるはずである。読者の皆さんには、ぜひ自分なりの読み解き方を追求してもらいたい。そして、本書に登場する場所をみずから訪れて、その場所の雰囲気のなかで本書の内容を反芻《はんすう》してもらいたい。

なお、本書のそれぞれの章・コラムの出典や参考文献の示し方は必ずしも統一はしていない。出典を注で細かくつけた執筆者もいれば、末尾の参考文献リストでまとめて示した執筆者もいる。本書は多様な専門領域の執筆者が集まっているため、本書全体では必要最低限の統一にとどめることにした。

また、本書の引用資料のなかには、現代の価値観や倫理観からみると不適切に思われる表現もあるが、歴史を理解してもらうために、本書の執筆者の表現ではなく当時の資料からの引用であることを明示したうえで記載している。

以上二点をあらかじめ御了解願いたい。

第I部

海と港から見る神奈川（1）現代編

横浜ベイエリアのホテルの世界観——島川　崇
【コラム】横浜関内——ミュージアムが集積するまち——青木祐介
〈学生研究〉崎陽軒が目指す真のローカルブランドとは
「美の基準」のまち——真鶴町——崔　瑛
【コラム】貝塚の魚と出会う——街中のFish Watching——太田原潤

横浜ベイエリアのホテルの世界観

——島川　崇

はじめに——今に生きる神奈川沖浪裏

図1は言わずと知れた葛飾北斎の『富嶽三十六景』の中の「神奈川沖浪裏」である。北斎の浮世絵の中でも最も人気のある作品の一つであり、日本を代表する絵画であることに異論はあるまい。大きな波とそれにさらわれそうになる三艘の舟、そして、その先に見える小さいながらも昂然とまったくブレない存在感を示す富士山というドラマチックな構図は内外の人の心を捉えてやまない。

タイトルに神奈川沖とあることからも、この作品の舞台は、現在の神奈川県横浜市神奈川区の沖合から見た風景であることは間違いない。

この横浜のベイエリアにおいて、この世界観を今もここに存在するホテルに垣間見ることができる。

まずは、ベイエリアみなとみらい地区のスタート当初からそびえ立つ象徴的な存在であ

図 1　葛飾北斎『富嶽三十六景』「神奈川沖浪裏」（山口県立萩美術館・浦上記念館所蔵）

図 2　ヨコハマ グランド インターコンチネンタルホテル（左奥）とザ・カハラ・ホテル&リゾート横浜（右手前）を横浜市中央卸売市場側から望む（筆者撮影）

るヨコハマ グランド インターコンチネンタルホテル（図2左奥）である。この弧状の形は、想像通り、帆掛船を表現している。

そして、その右手前に見えている特徴的な形状の建物が二〇二〇年に開業した新しいホテルであるザ・カハラ・ホテル&リゾート横浜である。カハラは設計の段階から、すでにみなとみらいの象徴的なヨコハマ グランド インターコンチネンタル ホテルと対をなすように、波を表現するというコンセプトでデザインされた。この対になった二つのホテルが、現在の〝近未来的な〟まちとしてつくられたみなとみらいに北斎の神奈川沖浪裏で表現した世界観を伝えている。

1 ヨコハマ グランド インターコンチネンタル ホテル

概要

私の娘は今横浜市内の中学校に通っているが、文化祭のプログラムの表紙が生徒間で公募された。そこで入賞した作品は、みなバックにこのヨコハマ グランド インターコンチネンタル ホテルを中心としたベイエリアの風景を描いていた。そのくらいハマっ子にもう完全に横浜の象徴として定着しているのが、同ホテルである。地元の住民は、ベイエリアでひときわ目を引く同ホテルの存在を自分たちのまちの誇りに思っている。

この横浜の象徴たる同ホテルは、英国に本部を持ち、世界一〇〇か国以上で約六〇〇〇軒ものホテルを展開する世界最大級ホテルチェーンであるＩＨＧ®ホテルズ&リゾーツの日本初進出ホテルとして一九九一年に開業した。地下一階、地上三一階、客室数五九四室の大規模国際ホテルで、隣接するコンベンション施設であるパシフィコ横浜と一体となって設計されている。ちなみに、パシフィコ横浜の国立大ホールのデザインは貝殻、展示ホールは波、会議センターは波に反射する光をイメージして設計された。

外装の特徴

横浜湾内には、レストラン機能を持つ観光船や屋形船もあるが、横浜駅前からハンマーヘッドや赤レンガ倉庫までの移動をするための定期船もある。また、同ホテルも「ル・グ

図 4　ホテルの最上部から航海の安全を祈る女神像「みちびき」

図 3　ヨコハマ グランド インターコンチネンタル ホテル外観（出所：同ホテル提供、以下同様）

ラン・ブルー」と呼ばれるホテル専用シップを有している。特徴的なのは、どの船も海からの眺めをガイドが丁寧に解説してくれるということである。これらの船が同ホテルの前を通るときに必ず解説してくれるのが、この特徴的なヨットの帆型の外観に加えて、そのてっぺんに何かがあり、それが何なのかということである。担当するガイドによってはこれをクイズにすることもある。このホテルの頂上部には「みちびき」と名付けられた女神像がある。この女神様は横浜港を行き交う船舶の安全を願って、海を見守り続けている。陸からだと見にくいので、是非遊覧船に乗ってこの女神様を見つけていただきたい。ちなみに、ホテルロビー（二階）には「みちびき」の約四分の一の大きさの原型像が設置されているので、もし遊覧船に乗れなかったとしても、ホテル内で間近で見て楽しむことができる。ホテルの海側に新たに歩行専用橋が建設されたが、この橋は「みちびき」にちなんで

「女神橋」と命名されている。

客室の特徴

同ホテルはこの帆型の特徴的な外観に目が行って、その全体の形がどうなっているかに意識が行く人は少ないと思うが、「みちびき」を中央に、鳥が翼を広げるような形をしている。中から見ると図5の写真のような構造となっている。

ホテルの内装を見てみると、至る所に客船をイメージしたデザインが施されており、フロアのカーペットの色彩からも落ち着いた様相を感じることができる。シティビューはみなとみらいの象徴の観覧車を間近に見ることができる。この観覧車は、定時にイルミネー

図5　ホテルの客室フロアの廊下部分　この頂上部に女神像「みちびき」がある

図6　客室内装（シティビュー）

図7　客室内装（ハーバービュー）

ションが変化し、見ていても飽きない仕掛けがされている。海沿いのホテルだと、海が見える側の客室の方に極端に人気が偏る傾向があるが、同ホテルであれば、街側の客室も楽しめるものとなっている。

もちろん、ハーバービューの部屋も港を行き交う船と美しいフォルムのベイブリッジを飽きることなく楽しめることは間違いない。客室の窓際にもソファが用意され、ここに座ってずっと海を眺めていたら、つい時間の経つのを忘れてしまう。

レストラン

客室数約六〇〇室の大規模ホテルなので、そのスケールメリットを生かし、レストランも充実している。

洋食は、ファインダイニングとなるフランス料理「アジュール」があり、まるで貴族の邸宅のようなエスプリ溢れる瀟洒な空間で、厳選素材を繊細にアレンジした目にも美しいスペシャリテを楽しめる。豊富な種類のシャンパンからオールドヴィンテージまでワインリストも充実している。

また、朝、昼、夕食をブッフェスタイルで楽しめるブッフェ・ダイニング「オーシャンテラス」では、みなとみらいの海を目前に一望できる。絶好のロケーションを誇る店内はオープンキッチンスタイルで、活気あふれる開放的な雰囲気を味わうことができる。また、メニューに関しても、インターコンチネンタルホテルのグローバルな関係性を活かし、季節ごとにテーマが変わる世界のグルメを愉しむことができる。また、テラスエリアは、夏季限定でビアガーデン「はまビア!」を営業しており、観光客だけでなく地元の人々にも

図 8　中国料理「驊騮」イメージ

図 9　中国料理「驊騮」内観

大好評である。

和食は、歴史と伝統のある老舗「なだ万」が、定評あるきめ細やかなサービスで、季節感溢れる日本料理を提供している。また、寿司「清水」と鉄板ステーキ「竹花亭」も併設され、寿司では白木のカウンターで職人との会話を、鉄板ステーキでは料理人の華麗な調理パフォーマンスも楽しめる。

二階フロント横には、ラウンジ&バー「マリンブルー」がある。自然光が降り注ぐ明るく開放的な昼間は、コーヒー、紅茶やホテルメイドスイーツなどとともにゆったりとしたひとときを過ごすことができる。また、夜景を望むバータイムは、オリジナルカクテルやワイン、アペリティフを楽しむことができる。後述する季節のアフタヌーンティーもここ「マリンブルー」で提供される。

そして、最上階には、メインダイニングとなる中国料理「驊騮（カリュウ）」がある。メインダイニングが中国料理というのはこのようなラグジュアリーホテルでは大変珍しいが、そこに横浜らしさを提示している。料理から空間、サービスに至るまでメインダイニングとしての矜持を保ち、洗練されて落ち着いた時をお客様に過ごしていただくことができるよう、細部にわたって配慮が行き届いている。そして、何よりも上層階からの海が広がる眺望は、中華街のレストランにはない独特の強みである。

開業当初は伝統的な中国料理を大皿で提供していた。それを内装のリニューアルとともに、自由な発想を取り入れたモダンチャイニーズを銘々盛りで提供するスタイルに変更した。木のぬくもりを感じるシックな店内で提供されるのは、和皿に美しく盛られた中国料理。圧倒的な高級感を感じさせるレストランだ。大小九つの個室も備えられており、東京から車を走らせて来店する著名人も多い、プライベート感を重視した人気店だ。

アフタヌーンティー

同ホテルのアフタヌーンティーは、二階フロント横のラウンジ&バー「マリンブルー」で提供される。季節の果物、食材をテーマにした、何度も来たくなるアフタヌーンティーである。季節によってテーマを変えるというスタイルを業界に先駆けて取り入れた同ホテル。例えば、二〇二三年度の夏季は、「ピーチアフタヌーンティー」。夏に旬を迎えるフレッシュな白桃を使用したショートケーキや、ポッピングキャンディのパチパチとした食感を楽しめる白桃とローズのジュレなど、桃の果実感たっぷりの見た目にも涼やかなスイーツが並ぶ。セイボリーには、糖度の高いホワイトコーンのムースや、鈴かぼちゃとズワイ蟹のカナッペな

図10　ティースタンドが象徴的なアフタヌーンティー　もちろん海を眺めながら

ど夏野菜を味わえるアイテムがラインナップされ、ホテル特製のスコーンは烏龍茶葉を練り込んだピーチのスコーンが用意されている。そして、同ホテルのアフタヌーンティーの他ホテルと異なるオンリーワンの特徴として、ティースタンドがホテルの外観を模した形となっているところがフォトジェニックである。

2 ザ・カハラ・ホテル&リゾート横浜

ハワイの名門ホテル　ザ・カハラ・ホテル&リゾート

ハワイ、オアフ島と言えば、ワイキキビーチが真っ先に挙げられるだろうが、ワイキキの喧騒を離れ、ダイヤモンドヘッドを越えた先の高級住宅が立ち並ぶ閑静な海岸に、ザ・カハラ・ホテル&リゾートが位置する。このホテルは、一九六四年、世界のホテル王コンラッド・ヒルトンにより、ザ・カハラヒルトンとして産声をあげた。当時から吹き抜けのロビーには、二万八〇〇〇枚ものベネチアンガラスを使用した豪勢なシャンデリアが輝き、特別感をもって賓客を迎え入れる。建築としても超一級で、名だたる国賓や世界のセレブリティに愛された。まさにラグジュアリー・ホテルの歴史を作り上げたホテルと言っていい。

その後、マンダリンオリエンタルホテルグループを経て独立、ホテルオークラを経て、現在は日本のリゾートトラストが所有、経営、運営を行っている。リゾートトラストは、このカハラブランドの世界展開を目指し、その第一号として、横浜の地にザ・カハラ・ホ

図11　ハワイのザ・カハラ・ホテル&リゾート全景（出所：リゾートトラスト株式会社提供、以下同様）

テル&リゾートヨコハマを開業した。

ハワイと横浜の関係性

では、なぜ最初の海外進出が横浜だったのか。阿部泰年総支配人から詳しく教えていただいた（二〇二三年三月一四日　同ホテルにてインタビュー）。

海外第一号は、横浜でなければいけなかった。

まず、ハワイへの日本人移民は横浜からスタートした。一八六八（明治元）年に現在の象の鼻から出発した移民は、「元年者」と呼ばれ、文字通り、日系移民のパイオニアであった。

一八八一年になり、我が国が近代国家となって初めて迎えた国家元首が、ハワイ国第七代国王のデービッド・カラカウア国王であった。カラカウア国王は押し寄せる米国の力の前に、独立の国としていかに舵取りをしていくかを考えるべく、アジア各国歴訪の旅の最初に、日本を選んだ。横浜港に着岸した国王一行に対して、横浜の人々は最高のお出迎えを準備した。船の甲板に向かって敬礼し、ハワイ国歌「ハワイ・ポノイ」を吹奏楽で演奏した。「ハワイ・ポノイ」は国王自身が作詞した歌であった。国王は涙を流しながら上陸したという。国王は、日本国内を視察し、短期間で目覚ましい近代化を達成している日本の国家運営に感銘を受け、アジアの盟主には日本が相応しいと確信した。そして、米国人随行員の監視の目を潜り抜け、天皇陛下と秘密裏に会談をした。そして、アジア各国が連合して欧米列強に対抗していく壮大なる構想を語った。その上で、自分の寵愛する姪のカイウラニ王女が日本の皇族と婚姻関係を結べないか打診をした。

日本はちょうどその頃近代国家としての最大の懸案であった不平等条約の撤廃の目処が立ちそうだったので、ここで欧米列強を刺激することは得策ではないとの判断から、このカラカウア国王の申し出に対して、天皇陛下は丁重なお断りの書簡をお送りになられた。一方で、ハワイ王国との友好関係は今後もさらに深めていきたいとの考えから、日本人のハワイ移民を官主導で推進することとなった。

ただ、その後、カラカウア国王に対する米国の圧力は強まり、国王は訪日の一〇年後の一八九一年に五四歳の生涯を閉じることとなる。そして、その二年後の一八九三年に米国を背景としたクーデター勢力がハワイ共和国を樹立、それから五年経った一八九八年に米国に編入されることとなる。

このような日本とハワイの歴史を踏まえるならば、カハラの海外展開の第一号が横浜であることは、納得がいく。

私は阿部総支配人の熱き思いに触れ、この横浜こそがハワイに対して最も近しい日本の都市であるということを心から実感した。そして、カラカウア国王の無念と、当時の日本人の苦悩に想いを馳せると、ゲートウェイとしての横浜において、ハワイの文化を継承し続けていかなければならないとの思いが沸々と湧いてきた。これは日本にとっては人ごとではない。国家を存続させていくことは、並々ならぬ覚悟が必要なのだ。そのような視点で見ると、ザ・カハラ・ホテル&リゾート横浜がこの地に存在することが、カラカウア国

図12　ザ・カハラ・ホテル&リゾート横浜　全景

王の想いを改めてこの地から発信していくことにつながるのであり、次世代への伝承を担う仕事を業としている自分の使命であると決意を新たにした。

概要

当ホテルは、ハワイと同じくリゾートトラストの運営で、地下一階、地上一四階、客室数一四六室の、客室数を抑え快適性を重視した横浜随一のラグジュアリー・ホテルである。冒頭でも紹介したが、外観は寄せては返す波をイメージしている。そのため、外のガラスは濃い青色をしていて、ヨコハマ グランド インターコンチネンタル ホテルの白色との対比が美しい。北斎の浮世絵の青は、ベルリンブルーと呼ばれているが、それにも近い色をしている。当ホテルは、完全会員制の横浜ベイコート倶楽部ホテル&スパリゾートも併設している。ホテル側のレストラン等も利用できるが、倶楽部の独自の動線で繋がっているため、ホテルに入り直さなくてもアクセスできる。

パシフィコ横浜ノースが隣接しているため、コンベンション利用者の利便性も高い。鉄道駅からは離れているが、横浜市営バスの新たな連接バス「ベイサイドブルー」がホテル前に停車する。

ブランドコンセプトとお客様とのコミュニケーション

開業に際して、ハワイのカハラのコンセプトを大切にはするものの、アロハやハワイアンドレスを着用してレイでのお出迎えをするといったハワイ色は出さないサービスにしようということでスタートした。そして、開業を迎えたのが二〇二〇年九月二三日、ちょうどコロナ禍真っ只中の開業であった。二〇二〇年は厳しい外出制限等もあり、もちろん日本人の海外渡航は止められていた。そんな中、カハラに殺到したお客様は、ハワイに行きたくて我慢ができない人で、とにかく居ながらにしてハワイ気分を味わいたいという想いを持っているお客様がかなり多いということが判明した。お客様が求めているのがハワイであれば、それならホテル側がハワイに寄せていこうということで、当ホテルでは、本場のハワイ気分を味わってもらうために、金、土、日はアロハホリデーと称して、アロハシャツでお出迎えをすることにした。土曜日はロビーの近い距離でフラを披露することにした。そして、スタッフからの挨拶も「アロハ」と言うようにした。

ただ、カハラを横浜に開業したのは、ハワイを横浜に持ってきたのではなく、カハラというブランドをここに継承していくということだと阿部総支配人は語る。ハワイと横浜の両方のホテル共通のシンボルマークに表現している「Spirit of KAHALA」とは、Ohanaの精神を表現している。Ohanaとは、ハワイ語で直訳すると「家族」なのだが、単純な血縁関係を指し示す意味にとどまらず、古代ハワイの生活単位であり、基盤ともいえる生活共同体、すなわち運命共同体を意味する。そこから、仲間を家族のように大切にし、お互いを裏切らず信頼することにも繋がる。ハワイは多くの国から移民を受け入れて発展してきた歴史がある。お互いを裏切らないで信頼しあって生きていくというこの感覚は、ハワイの歴史が人間の好ましい関係性を形成してきたその結果と言えよう。

そして、カハラというのは、ホテルが所在するローカルの地名から命名された。六〇年もの間、このカハラの地で愛されてきたのは、ほかでもなく特に地元を大切にしてきたことの証左である。今後世界にカハラブランドを展開していく中で、このハワイのローカルの地名を冠にしていくことにしたのは、これからも展開する先々で、カハラでやっていたのと同様に、地元に根ざし、地元を愛することをやっていくという決意である。当ホテルでは、やはり横浜・神奈川にこだわりたい、カハラと同じように、この地で必要とされるホテルになりたい、その強い想いをサービスに活かしている。

インテリアの特徴

インテリアのデザインコンセプトは「クリスタルモダン」と定められているように、内装は極めてモダンでシャープな印象を受ける。一階のエントランスを入ったら、そこからクリスタルな廊下を通り抜け、フロントのある最上階の一四階に上っていく。まず目にするのは、天井から下がるクリスタルなシャンデリアである。これはハワイ王族の王冠の羽飾りをイメージしてデザインされた。スカイロビーからは、みなとみらいとベイエリアが一望できる。

客室の特徴
全一四六室のゲストルームは、スタンダードタイプでもすべて四七㎡以上と大変広い作りとなっている。「クリスタルモダン」のコンセプト通り、黒と白のモダンで斬新なデザインが気分を高揚させる。ファニチャーも全てスタイリッシュで、しかも使いやすい。アメニティにもこだわりの素材を用いている。

レストラン
レストランは和食、イタリアン、鉄板の三か所が用意されている。
イタリアンレストラン「RISTORANTE OZIO」は、最上階一四階に位置し、昼も夜も

図13　スカイロビーと印象的なシャンデリア

図14　スタイリッシュでモダンな客室①

図15　スタイリッシュでモダンな客室②

図16　貝殻を模したOzioのソファ席

眺望に優れている。貝殻を模したスタイリッシュなソファがプライベート感と開放感との両立を果たしている。記念日が思い出に残るものになること請け合いだ。私も昨年娘の大学合格記念に奮発して家族でＯＺＩＯの料理を楽しんだ。地元横浜市出身の大塚浩介料理長の織りなすイタリアンは、攻めているのにあたたかく包み込んでくれるような繊細かつ上品でやさしい味が印象的であった。盛り付けも美しく、見た目でも楽しめた。スタッフの皆さんからの娘に対する暖かいお祝いも印象的であった。

　日本料理レストラン「濱」は、広大な水庭にまるで浮いているかのようなしつらえになっている。純和風ではなく、和モダンともいうべき内装のデザインが、和食をクールに演出する。

　水面を眺めながら日本料理「濱」の先に進むと鉄板料理「濱」のカウンターが現れる。ここはさらにモダンでスタイリッシュな空間が広がっている。

　鉄板焼は、一種のエンターテインメントであり、焼き手はエンターテイナーの要素も求められる。お客様に合わせた会話や場を盛り上げるパフォーマンスも楽しみの一つである。海外のリゾートホテルのような派手さだけのパフォーマンスではなく、食材の本来の味を活かすシンプルで繊細な調理を実践している。

　また、バンケットにおいて、不定期でハワイアンブッフェが開催され、ハワイテイストの料理が食べ放題で楽しめると同時に、フラやハワイアンミュージックのライブも楽しむことができる。ブッフェが苦手な人にも、小分けがされていたり、本格的なローストビーフが味わえたりと随所に工夫がされている。また、カハラオリジナルのシン・パンケーキは必食アイテムである。

図17　珠玉のアフタヌーンティー

アフタヌーンティー

当ホテルのアフタヌーンティーは、最上階のスカイロビーの奥に位置する「ザ・カハララウンジ」でいただくことができる。クリスタルモダンのコンセプトの通り、怜悧な印象のスカイロビーとは対照的にウッディで暖かみのある空間が広がっている。ザ・カハララウンジのシャンデリアは、横浜市花のバラとハワイの花であるプルメリアを一つにしたものをイメージしている。

当ホテルのアフタヌーンティーは一日四組限定で人気が高く予約が取りづらいことで知られている。観覧車コスモクロックを模したワゴンで提供されるアフタヌーンティーは、時間制限なしでゆったりと楽しむことができる。まさにブランドコンセプトの「Timeless Luxury」を体現していると言えよう。

おわりに

ここまで、横浜ベイエリアの象徴的な二つのホテルを見てきた。両ホテルとも、横浜港を一望できる眺望に恵まれていること、コンベンション施設に隣接していることという恵まれた環境のもと、みなとみらいを彩り続けていって欲しい。地元としても、他の地域には真似のできない「私たちのホテル」として、両ホテルに親しみと誇りをこれからもずっと持ち続けていきたいと感じている。

これからの人生も、ホテルとともに生きていきたい。人生の節目節目に素敵なホテルがある。そんな思いにさせてくれた二つのホテルである。

〔参考文献〕
宮崎晃吉「『ザ・カハラ・ホテル＆リゾート 横浜』、そのデザインから考察する未来への深い思い」ザ・カハラホテル＆リゾートヨコハマ ニュースレター 第5回、二〇二〇年
山口繭子「ハワイを継承しつつ、さらなる高みへ。新たに日本に芽吹く『ザ・カハラ』の魂とは」ザ・カハラホテル＆リゾートヨコハマ ニュースレター 第3回、二〇二〇年
山口由美「誕生、『ザ・カハラ・ホテル＆リゾート 横浜』。その原点をハワイに訪ねて」ザ・カハラホテル＆リゾートヨコハマ ニュースレター 第1回、二〇二〇年a
山口由美「ハワイの誇りと豪奢な歴史に彩られる『ザ・カハラ』、生誕のストーリー」ザ・カハラホテル＆リゾートヨコハマ ニュースレター 第2回、二〇二〇年b
読売新聞オンライン「〈国会開設と憲法制定〉第5回 カラカウアとグラント」二〇一八年一〇月二四日 https://www.yomiuri.co.jp/culture/history/20181017-OYT8T50055/（二〇二三年八月一七日閲覧）

column

横浜関内——ミュージアムが集積するまち

青木祐介

観光地としての賑わいからいえば、中華街やみなとみらいには及ばないが、JR京浜東北・根岸線の関内駅から港にかけての一帯、すなわち関内地区は、幕末の開港をきっかけに発展してきた横浜の原点といえる場所であり、数多くのミュージアムが集まっている点で、横浜の歴史・文化観光の拠点となるエリアである。

たとえば、みなとみらい線馬車道駅を下車して、海岸通りをまっすぐ山下公園に向かって歩くだけでも、日本郵船歴史博物館、横浜税関資料展示室、横浜開港資料館、シルク博物館、横浜人形の家などの多彩な博物館・資料館が見学できる。さらに山手やみなとみらいまで含めると、じつに二〇を超えるミュージアムが、この港周辺に集中している。

ミュージアムタウンとしての関内地区の歴史をひもといてみると、その出発点は戦後の横浜開港一〇〇周年にあることがわかる。一九五九年三月、国際貿易港としての横浜の発展を支えたシルク（生糸）の歴史を紹介するシルク博物館が、かつての「英一番館」跡地、現在の山下町一番地にオープンした。幕末以来、イギリスの貿易商社ジャーディン・マセソン商会が所在していた同地には、開港一〇〇周年記念事業として、建築家坂倉準三の設計によるモダニズム建築「シルクセンター国際貿易観光会館」が建設され、観光と生糸貿易の振興を担うシルク博物館は、その二階・三階部分に設けられた。

続いて一九六一年一月には、展望台を備えた高さ一〇六メートルの「ヨコハマ・マリンタワー」が山下公園前にオープンするが、その三階に、海事思想の普及を目的とした横浜海洋科学博物館（のち横浜マリタイム・ミュージアム、現在の横浜みなと博物館）がオープンした。戦災復興から高度経済成長へと時代が動いていくなか、開

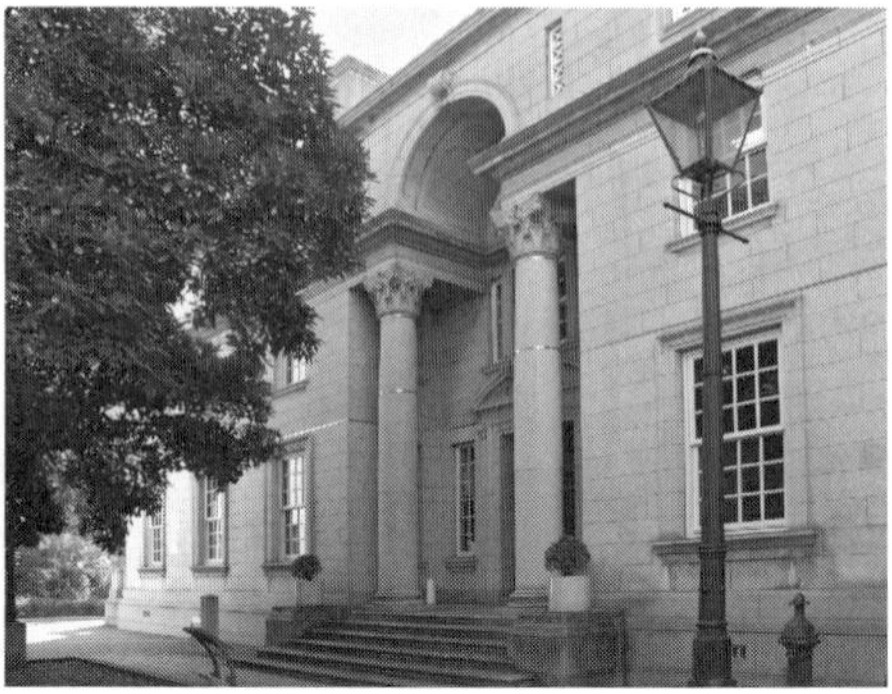

図1　横浜開港資料館旧館〔旧英国総領事館〕（横浜開港資料館提供）

図2　神奈川県立歴史博物館〔旧横浜正金銀行本店本館〕（筆者撮影）

港一〇〇周年は、横浜の歴史をふりかえる絶好の機会であり、これらの記念施設とともにミュージアムタウンの歩みが始まったといえる(1)。

そのほか開港一〇〇周年記念事業として、一九五四年から『横浜市史』の編纂事業がスタートし、その成果として『横浜市史』全二三巻が刊行されるが、このとき収集された資料をもとに、一九八一年の六月二日（開港記念日）にオープンしたのが、横浜開港資料館（図1）である。

横浜開港資料館の旧館は、一九七二年まで業務がおこなわれていたイギリス総領事館（一九三一年竣工、横浜市指定文化財）の建物を保存活用したもので、中庭には、江戸時代から横浜の歴史を見守りつづけてきた「玉楠の木」（横浜市地域史跡）が、現在も枝を伸ばしている。ペリー提督が上陸し、日米和親条約が締結された由緒ある場所であり、ここから日本の近代化が始まったといえる重要な場所に建つ横浜開港資料館は、まさにミュージアムタウンの核となる存在である。

このように都市の歴史が刻まれた近代建築をミュージアムとして活用した事例が、関内地区には非常に多い。その代表的存在が、旧横浜正金銀行本店本館（一九〇四年竣工、国指定重要文化財）を整備して、一九六七年三月にオープンした神奈川県立博物館（当時：のち自然史部門が分離して、現在の名称は神奈川県立歴史博物館、図2）である。横浜は一九二三年の関東大震災で中心市街地がほぼ壊滅したため、震災前の近代建築は数えるほどしかない。明治の様式建築としての完成度、そして県域を対象とするミュージアムとしての規模、いずれも別格の存在である。

そして時代が平成に入ってからは、横浜税関（一九三四年竣工、横浜市認定歴史的建造物）の一画に設けられた横浜税関資料展示室、横浜郵船ビル（旧日本郵船横浜支店、一九三六年竣工）の建物を活用した日本郵船歴史博物館（二〇二四年一月現在、海岸通地区の再開発事業にともない休館中）、旧横浜市外電話局（一九二九年竣工、横浜市認定歴史的建造物）に二つの施設が同居する横浜都市発展記念館・横浜ユーラシア文化館などが次々とオープンした。関内地区の近代建築巡りは、イコール横浜の歴史が多角的に学べるミュージアム巡りとなった。

図3　旧第一銀行横浜支店（筆者撮影）

こうした流れに変化をもたらしたのは、二〇〇三年に横浜市長に就任した中田宏氏が打ち出した「クリエイティブシティ・ヨコハマ」構想である。歴史的建造物などの空きビルにアートやデザインの機能を集積させ、文化・芸術によって関内地区を再生させるという取り組みは、旧第一銀行横浜支店（一九二九年竣工、横浜市認定歴史的建造物、図3）の建物を活用した「BankART1929」の活動となって展開した。

「歴史ある建物のなかで、地域の歴史を学ぶ」という《閉じた》活用モデルは、もはや過去のものになりつつある。これからのミュージアムタウンは、歴史・文化によって地域の活力を底上げする、開かれた文化観光拠点が集積する街として、あらたな魅力を発信していくことであろう。

〔注〕

（1） ただし、博物館の名称をもつ施設としては、戦前の一九四二年に、野毛山の震災記念館をリニューアルして市民博物館が開館している。

column

〈学生研究〉崎陽軒が目指す真のローカルブランドとは ――

はじめに

崎陽軒は、真に優れたローカルブランドをつくるという企業理念を一貫して守り続けている。会社の規模を大きくしていくためには、マーケットシェアを高める必要があるが、崎陽軒は、それよりも横浜を中心としたエリアに集中することを選択した。崎陽軒がローカルブランドへのこだわりを持つようになったきっかけとその現状について調べた。

崎陽軒の歴史と経営理念

一九〇八年に創業した崎陽軒は、横浜大空襲によって営業できないまでに建物が破壊されたが、一九四六年に横浜駅で「ＫＹ食堂」という名前で営業を再開した。その二年後には「株式会社崎陽軒」を設立した。「シウマイ」は南京街（現在の中華街）の点心職人・呉遇孫をスカウトし、約一年の試行錯誤を経て一九二八年に完成した。一口サイズで冷めてもおいしいことにこだわったという。一九五〇年には横浜駅に崎陽軒の名物「シウマイ娘」が登場し話題となった。シウマイ娘は映画化もされ、桂木洋子、佐田啓二という、有名な二人の役者の共演に世間からも注目が集まった。一九五四年には、横浜名物となった「シウマイ」を主役とした横浜ならではの駅弁として私たちのよく知る「シウマイ弁当」が誕生した。

二〇〇八年には、創業一〇〇周年を迎え、後の経営理念となる「崎陽軒一〇〇周年宣言」を発表した。第一に「崎陽軒はナショナルブランドを目指しません。真に優れた『ローカルブランド』をめざします[1]」と掲げており、この企業理念に基づき、様々なコラボレーションや企画が実施された。ここでのローカルブランドとは「特定の地域をマーケットとして高い評価を得て、シェアを持っているようなブランド」[2]を指す。崎陽軒が真に優れた「ローカルブランド」を目指し、これを経営理念としたのは、三代目社長である野並直文が、父に今後の崎陽軒の目指すべき姿を問いかけられたことがきっかけであった。野並は全国へと製品を届けるナショナルブランドか、地域に密着したローカルブランドに徹するべきかを悩んでいた。そんな中、「一村一品運動」で知られる大分県知事の平松守彦に会い、「真にローカルなものがインターナショナルになりうる」という話を聞いた。平松はその例としてアルゼンチンタンゴを挙げた。この対談のなかで、真に優れた製品であるなら、ローカルブランドからインターナショナルになることができると野並は確信したという。これが後の真に優れたローカルブランドという企業理念に繋がった。

図1　ホームからシウマイを売るシウマイ娘（写真提供：崎陽軒）

地元とのコラボレーション

崎陽軒はローカルブランドとして横浜と関連のある企業等とのコラボレーションを行っている。横浜スタジアムとプロ野球を盛り上げるための「ハマスタ☆応援弁当」や、開港祭の開催を記念し、まちづくりと観光の活性化を図った、特別掛け紙のシウマイ弁当の発売などが挙げられる。こうしたコラボレーションの基本的な理念として共通しているのは、横浜を盛り上げようというものである。このコラボレーションによって、横浜という街に興味を持つ人、横浜に遊びに来てくれる人を増やすことを目指している。崎陽軒の製品を通して横浜での思い出作りに一役買っているのではないだろうか。また、横浜の地元の人々とも密に関わっている。特に、市内の小学校からの出張授業依頼があった場合は社員が小学校へ出向き、崎陽軒の歴史、工場や店舗で働く人々の様子を紹介することもある。その他、横浜市内のイベント参加、横浜駅周辺施設で開催されるイベントへのひょうちゃん（後述）の登場など、日々市民とのコミュニケーションを図っている。(3)

崎陽軒コアファンの存在

崎陽軒が地元に愛されている理由の一つとして、コアファンの存在が挙げられる。横浜市民は小さい頃から身近なところに崎陽軒がある。今回私たちが行ったインタビューでは崎陽軒のお弁当は運動会や入学式、卒業式などの学校行事で利用されることが多く、「幼い頃から食卓にある馴染み深い味」「旅行や出張のときに食べた思い出の味」として親しんでほしいと崎陽軒の社員は話す(4)。また、「ひょうちゃん」もコアファンを育成するための大事な要素と言える。「ひょうちゃん」とは一九五五年に誕生した崎陽軒のシンボルキャラクターのことである(5)。シウマイの箱にしょう油入れとして入っており、今まで三代に渡ってリニューアルされている。期間限定の絵柄があったり、初代の絵柄が復活したりするなどコレクターの心をくすぐる存在になっている。

崎陽軒の工場見学もコアファンを作るための活動であろう。常にキャンセル待ちの状態で人気の高い工場見学である。この工場見学ではシウマイやお弁当の製造過程を見学することで安全・安心な製品を作って

図2　開港祭記念特別掛け紙のシウマイ弁当（写真提供：崎陽軒）

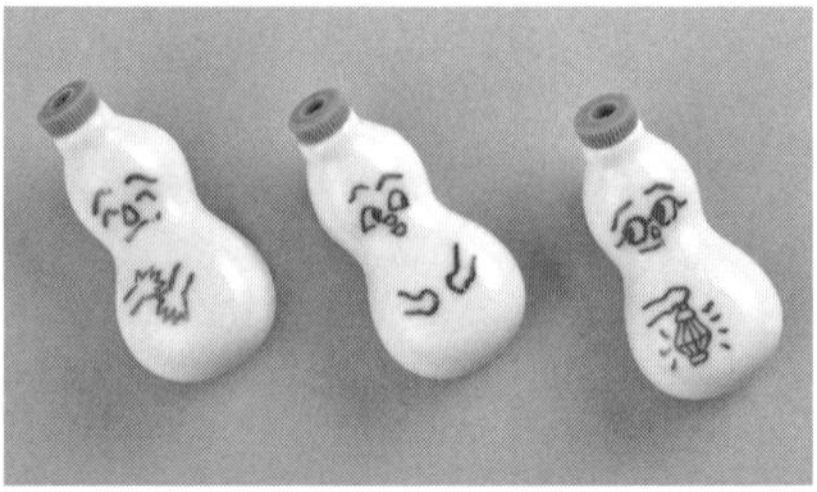

図3　ひょうちゃんのイメージ（写真提供：崎陽軒）

図4　工場見学の様子（写真提供：崎陽軒）

いることを確認できる。また、映像を通して崎陽軒や駅弁の歴史を学ぶことができる。崎陽軒の工場は、横浜と東京に計三か所あり、実際に崎陽軒の工場を見学すると、包装紙のデザインと包装方法が違うことや様々な豆知識をスタッフが紹介しながら案内してくれる。ファンはこうした崎陽軒に関する知識を得ることで崎陽軒というブランドに愛着が湧くのではないだろうか。工場見学はリピーターが多く、神奈川県を中心に全国各地からお客様がいらっしゃるそうだ[6]。崎陽軒の工場見学は新たなファンを作ると共に地元の方に親しまれる存在になっている。

おわりに

このように、崎陽軒は地元との関係構築、企業とのコラボレーションやひょうちゃんの存在などにより地方企業としての認知度を高めると共に、横浜の人々にとって馴染み深く、愛着が深まることにも繋がっていると考えられる。崎陽軒の社員は、自分自身の行いが崎陽軒のブランドイメージに影響するため、経営理念に従った行動を心がけていると語る。崎陽軒にとって真に優れたローカルブランドとは、「横浜に行かないと買えない」という稀少性だけではなく、崎陽軒で働く全ての人々の、目の前の顧客に真摯に向き合っていくひたむきな姿勢にも支えられているのではないかと考える。

〔付記〕この学生研究コラムは、二〇二三年度神奈川大学国際日本学部崔ゼミナール（担当教員 崔瑛）を受講した山田采奈、吉濱実佑、岡野響樹の三名（当時三年生）が、このゼミでの研究内容を活かして執筆したものである。

〔参考文献〕
「新時代に挑む企業戦略（一二）全国区のローカルブランド、創業一〇〇年を迎えた『シウマイの崎陽軒』―高い透明性の経営を実践、『横浜の食文化の創造』に挑戦―（株）崎陽軒・横浜工場」『月刊HACCP』二〇〇八年一二月号、七三―七五頁
「決断の瞬間　崎陽軒取締役社長野並直文（第一回）ナショナルブランドから、ローカルブランドへ　七」『理念と経営』二〇一九年一二月

〔注〕
（1）「新時代に挑む企業戦略（12）全国区のローカルブランド、創業一〇〇年を迎えた『シウマイの崎陽軒』高い透明性の経営を実践、『横浜の食文化の創造』に挑戦（株）崎陽軒・横浜工場」『月刊HACCP』二〇〇八年一二月号、七三―七五頁
（2）日本政策投資銀行「地域発食品メーカーのブランド戦略調査」、二〇一九年七月、https://www.dbj.jp/topics/region/area/files/0000034531_file2.pdf（二〇二三年八月三日閲覧）
（3）崎陽軒の広報・マーケティング部担当社員へのインタビュー（二〇二三年八月二九日実施）による。
（4）前掲（3）社員インタビューより
（5）「ひょうちゃん」崎陽軒ホームページ https://kiyoken.com/hyo/（二〇二四年一月二九日閲覧）
（6）前掲（3）社員インタビューより

「美の基準」のまち――真鶴町――

崔　瑛

はじめに

神奈川県西南部の真鶴町は、小田原市と湯河原町に面し、相模湾に突き出した海側と起伏の多い山側で形成された小さな港町である。車の通れない細い背戸道と階段、傾斜地の多い地形がまちの印象を特徴づける。東京からは約九〇キロメートルの距離にあり、横浜駅から東海道本線の普通列車に乗ると一時間半以内で着く自然豊かな場所。真鶴の住民は自然の恵みを活かした石材業、漁業、農業、観光業を主な生業としてきた。このまちの魅力とされる懐かしい風景は、中世の空間構造がよく残されたことによる[1]。高い建物や高層マンションが少なく、港を中心にすり鉢状に建物が広がる眺望は、三〇年前とそれほど変わっていない。このような空間が今まで守られてきた理由は何か。一九八〇年代にあったリゾートマンション開発をめぐる一連の反対の動きが開発ラッシュを止めたことがその背景にある。それは昔ながらの景観を守るためのまちづくり条例[2]の策定を住民が選択した結

(1)　岡本哲志『港町のかたち』法政大学出版局、二〇一〇年、八二頁

(2)　まちづくり条例は、地方自治体が議会の議決を経て制定する、まちづくりの方針や基準となる仕組みのことである。

図 1　真鶴半島（写真提供：真鶴町）

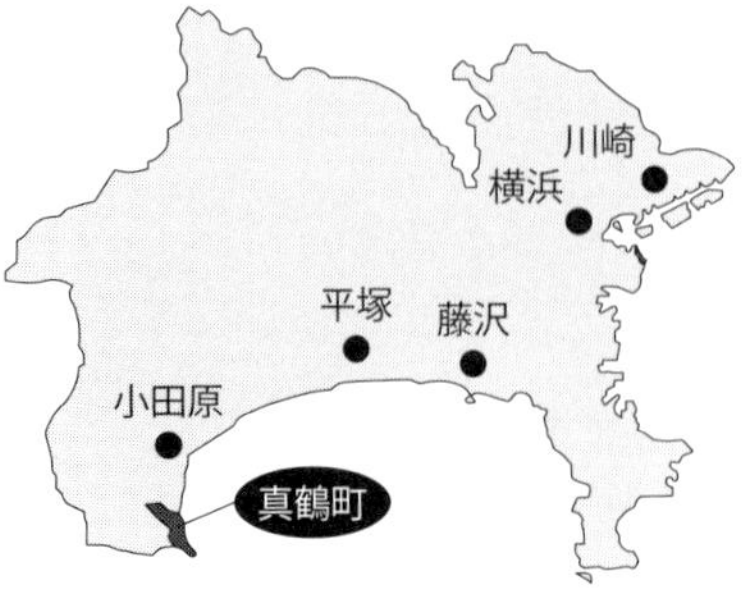

図 2　真鶴町の位置
（地図データ提供：真鶴町）

果だった。真鶴町まちづくり条例を他の自治体のものと区別させるのは「美の基準」である。美の基準は、文学的な表現で書かれており、抽象的で難解ではあるが、それが象徴する真鶴町のまちづくりの精神は、真鶴らしさとは何かを追究するうえで大事なポイントといえよう。本稿は、美の基準がどのようにつくられ、運用されてきたかについて、関連資料を集め、今に至る流れと現状を把握した結果である。現在の真鶴町が抱える課題に目を向け、まちの将来について考えるきっかけとしたい。

真鶴町の最大の課題は過疎化である。過疎法[3]の基準（人口減少率や財政指数）によると、真鶴町は県内唯一の過疎地域である。高齢者の割合上昇、基幹産業を取り巻く環境の変化、就業者数の減少、税収の低下、空き家増加といった問題を抱えている。一方で、生産年齢人口を増やすための移住促進が図られ、近年、若い世代の移住者の増加という明るい話題もある。新しい店舗が少しずつ増えるなど、ゆるやかではあるが目に見える変化の風が吹いている。よそ者の心をひきつけ、移住に導くこのまちの魅力は何か。真鶴町に移住

（3）　過疎法は、過疎地域自立促進特別措置法の略であり、人口減少率、高齢者比率、財政指数などの要件を基準にして、過疎地域の持続的発展の支援に関する特別措置を講じる目的の法律である。

した人々の声から、そのヒントを得ることとした。

1　真鶴町の生活と地域資源

一九七〇年頃をピークに、真鶴町の人口減少は始まった。真鶴町の人口は一九九五年から二〇一〇年までの期間に、年平均で九二・九人ずつ減少した。真鶴町「社会移動・人口減少に関する意識調査」（二〇一五年実施）によると、「公共交通機関や買い物環境が整っていないなど日常生活が不便」「経済的なデメリット（安定した収入を得られない、安定した職がない等）」といったことが居住不満足の要因としてあげられた。働く場所が少なく、生活が不便なことが課題とされている。人口減少や少子高齢化が進行しているといえよう。

小松石の歴史

古い文献を調べると「真名鶴」と記されたものがあり、平安末期のものにも「真名鶴」の地名の記録がある。[4]真鶴町は、中世に土肥郷に属していたとされる。「吾妻鏡」に「源頼朝が土肥真名鶴崎より船に乗り、安房国の方に向かった」という記述があるように、このまちは長い歴史を有している。特に、真鶴における小松石（真鶴半島で採れる安山岩）採掘の歴史は古い。岐阜県養老郡時村の龍淵寺の墓地から、奈良時代の真鶴半島の小松石の墓石が発見されたとされ、[5]昔から他の地域への搬出があったことが伝わる。江戸城築城や幕末の台場建設のためにも大量の小松石が使われたとされる。数十万年前に噴火した箱根

（4）遠藤勢津夫「地名のルーツ真鶴」『神奈川新聞』一九八五年一一月二八日掲載

（5）平井大海「真鶴石材小史（二）」『真鶴』復刻版第一集、真鶴町郷土を知る会、一九六九年、四三—四四頁

図3　真鶴の海岸からの眺め（2022年5月、筆者撮影）

図4　小松石（写真提供：真鶴町）

火山の溶岩が固まってできた地から、質のよい石材が大量に産出され、石材の需要地が近くに位置し、港からの運搬が便利なことから[6]、石材産業が発達したのである。

（6）真鶴町『真鶴町史　通史編』真鶴町、一九九五年

真鶴を象徴するもの

真鶴は、四季を通して温暖な気候が保たれる。真鶴半島の先端は県立自然公園となっており、地元の人に「御林《おはやし》」と呼ばれる大木の森が豊かな自然美をみせつける。御林は、明治維新後に皇室御料林となり、国有林となった後、真鶴町に払い下げられた。樹齢三〇〇年を超える樹木が多く、関東圏においてこれほどの優れた保存状態の森林があるのは珍しい。御林は魚つき保安林[7]でもある。森がつくり出すミネラルが海に流れ、植物性プランクトンの発生を促す働きをすることで、豊かな漁場が形成されている。このような生態系が真鶴の漁業を支えてきたのである。

美の条例ができるまで[8]

今の真鶴町は、旧真鶴町と旧岩村が一九五六年に合

（7）魚つき保安林とは、森林法に基づいて魚の住みよい環境をつくり繁殖を助けるために指定された保安林のことである。

（8）真鶴まちづくり条例作成の展開に関する内容は、次の三冊を主な参考資料として作成した。三木邦之「美の基準～真鶴町の新しい試み」『交流とまちづくり　いわき宇宙塾講演記録集三』いわき市、一九九四年、三木邦之『地方の主張　地方分権へ11町の提言』ぎょうせい、一九九五年、五十嵐敬喜・池上修一・野口和雄『美の条例―いきづく町をつくる』学芸出版社、一九九六年

併したことで、新たに誕生した。その後の二〇〇二年には、隣の湯河原町との合併に向けた協議が続いたが、実現には至らなかった。合併の是非を問う住民投票の結果、真鶴町では反対が多かったことがその理由であった。真鶴は、合併の代わりに独自の道を選んだのである。このまちには建物を建てる際にも特有のルールがある。通称「美の条例」といわれる「真鶴まちづくり条例」のことである。この条例がつくられたのは、住民の生活とまちなみを守るためであった。一九八〇年代後半にバブル経済とリゾート開発ブームの影響が真鶴町に押し寄せてきたことが背景にある。

一九八八年に真鶴駅前に一棟のマンションが建設されたことを皮切りに、開発の圧力が大きくなった。その対応として真鶴町議会で「リゾートマンション建設凍結宣言」が決議され（一九八九年）、その後は、開発業者が町に協議せず県の方にマンション建築確認申請を出す事態となった。開発をめぐるトラブルに発展したのである。

真鶴の住民たちがリゾートマンション建設に危機感を抱いていた最大の理由は、慢性的な水不足であった。湯河原や箱根には温泉と豊富な水資源があるが、真鶴は昔から水不足に悩まされてきた。一九八七年になって、周辺自治体から水を供給してもらえるようになり、今もその状況が続いている。水を守り、真鶴の実情に適合するまちづくり条例を策定することを公約として町長選（一九九〇年七月）で勝った当時の新町長（三木邦之氏）は、すぐに「真鶴町土地利用指導基準」（一九九〇年八月）、二つの水に関する条例[9]（一九九〇年九月）を施行した。当時、真鶴には開発に反対する意見だけではなく、開発の遅れがまちの疲弊化につながると危惧を表す住民の声もあった。

リゾートマンション建設に反対する住民運動に関わり「マンション反対」を掲げて県議

（9）　新規の給水需要を規制するための「真鶴町上水道事業給水規制条例」と地下水の採取について規制する「真鶴町地下水採取の規制に関する条例」の二つの条例である。

会選挙にも出馬した青木智子氏は、当時、三分の一程度の住民は、まちの開発に賛成する側だったという。「マンション反対なんか言っていたら、町はつぶれるぞ」という声もあった。[10] 住民運動は、後に緑基金を募り、町有地を積極的に増やす動きに発展していった。賛否両論があるなかで、一定規模以上の開発に上水道の給水を制限する条例の施行とバブル経済の崩壊によって、結果的に真鶴にきた開発の波は止まった。

(10) 青木智子「私の言い出しっぺ体験録」『新・住民自治への模索(第二三集)』自治体研究社、一九九四年

2 美の条例の制定と施行

その後の一九九一年から、弁護士・建築家・都市計画家などの外部専門家にアドバイザーとして参加してもらいながら、真鶴の土地利用に関わるルールづくりがスタートした。真鶴の町民が納得し、地域に合った条例をつくることが理想とされた。素案の段階で町民にその内容を提示し、一〇か月以上の時間をかけて説明会と協議、町民の意見を聴取しながらの調整を行ったという。修正案を作成しては再度説明会をする過程を経て、ようやく条例の施行に至った(一九九四年)。

この条例は、真鶴のまちづくりのルールを体系化するためのものであった。土地利用のルールとして、「土地利用規制基準」が定められ、町内を一一地区に分け、それぞれの建ぺい率、容積率、高さ、用途の制限等を設けている。[11] 他に、景観の美しさを誘導するルールとしての「美の基準」、話し合い・手続きのルールとしての「建設行為の手続き」が条例のなかに示された。トラブルが起こった時の対処手順も揃った。

(11) 桑原豊・樋口智幸「美の条例を揺るがすマンション計画　神奈川県真鶴町」『日経アーキテクチュア』(七九九)日経BP、二〇〇五年、七〇—七三頁

美に関する考え方

当時の町長三木氏の言うこの条例の理想は、数値だけをとらえる都市計画や土地利用ではなく、美の感覚を持ちだすところにあった。ここでいう美とは、真鶴の生活全般にわたるものと考えられた。それは、真鶴に元々存在していた、建物を建てる際にお互いが周りを配慮して工夫してきた作法のことであり、それを言語化・制度化することを目指していた[12]。条例の基本理念の設定を含め、全ての段階に深く関わった五十嵐敬喜氏は、著書『美しい都市をつくる権利』のなかで都市の美について次のように述べている[13]。

美とは何か? 確かにそれは客観的に存在し、またそれは存在するというだけでなく、新たにつくられるものでもあるが、しかしそれを定義することは難しい。(中略)きれいだ、感動する、触りたくなる、尊敬する、などという言葉なども一部含まれる。また、ものだけでなく、生き方そのもの、事件、そして愛、生と死といったものも含まれる。

さらに、「美しい都市をつくる権利」については、「不安」に対処し「安心」を見出す価値原理であり、平凡な人々がどのようなときに喜びを感じるかに関わると五十嵐氏は述べた。美という概念を可能な限り客観的にとらえ具現化することに挑戦した結果として、美の基準が生まれたことがわかる。

表1に、基本的な精神である美の原則、つながり、美の基準の内容を示す。美の基準における美の客観性を担保し、創造するための参考資料として、現英国国王のチャールズ三

(12) ト部直也・平井宏典「第五章 生活景の言語化手法」『生活景 身近な景観価値の発見とまちづくり』日本建築学会、二〇〇九年

(13) 五十嵐敬喜『美しい都市をつくる権利』学芸出版社、二〇〇二年、一七頁

表1　美の基準

美の原則		つながり	美の基準の詳細 キーワード
1. 場所	建築は場所を尊重し、風景を支配しないようにしなければならない。	私たちは **場所** を尊重することにより、その歴史、文化、風土を町や建築の各部に	○聖なる所○斜面地○豊かな植生○敷地の修復○眺める場所○生きている屋外○静かな背戸○海と触れる場所
2. 格付け	建築は私たちの場所の記憶を再現し、私たちの町を表現するものである。	**格付け** し、それら各部の	○海の仕事山の仕事○転換場所○見通し○建物の縁○大きな門口○壁の感触○母屋○柱の雰囲気○門・玄関○戸と窓の大きさ
3. 尺度	すべての物の基準は人間である。建築はまず人間の大きさと調和した比率を持ち、次に周囲の建築を尊重しなければならない。	**尺度** のつながりを持って青い海､輝く森といった自然、美しい建物の部分の共演による	○斜面に沿う形○部材の接点○見つけの高さ○終わりの所○窓の組み子○跡地とのつながり○段階的な外部の大きさ○重なる細部
4. 調和	建築は青い海と輝く緑の自然に調和し、かつ町全体と調和しなければならない。	**調和** の創造を図る。それらは真鶴町の大地、生活が生み出す	○舞い降りる屋根○日の恵み○木々の印象○覆う緑○守りの屋根○北側○地場植物○大きなバルコニー○実のなる木○ふさわしい色○少し見える庭○青空階段○格子棚の植物○ほどよい駐車場○歩行路の生態
5. 材料	建築は町の材料を活かしつつつくらなければならない。	**材料** に育まれ	○自然な材料○地の生む材料○生きている材料
6. 装飾と芸術	建築には装飾が必要であり、私たちは町に独自な装飾をつくり出す。芸術は人の心を豊かにする。建築は芸術と一体化しなければならない。	**装飾と芸術** という、人々に深い慈愛や楽しみをもたらす真鶴町独自の質をもつものたちに支えられ、町共通の誇りとして	○装飾○森・海・大地・生活の印象○軒先・軒裏○屋根飾り○ほぼ中心の焦点○歩く目標
7. コミュニティ	建築は人々のコミュニティを守り育てるためにある。人々は建築に参加するべきであり、コミュニティを守り育てる権利と義務を有する。	**コミュニティ** を守り育てるための権利、義務、自由を活きづかせる。 これらの全体は真鶴町の人々、町並、自然の美しい	○世帯の混合○ふだんの緑○人の気配○店先学校○街路を見下ろすテラス○さわれる花○お年寄り○外廊○小さな人だまり○子どもの家○街路に向かう窓○座れる階段
8. 眺め	建築は人々の眺めの中にあり、美しい眺めを育てるためにあらゆる努力をしなければならない。	**眺め** に抱擁されるであろう。	○まつり○夜光虫○できごと○眺め○賑わい○いぶき○懐かしい町並

注：『真鶴町まちづくり条例　美の基準 Design Code』8–9頁の内容をもとに作成した。

世が皇太子時代に現代建築に対する批判的見解を綴った『英国の未来像 建築に関する考察（以下、英国の未来像）』の「一〇の原則（10 principles）」や『パタン・ランゲージ』の著者クリストファー・アレグザンダーが提唱した「パタン（pattern）」という環境因子[14]が注目された。この二つが土台となり、美の基準の骨格がつくられた。

『英国の未来像』のなかには「われわれは美なしに生きることができない」という記述がある。ここでいう美とは、人々が大切に感じ、長年培ってきた原理や価値などの精神的意味がある。[15]一方で『パタン・ランゲージ』の「パタン」というものは、一定地域の一貫性のある全体像を創造し、美の中心的な質の創造に寄与する要素であると考えられた。『英国の未来像』の「一〇の原則」とアレグザンダーが提示した二五三のパタンに基づき、美の基準の構造がデザインされ、キーワードが抽出された。そのキーワードを抽出する段階で、条例の制定前の一九八九年度に、まちづくり推進事業として実施された「まちづくり発見団」の地域資源調査の成果が住民側の視点を示す資料として用いられた。その一部を図5に示す。美の基準の冊子を開くと、八つの美の原則をもとに、規則としての美の基準、前提条件や解決法の具体的な例示が言葉や絵、写真によって示されている（図6）。

美の基準を駆使した建築「コミュニティ真鶴」

美の基準は、まちの構成員が共にまちの空間を作っていくことを目指すツールである。強制するものではないため、自由度が高い。定性的・概念的であり、数値化されない分、運用上の工夫が必要である。行政側と建設当事者の話し合い（対話型の協議）によって、各々の状況に合わせた方針や基準を定めるようにしている。ここからは、美の基準の実際の運

（14） クリストファー・アレグザンダー『パタン・ランゲージ—環境設計の手引』鹿島出版会、一九八四年

（15） プリンス・オブ・ウエールズ（チャールズ皇太子）『英国の未来像—建築に関する考察』東京書籍、一九九一年、一五頁

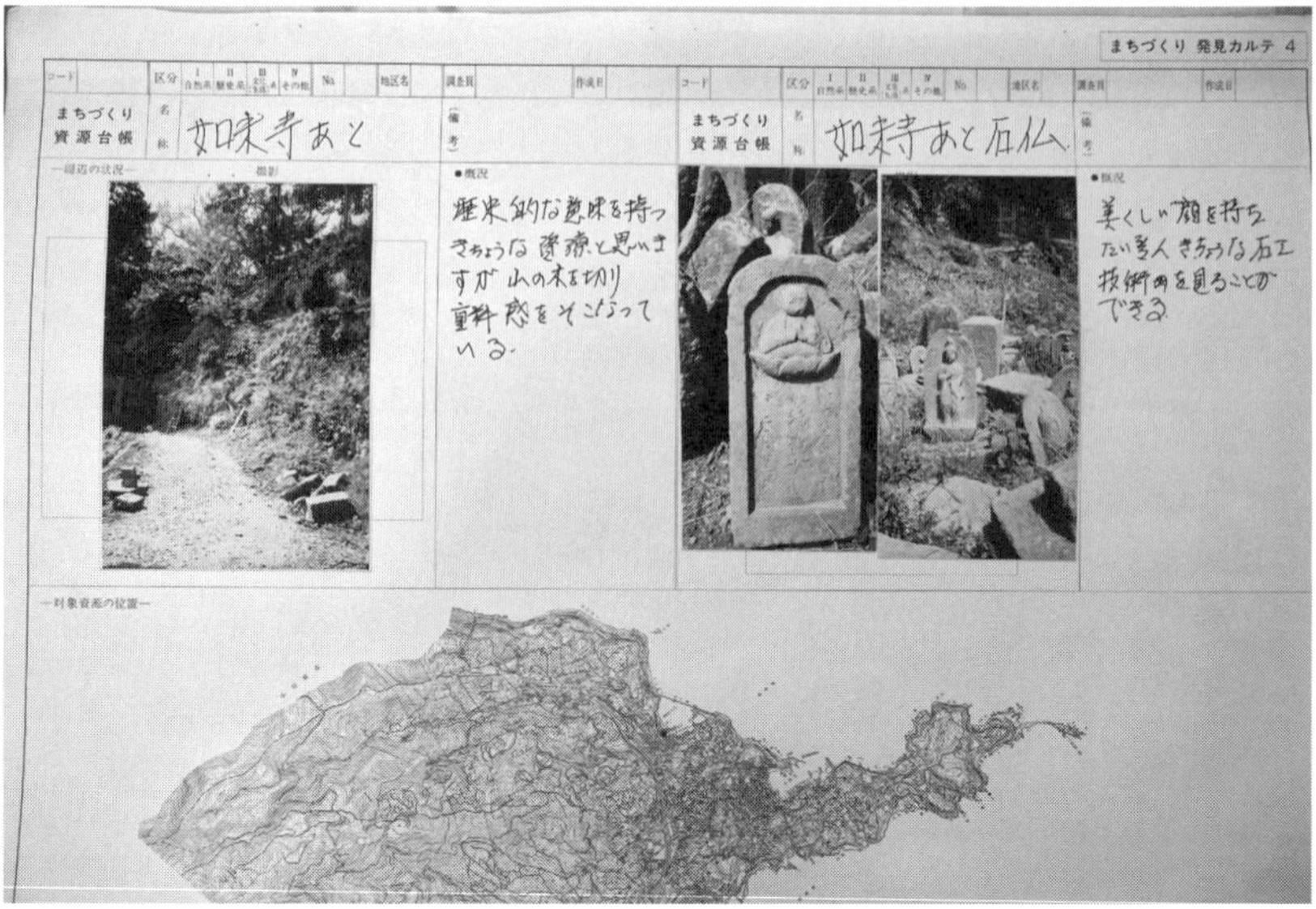

図５　住民が作成した資源調査資料の一部（真鶴町役場まちづくり課の保管資料・2023年８月、筆者撮影）

キーワード	前提条件
○静かな背戸	真鶴のイメージを一層引き立てているもののひとつに、静寂な場所「静かな背戸」がある。 細い裏道でつながれた山際の背戸は、とても静かに人を迎えてくれる。また斜面の起伏に沿ったり、よぎったりするこの背戸は、微妙な光や風景を演出してくれる。 賑わいの中や、人だらけの喧騒の中で働く者にとって自然な状況で静かに散策できる場所は魅力的である。

●静かな背戸　曲がりくねった細道は陽光が降り注ぎ、とても静かである。

●静かな背戸　所処で森のプロセニア越しに青い海が見える。

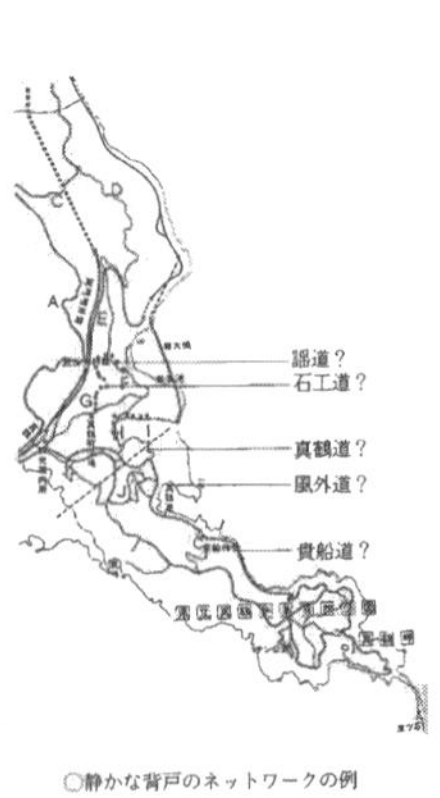

○静かな背戸のネットワークの例

図６　美の基準の一例（『真鶴町まちづくり条例　美の基準Design Code』の一部）

用についてみていこう。

美の基準を適用したはじめての空間となったのは「コミュニティ真鶴」という町民の交流拠点施設であった。一九九四年竣工したコミュニティ真鶴は、言葉と言葉、形と言葉をつないで設計する方法を用いたと説明される。五十嵐らの著書『美の条例―いきづく町をつくる』(前掲注(8))には、コミュニティ真鶴の建設プロセスが詳しく紹介されている。美の基準の各項目に当てはまるよう計画・設計するなかで、どれほどのこだわりがあったかが丁寧に書かれている。固有の素材、手すりや装飾などの細部の表現と美の基準との関連について整理した内容を表2に示す。コミュニティ真鶴は、美の基準の見本となった建物であった。佐々木葉は、コミュニティ真鶴について、バブルへの抵抗がもたらした到達点にあると同時に、その次を継ぐ第二、第三の建物がつくられなかったことの限界を有する存在でもあると評価した。(16)

(16) 佐々木葉「バブルの到達点と限界を象徴するふたつの建築」『建築ジャーナル』第一〇五九号、二〇〇四年、三八―三九頁

景観法と美の基準

真鶴町まちづくり条例の施行後、初となるマンション建設を取り巻くトラブルが二〇〇四年に発生した。沿岸景観特別地区の高台に、条例の高さ制限を大幅に超えるマンション建設が進められ、行政側と事業者側が対立した。事業者側は真鶴町のまちづくり条例を任意のものであると認識し、建設を決行する姿勢だったため、それを阻止する目的の住民団体の反対運動が起こり、まちづくり条例に基づく公聴会が開催されることとなった。この事業者に対して「建設行為を条例違反」とする町長の報告書が提出され、その後、まちづくり条例を遵守することを求める議会の決議が可決され、マンション建設が中止される運

表 2　コミュニティ真鶴の建築に適用された美の基準

建築要素		キーワード	解決法
外壁 窓		壁の感触	一階部分、玄関の部分、街路に面する部分等は手造りの材料加工によるものとする。
		生きている材料	自然な材料、地の生む材料をきめこまかく、職方の手による手造りとなるように使用する。
		人の気配	人間関係の生まれやすい窓を設ける。
		窓の組子	用途に合わせて美しい模様となるように窓の組子をデザインする。
		街路に向かう窓	人の気配を感じ取れる街路に向かう窓を設ける。
屋根	 	舞い降りる屋根	カスケード状に大地の傾斜になじむ。大地の傾斜、空の大きさ、海の眺めなど自然との一体感に留意する。
		歩く目標	歩行者の目標となる美しいモニュメントや屋根飾りを存在させる。
		屋根飾り	建物の頂点を明示し屋根が大空に溶け込む境目を明示する。
中庭	 	日の恵み	最良の日当たりが得られる建物と屋外との接点を見つけ、そこを特別な日のあたる場所として発展させる。
		ほぼ中心の焦点	中庭、公開空地、その他人の集まる広場等を設けるときには、人の往来を妨げない位置に中心となるようなモニュメント、彫刻等を設ける。

中庭に面するスペース	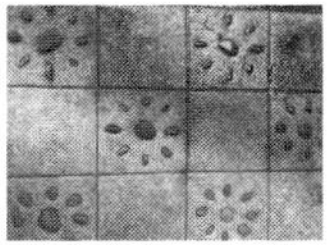 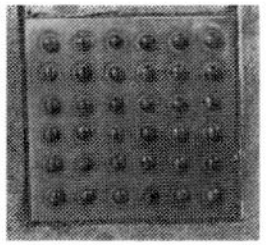 	自然な材料	自然な土に還元される材料を使用すること。手や足の触れる部分にやわらかい材料を使用する。
		地の生む材料	小松石を積極的に利用し、町を小松石利用の展示の場とする。
階段	 	青空階段	街路から接近できる青空階段を設ける。
		座れる階段	みられるものとみる場所という意味で関係づける。階段に立ちどまり、休んだり座ったりする場所に使う。
		部材の接点	異なる部材が接する部分には部材を用意して先の二つのつながりを持たせる。

注：五十嵐敬喜・池上修一・野口和雄の『美の条例—いきづく町をつくる』「第五章　美の実験（コミュニティセンター）」および真鶴町まちづくり課都市計画係提供資料『真鶴町　美の基準・運用システムの再構築　報告書』の内容を参考にして、筆者が2023年８月に撮影した「コミュニティ真鶴」の写真データを『美の基準』に示されたキーワード・解決法に対応して作成した。なお、表中の下線は写真データと解決法のつながりを示すために、筆者が加えたものである。

びとなった[17]。

この一連のながれの中で、真鶴町は景観行政団体となった。景観行政団体として策定した「景観計画」に基づき、建築行為や開発行為を行う際の届出の義務が発生したことで、それまでの課題であった自主条例の運用を安定させることができた。すなわち、まちづくり条例上の景観形成にかかわる基準が景観法に連動し、法的に審査・管理する手続きがようやく担保されるようになったのである[18]。

美の基準の運用と課題

景観計画が施行された二〇〇六年からは、個人住宅も役場に届出を出す対象となった。個人住宅は景観法の手続きによって、個人住宅以外の建設行為で一定規模以上のものについては、まちづくり条例に基づく手続きのなかで、美の基準による審査を受け、協議を行う。すなわち、真鶴で建築物・工作物の新築、増改築、移転をする場合は、役場に届出を出すことになる。真鶴町まちづくり課の話（二〇二三年八月のヒアリング）によると、近年は年間の届出数が二〇件程度であるという。その運用において、屋根の形状と屋根と外壁の色彩といった二つの基準を満たしているかが適合基準（必ず実施すること）となっている。その他、三〇項目の配慮基準（カテゴリは次の六つ：全体の規模・形状、屋根、壁面、開口部、格付け・装飾、材料）を設け、そのうち六つ以上の実施を求めている。さらに、三七項目の自主提案基準を示し、自ら好きな項目を選択して取り入れるように促している。美の基準のなかで、形態・意匠について具体的な指導ができる建築要素は屋根と色彩であるため、この二つが景観法の適合基準となった[19]。

（17） 嶋田暁文「まちづくりの動態　真鶴町の《その後》」『自治総研』三三巻八号、地方自治総合研究所、二〇〇七年

（18） 卜部直也「景観計画策定による美の条例再生」『都市＋デザイン』第二五号、公益財団法人都市づくりパブリックデザインセンター、二〇〇七年、八八—九二頁

（19） 樋口智幸・池谷和浩「特集　激変！景観対応の新常識」『日経アーキテクチュア』、第九二四号、日経BP、二〇一〇年、四三—四五頁

美の基準では、色に関するキーワードとして「ふさわしい色」が示されているが、この「ふさわしい色」をどのように規定して誘導するかが曖昧であった。役場では二〇〇九年度から、ハウスメーカー関係者らを交えた研究会を重ねて、景観形成システムを作成した。当時の議事録[20]をみると、「ふさわしい色」や「周辺との調和」をどのように解釈し制度化するか、色彩の審査基準をどのように決めるか、様々な議論を重ねた末に形づくられたことがわかる。個々の案件において、役場の担当職員と事情の異なる当事者間のやり取りが必要になる。そのプロセスのなかで、建築に関わる人々の創造性の発揮が期待されるが、実際の運用において当事者側の自主性に委ねられる部分が多いため、各ケースの質の担保は難しい。また、美の基準に対する住民側の温度差や認知度の低さは今までも課題として指摘されてきた[21]。

(20) 二〇〇九年度一〇月から一一月の間に開催された第一回及び第二回真鶴町景観形成研究会議事録を参照した。

(21) ト部直也「美の条例の歩み―真鶴町まちづくり条例―」『季刊自治と分権』第三四号、二〇〇九年

3 移住者の役割

ここからは、近年の移住者の増加についてみていこう。真鶴に移住者が増える起点となったのは、二〇一五年の真鶴出版の開業だった。真鶴出版は「泊まれる出版社」をコンセプトとして、夫川口瞬氏と妻來住友美氏の夫婦と出版物の取材や町案内を行う二人のスタッフ（渡辺純子氏と山中美友紀氏）が運営する小さな出版社兼宿である。彼・彼女らは、真鶴在住の画家の画集や住民の自主出版書籍の出版を手がけ、真鶴に住む人々の表現メディアとして、また地域情報の発信基地としての機能を担う。その情報に関心を持って訪れてき

た人をもてなす役割をも果たしてきた。まち案内をする來住氏は、都市の希薄な人間関係のなかで生活することに違和感を覚え、人と人の近い距離感、助け合える関係性のある暮らしを求めて真鶴への移住を決めた[22]。來住氏らは、自分達もまちの暮らしの一部を担っていることを実感しており、そこに価値を感じるという[23]。実際、真鶴に移住した複数の人々は、真鶴出版に泊まったことや來住氏らの「町案内」を受けて真鶴の人々との接点ができたことが移住したきっかけだったと話す。二〇二三年基準で、真鶴出版を通して真鶴に関わり移住を決めた人は二七世帯の六一名に至るという[24]。真鶴出版は、先輩移住者として、移住者と地域をつなぎ、移住後の生活をイメージできるように手伝っている。また、真鶴出版だけではなく、町が運営する移住体験施設「くらしかる真鶴」の運営にも携わり、役

図7　真鶴出版の外観(2022年5月、筆者撮影)

図8　真鶴出版の一階のスペース(2022年5月、筆者撮影)

(22)　真鶴に移住した時点の川口・來住夫妻の年齢は二七歳だった。
(23)　川口瞬・來住友美『小さな泊まれる出版社』真鶴出版、二〇一九年
(24)　神藤秀人編『ディ・デザイントラベル神奈川』ディアンドデパートメントプロジェクト、二〇二三年、五六頁

場とともに移住検討者の受け入れ体制を整える役割をしてきた（二〇一六年から二〇二三年五月まで）。年に数組は一週間単位で滞在できる「くらしかる真鶴」でのお試し移住を経験してから、移住に踏み切っている。現在は、地元企業の㈱ヤブタ建設不動産が「くらしかる真鶴」の移住者の受け入れ業務を担っている。

移住者を惹きつけるもの

真鶴港付近でリサイクル業を営む小出剛志朗氏も二〇二三年六月に「くらしかる真鶴」を利用してから、すぐに移住を決めた。小出氏は小さなまちの中に、それぞれの異なる文化が共存することを真鶴の特徴としてあげる。周りの人の顔がよくみえ、気楽に立ち話ができる、優しく声をかけられ、おすそわけを渡し合う環境。それこそが移住の誘因となっている。すなわち、人口密度の低いまちのなかで互いの存在を特別に感じ、生活人同士のネットワークや相互作用が生活に潤いを与えるのである。その積み重ねが人と人の信頼につながっている。認め合うなかで暮らし方の多様性が生まれ、その雰囲気が自分の理想を自由に試せる場づくりを可能にしているのであろう。朴らは、地方都市への移住者にとって、地域住民の新参者への寛容性や地域住民とのかかわりのある環境が定住意識につながる要因であるとした[25]。港町として古くからよそ者を受け入れてきた真鶴の風土は、閉鎖的な側面もあったが、よそ者への寛容さをあわせ持っていた。嶋田は、真鶴の史料から、よそ者の活躍に関する記録をみつけ、真鶴人の気質について、利害競合がなく、新しい何かをもたらしてくれる場合に、外のものを受け入れていたと述べる[26]。

実際、真鶴生まれの住民の声を聞くと、移住者たちの活動を「素敵なもの」と評価して

(25) 朴堯星・前田忠彦・小山慎介・河合恒「定住意向の促進に関する分析　地方移住者と地域住民を対象とした調査を中心に」『計画行政』第四四巻第四号、二〇二一年

(26) 前掲（17）五一頁

図10　ファッションデザイナーが運営する「yuha.Lab（ユハラボ）店」

図 9　本屋兼カフェ「道草書店」

図12　真鶴町の岩地区の空き家をリノベーションした施設「Rockin' village（ロッキンビレッジ）」

図11　真鶴出版のスタッフ渡辺純子氏が運営するスペース「cüe（キュー）」

移住者によって運営されている場所（図 9 ～図12、2023年 8 月、筆者撮影）

いる。よそ者は、地域内の人々とは異なる視点（異質性や他者性）を持つ存在であり、それが新たな価値を生み出すといわれる。よそ者が地域にとって望ましい変化をもたらすことを「よそ者効果」という[27]。移住者にとっては、自分に合った暮らしができる環境が選択要因になっているが、地域側も移住者によるよそ者効果に期待を寄せている。移住者の活動に対する好意的な声を数多く聞くことができる。人口減少や少子高齢化によって担い手が不足する真鶴では、移住者の活躍が求められている。

筆者が真鶴で出会った移住者らは、建築家、デザイナー、編集者、映像作家、書店経営者、地域づくり活動の関係者などのクリエイティブな仕事や活動をする人々であった。移住者に仕事の選択肢が多くないため、住む場所に縛られずに仕事ができるクリエイターらと飲食店やサービス業を営む店舗経営型の二つの類型が多いのである。定住ではないが地域との関わりを持つ人々もいる[28]。活動空間を真鶴にしながら、通っている人も増え様々なプレイヤーが動いている。彼・彼女らは、真鶴という場で自分の可能性を認識しながら、空き家の活用や働き場の創出、貴船神社の例大祭である「貴船まつり[29]」の準備と運営、美の基準の勉強会の企画などに自主的に関わり、課題解決への様々な実践に楽しそうに挑んでいる。

美の基準に話を戻すと、美の基準そのものに賛同して移住してきた人も少なくない[30]。真鶴町役場で長い間、美の基準の実務を担当していた卜部直也氏もその一人である。美の基準に関する知識がなかったとしても、真鶴らしさ（昔と変わらない懐かしい風景と人々の温かさ）に魅了されて、真鶴との関わりを持つ人が徐々に増えてきている。

真鶴町には、過疎地域としての課題が山積している。将来における不確実な要素も多い。

(27) 敷田麻実「よそ者と協働する地域づくりの可能性に関する研究」『江淳の久爾』江沼地方史研究会、二〇〇五年、七四—八五頁

(28) 本稿では、定住ではないが地域との関わりを持つ人々のことを含めて、広い意味での移住として捉える。

(29) 貴船まつりは、貴船神社の例大祭であり、国の重要無形民俗文化財の指定を受けた日本の三大船祭りの一つである。

(30) 太田正美『美しいまちづくり』東京図書出版会、二〇〇九年、一五四頁

しかし、そのなかでも美の基準が目指していた理想の暮らしに対する期待が人々を呼び、行動を促しているのであろう。

おわりに

二〇二四年は、美の基準の施行から三〇周年に当たる。美の基準を作ってきたこのまちの歴史は、これからの時代のなかで、美の基準の使い方や内容そのものにも変化をもたらすであろう。真鶴の住民たちは、二〇二三年に「美の基準を考える会」を立ち上げた。この会の発起人であり、かつて真鶴に通いながら移住を決意し実行した小島まき子氏は、美の基準に、地域内外をつなぐコミュニケーションツールとしての役割を期待するという。真鶴の未来は、まちに関わる人々の地域愛と関係性によってつくられていくだろう。そのなかで美の基準の精神がどのように活かされるかが今後の課題といえる。

〔付記〕本稿は、JSPS科研費JP22H03849「持続可能な観光のための戦略的オーバーツーリズム対処療法の構築」、JP21K12488「持続可能な観光地形成に向けた複雑系モデルとそれを用いた合意形成ツールの開発」及びJP22K12624「観光地マネジメントにおけるＤＭＯとエリアマネジメント組織の役割と協働のあり方」の助成を受けたものである。

〔参考文献〕
青木智子「私の言い出しっぺ体験録」『新・住民自治への模索（第二二集）』自治体研究社、一九九四年
五十嵐敬喜『美しい都市をつくる権利』学芸出版社、二〇〇二年
五十嵐敬喜・池上修一・野口和雄『美の条例―いきづく町をつくる』学芸出版社、一九九六年
卜部直也「景観計画策定による美の条例再生」『都市＋デザイン』第二五号、公益財団法人都市づくりパブリックデザインセンター、二〇〇七年
卜部直也・平井宏典「第五章生活景の言語化手法」『生活景　身近な景観価値の発見とまちづくり』日本建築学会、二〇〇九年
卜部直也「美の条例の歩み―真鶴町まちづくり条例―」『季刊自治と分権』第三四号、二〇〇九年
遠藤勢津夫「地名のルーツ真鶴」『神奈川新聞』一九八五年一一月二八日掲載
遠藤勢津夫『真鶴文叢第一巻　真鶴の歴史を探る』門土社、一九九六年
大石和紘「わが街わが故郷（一三一）船祭りに胸躍らされる漁師町真鶴町（神奈川県）」『通信文化』第九九号、通信文化協会、二〇二〇年六月
太田正美『美しいまちづくり』東京図書出版会、二〇〇九年
岡本哲志『港町のかたち』法政大学出版局、二〇一〇年
神奈川県真鶴町「自治体先進施策紹介　小さな町の大きな挑戦―民力を結集した真鶴町創生へ―」『地方財政』第五六巻第七号、二〇一七年七月
川口瞬・來住友美『小さな泊まれる出版社』真鶴出版、二〇一九年
神藤秀人編『ディ・デザイントラベル神奈川』ディアンドデパートメントプロジェクト、二〇二三年
クリストファー・アレグザンダー『パタン・ランゲージ―環境設計の手引』鹿島出版会、一九八四年
桑原豊・樋口智幸「美の条例を揺るがすマンション計画　神奈川県真鶴町」『日経アーキテクチュア』、第七九九号、日経BP、二〇〇五年
佐々木葉「バブルの到達点と限界を象徴するふたつの建築」『建築ジャーナル』第一〇五九号、二〇〇四年
敷田麻実「よそ者と協働する地域づくりの可能性に関する研究」『江渟の久爾』江沼地方史研究会、二〇〇五年
嶋田暁文「まちづくりの動態　真鶴町の《その後》」『自治総研』第三三巻第八号、地方自治総合研究所、二〇〇七年
野口和雄『まちづくり条例の作法―都市を変えるシステム』自治体研究社、二〇〇七年

真鶴町『真鶴町まちづくり条例　美の基準　Design Code』一九九二年
真鶴町『真鶴町史　通史編』一九九五年
真鶴町『真鶴町人口ビジョン 真鶴町まち・ひと・しごと創生総合戦略』二〇一六年（二〇二〇年改訂）
松原隆一郎『失われた景観　戦後日本が築いたもの』ＰＨＰ新書、二〇〇二年
三木邦之『地方の主張　地方分権へ11町の提言』ぎょうせい、一九九五年
三木邦之「美の基準～真鶴町の新しい試み」『交流とまちづくり　いわき宇宙塾講演記録集三』いわき市、一九九四年
朴堯星・前田忠彦・小山慎介・河合恒「定住意向の促進に関する分析　地方移住者と地域住民を対象とした調査を中心に」『計画行政』第四四巻第四号、二〇二一年
平井大海「真鶴石材小史（二）」『真鶴』復刻版第一集、真鶴町郷土を知る会、一九六九年
樋口智幸・池谷和浩「特集　激変！　景観対応の新常識」『日経アーキテクチュア』、第九二四号、日経ＢＰ、二〇一〇年
プリンス・オブ・ウエールズ（チャールズ皇太子）『英国の未来像　建築に関する考察』東京書籍、一九九一年

column

貝塚の魚と出会う——街中のFish Watching

太田原　潤

街中を流れる川には、自然の川とは違った独特の雰囲気がある。横浜や横須賀の街中にも大小の川が流れているが、市街地の川とあって、コンクリートに囲まれ、もはや自然の面影はない。中には川岸に植栽が施されていたり、散策路が整備されていたりするところもあるが、いずれにしろ視界に入るのは人為的に配された物ばかりである。生物の気配は感じがたい印象があるが、川の中を覗き込むと、意外にも魚を目にすることがある。

ほぼ直立した護岸に囲まれ、多くの橋が架かる街中の川は、川岸からも橋上からも川の中を容易に覗くことができる。場所にもよるが、街中の川は意外にもFish Watchingの適地でもあった。しかも下流域では川魚らしくない魚も目にする。最初は不思議に思うこともあったが、そうした魚を通してかつての自然や街の成り立ちも見えてくる。

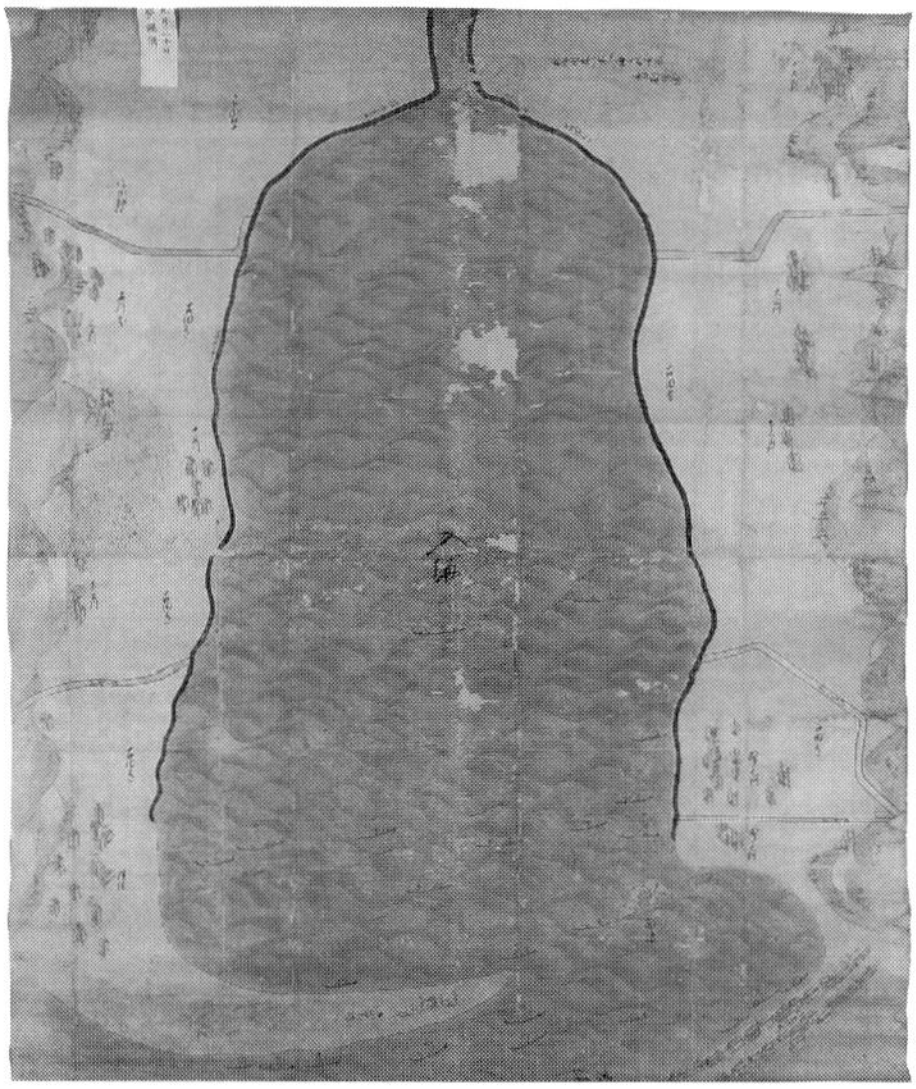

図1　吉田新田開墾前図（吉田興産株式会社 提供）

横浜の繁華街にて

京浜急行黄金町駅前を流れる大岡川の川岸からアジの一群を、南区役所南側を流れる中村川の川岸からクロダイやスズキを見たことがある。街中の川に

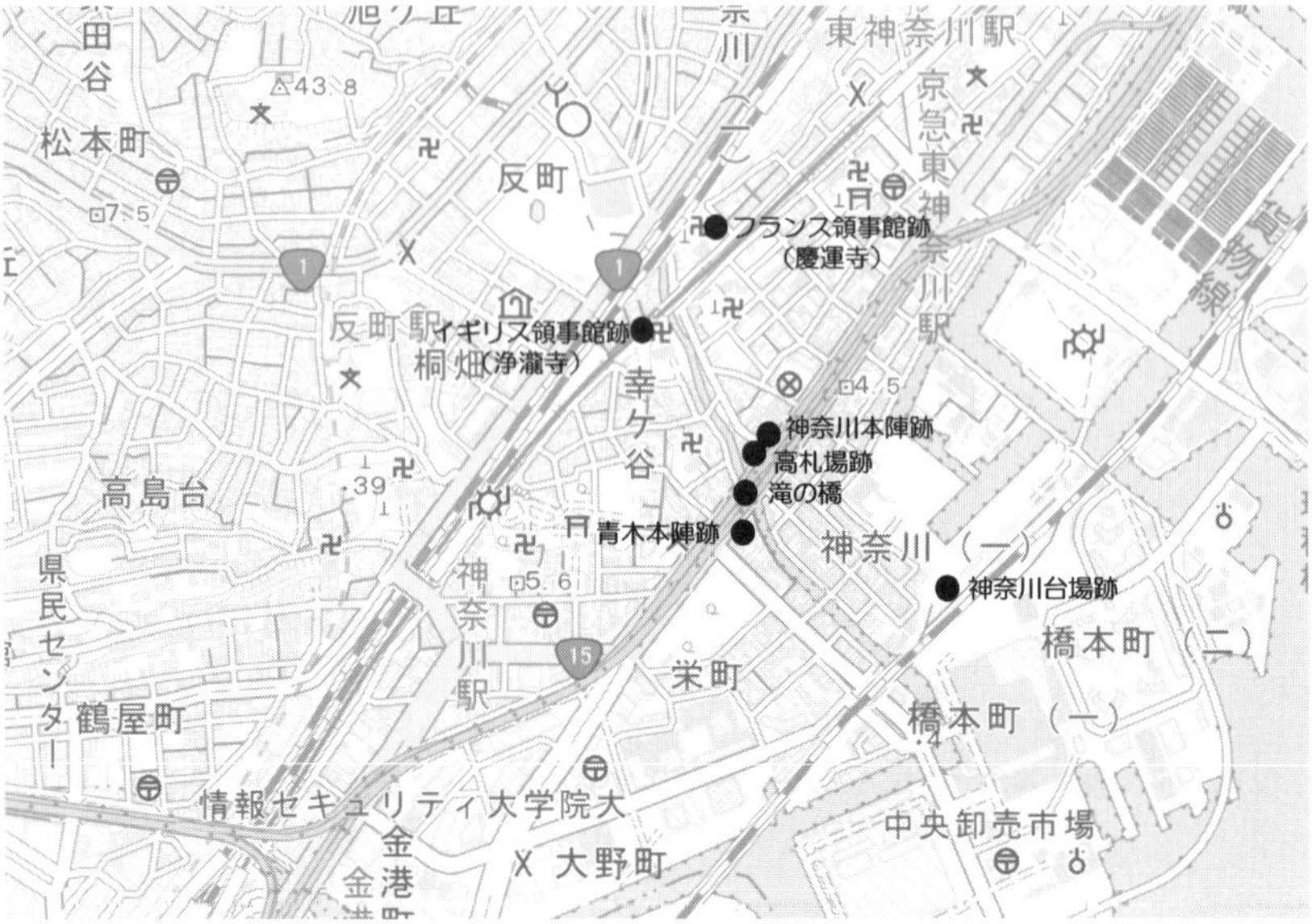

図2　滝の川周辺図（地理院地図を加工）

そぐわない種ではあるが、街の歴史に思いを致すと納得がいく。市街化される以前の一帯は「吉田新田」であり、一六五六（明暦二）年にその埋め立てが始まる以前、そこには「入海」と呼ばれる浅海が広がっていた（図1）。当時の大岡川の河口は現在の蒔田公園付近にあり、黄金町駅付近の大岡川は入海の北岸に、中村川は南岸にあたる。今見る川は、それぞれ埋め立てに伴ってできた流路だったのである。

元々海だったことや、後に埋め立て地に掘割川が開削されたことにより、現在も海水の影響を受けやすい川となっていることから、そうした魚を見ることができたのであろう。

旧東海道神奈川宿にて

旧東海道に沿って歩くと、神奈川宿付近に滝の川が流れ、その上に滝の橋が架かる。かつてその両岸に本陣があり、北岸には高札場もあった。河口付近には漁家も並び、幕末にはその先に神奈川台場も築かれた。埋め立ての進行に伴い、滝の川の河口も移動し、葛飾北斎の浮世絵（第Ⅰ部　島川）に名高い神

図３　滝の川を泳ぐクロダイとアカエイ（筆者撮影）

奈川沖の景観も今は一変している。一方、上流側は暗渠化が進み、本来は広い流域を持つ滝の川（第Ⅱ部 太田原）も、現在見ることができるのはＪＲ線高架下以南の数百メートルのみとなった（図２）。

ここにも海からの魚が入り込む。滝の橋と土橋の間に整備された遊歩道からもボラ、クロダイ、アカエイをよく見る（図３）。幕末に置かれた右岸の英国領事館跡、左岸の仏国領事館跡付近や、さらに上流のＪＲ高架下でも見かけることがある。水質が悪化した時期は姿を消したとも聞くが、これらは元来汽水域（淡水と海水が入り交じる水域）に入り込む魚でもある。江戸時代の旅人も目にすることができたものと思われる。ここで見る魚種は雨が多い時には一変する。上流からの真水の勢いが増し、暗渠の下で肥大化したコイが下ってきて主役と化す。魚種の変化は川の塩分濃度を反映したものでもあった。

北久里浜にて

三浦半島最大の河川で、久里浜湾に注ぐ平作《ひらさく》川でも多くの魚を目にすることができる。現在の河口から四㎞ほど上流のＪＲ北久里浜駅付近においてもクロダイやボラ、時にクサフグを見る。クロダイは森崎人道橋より下流に多いが、ボラはさらに上流でも見ることができる。護岸を見ながら川を下ると次第にマガキやウミウシの仲間が張り付くのが見えるようになり、クロダイがマガキをついばむ様子も見られる。

相模国の元禄国絵図を見ると（図４）、久里浜湾は夫婦橋を大きく超えて内陸に入り込んでいる。「入江」の文字や着色の違いも見えることから、浅海ないし干潟が形成されていたものと考えられる。また、湾奥には「森崎」の地名が見られることからクロダイを見かけた森崎人道橋付近も近世の埋め立て以前は海の範囲であったことが

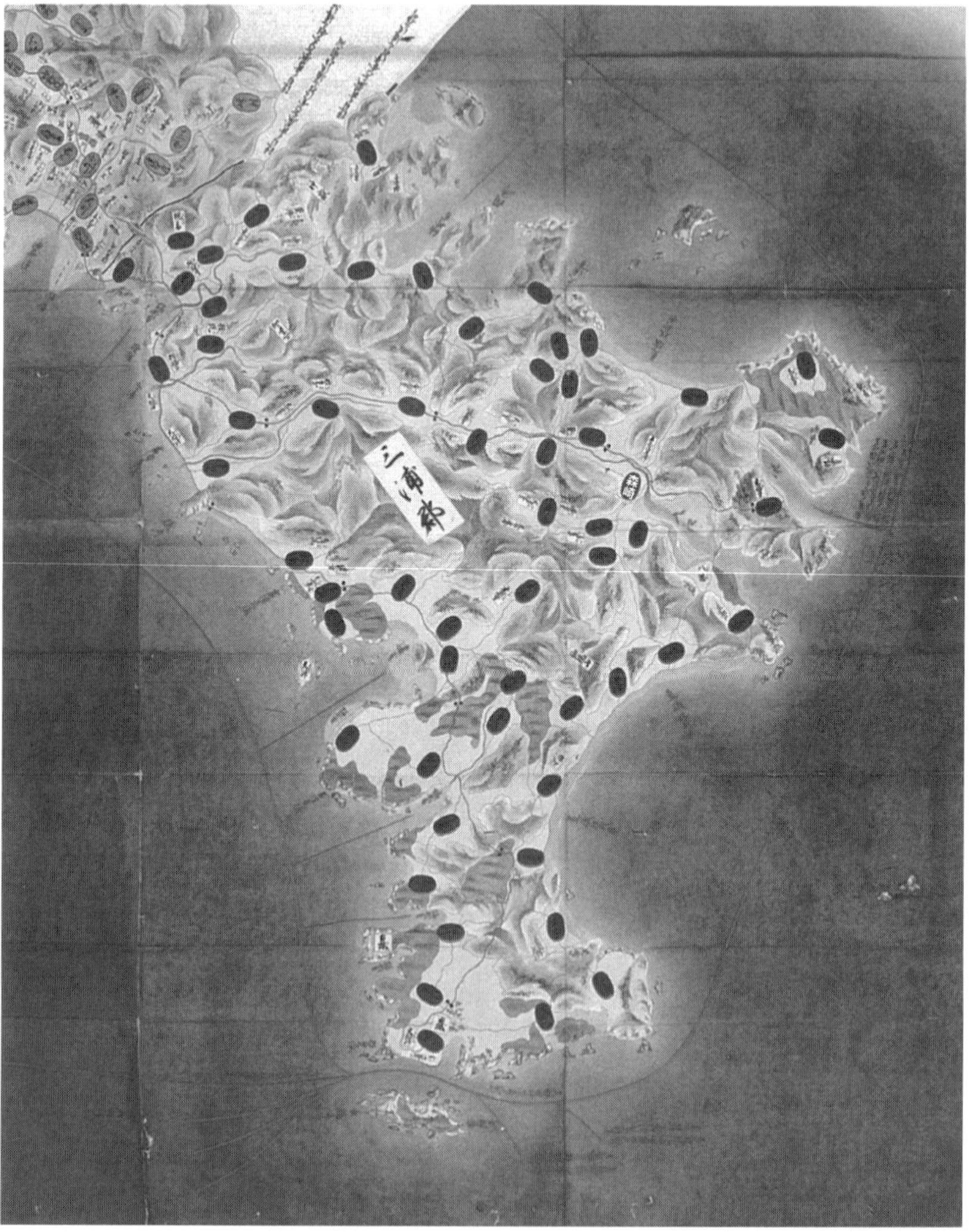

図4　元禄国絵図相模国（部分）（横須賀市編2011より複写、原資料国立公文書館）

わかる。

現在の久里浜湾の海岸線は、新田開発と後の宅地化で押し出された位置にあるが、こうした人為の他、気候変動によっても海岸線の位置は変わる。氷期でもある旧石器時代には海水準が今より低く、埋め立てるまでもなくこれらの地域は陸地化していた。一方、温暖化が進んだ縄文時代には海水準が上昇し、ピーク時には森崎よりさらに三㎞ほど上流まで海が入り込み、汽水域や干潟が形成されていたと推定されている。

縄文人はそうした場所を好んで漁場としており、平作川の右岸の舌状台地（細長く伸びた半島状の台地）上には縄文時代早期の茅山貝塚、左岸の舌状台地上には吉井貝塚がある（第Ⅱ部 太田原）。それぞれマガキを主体とする貝層からクロダイやスズキの骨も多数確認されている。街中の川で見かける魚介類は、縄文人が貝塚に残した種と重なるものでもあった。

横浜や横須賀では、街中に貝塚が残されており、街中の博物館等で貝塚から出土した魚の骨も見ることができるが、それだけではなく、街中で〝生きた標本〟も見ることができるのであった。川を覗き込みながら街の来し方に思いを馳せてみてはいかがだろうか。

〔引用文献〕

横須賀市編『新横須賀市史　通史編　近世』横須賀市、二〇一一年
横浜市歴史博物館編『横浜の礎（いしずえ）吉田新田いまむかし』横浜市歴史博物館、二〇〇六年

第II部

海と港から見る神奈川（2）歴史編

貝塚に見る今昔——横浜・横須賀の貝塚から ——— 太田原潤

横浜を生きた遊女と娼婦——二度の「開国」の最前線に立った女たち ——— 平山　昇

【コラム】横浜開港の恩人は誰なのか？——掃部山公園の井伊直弼銅像をめぐって ——— 木村悠之介

〈学生研究〉外国人居留地制度下の横浜における「洋楽」の様相

横浜でパンデミックの痕跡を歩く ——— 市川智生

横浜中華街 ——— 伊藤泉美

遺体は悩む、故郷か異郷か——中華義荘 ——— 中林広一

〈学生研究〉横浜にある外国人墓地

横浜から見えるビールの歴史 ——— 平山　昇

軍都横須賀の旅館業と軍港観光——新井屋旅館の資料から ——— 山本志乃

貝塚に見る今昔
――横浜・横須賀の貝塚から――

太田原　潤

はじめに

近年、地球温暖化の問題が話題に上がることが多いが、かつて温暖化の影響で実際に海水準が大きく上昇した時期があった。「縄文海進」と言われる時期で、そのピークは今から五〇〇〇年前から七四〇〇年前頃と推定されている[1]。東京湾は内陸まで入り込み、大宮台地を挟むように東側は茨城県古河市や群馬県板倉町、西側は埼玉県川島町付近まで海岸線が到達したと推定される。東京湾周辺は貝塚密集地帯として知られるが、湾の拡大を反映して、海の無い埼玉県においても貝塚が見つかる。

神奈川県でも多数の貝塚が確認されているが、その中でも横浜市や横須賀市の貝塚は考古学研究の上で重要な役割を果たした貝塚も少なくない。縄文土器の型式名に名を残した遺跡も多く、野島式、称名寺式は横浜市の、夏島式、大浦山式、田戸式、茅山式などは横須賀市の貝塚に因んだ土器型式である。これらは縄文時代の編年研究に貢献した貝塚でも

（1）遠藤邦彦ほか『縄文海進―海と陸の変遷と人々の適応―』冨山房インターナショナル、二〇二二年

ある。

服装や髪型に流行があるように、土器にも流行がある。撮影時期不詳の古い写真でも、写っている人の服装などを見るといつ頃の年代の写真かわかるのと同様に、土器もその形や文様の特徴から時期を絞り込むことができる。土器型式はそうした年代の指標となるものであることから、横浜、横須賀の貝塚で多くの土器型式が設定されたということは、それだけ変化を追いやすい地域であったということであり、調査や研究が盛んで先駆的だったということも意味している。ヨコハマ・ヨコスカは現代の流行の先端を知ることができる街との印象があるが、その地下に埋もれた土器からも過去の流行の推移や、研究の先端を読み取ることができるのである。

とは言え、都市化が進んだ現代では、現地に行ってもそこに縄文人の生活があったことの片鱗すらうかがうことができない貝塚も少なくない。一方、意外にも今でも縄文人が利用した貝をそのまま目にすることができる貝塚もある。どちらにしても、その場所なりの歴史が刻まれており、貝塚に立つと、さまざまなことに思いを巡らせることができる。

貝塚を説明するとなると、どうしても出土した遺構や遺物の話に傾きがちであるが、ここでは、その貝塚がもつ学問的な意義に触れつつも、貝塚周辺の今昔の変化をたどり、貝塚巡りの新たな視点も探ってみることとしたい。

1　滝の川と三ツ沢貝塚（横浜市）

横浜市営地下鉄三ツ沢下町駅から南方に二〇〇メートル程も進むと「三ツ沢せせらぎ緑道」に突き当たる。その一画に複数の案内板があり、一枚に三ツ沢貝塚についての解説が見える（図1）。この遊歩道は暗渠化された滝の川（**第Ⅰ部 太田原**）に沿ったもので、それと並行するように丘陵が続く。そこに滝の川によって開析された谷が樹枝状に入り込んで起伏が多い地形となっているが、三ツ沢貝塚はこの丘陵の標高四〇メートル前後の尾根上にある。

一九〇五（明治三八）年、スコットランド出身の医師N・G・マンロー（満郎）[2]が発見し、発掘調査を行った貝塚で、縄文時代中期から後期にかけての土器などとともに、ハマグリを主体とする海棲の貝類で構成される貝層が検出された。貝層は厚いところで約一メートルあり、貝層の下からは竪穴住居跡も確認された。

この調査は当時の発掘調査としては画期的なものであった。それまでは、短期間で、必要とするものだけを持ち帰る調査が主流であったのに対し、七か月という長期間にわたる本格的な発掘調査を行ったことや、トレンチ法[3]によって貝塚調査を行ったこと、分層発掘[4]に

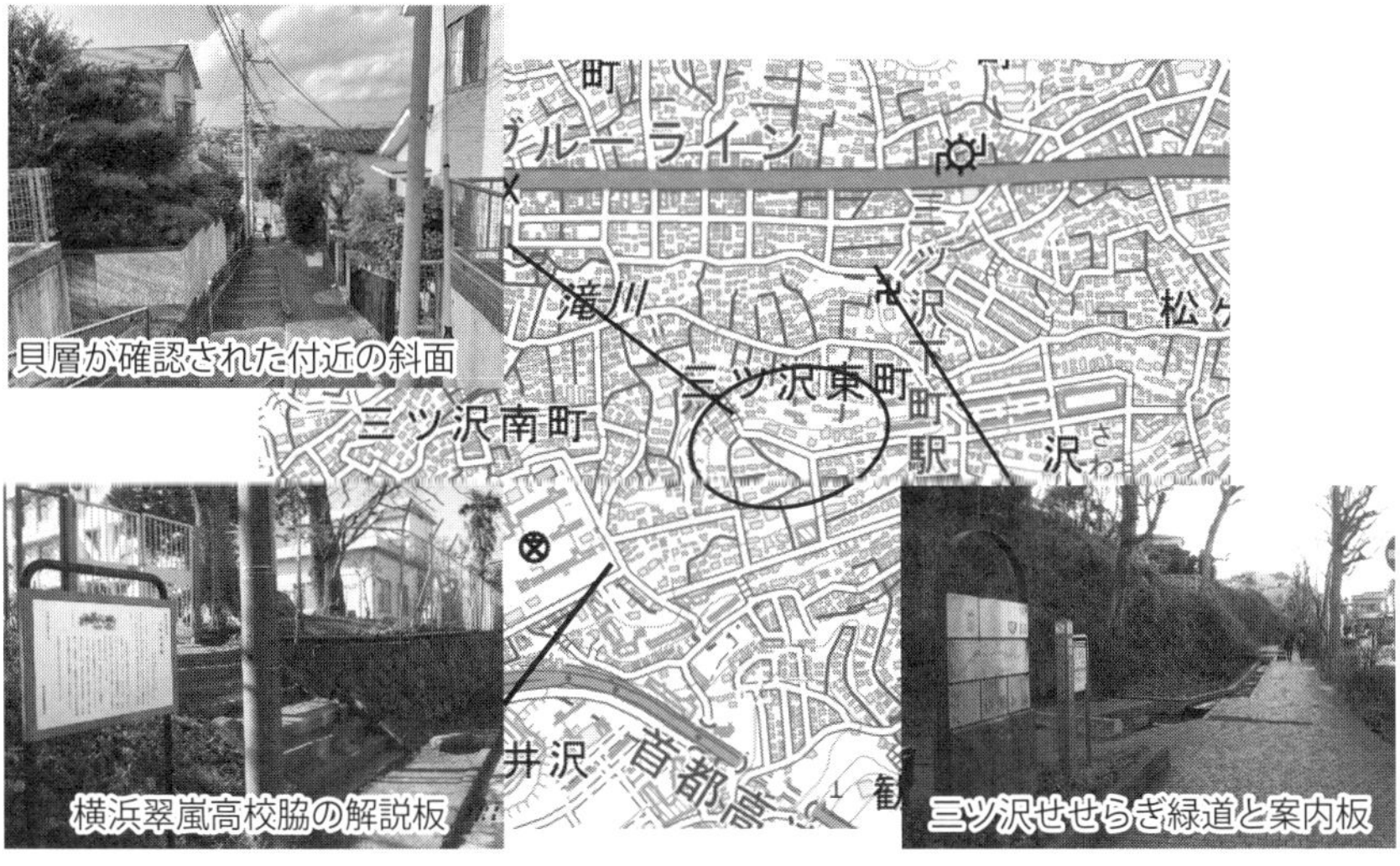

図1　三ツ沢貝塚位置図（楕円付近がおおよその範囲：地理院地図を加工、写真は筆者撮影）

より遺物の時期的な変化をとらえようとしたことなど、精緻な調査が試みられた。今日では当たり前のことではあるが、当時としては先駆的な取り組みであった。また、五体の人骨を検出し、日本人種論にも一石を投じた。

三ツ沢貝塚は、横浜市地域史跡に登録されているものの、特に整備されているわけではなく、先に示した緑道の案内板の他に、神奈川県立横浜翠嵐高校敷地の南東角付近に市教育委員会が設置した解説板があるのみである。同校は丘陵頂部にあり、三ツ沢貝塚の貝層は、その付近から東側に延びる尾根の縁辺部で確認されている。周辺一帯は今、尾根も谷も埋め尽くすかのように建物が立ち並び、貝塚を見ることはできないが、この一帯に作られた建物の最初期の一軒がマンローが調査した縄文時代の竪穴住居ということになる。

丘陵上で縄文時代の集落が形成されていた当時、縄文海進のピークは過ぎており、海岸線は既に後退を始めていたものの、今よりは近い位置にあったと考えられる。縄文人は丘陵から降りて海に出て貝類を採取して戻り、集落脇の斜面を貝殻の捨て場としていたのであった。

（2）当時マンローは横浜で医師をしており、一九〇五年の二月に日本に帰化し満郎家を創設した。『N・Gマンローと日本考古学　横浜を掘った英国人学者』横浜市歴史博物館、二〇一三年

（3）細長い区画を設定し、地山まで掘り下げる調査法。試掘調査で多用される。

（4）通常古い層の上に新しい層が順次重なることから、その層を識別し、層位毎に掘り下げることで時間的な関係性を把握しながら行う調査。

2　平作川と吉井貝塚・茅山貝塚（横須賀市）

平作川《ひらさく》は三浦半島最長の河川で、大楠山山麓付近の源流から、ＪＲ横須賀線と平行するように流れて久里浜湾に注いでいる。久里浜は幕末にペリーが上陸した場所としても知られるが、近世前期においては現在よりかなり内陸まで入り江が入り込んでいた（**第Ⅰ部　太**

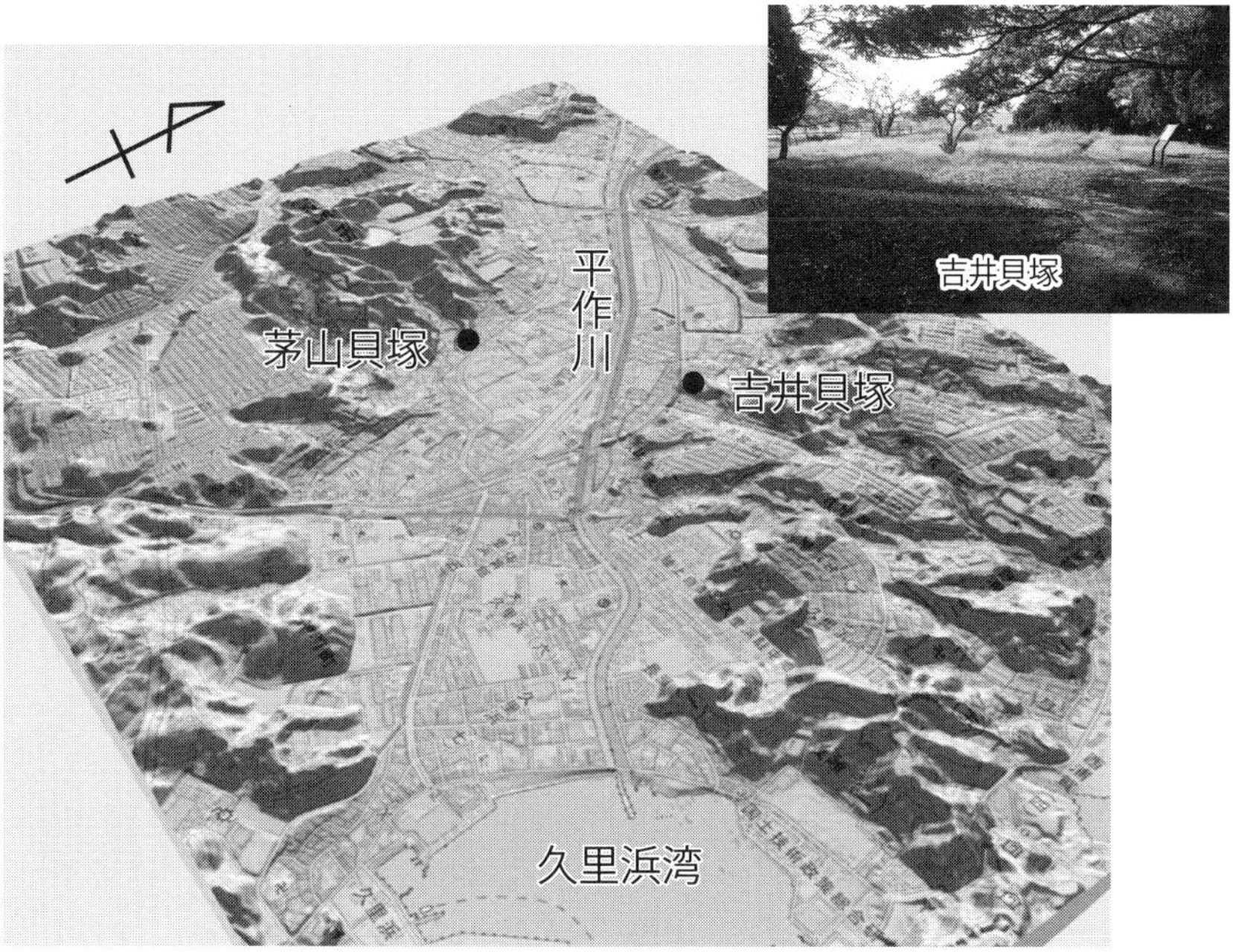

図2　吉井貝塚、茅山貝塚位置図（地理院地図を加工、写真は筆者撮影）

田原）。縄文海進の時期にはさらに内陸まで海が入り込み、そのピークの縄文時代前期には、現在のＪＲ衣笠駅よりさらに奥まで湾が入り込み、「古久里浜湾」とも言うべき狭長な内湾が形成されていたと推定されている[5]。現在住宅が建ち並ぶ平作川流域の低地部分はほとんど海だった時期があったことになる。

現在の平作川の河口から二キロメートル弱上流の左岸側で標高約三一メートルの台地上に吉井貝塚、右岸側で標高二六メートルの台地上に茅山《かやま》貝塚がある（図2）。

茅山貝塚は県指定史跡

（5）遠藤邦彦ほか前掲書（1）ほか

で、縄文時代早期後葉茅山式土器[6]の標識遺跡としても知られる。数度の調査により、茅山式は上層と下層に細分され、他の型式との新旧関係も明確となって縄文時代早期後半の土器型式の変遷が明らかになった。貝塚がある台地上には寺院があり、そのわきに解説板がある。貝塚は斜面にかけて形成されており、斜面の裾野でも貝が散布している様子を見ることができる。

吉井貝塚には源平盛衰記にみえる怒田《ぬた》城に比定される城跡も重なっており、吉井城山貝塚とも呼ばれる。城跡も含めて県史跡に指定されており、要所に解説板や遺構の表示も設置され、園路も整備されている。土が露出しているところではそこここに貝が散布しており、そこが縄文時代の貝塚であったことが実感される。また、頂上からは平作川の対岸に茅山貝塚も見える。貝層は複数あるが、茅山貝塚と同時期の茅山下層式期のものは縄文時代早期のものとしては全国屈指の規模を誇るもので、漁撈に関する骨角器も豊富に出土した。

茅山貝塚も吉井貝塚も出土した貝の主体を占めるのはマガキで、魚骨はクロダイ、ボラ、スズキなど汽水域にも入り込む沿岸魚が見られるほか、マダイが大きな比重を占めている。

3　平潟湾と野島貝塚（横浜市）・夏島貝塚（横須賀市）

平潟湾と野島貝塚

横浜市で潮干狩りというと金沢区の「海の公園」や「野島公園」が知られる。潮干狩り

（6）縄文時代早期は前葉、中葉、後葉、末葉に区分される。本章で取り上げた夏島式は前葉、野島式、茅山上層式、茅山下層式は後葉に含まれる。

シーズンの休日の干潮時ともなると大勢の人で賑わう。

海の公園では砂浜と緑が広がるが、その砂浜は千葉県から運んだ砂で作られたものだという[7]。それに対して野島公園の野島海岸は横浜市で唯一の自然海浜とされる[8]。

平潟湾の埋め立ては新田開発によって既に江戸期から始まっているが、明治以降は湾口部にも及び、湾の形は大きく変わった。そうした改変の中で潮干狩りができる砂浜を人工的に作り出したわけであるが、実は、そうするまでもなく、平潟湾周辺には自然のままの潮干狩り適地がそこここにあった。

図3は歌川広重の「金澤八景　平潟落雁」の浮世絵である。主題の落雁に目が行きがちであるが、前景には平潟湾の干潟で潮干狩りをする人々の様子が描かれ、その背後に野島も見える。江戸時代においても野島周辺で盛んに潮干狩りが行われていたことがわかる。

野島には縄文時代早期後葉の野島貝塚もある。昭和二〇年代に何度か小発掘が行われ、標高五三メートルの山頂部縁辺とそれに続く斜面からマガキを主体とした貝層が確認され、出土した土器を元に「野島式」が設定された。横浜市内では最古の貝塚で、山頂の一角には横浜市指定史跡の標柱や、解説板もある。今もその付近を歩くと、ところどころに貝が散布している様子を見ることができる。破片が多いがよく見るとマガキなど原形を留めている貝も見られる。これらは縄文人が残した貝であるが、現生のマガキを見ることができる場所もある。野島の南側には埋め立てを免れた干潟も残っており、干潮時に一面マガキが露出する（図4）。縄文時代には野島の周囲にこうした干潟が広がり、そこにできたマガキ礁が利用された可能性も考えられる。

野島貝塚は野島公園の中にあり、比較的自由に歩くことができることから、現在の海岸

（7）　公益財団法人横浜市緑の協会　海の公園　施設概要　https://www.hama-midorinokyokai.or.jp/park/uminokouen/about/outline.php 最終アクセス二〇二四年二月二五日

（8）　公益財団法人横浜市緑の協会　野島公園／旧伊藤博文金沢別邸　野島海岸　https://www.hama-midorinokyokai.or.jp/park/nojima/stroll.php#kaigan 最終アクセス二〇二四年二月二五日

図 3　歌川広重「平潟落雁」(国立国会図書館蔵)

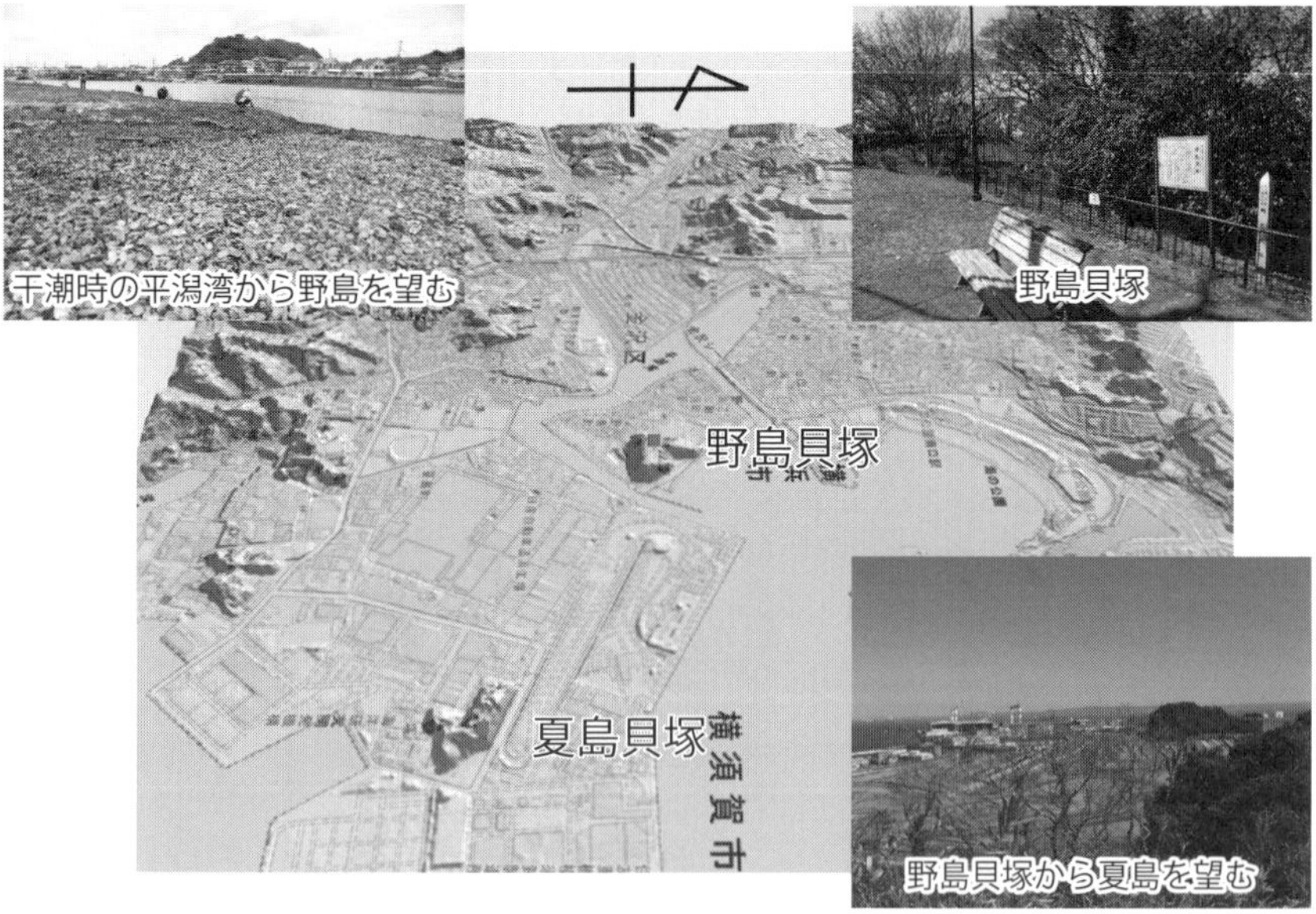

図 4　野島貝塚、夏島貝塚位置図(地理院地図を加工、写真は筆者撮影)

で現生の貝を見、貝塚で縄文時代の貝を見ることができる。山頂の展望台からは周囲の景観を見渡すこともできる。

夏島貝塚

野島貝塚から東側を望むと日産自動車追浜《おっぱま》工場のテストコースが視界に入る。その隣に見える緑の小山が夏島で、山頂付近の標高四五メートル前後の緩傾斜地で夏島貝塚が確認されている。野島との間に市境があることから、[9]夏島の所在地は横須賀市となる。夏島貝塚は国指定史跡で、脇を通る道路に「夏島貝塚通り」の名を残し、その道路沿いに解説板もあるが、工場地帯の中にあり、史跡整備も行われていないことから、野島貝塚から遠望するのも一つの見学の仕方となる。

夏島貝塚は、一九五〇（昭和二五）年、一九五五年に明治大学によって発掘調査が行われ、縄文時代早期から前期にかけての貝塚であることが確認された。この調査では多くの成果を得ることができたが、特に次の三点を強調したい。

第一点は、縄文時代早期から前期の土器型式の変遷を明らかにしたことである。貝塚の堆積状況が良好で、土器型式の層位的な関係性から従来の早期前葉の土器型式に見直しを迫り、新たに「夏島式」も設定してそれらの新旧関係を明確にした。また、それらに後続する土器型式との関係性も把握することができたことにより、縄文時代早期の編年の確立に大きく貢献した。

第二点は、そうした土器型式とそれに伴う魚介類との関係性の把握から、初期の海産資源の利用のあり方を明らかにしたことである。夏島式の段階の貝層は干潟を主な生息域と

（9）武蔵野国と相模国の国境でもあった。

するマガキを主体にハイガイなどを含むものであったが、その貝層の下に感潮域[10]を主な生息域とするヤマトシジミの小規模な堆積があったとされる。そうした層位的な関係性から貝類の利用は感潮域に始まり、徐々に干潟に進出した過程を伺うことができる。夏島貝塚は全国的にみても最初期の貝塚に位置づけられるものであることから、縄文人の海産資源の利用がどのように進展したかを知るうえでも貴重な例となった。

　第三点は、夏島式土器の段階の試料を用いて放射性炭素年代測定を行ったことである。マガキから九四五〇±四〇〇ＢＰ、木炭から九二四〇±五〇〇ＢＰ[11]との年代値が得られたが、この値は当時の縄文土器の年代観からすると突出して古く、世界的に見ても最古級の土器であることを示唆する年代であったことから、測定方法の有効性も含めて大きな議論を巻き起こした。以後懐疑的な見方をする研究者も少なくなかったが、放射性炭素年代測定の考古資料への活用が進展する一つの契機となった。その後、測定技術も進歩し、より実際の年代に近づける暦年較正《れきねんこうせい》[12]の精度も高まり、現在では信頼度の高い年代測定法として広く普及している。議論を呼んだ測定値も妥当性をもって受け止められ、較正年代にすると、夏島式土器の年代は約一万年前のものと考えられるようになった。

おわりに――貝塚巡りの新たな視点

　神奈川県には多くの貝塚があり、ここで取り上げた例はごく一部に過ぎないが、貝塚から出土した資料を通じて漁撈技術の進展のあり方も見えてきた[13]。博物館等で貝塚資料を見

（10）　河口や潟など海水と淡水が混じる低塩分の汽水域。そうした水域に生息するヤマトシジミなどの貝類の群集を感潮域群集という。貝類の生息域に関しては、松山義章『貝が語る縄文海進―南関東、＋2℃の世界』有隣堂、二〇〇六に詳しい。

（11）　放射性炭素年代測定法は、炭素14の放射壊変の半減期を五五八〇年とし、一九五〇年から遡った年数にBPを付して表す。

（12）　BPであらわされた放射性炭素年代は、大気中の炭素14の濃度が一定であると仮定して産出されるが、実際には一定ではない。近年その濃度変化の詳細が解明されつつあり、実際の年代に近づけるための補正を暦年較正という。それによって得られた放射性炭素年代は較正年代といい、ｃａｌを付してｃａｌＢＰと表す。

（13）　貝塚に関する考古学的所見と漁撈に関する民俗学的所見を検討することで、縄文時代の漁撈がキワからオキへ展開していくことが確認された。太田原潤「漁撈活動から見たヤマアテの初源―〝絵図なき漁場図〟の遡及的検討」『歴史と民俗』38　神奈川大学日本常民文化研究所論集

学する際には、時期ごとの魚種や漁撈具の違いにも注目してほしい。

38、平凡社、二〇二二年

貝塚の現地に行った際には、想像力を働かせながら周囲を見ると、地球温暖化に伴う海水準変動も実感として受け止めることができる。最終氷期最寒冷期の海面は、現在より一二〇メートルほども低下していたと推定されているが、温暖化に伴い氷河や氷床などが融けて海水準の上昇が始まった。

野島貝塚に立って夏島貝塚方向を望むと埋め立て地の周りに海面が見えるが、夏島貝塚が形成された約一万年前の海面は現在より四〇メートルほども低かったと推定されている。すでに完新世に入り、ハイガイが生息するほどに温暖化が進行していたものの、海水準はまだ上昇の途上であった。夏島は現在埋め立て地に囲まれているが、その範囲を超えてさらに沖合まで陸地が広がっていたことになる。当時の夏島は島嶼ではなく、追浜側から突き出した半島状の岬で、その高さが現状の倍近くにも感じられるほどに海面は低い位置にあったことになる。

その後も温暖化傾向は続き、野島貝塚の八四〇〇年前頃までには夏島貝塚段階よりさらに海水準が上昇したが、それでもまだ現在より低い位置に海面があったと推定される。現在潮干狩りをしているような場所には陸地が広がり、干潟や砂浜まではもう少し距離があったものと考えられる。

吉井貝塚に立って茅山貝塚方向を望むと、眼下に住宅地が広がる。両貝塚が最大化したのは縄文時代早期後葉であるが、茅山貝塚では前期、吉井貝塚では中期の貝層も確認されている。この間に縄文海進はピークを迎えており、現在よりも数メートル高い位置に海面があったと推定される。今の住宅地付近には海が広がっていたことになる。

その頃は滝の川でも下流域に海が入り込んだものと推定されるが、縄文海進もピークを過ぎると今度は徐々に海面が低下することになる。三ツ沢貝塚が形成されたのは縄文海進もピークが過ぎ、海岸線が後退し始めてからのことと考えられる。

その後、海面はほぼ現在に近い高さで推移しているが、夏島貝塚から三ツ沢貝塚の段階に至るまでの間だけでみても、温暖化に伴う海水準の変化は四〇メートル以上もあり、それに縄文人が適応してきたことがわかる。

海水準の変化は、長周期の氷期、間氷期の繰り返しに連動したものでもあるが、それ以外の寒暖の変化もある。近いところでは近世の小氷期が知られており、それを脱して以降、気温は上昇傾向にあった。こうした自然の力には抗えるものではない。自然の状態で温暖化傾向にあったところに、近代以降の人の活動がそれを助長し、現代社会はそれに拍車をかけている。

いにしえの縄文人の生活に思いを馳せつつ、現状の問題を直視し、今後について考えるのも新たな貝塚めぐりのあり方の一つと言えるのではないだろうか。

横浜を生きた遊女と娼婦
——二度の「開国」の最前線に立った女たち——

平山 昇

輝かしい面ばかり見せるのが国際都市だとは思わない。歴史の裏の部分をも掘り起こし、直視し、その上で未来を考えてこそ、ほんとうの意味で国際都市になったと言えるのではないだろうか。見せたくないところはこそこそと隠し、うちはこんなに清く明るい街ですよ、と媚びてみせるようでは、逆に恥ずかしい。(1)

(1) 山崎洋子『天使はブルースを歌う 横浜アウトサイド・ストーリー』亜紀書房、二〇一九年、二八八頁。

はじめに ——二度の「開国」

「日本観光企業株式会社」

この会社名を見て驚く人はいないだろう。ごくふつうの観光関連の会社と思うのではないだろうか。だが実は、この会社の前身となったのは「特殊慰安施設協会」。日本が戦争に敗れた直後、占領軍の将兵たちに性的な慰安を提供するために設けられた組織である。(2)

私が勤務するのは神奈川大学みなとみらいキャンパスである。「みなとみらい」と聞け

(2) 坂口勇造編『R・A・A協会沿革誌』一九四九年、五六頁（復刻、『性暴力問題資料集成』第一巻、不二出版、二〇〇四年、三二九頁）。

ば多くの人がキラキラしたイメージを抱くだろう。だが、港町ヨコハマの歴史を丁寧にひもとけば、二度の「開国」の衝撃によってさまざまな光と闇が生じたことがみえてくる。二度の「開国」とはどういう意味か。大西比呂志はこう記している。

ペリー来航によって日本は「開国」しました。これを第一の開国とすれば、アジア太平洋戦争の敗北後にやってきたマッカーサーによる日本占領は、第二の開国でした。〔中略〕どちらもアメリカによる開国であったこと、横浜がその最先端にあったことが共通しています。横浜はその歴史において、二度にわたりアメリカによる開国の衝撃を正面から受けてきたのです。(3)

この「衝撃」を文字通り身をもって体験したのが、横浜で外国人男性たちを相手にした遊女と娼婦である。(4)本章ではその歴史をひもといてみたい。現代の価値観では直視しがたい表現も登場するが、歴史を理解するために引用文中であることを明示したうえで記載することをご理解願いたい。

1 ある石灯籠の物語 ——「第一の開国」と横浜の遊女たち

「ハマスタ」の愛称で野球ファンに親しまれている横浜スタジアム。この球場がある横浜公園の一角に、ひとつの石灯籠がひっそりとたっている（図1）。

（3） 大西比呂志『横浜をめぐる七つの物語』フェリス女学院大学、二〇〇七年、一五四頁。傍点は引用者（平山）によるもの。以下同様。

（4） 性売買をする女性の呼称について、大川由美の以下の指摘を本章でも参考としている。「売春をする女性たちの呼称は時代や場所によって多様であるが、時代的には遊女、娼妓、娼婦の順番で新しくなっていく。本稿では基本的には史料や原著作に記載された語りを時代にかかわらず使用する」（大川由美「近代検黴制度の導入と英国「伝染病予防法」」『日本歴史』第六二三号、二〇〇〇年四月号、八五頁）。

図 1　岩亀楼の石灯籠（筆者撮影、2023 年 9 月 6 日）

図 2　歌川芳員『横浜港崎廓岩亀楼異人遊興之図』（1861 年）（慶應義塾図書館所蔵）

「第一の開国」、すなわち一八五九（安政六）年の横浜港の開港に際して、江戸幕府は横浜の関内に外国人居留地を整備するとともに、その一角に港崎《みよざき》遊郭をもうけた。(5) 現在の横浜公園の一帯である。石灯籠は、この遊郭のなかでも特に名を知られていた岩亀楼《がんきろう》（図2）にあったものである。(6) 栄華をほこった港崎遊郭は一八六六（慶応二）年におこった大火で消失するのだが、このとき数百人もの遊女たちが命を落とした。今ではその悲惨な歴史を知る人は少ないが、石灯籠は当時の面影をしのばせる貴重な遺物となっている。なお、横浜の遊郭はその後移転を繰り返しながら規模を拡大していった。

　性売買にともなって問題となるのが性感染症である。一八六八（明治元）年、横浜に日本で初めてとなる本格的な梅毒病院が完成した。性病にかかる兵士や水夫たちが多い状況に危機感を募らせた英国海軍が明治政府に働きかけて実現したものである（正式に完成する前の仮病院は岩亀楼の中におかれた）。この病院建設を率いた英国海軍医官ジョージ・ブルース・ニュートンは、兵庫・長崎でも梅毒病院を開設している。(7)

　一八七二（明治五）年に発生したマリア・ルス号事件(8)によって日本国内の人身売買が国内外から注目を浴びたことを契機に、明治政府は芸娼妓解放令を発し、芸娼妓(9)には借金の義務がないとした。ただし、このときの政府の説明は「芸娼妓は牛馬と同じで、人が牛馬に借金の返済を求めることはできないのだから、芸娼妓に借金の返済を求めるのは不可」という、現代の私たちには信じられないような理屈であった。あくまで国際的な体面を保つためであり、芸娼妓の人権を守るためではなかったのである。実際、その後この解放令は形骸化していき、全国各地の遊郭が貸座敷という形で合法的に営業を復活させていった。(10) さらに、公認された形ではなく非合法に商売する私娼も、取締りの網の目をかい

(5) 以下、幕末から明治にかけての横浜の遊郭については、神奈川県警察史編さん委員会編『神奈川県警察史』上巻、神奈川県警察本部、一九七〇年、三二八—三四一頁などを参照。

(6) この岩亀楼にいた喜遊《きゆう》という遊女が外国人の身請け（遊女などの前借金を代わって払い、その勤めから身を引かせること）の申し出を拒否して「露をだにいとう大和の女郎花ふるあめりかに袖はぬらさじ」という句を残して自殺したという伝説があるが、事実としては確認できず、攘夷家の作り話ともいわれている（原島陽一「岩亀楼」『日本大百科全書（ニッポニカ）』ジャパンナレッジ、二〇二三年八月二九日参照、「喜遊」『日本人名大辞典』同、同月同日参照）。

(7) 大川由美、前掲論文（4）。ニュートンは一八七一（明治四）年に長崎で死去した。梅毒検査の際に子宮から絞りとった油を売却して多大な利益を得ているという流言が発生するなど、長崎の遊郭界が梅毒病院の建設に強く反発し、そのことによる過労が彼の死の一因になったと考えられている（同論文、八〇—八一

くぐって根強く存在し続けた。

2　「性の防波堤」？――「第二の開国」と横浜の娼婦たち

二〇二一年一二月、横浜を代表する繁華街である伊勢佐木町を特集するテレビ番組が放送された際、横浜市出身のミッツ・マングローブさんは次のように語った。

伊勢佐木町で、私、忘れられないのは、横浜市民だったらだいたい分かると思うんですけど……メリーさん。〔メリーさんの写真が画面に映しだされると〕あっ、メリーさん！　ずっと戦後から、街にずっと立ってた伝説の娼婦さんで、ちょっとこう、架空の生き物じゃないけど、カッパを見たみたいな感じで、「今日メリーさん見ちゃったよ」みたいな……〔中略〕私はメリーさんを初めて見たのがこの伊勢佐木町で、もうあまりにも不気味なのと、不気味なのと同時に惹かれちゃって、「私こういう風になりたい」って思ったのが、メリーさんが最初なんですよね。(11)

その後SNS上では「懐かしい」「学生の頃一度だけメリーさん見たっけな」などと横浜出身者たちの投稿が相次いだ（図3）(12)。現在私が勤めている神奈川大学で横浜出身の学生たちに尋ねても知らない人がほとんどなので、メリーさんの記憶はだんだん風化しつつあるのかもしれない。だが、かつて横浜の街角に立っていたメリーさんが、敗戦後の横浜

頁）。

（8）　ペルー国船の清国人労働者（苦力《クーリー》）をめぐって日本政府にとって初めてとなる国際裁判に発展した事件。一八七二（明治五）年、ペルー国船マリア・ルス号が横浜に寄港した際、苛酷な扱いに苦しんだ苦力が脱出して、日本政府が対応することになった。日本側は引き渡しを求める船長のうったえを却下したが、翌年にペルー政府が抗議してきたため、ロシアの仲介で裁判が行われた。日本政府はこの裁判で勝利を収めた一方で、ペルーが日本の娼妓制度も人身売買であると指摘してきたため、芸娼妓解放令を発するに至った（田中止弘「マリア＝ルス号事件」『国史大辞典』ジャパンナレッジ、二〇二三年八月二九日参照）。

（9）　芸妓（芸者）と娼妓（遊女）のこと。

（10）　五味百合子「芸娼妓解放令」『国史大辞典』（ジャパンナレッジ、二〇二三年八月二九日参照）。

（11）　「出没！アド街ック天国」テレビ東京系列、二〇二一年一二月一八日放送。

（12）　「アド街ック天国で『メリーさん』が話題に！」『トレンドアットT

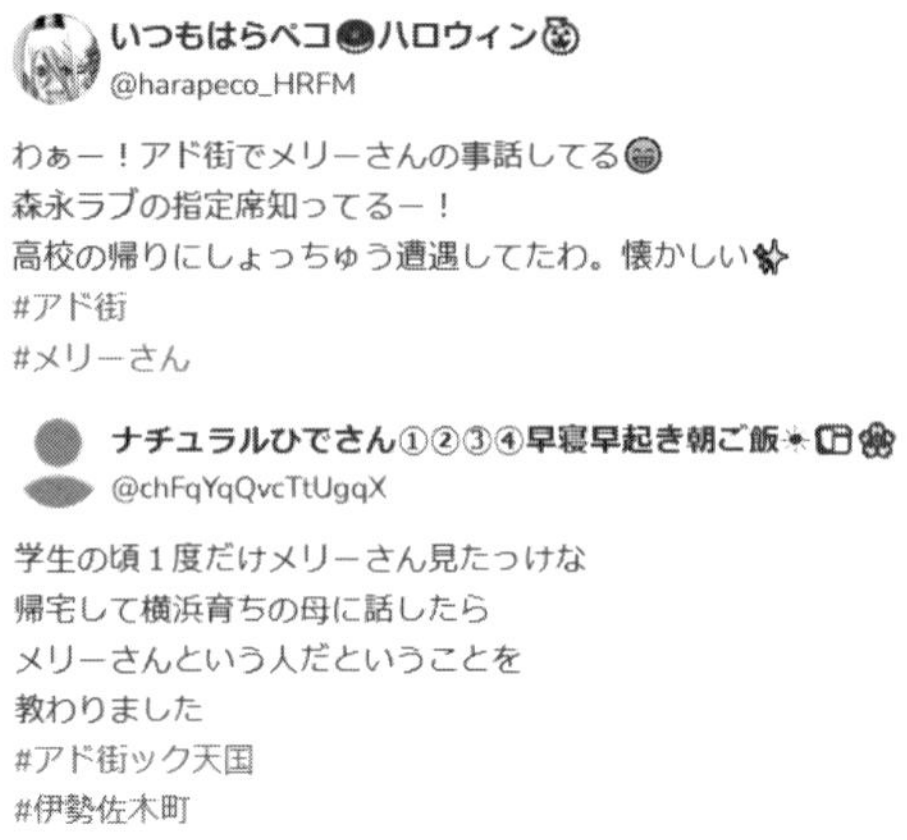

図３　テレビ番組でハマのメリーさんが取り上げられた当日のTwitter投稿
（出典）注12参照

に大勢の娼婦がいたという過去を思い起こさせる存在であったことはたしかである（巻頭口絵）。

敗戦後の横浜に娼婦たちが集まるようになったのは、占領軍の進駐という「第二の開国」の最前線となった横浜で、[13]米兵向けの慰安所施設がもうけられたことと関わっている。[14]

一九四五（昭和二〇）年八月一五日、昭和天皇みずからの声で国民に語りかける玉音放送がおこなわれ、日本は敗戦を迎えた。ここで危惧されたのが、これからやってくる占領軍の兵士たちが女性に危害を加えるのではないかということであった。早くも玉音放送から三日後の一八日には、政府（内務省警保局）から占領軍兵士向けの性的「慰安所」を設置するようにと全国の都道府県に向けて指示が発せられている（図４）。東京都では政府の後押しによって「特殊慰安施設協会（ＲＡＡ）[15]」が結成されたが、同協会がまっさきに開業したのが、ほかでもない「慰安所」だった。「進駐軍将兵にとつて、何よりも先《ま》づ慰安すべき面はセックスの満足」だと考えられたからである。[16]

驚くべきことに、神奈川県の対応は政府の指示よりも早かった。玉音放送がおこなわれたその日のうちに、神奈川県知事（藤原孝夫）は国からの指示をまたずに先手を打って「慰

Ｖ』二〇二一年一二月一八日最終更新、二〇二三年八月二九日閲覧 https://trend-at-tv.com/word/11038

（13）一九五一（昭和二六）年一〇月の時点で、沖縄を除く全国の米軍接収地の六二％を横浜が占めていた。全国各地で復興計画が進んでいくなかで、横浜は広大な米軍接収地によって長らく都市開発に苦心することになる（小風秀雅「戦災復興と都市計画」、横浜市総務局市史編集室編『横浜市史　Ⅱ』第二巻（上）、横浜市、一九九九年、二二四頁）。

（14）敗戦後の占領軍兵士を相手にした娼婦たちにまつわる歴史については、以下の文献を参照した。神奈川県警察史編さん委員会編『神奈川県警察史』下巻、神奈川県警察本部、一九七四年、三四六—三六三頁、高村直助「占領・復興期の横浜」、横浜市総務局市史編集室編、前掲書（13）、三—七頁、大西、前掲書（3）、一六一—一六五頁、平井和子『占領下の女性たち　日本と満洲の性暴力・性売買・「親密な交際」』岩波書店、二〇二三年、第一章。

（15）Recreation and Amusement Association の略。

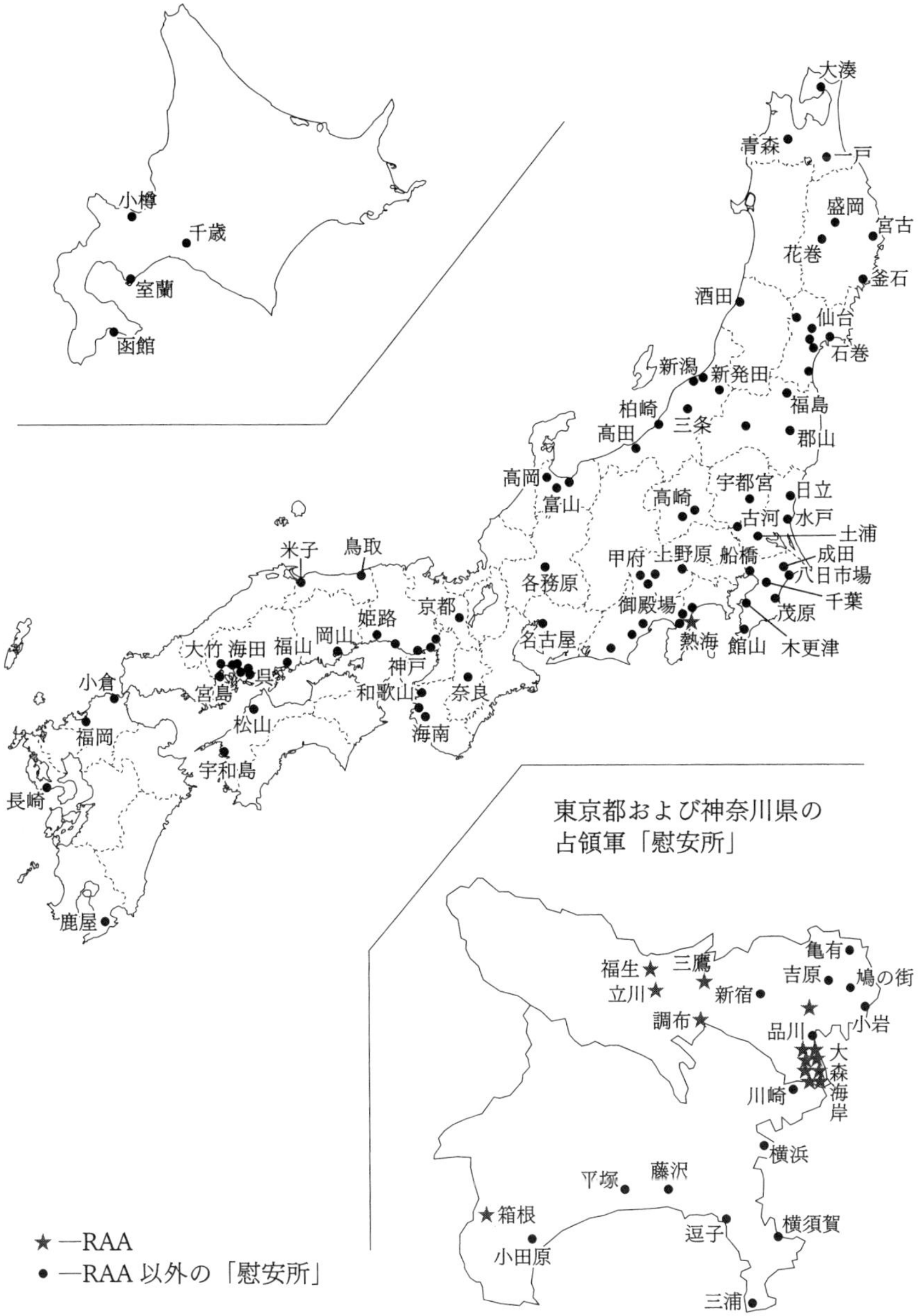

図 4　1945年 8 ～12月に設置された占領軍向け「慰安所」
（出典：平井和子『占領下の女性たち　日本と満洲の性暴力・性売買・「親密な交際」』岩波書店、2023年、39頁）

安所」の設置を警察関係者たちに指示したのである。これをうけて横浜市山下町の互楽荘《ごらくそう》に設置された性的慰安施設が営業を開始したのは、八月三〇日のことであった。横浜に進駐してきた米兵たちは、まだ準備が完了していない互楽荘に殺到して営業開始を「強要」し、「何千人という兵が列をなした」と『神奈川県警察史』は記している。[17] わずか数週間前には「鬼畜米英」が叫ばれていたというのに、いまや米兵たちを性的に「慰安」する施設が街なかに出現したのだから、世の中がひっくり返るとはまさにこのことであろう。

短期間にもかかわらずなんとか準備ができたのは、警官が「いなかに出かけて、経験者の婦人八〇人をかき集め」たからだった。布団をかき集めたのも警察だった。[18] 当時の関係者たちはのちにおこなわれた座談会で次のように述べている。

> この私たち警察部保安課のやったことがよかったかわるかったかはともかくとして、日本の一般の婦女子が進駐軍兵士の牙にかからずすんだというのは、これはこの時の女たちのためとも言えようし、また私たちも、あれはあの時としてやむをえなかったことだし、いま言ったような意味で最善をつくしたんだというふうに思っているわけです。[19]

前述のRAAが「幾千人かの人柱の上に、狂瀾《きょうらん》を阻《はば》む防波堤を築き、民族の純血を百年の彼方に護持培養する」と声明を出したことからもわかるように、[20] これら一連の対応の前提となっていたのは、「一般の婦女子」を守るための「性の防波堤」という理屈で米兵相手の性売買を正当化する姿勢である。これは戦後の沖縄でもまったく同様であった。[21] ある

(16) 坂口勇造編、前掲書（2）、二二頁（復刻、三一二頁）。
(17) 『神奈川県警察史』下巻、前掲書（14）、三四八頁、三五九頁。
(18) 同右、三四八頁。
(19) 同右、三五二頁。
(20) 坂口勇造編、前掲書（2）、四頁（復刻、三〇三頁）。
(21) 藤井誠二『沖縄アンダーグラウンド　売春街を生きた者たち』集英社文庫、二〇二一年。

いはまた、「防波堤」という言葉は使わずとも、幕末の開港の際にいちはやく遊郭を整備した幕府の対応も、まったく同じ理屈であった。

ところが、その後まもなくGHQは遊郭の公認を禁止した。さらに、米兵の性病蔓延の拡大をふせぐために、一九四六（昭和二一）年三月に慰安所への米兵の立ち入りを禁止した。やがて米兵が日本の在来の性売買施設を利用することが黙認され、娼婦たちも街頭へ流れ出て「パンパン」と呼ばれるようになる。不特定多数の男性を相手とする「パンパン」に対して、特定の男性と関係を結ぶ「オンリー」と呼ばれる女性たちもいた。横浜にかぎらず、米軍が多く進駐した地域にはこのような女性たちが数多くいた。本シリーズの『大学的相模ガイド』でも、相模大野で生まれ育った男性（一九四五年生まれ）が幼少期に「パンパン」「オンリー」が身近にいた記憶を語っている[22]。

図5　「パンパン遊び」をする子どもたち（1946年撮影、© 共同通信社／アマナイメージズ）

いつの世も子どもの遊びは時代を敏感に映し出すものである。街中で米兵と「パンパン」たちのやり取りを目にした子どもたちは、それを真似して「パンパン遊び」をするようになった（図5）。

（22）　小谷敏「「さがみ」は誰に住み良いか」、塚田修一編『大学的相模ガイド』昭和堂、一一六頁。

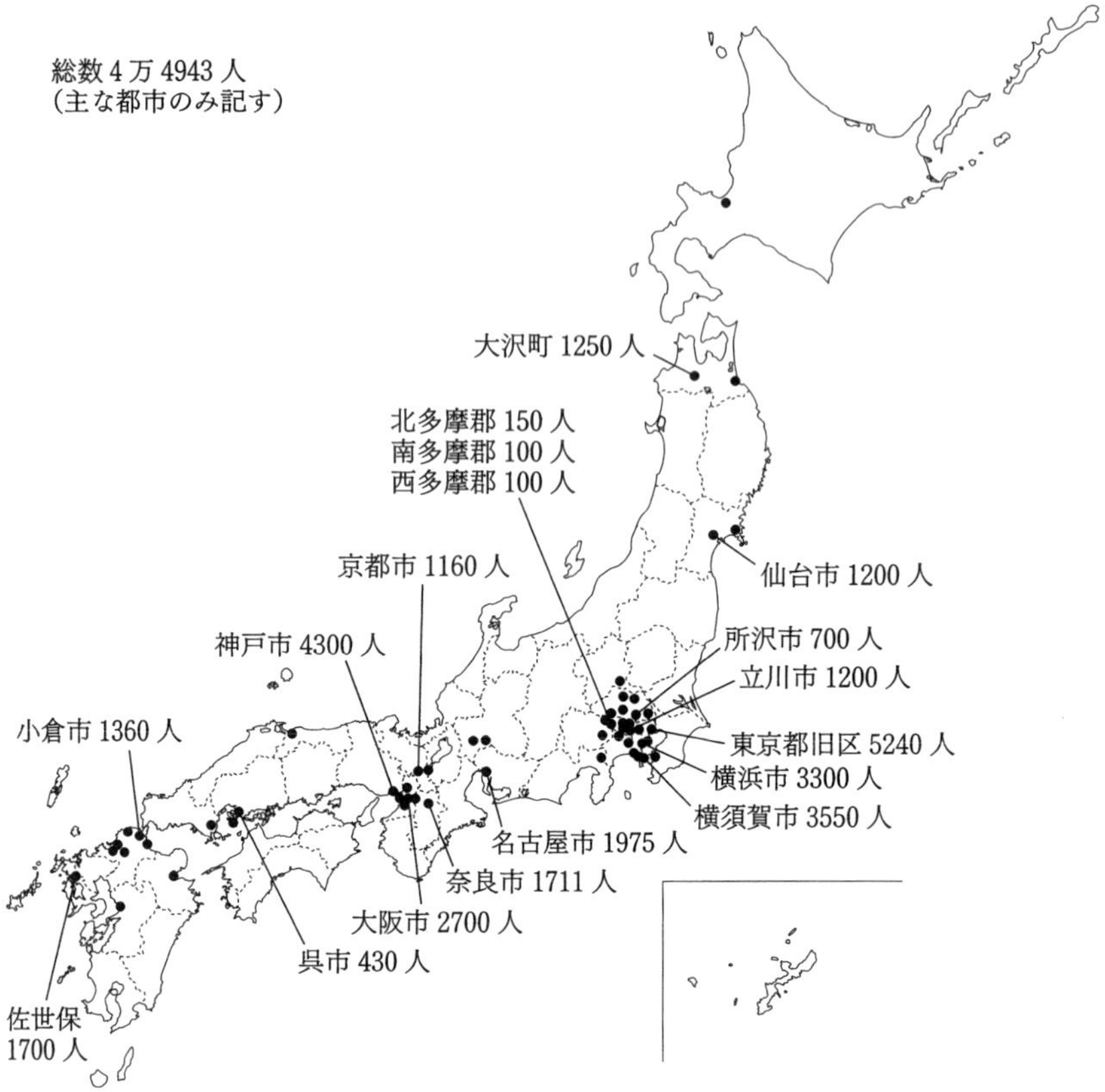

図 6　駐留軍基地周辺にいたとされる娼婦の数(「駐留軍基地周辺散娼数一覧表」厚生省公衆衛生局防疫課作成、1953年 5 月)
(出典：平井和子『占領下の女性たち　日本と満洲の性暴力・性売買・「親密な交際」』岩波書店、2023年、222頁)

屋内だけではなく畑や森など様々な場所でセックスがおこなわれたため、使用済の米国製コンドームを子どもが拾って風船がわりに膨らませて遊ぶこともあった。[23]

ところで、ある地域で性売買が大規模に行われる場合、地域や国家の経済に確実に影響を与える。[24] 実際に、全国の米軍基地の街が娼婦たちによって経済的に潤い、ひいては占領期の日本の外貨獲得の重要な回路となっていたことは、当時の国会でもはっきりと指摘され、「パンパン貿易」とすら称されていた。[25] 静岡県熱海で米兵向けの「パンパン屋」を営む父親のもとでそだったある女性は、あるとき「パンパン」を馬鹿にする言葉を口にしたところ、父親から「あの人たちのお陰で食っているんだぞ」とひどく叱られたという。[26] 彼女のように目に見える形で性売買業とつながっている境遇ではなかったとしても、性売買経済から何の恩恵も受けていないと断言できる人は、はたしてどれほどいただろうか。数千人の規模で娼婦が存在していた横浜であれば、なおさらのことである（図6）。

3　当事者の声

このような歴史を知ろうとして必ず突き当たるのが、当事者だった女性の声が後世に伝わりにくいという問題である。それでも、ノンフィクション作家や歴史研究者の粘り強い調査によって貴重な声が掘り起こされることがある。ここではまず、横浜を舞台に優れたノンフィクション作品を紡ぎ出してきた山崎洋子の著作から引用しておこう。

(23)　平井和子、前掲書(14)、二一六―二一七頁など。

(24)　これは外国人相手の性売買にかぎったことではない。現在の京都は清らかな「古都」イメージで女性観光客に人気である。ところが戦前は、繊維産業以外の産業の発達が不十分であるなかで遊郭が肥大化したため、京都府の財政は「賤業」「卑業」などと世間から蔑まれる女性たちからの税収に大きく依存していた（瀧本哲哉「戦間期における京都花街の経済史的考察」『人文学報』第一一五号、京都大学人文科学研究所、二〇二〇年六月）。

(25)　平井和子、前掲書(14)、二二一頁。

(26)　平井和子、前掲書(14)、一八三頁。

Dさんという女性がいる。現時点で、七十代の半ば近い年齢。メリーさんと同世代だ。

戦後間もない頃、彼女は伊勢佐木町を縄張りとするパンパン・グループのリーダー格だった。つい最近まで横浜で経営していたが、いまは店を閉じてひっそりと暮らしている。当時を振り返りながら、彼女は語ってくれた。

「妊娠は避けられないことだったわね。だって避妊具なんかなかったし、相手だってねえ、基地で配られても使わないことのほうが多いもの。いまだって、エイズが怖いのなんのっていうけど、男はコンドームなんかつけたがらないじゃない。性病の不安より欲望のほうが勝つのよ。こっちも妊娠の心配より、稼がなきゃって気持ちのほうが先に立つし――〔中略〕あたしももちろん妊娠しちゃったことがあるわよ〔中略〕でも、こういう仕事だから、まともに病院へ行って中絶してもらうわけにはいかないわよね。捕まっちゃうもの。そもそも、いまみたいにどこの産婦人科でも簡単に中絶してくれるような時代じゃなかったし……。だからコネを頼って、闇で中絶してくれる医者に頼むしかないんだけどね、麻酔使ってくれないのよ。乱暴だよね。相手はパンパンだからっていう意識もあったんだろうね、医者のほうも」(27)

「七十代の半ば近い年齢」になったDさんは、実名を出さない形で取材に応じ、「パンパン」だった頃の経験を赤裸々に語ってくれた。

生々しい声が記録された資料を歴史学者が発掘する場合もある。神奈川県が敗戦直後(一九四五年八月三〇日~九月五日)に「民心ノ動向」を調査して政府に提出した報告書には、

(27) 山崎洋子、前掲書(1)、九九—一〇〇頁。同書は一九九九年に毎日出版社から刊行されたものを復刊したものであるため、引用中の「現時点」は一九九九年前後のことである。

横浜市内で娼妓をしていたある女性（二四歳）が、約三〇名の米兵によって集団レイプされたことについて語った言葉が記録されている。

私ハ米兵四人ニ連行サレ約三十名ノ米兵ニ輪姦セラレマシタガ斯《かか》ル行為ガ敗戦ノ結果ニ来《よ》ルモノナラ　日本婦人全部ハ原子爆弾ニテ最後ヲ遂《と》ゲタ方ガ寧《むし》ロ幸福ダロウト思ヒマス。
斯《こ》ノ種屈辱ヲ受ケタ婦人ガ他ニ在ルトスルナラバ恐ラク私ト同感ダロウト思ヒマス。
私ガ如キ下卑《げび》ナ女ニハ自刃《じじん》スル力モアリマセン。誰ヲ恨メバイヽ《ぃ》デセウ。(28)

4　言語はどうしたのか？

米兵を相手に商売するとき、言葉はどうしたのだろうか。外国人を相手に商売をする人が片言の外国語で必要最低限のコミュニケーションをするというのは古今東西で同じことだが、なかには商売を有利にするために「勉強」をする人もいる。時代はくだるが、ベトナム戦争期に横須賀の歓楽街（どぶ板通り）のスナックで働いていたという女性は次のように証言する。

英語、習ったわよ〔中略〕だって米軍兵士相手だもん、英語ができるのとできないのとじゃあ稼ぎが全然違ってくるのよ。どんな仕事にも勉強と工夫は必要だわね。(29)

(28)　粟屋憲太郎・川島高峰（編集・解説）『敗戦時全国治安情報』第一巻、日本図書センター、一九九四年、二〇二頁。この史料については平井、前掲書（14）、三四―三五頁に教えられた。

(29)　山崎洋子、前掲書（1）、一二六頁。

『神奈川県警察史』には、一九四五（昭和二〇）年末における横浜市内の進駐軍兵士の慰安施設の一覧表が掲載されているが、「英会話可能なる婦女多数」と注記された施設が複数みられる。[30] 必要に迫られて「勉強」した女性もいたかもしれないが、敗戦後からわずか四か月ほどしかたっていないことをふまえれば、もともと一定以上の教育を受けていた女性がやむを得ぬ事情から慰安施設で仕事をする場合もあったと思われる。

英語ができることで他の娼婦たちから頼られる女性もいた。埼玉県朝霞の事例であるが、英字新聞を手に街に立って黒人兵を相手にしていたある女性は、他の娼婦たちに頼まれて米兵への英語の手紙を代筆してあげるうちに、報酬も受けとるようになった。本国へ帰還した彼氏へのラブレターの代筆はとくに評判が高く、噂を聞いてわざわざ遠方から依頼しにくる人もいたという。[31]

(30) 「横浜市内における営業状況一覧表」、『神奈川県警察史』下巻、前掲書(14)、三五五頁。

(31) 平井和子、前掲書(14)、一二三八頁。

5 「混血孤児」

前述のDさんによれば、麻酔なしの中絶手術が怖くてためらっているうちに中絶不可能な時期に入ってしまい、産むしかなくなった娼婦も多かったという。

生まれた子？　さあ、どうなったんだろう。人のことなんか構っちゃいられない時代だったからねえ……[32]

(32) 山崎洋子、前掲書(1)、一〇一頁。

図7　聖母愛児園の園児たち（横浜都市発展記念館所蔵）

図8　スクールバスで横浜市内の元街小学校に通学する「ボーイズ・タウン」の子どもたち（横浜都市発展記念館所蔵）

大勢の米兵と娼婦たちが十分な避妊もせずにセックスをしたら、その後どういうことが生じるのか言うまでもない。早くも一九四五（昭和二〇）年一一月には神奈川県議会で「混血児[33]」が取り上げられた。だが、占領軍は「混血児」の公的保護を否定し、この問題に関する調査も報道も規制した。事実上野放しとなるなかで、横浜の町では「混血児」が捨てられたり、育児放棄により死亡するといった悲劇が生じることになる[34]。「混血児」の嬰児が数多く眠ると考えられる根岸外国人墓地については、本書のコラム（学生研究）「横浜にある外国人墓地」をぜひ参照してもらいたい。

もちろん外国人男性と日本人女性の性交渉は性売買だけに限られるわけではなく、情愛で結ばれた男女のもとに生まれて大切に育てられた「混血児」もいた。だが、そのような幸せな環境とは程遠い状況に投げ出されてしまった子どもたちも大勢存在したのである。

このようなかで「混血孤児」の保護に乗り出したのは県内の民間の施設であった。よく知られているのが大磯町のエリザベス・サンダース・ホーム（現・社会福祉法人エリザベス・サンダース・ホーム）であるが、

（33）　この言葉については、西村健の論文が示す以下の方針を本章にも適用する。「「混血児」の語は差別的用語として「国際児」、「アメラジアン」などの言い換えが進められているが、本稿では戦後期に公的にも使用されていた歴史的用語として括弧つきで「混血児」と表記し、「混血児」の孤児を「混血孤児」と表記する」（西村健「戦後横浜の「混血孤児」問題と聖母愛児園の活動」『横浜都市発展記念館紀要』一七号、二〇二一年、三〇頁）。以下、「混血孤児」については同論文に多くを依拠している。

（34）　西村健、前掲論文（33）、三〇頁。

カトリックのシスターたちによる聖母愛児園（現・社会福祉法人キリスト教児童福祉会聖母愛児園）（図7）および同園の分園として大和町（現・大和市）に建設されたファチマの聖母少年の町（「ボーイズ・タウン」）も大きな役割を果たした。

保護されたとはいえ、「混血孤児」たちを待ち受けていたのは世間からの差別と偏見であった。「ボーイズ・タウン」の子どもたちは当初は地元の小学校への入学が認められず、バスで一時間かけて横浜市内の学校へ通学することを余儀なくされた（図8）。

西村健の調査がきっかけとなり、近年ようやくこのような歴史的事実への関心が高まり、存命の当事者の声がメディアでもとりあげられるようになった[35]。聖母愛児園には現在でも卒園生から自らの出生や母親について問い合わせがあり、同園では過去の資料を参照して情報を提供する取り組みを行っている。西村が指摘するように、「混血孤児」の問題は遠い過去のものではなく、まぎれもなく「現在進行形の社会問題」なのである[36]。

おわりに

ここまでの内容を読んで、あなたは「かわいそう」「ひどい」と思っただろうか。正直に言えば、私も素朴にそう思う。だが、そこで立ち止まってしまっていいだろうか。ただ単に同情や非難や憤慨をして思考停止してしまうのならば、この歴史を生きたひとりひとりの人間の人生を単純な「被害者」の型にはめてしまうことになってしまうかもしれない。『占領下の女性たち』などの著書がある歴史研究者の平井和子は、敗戦や占領にともなっ

(35)「生まれた理由をずっと、探し続けて　ボーイズ・タウンの〝混血孤児〟たち」「NHK福祉情報サイト　ハートネット」二〇二二年二月一四日公開、二〇二三年八月二九日閲覧　https://www.nhk.or.jp/heart-net/article/593/

(36)西村健、前掲論文(33)、四四頁。

てジェンダー化されたすさまじい構造的暴力のもとにありながらも個人が発揮する目を見張るような主体性、どんな苦難のなかでも楽しみを見つけようとする力に注目しようと提起している(37)。

平井の言葉に導かれながら、一九四六年に横浜で生まれたある「混血児」の男性の言葉に耳を傾けることで、本章を締めくくることとしたい(38)。

「一目で黒人系のハーフだとわかる容貌」をもつこの男性の母親は、元は市電の車掌をしていたが、敗戦後は夜の街で仕事をするようになった。

仕方がなかったと思うよ。横浜は焼け野原だもん。家も仕事も、もちろん国の福祉だって、なんにもなかったんだから。

この親子は、彼女を養女として育ててくれた父母(男性の祖父母)と一緒に住んでいた。

その家の二階で、母親が外国人の男と暮らしてた時期もあった。白人も、黒人も、フィリピンもいたんじゃないかな。

母親は「オンリー」として一家の生活を支えていたらしい。男性もそのような事情を薄々わかってはいたが、子供心に気をつかって何もきかなかった。父親の写真はいちおう見たことがあるが、いつの間にかなくしてしまったという。

(37) 平井和子、前掲書(14)、一〇頁。

(38) 以下、山崎洋子『女たちのアンダーグラウンド　戦後横浜の光と闇』亜紀書房、二〇一九年、一五三―一五九頁。

「くろんぼ！」なんてからかう奴もいたからさ、よく喧嘩したよ。黒人の混血児、朝鮮人、バス部落〔古くなって廃棄されるバスが並ぶなかに人が住み着いていた場所〕の住人、それと沖縄からの移住者は、差別の対象だったね。

「貧乏だったせいもあって」高校へは進学しなかった彼は、中学卒業後に横浜や東京の歓楽街で働くようになった。仕事で得たコネで映画やテレビCMに出演したこともあった。

元町のトンネルの前に「エルバンバ」という店があって、そこでよく踊ったね。踊れるともてたんだよ、あの頃は（笑）。

生れたときから日本にいるんだし、英語も喋れないし、自分としては日本人という意識しかないんだよ。だけど自分の写真を見ると、たしかに外国人の顔なんだよね。そういう時って、ふと、俺はどこの誰なんだろう、という頼りない気持ちにかられることがある。

そんな時、母親のことを思い出すんだよね。そしてなんだか涙が出る。不思議だね、母親？ もう亡くなったよ、七十歳で。

彼は結婚を三回して、子どもはぜんぶで五人できた。東京に住んだこともあったが、生まれ育った横浜の南区にずいぶん前に戻ってきて、そのまま落着いた。歳をとって仕事を引退してからは町内会の役員になり、会で借りた農園で野菜をつくりながら地域のコミュニティづくりに一役買っている。

ここで生まれて、いまはここで地域のために活動してる……不思議だけど、人に感謝されるのは嬉しいね。いまが一番、穏やかで楽しいかな。

column

横浜開港の恩人は誰なのか？
――掃部山公園の井伊直弼銅像をめぐって――

木村悠之介

左に掲げた写真（図1）は、横浜市西区・掃部山《かもんやま》公園の風景である。装束姿をした銅像の遠方にランドマークタワーと横浜銀行本店ビルがそびえ、国際貿易港・横浜を見守るような格好になっている。

この構図を撮れる立ち位置にはおあつらえ向きのスペースが設けられており、「掃部山公園」の語でウェブ検索すると似た写真が多く出てくる。とはいえ二つのビルが建ったのは一九九〇年代のことで、それ以前は違う角度が好まれていたようだ。銅像は動かずとも、像をめぐる人々の視線には時代や立場に応じた様々な可能性がありうる。ここでは、横浜における「開港の恩人」への見方について、歴史の一端を紐解いてみよう。

図1　現在の二代目井伊直弼銅像（筆者撮影）
なお、公園は1914年に井伊家から横浜市に寄付され、整備が進められた。

直弼像の建立にまつわるエピソード

銅像のモデルは、幕末の滋賀彦根藩主・井伊《いい》直弼《なおすけ》。彼の官職「掃部頭《かもんのかみ》」が公園名の由来である。直弼が幕府の大老として調印を決行した日米修好通商条約により一八五九年七月一日（旧暦六月二日）の横浜開港が導かれたという縁で、ここに建っているのだ。

条約調印後、直弼は安政の大獄で政敵を

弾圧して恨みを買い、一八六〇年三月二四日（旧暦三月三日）、桜田門外において暗殺されてしまう。明治時代を迎えて直弼の復権を目指した旧彦根藩士たちは、一八八四年に鉄道局から戸部不動山の土地を購入し、その後、一九〇九年の開港五十年祭に合わせて銅像を竣工した。新聞には「開港の恩人」の文字が踊り、開港記念日である七月一日の除幕式には伊藤博文ら明治政府の元老をも招く手筈だと報じられていた。

しかし式は七月一一日へ延期され、元老も参列しなかった。当時の風聞によれば、伊藤ら元老は、彼らが師と仰ぐ吉田松陰や西郷隆盛を安政の大獄で弾圧したのが直弼であることを主な理由に、式を欠席するのみならず挙行自体にも圧力をかけたのだという（『東京毎日新聞』一九〇九年六月二五日「奇怪至極の干渉 井伊掃部頭銅像禁止問題」、同二七日「井伊と西郷の銅像」、同二八日「藩閥思想の余燼」はじめ、多数）。出席して演説を行い喝采を浴びたのは、元老たちの政治的なライバル・大隈重信だった。

続く受難と戦後の再建

除幕式の直前には、幕末の志士たちによる足利三代木像梟首《きょうしゅ》事件（足利尊氏らの木像を晒し首にして江戸幕府批判に重ねたもの）になぞらえて直弼像への「迫害」を計画する者がいるとの報道もなされた。式から二六年後、天皇を崇拝するナショナリズムが高揚した一九三五年には、右翼団体・天照《てんしょう》義団《ぎだん》の構成員たちが実際に銅像の首を落とそうと計画し、三月三日未明、決行に向かう道中で検挙されている。襲撃計画の主因は、直弼が孝明天皇の意に反して条約調印を決めたことにあった。天照義団は前年一一月に伊勢山皇大神宮（第Ⅳ部 木村）で結成式を行った地元の団体で、襲撃前月の機関誌『天照』二月号にはすでに「井伊掃部頭の銅像の撤回を主張す」という論説が出ている（雑誌『大日』の新刊紹介による）。直弼否定は天照義団の中心的な主張だったといえよう。

直弼像は首を斬られずに済んだものの、戦争末期の一九四三年、金属回収のために供出された。現在の二代目銅像が建てられたのは、敗戦後、一九五四年の開国百年祭に合わせてのことだ。当時の市長・平沼亮三《りょうぞう》が揮毫《きごう》（筆

図2　直弼像とペリー像の模型を机上に並べる藤田文蔵（『グラヒック』1（12）、国立国会図書館所蔵）

書きを担当）した碑文には「開国に由緒深き」と記される一方、開港の二文字はない。これは、単に開国百年祭による再建だからという理由では片づけがたい、直弼と開港との微妙な関係を示している。

建たなかった可能性、建つかもしれなかった銅像、増殖した記念碑

そもそも、直弼の銅像は横浜に建たない可能性すらあった。一八八一年の旧彦根藩有志による趣意書には「開港」の文字も見えるとはいえ、優先的に記念碑や銅像の建設候補地とされたのは上野・芝・日比谷など東京における直弼ゆかりの場所だった。もし東京での銅像建立が成功していた場合、横浜の方はどうなったか分からない。

そして、「開港の恩人」と呼ぶべき人物が本当に直弼なのかという論点も外せない。開国を求めたのはペリーらアメリカの使節であるし、直弼の大老就任以前から交渉の実務を担って横浜開港を主張したのは幕臣・岩瀬忠震《ただなり》だった。横浜開港論者としては佐久間象山《しょうざん》や佐藤政養《まさやす》の意見も知られている。

実際、一八八八年末には象山の顕彰碑を伊勢山に建てる話が出た。また、開港五十年祭の前後には、初代直弼像を担当した彫刻家・藤田文蔵が直弼の隣にペリーの銅像も建てることを提案して賛同者を集めたものの（図2）、反米世論が沸騰していた時期ゆえに実現しなかったという。

戦後の一九五四年、すなわち開国百年祭や二代目直弼像建立と同じ年、掃部山公園からほど近い野毛山公園に「横浜開港の先覚者 佐久間象山の碑」が建った。揮毫はこちらも平沼亮三だが、同年の直弼像とは異なり、「開港」を明記したわけだ。実は、平沼は一九四一年の『天照』賛助者に名を連ねており、直弼否定の文脈とのひそやかな関わりを指摘されている。なお平沼は、一九五七年に羽衣町厳島神社（第Ⅳ部 木村）が刊行した『航海貿易守護神 横浜弁天社』にも、題字「横浜開港の祖神」を寄せていた。

さらに一九八二年になると、横浜郷土研究会の有志が神奈川区の本覚寺（アメリカ領事館跡）に「横浜開港之首唱者 岩瀬肥後守忠震顕彰碑」を建立する。それは、直弼を開港の恩人と考えるのは「大きな誤り」という問題意識に基づく事業だった。他方、開港一三〇年と横浜市制施行一〇〇年にあたる一九八九年には、直弼銅像の脇に「横浜の開港と掃部山公園」の碑が加えられた。二つの碑には市長・細郷道一《さいごうみちかず》が揮毫や署名を行っており、いずれにも「開港」の語が用いられたことが、平沼のときとの違いである。

「開港の恩人」の正統性をめぐる争いは、記念される対象の多様化という形で、今も静かに続いているのだ。

〔参考文献〕

阿部安成「横浜開港五十年祭の政治文化―都市祭典と歴史意識―」『歴史学研究』六九九、一九九七年
――「形像としての井伊直弼」『滋賀大学経済学部 Working Paper Series』九一、二〇〇七年
――「二代めの肖像と履歴―1954年開国百年の横浜における井伊直弼の銅像―」『滋賀大学経済学部研究年報』一四、二〇〇七年
――「直弼／象山／忠震―競争する記念碑―」『彦根論叢』三七〇・三七三・三七五、二〇〇八年
――「ナオスケが立つ―1910年彦根、井伊直弼の銅像建立―」『滋賀大学経済学部 Working Paper Series』一一九、二〇〇九年
――「ナオスケの首が―この世にあってはならないこと―」『滋賀大学経済学部 Working Paper Series』一三一、二〇一〇年
神奈川県立歴史博物館『特別展図録 掃部山銅像建立一一〇年 井伊直弼と横浜』二〇二〇年
木下直之『銅像時代 もう一つの日本彫刻史』岩波書店、二〇一四年
佐藤孝「「横浜にペリー銅像を!!」―未完の銅像建設計画―」『開港のひろば』五五、一九九七年
佐藤能丸「井伊直弼銅像問題」『同志社法学』五九（二）、二〇〇七年
陸軍省「右翼団体名簿（増補改訂版）」『調査彙報』四五、一九三五年
無記名「新刊紹介寄贈雑誌」『大日』九七、一九三五年

column

〈学生研究〉外国人居留地制度下の横浜における「洋楽」の様相――

タイトルを読んだあなたは、どんな「洋楽」を想像しただろうか？
本コラムは、今日広く親しまれているポップス、ロック、ジャズなどといった音楽ではなく、いわゆるクラシック音楽のことを「洋楽」と呼称していた時代の話である。かつて国際化の最前線であった横浜で、「洋楽」がどのように根を張っていたかという話を少しだけしようと思う。

幕末以来の外国人居留地制度が解消され、横浜が国籍を問わず自由に出歩ける場所になるのは一八九九年のこと。その四年前の一八九五年にパットン夫人率いる「横濱《よこはま》トニック・ソルファ音楽會《かい》」による演奏会が行われ、同年三月二七日の朝日新聞にて「欧洲音樂《おうしゅうおんがく》最新流儀」と謳われた。パットン夫人は音階をハンドサインで表す「トニック・ソルファ」という歌唱指導法を山手の外国人居留地で教えていた人物だ。彼女は一九〇一年に上海に移るまで横浜で様々な音楽活動を行い、東洋音楽学校（現在の東京音楽大学）でも教鞭を執っていた。外国人の居住エリアが限定されていた時期の横浜の音楽界における重要人物だったのである。

パットン夫人のような外国人指導者が日本の「洋楽」の輸入を手助けしたわけだが、ではこの時期の日本人による音楽活動はどうだろう？

一八八九年の横浜市発足から一八九九年頃までの新聞記事を探ってみると、慈善活動としての音楽会の様相が見えてくる。例えば一八九六年六月一八日には入場料を病院に寄付する音楽会が行われており、また外国人居留地制度がなくなった翌年の一九〇〇年六月一四日にも「横浜婦人慈善會《かい》」が根岸婦人慈善病院の貧しい人々や孤児への援助のための演奏会を行った。

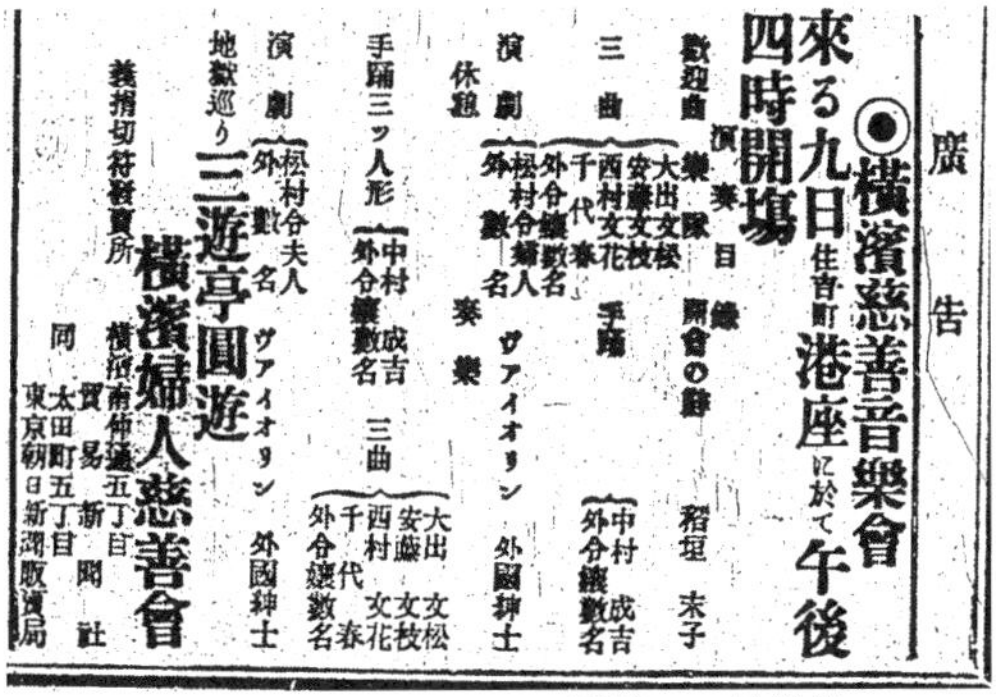

廣告

◉横濱慈善音樂會

來る九日住吉町港座に於て午後四時開場

演奏目録

歡迎曲　樂隊　開會の辭　稻垣末子

三曲（大出文松　安藤文枝　西村文花　千代春　外令孃數名）手踊（中村成吉　外令孃數名）

演劇（松村令婦人　外數名）ヴァイオリン　外國紳士

休憩　奏樂

手踊三ッ人形（中村成吉　外令孃數名）三曲（大出文松　安藤文枝　西村文花　千代春　外令孃數名）

演劇（松村令夫人　外數名）ヴァイオリン　外國紳士

地獄巡り　三遊亭圓遊

横濱婦人慈善會

義捐切符發賣所　横濱南仲通五丁目　貿易新聞社　同太田町五丁目　東京朝日新聞販賣局

『朝日新聞』1900年6月7日　「横濱《よこはま》慈善音樂會《おんがくかい》」の広告

ここまでの情報をまとめると、横浜で外国人居留地制度が解消されるまでの時代においてもパットン夫人のような音楽活動の一環で指導を行った人物がいた。また、病院への寄付を目的とした慈善音楽会が有志によって行われていた。山手や根岸では指導や慈善活動という形で音楽家たちの熱意が誰かの心を救うというドラマがあったかもしれない。残念ながら当時の奏者や聴衆が何を感じたかを調べることは難しいが、横浜婦人慈善會の慈善演奏会が「意外の盛況を来《きた》し」、パットン夫人が北海道水害の際に開いた慈善演奏会に「可《か》なりの入場者あり」、「感動を與《あた》へたり」と新聞に書かれているなどの事実を踏まえると、彼・彼女らの演奏する意思から何かを感じた人が多くいたことは推察できるはずだ。

〔参考文献〕

『朝日新聞』一八九五年三月二七日「横濱《よこはま》トニック・ソルフア（欧洲《おうしゅう》音樂《おんがく》最新流儀）音楽會《かい》」

『朝日新聞』一八九六年六月一七日「横濱《よこはま》の慈善音樂會《おんがくかい》」

『朝日新聞』一八九八年一一月一日「外人の慈善會《かい》」

『朝日新聞』一九〇〇年六月七日「横濱《よこはま》慈善音樂會《おんがくかい》」

高村直助『都市横浜の半世紀』有隣新書、二〇〇六年

武石みどり「音楽教育家エミリー・ソフィア・パットン」『研究紀要』（東京音楽大学紀要編集委員会）第二八号、二〇〇四年〈http://id.nii.ac.jp/1300/00000828/〉（二〇一三年一月二四日閲覧）

〔付記〕この学生研究コラムは、二〇二二年度神奈川大学国際日本学部平山ゼミナール（担当教員 平山昇）を受講した後藤亮太（当時三年生）が、このゼミでの研究内容をもとに執筆したものである。

横浜でパンデミックの痕跡を歩く——市川智生

はじめに

みなさんは新型コロナウイルス感染症の蔓延の何をどのように記憶しているだろうか。海外由来の未知の病原性微生物、クルーズ船ダイヤモンド・プリンセス号への検疫、三度にわたる緊急事態宣言の発令、なかなか実現しないＰＣＲ検査、海外からの輸入に依存した予防接種などは、二一世紀の歴史のひとこまとして間違いなく記録されることになるだろう。ひとりひとりに関係することであれば、マスクの着用、教育機関の閉鎖、在宅ワークの普及、給付金として現金一〇万円の受け取りなどは、誰しもが経験し何らかの形で影響を受けたに違いない。筆者の祖母は二〇二二（令和四）年三月に九四歳の天寿を全うしたが、生前は面会が必要最小限に制限され、親しいひとに会う機会がないままの最期となってしまった。個人的な経験ではあるが、長く記憶に残るできごとであることは間違いない[1]。

（1）新型コロナウイルス感染症の記録や記憶が急速に失われつつある現状については、医療社会史研究者の飯島渉が中心となってまとめた日本学術会議『提言 新型コロナウイルス感染症のパンデミックをめぐる資料、記録、記憶の保全と継承のために』がある。https://www.scj.go.jp/ja/info/kohyo/pdf/kohyo-25-t353-2.pdf 二〇二三年一〇月一〇日最終閲覧明治期の日本は二つの感染症のパンデミック（世界的流行）に襲われたことがある。それは、国際貿易港である横浜といずれも非常に縁が深いものだった。今から一五〇年近く前に蔓延したのはどのような感染症で、横浜で生活を送るひとびとにはどのような影響があったのだろうか。そして、新型コロナウイルス感染症をめぐるわれわれの一連の経験と類似する部分はあるのだろうか。

感染症をはじめとする様々な病気や健康をテーマとする歴史研究を医療社会史（Social History of Medicine）と呼ぶ。かつては歴史研究といえば、政治史や経済史が主流であったが、近年は海外での研究動向の影響を受け、日本に関する医療社会史分野の研究がさかんに行われている。新型コロナウイルス感染症を経験したわれわれは、感染症の蔓延がいかに身の回りの生活や社会経済に影響を与え、社会の仕組みを揺るがすものなのかを身をもって体験したといっていいだろう。今後は、医療社会史研究がさらに進展し、過去のさまざまな事例が掘り起こされるに違いない。

この章では、新型コロナウイルス感染症をめぐる対応のなかで、検疫や隔離といった古典的な手法に歴史的要素がなかったのかという問いから出発して、過去の横浜が経験したアジア・コレラ（一八七〇年代から一八九〇年代初め）とペスト（一九〇二年）という二つの感染症をとりあげる。特に、感染症の報告書や新聞といった歴史資料から情報を得つつも、現在の横浜でその痕跡をたどることができるかどうかということに注目したい。

1　アジア・コレラの痕跡

コレラの世界化

コレラ（Cholera）とは、細菌性の感染症で、飲料水や食物により経口で感染し、嘔吐や下痢による急激な脱水症状を特徴とする。[2] かつては、細菌学的には古典型とよばれる致命率の高いタイプのコレラが世界的流行を繰り返してきた。もともとはインドのガンジス川流域で局地的な流行を繰り返す風土病だったと考えられている。一九世紀以後の交通革命が契機となり、これまでに七回にわたって世界的流行を繰り返し、ヨーロッパ、ロシア、東アジア、東南アジアの各地で蔓延した（表1）。

現在では、ゲノム解析によって過去の伝播経路を生物学的に検証する作業も行われている。[3] 現代の日本で仮にコレラの感染者が出れば、ただちにそのサンプル（試料）からコレラ菌のDNAが抽出され、その遺伝子配列によってどの経路をたどってきたのかが推定されてしまうだろう。しかし、過去のコレラの流行については、文字として残された歴史的記録に基づいて再現するほかない。[4]

明治期のコレラ感染爆発

一八五八（安政五）年に欧米諸国との間で締結された修好条約が運用されるようになると、日本には諸外国の船舶がさかんに出入りするようになった。高校で日本史を習った方

（2）　https://www.niid.go.jp/niid/ja/kansennohanashi/402-cholera-intro.html（国立感染症研究・コレラとは）二〇二三年一〇月四日最終閲覧

（3）　D. Hu, et al., "Origins of the current seventh cholera pandemic", PNAS 113 (48), 2016. https://www.pnas.org/doi/10.1073/pnas.1608732113　二〇二三年一〇月四日最終閲覧

（4）　例外的に残されている最古のコレラのサンプルは一八四九年フィラデルフィアで採取されたものとされる（A. M. Devault, et al., Second-Pandemic Strain of Vibrio cholerae from the Philadelphia Cholera Outbreak of 1849. *The New England Journal of Medicine*, 370-4, 2014.）

表 1　過去のコレラ・パンデミック

	時期	主な流行地	備考
第1次	1817～1823年	インド、東南アジア、中国、日本、琉球、中東、ロシア、東アフリカ	
第2次	1829～1851年	インド、中東、ロシア、ヨーロッパ、北米、西インド諸島、ラテンアメリカ、東アフリカ、北アフリカ	
第3次	1852～1859年	インド、アフガニスタン、中国、日本、琉球、中東、中央アジア、ヨーロッパ、北米、ラテンアメリカ、北アフリカ	*V. Cholerae* O1 biotype classical
第4次	1863～1879年	中東、ヨーロッパ、北アフリカ、ラテンアメリカ、中国、東アフリカ、西アフリカ	同上
第5次	1881～1896年	インド、中東、北アフリカ、ヨーロッパ、ロシア、中国、日本、北米、ラテンアメリカ	同上
第6次	1899～1923年	インド、中国、ロシア、ヨーロッパ、日本、朝鮮	同上
第7次	1961年～現在	インド、インドネシア、アフリカ、中南米	*V. Cholerae* O1, El Tor

（出典：R.Pollitzer, *Cholera,* World Health Organization, 1959および https://www.who.int/news-room/fact-sheets/detail/cholera（World Health Organization, Cholera 2024年2月25日最終閲覧）をもとに作成）

は、イギリスをはじめとする欧米諸国に対して、生糸や茶を輸出する代わりに、毛織物や綿織物などの繊維工業製品を輸入するようになったと聞いたかもしれない。しかし、欧米の船舶は直接日本にやってきたのではなく、大半は上海をはじめとする中国沿岸部に寄港した後に長崎や横浜へ向かっていた。また、明治期には、開港場から開港場へ、あるいは開港場からそうでない国内の港湾へと移動する中小規模の船舶もさかんに往来するようになった。そのような海運の活性化が、コレラという感染症を伝播させる役割を果たしたということになる。

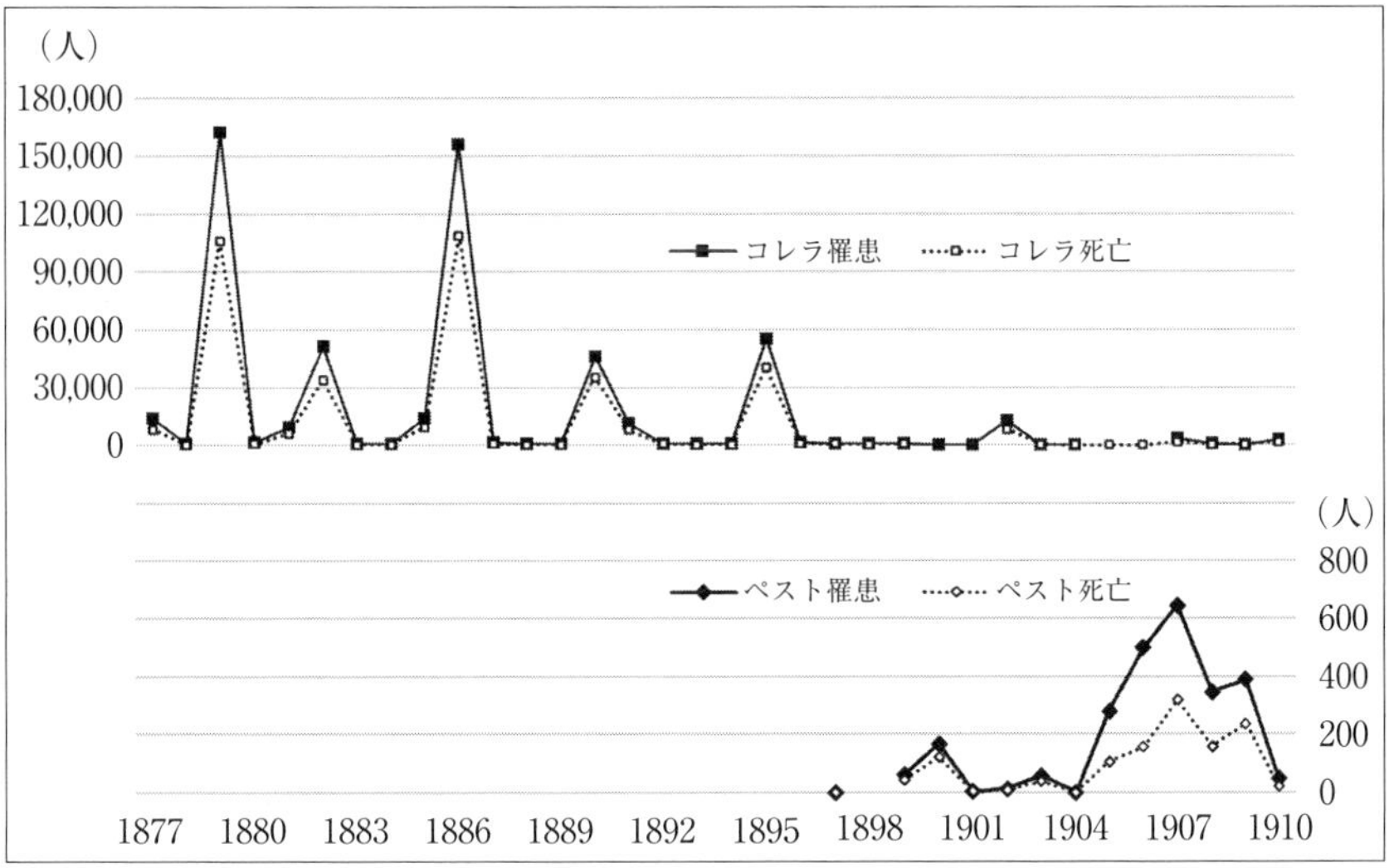

図１　近代日本におけるコレラおよびペストの罹患・死亡数 1877～1910年
（出典：『内務省衛生局年報』各年より作成）

　では、明治の日本ではどのくらいの規模の感染や死亡が発生したのだろうか。図1をみると、数年おきに大流行が発生しており、なかでも一八七九（明治一二）年と一八八六（明治一九）年の感染状況が突出していたことがわかる。感染症の流行状況は、人口一〇万人あたりの感染および死亡の数値で比較することが通例である（それぞれ罹患率、死亡率とよばれる）。明治一〇年代の日本の人口が三七〇〇万人程度だったことを踏まえると、この二回の大流行の罹患率はそれぞれ約四四六と約四〇四となる。要するに人口の〇・四％強が感染したのだから、まぎれもない大流行だといってよい。さらに、死亡に着目すると、一八七九年と一八八六年は年あたりの死亡数が一〇万を超えており、死亡率はそれぞれ約二九〇と約二八一となる。感染と死亡の状況の両方をみると、この時期に蔓延したコレラは、日本のひとびとを大量に感染させ、そのうちの過半の命を奪った感染症だったことがはっきりとわかる。

欧米諸国では、致命率の高いコレラをアジア・コレラ（Asiatic Cholera）とよび、新興国の日本がこれに汚染されているのかをさかんに調査していた。明治期の横浜に駐在していた領事館の医務官、軍医、宣教医によって多くの疫学報告書が作成されている。その内容は、彼らの母国の医学雑誌や日本の学術団体の刊行物を通して確認することができる。一例をあげると、オランダの化学技師ヘールツは、一八七七（明治一〇）年の秋に横浜でコレラの流行に遭遇し、感染状況を示した地図を作成した（巻頭口絵）。これは、ヘールツが横浜の井戸の水質検査について、居留地社会で調査報告をした際に添付されたもので、横浜の衛生改善のための基礎的情報になったと考えられる。[5]

もちろん、コレラの流行は、横浜に住むひとびとに対して深刻な影響をもたらしていた。一般のひとびとの生活に大きな影響があったのは群集の禁止である。コレラは気温が上昇する初夏から秋にかけて流行する傾向にあったため、各地で多数の住民が集散することになる祭礼を中止としたり、観劇のような娯楽施設を閉鎖とする措置がとられた。したがって、もっとも影響を受けた業界のひとつは芸能関係者だといえるだろう。このことは、現代の新型コロナウイルス感染症によって、演劇や演奏会の開催が制限された事実が想起される。明治一〇年代の横浜では、伊勢佐木町周辺に歌舞伎座や寄席が林立しており、なかには八〇〇名を収容する大劇場もあった。当局としては、コレラの流行下にあってひとびとの密集を避ける目的から、芝居関係の興行差し止めを行ったのである。[6] スター役者を目

（5） 市川智生「近代日本の開港場における伝染病流行と外国人居留地 一八七九年「神奈川県地方衛生会」によるコレラ対策」『史学雑誌』第一一七巻第六号、二〇〇八年

（6） 市川智生「コレラ対策から公衆衛生へ 明治日本の地方専門家会議の消長 地方版「専門家会議」の歴史」国立歴史民俗博物館編『REKIHAKU』第四号、二〇二一年

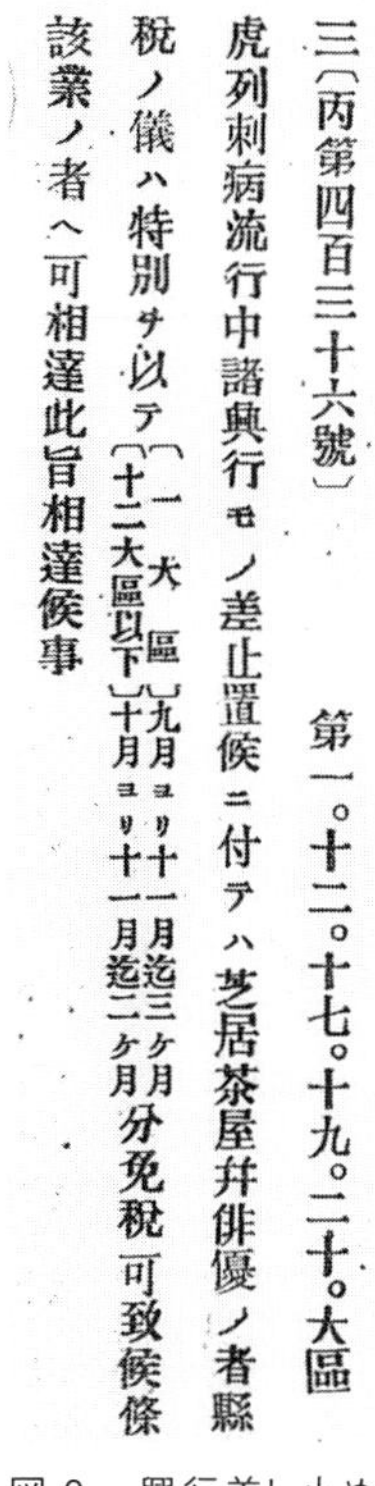
三（丙第四百三十六號）　第一。十二。十七。十九。二十。大區
虎列刺病流行中諸興行モノ差止置候ニ付テハ芝居茶屋并俳優ノ者縣
税ノ儀ハ特別ヲ以テ（一大區 九月ヨリ十一月迄三ヶ月 十二大區以下 十月ヨリ十一月迄二ヶ月）分免税可致候條
該業ノ者ヘ可相達此旨相達候事

図２　興行差し止めにともなう芸能関係への免税通知（1877（明治10）年9月18日）
（出典：『神奈川県日誌 明治10年 自第1号至第36号』横浜開港資料館所蔵）

当てに群衆が殺到する劇場や寄席は、その後も当局によって注視の対象となった模様である。一八七七（明治一〇）年には、芸能関係者への免税措置が神奈川県令によって発令されていることが確認できる（図２）。いまから一五〇年近く前の日本でも、感染症による行動制限を一方的に実施するのではなく、一定の補償や見返りが必要とされていたことを示している。

横浜に残されたコレラの痕跡

交通が輻輳する開港場の宿命として、コレラに代表される感染症が蔓延した横浜には、現在どのような痕跡が残されているのだろうか。コレラのような急性感染症が大流行した場合に避けて通ることができないのが海港検疫と隔離である。[7] ともに、感染の拡大を防ぐために、感染者やそのおそれのある人間の行動を制限するという意味で極めて古典的な手段である。ここでは、感染したひとびとの治療と隔離にあたった施設に注目してみよう。

コレラをはじめとする感染症の感染者を隔離する目的で作られた病院は、かつては避《ひ》病院《びょういん》と呼ばれていた。横浜では、一八七九（明治一二）年八月に、吉田新田の南西、中村川と堀割川が分岐する地点にひとつの避病院が建設された。神奈川県立の和泉町避病院、

（7）横浜での海港検疫については、市川智生「水際作戦の歴史―明治日本の海港検疫」秋道智彌ほか編『海とヒトの関係学 疫病と海』西日本出版社、二〇二一年および同「明治期日本の海港検疫をめぐる政治外交」『年報政治学』二〇二一（Ⅱ）、二〇二一年を参照されたい。

図 3　横浜における感染症関係施設

（出典：『横浜実測図』内務省地理局、1881年）
横浜地図データベース（横浜都市発展記念館所蔵）http://www.tohatsu.city.yokohama.jp/DB_map/index.html
（2023年9月29日閲覧）

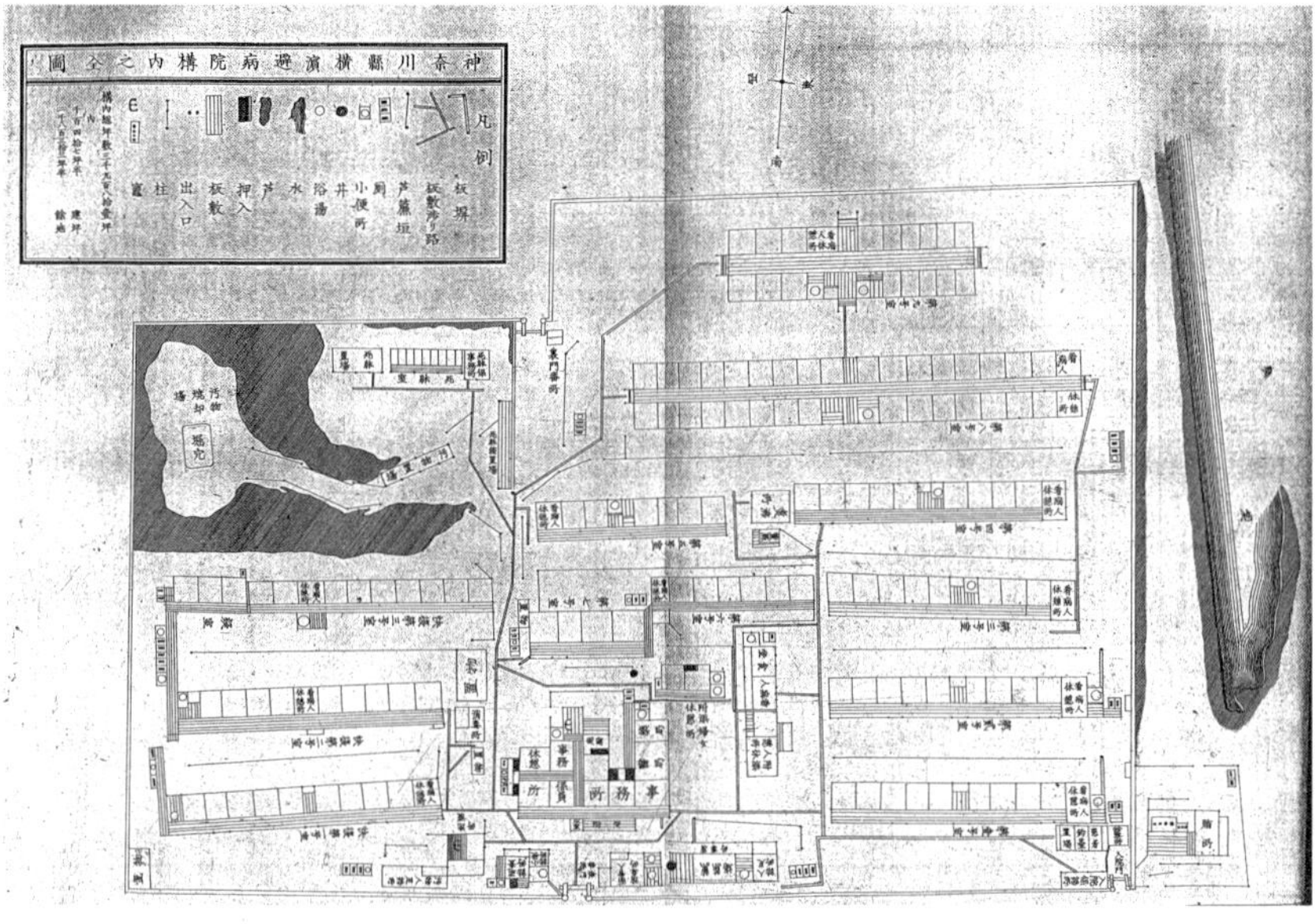

図 4　横浜避病院（万治病院）構内図

（出典：『明治十九年　神奈川県虎列剌病流行紀事』神奈川県、1887年）

のちの横浜市立万治病院である（図3の①）。報道には周囲が一丁（一〇九メートル）×一丁半（一六四メートル）とあるから、五〇〇〇坪ほどの敷地に、病棟が七棟、事務棟・医局棟・薬局棟などが五棟、計一二棟が設置された、当時としては本格的な避病院だった。[8] 一棟につき一〇の病室があり、「上等室は一室一患者、下等室は二患者を入れり」との説明から、七〇から一〇〇床程度と大規模な施設だったことが想像できる。一八八六（明治一九）年のコレラ流行の際に作成された報告書には「横浜避病院」の名称で図面が掲載されている（図4）。ここには敷地面積が三九八一坪とあるので、かつての報道は正確ではなかったようだが、病棟が九棟、恢復《かいふく》室が三棟、消毒のための燻蒸施設、汚物焼却場などが設けられており、施設の拡大・充実が図られていた様子がわかる。

この避病院は、一八九一（明治二四）年に県から横浜市へ移管された後に万治病院と改称し、長らく横浜で感染症の隔離・治療の中心的機能を果たした。一九二二（大正一一）年五月には、市域の拡大にともない南部の滝頭町へと移転し、元の和

図5　「健民厚生」の顕彰碑（筆者撮影）
1872（明治5）年に十全医院の前身である横浜中病院が創立されてから70周年を記念して、1942（昭和17）年に建立された。揮毫は当時の横浜市長半井清

（8）『横浜毎日新聞』第二六〇四号、一八七九年八月六日

泉町の敷地には、一九二三（同一二）年の関東大震災で被災した横浜市立十全医院が移転・再建された。現在は横浜市立大学附属市民総合医療センターへと姿を変え、その正面玄関前に「健民厚生」と題された顕彰碑が立てられている（図5）。この場所は、かつて多くの市民が感染症に苦しんだ痕跡を示すと同時に、横浜における近代医療発展の原点ということになろう。

さて、開港場である横浜で、感染症に苦しんだのはもちろん日本人だけではない。明治のこの地での居留外国人の多数派は清国人だった。現在の横浜中華街に相当する地域に華僑社会を形成していたわけであるが、感染症の隔離病院に関しては、万治病院を利用するのではなく自らの手で設立・運営する道を選択した。その場所は、万治病院から中村川をはさんだ一角で、現在は道場橋を渡れば徒歩でわずか数分の距離である（図3の②）。この敷地は、南側を丘陵の崖、北側を県の揮発《きはつぶつ》物貯蔵庫に挟まれており、病院用地としては最適とは言い難い環境だった。事実、明治初期に欧米系居留民が病院用地を借り受ける際に、日本側が用意したのがこの地所だったが、領事館の医務官などが視察した結果、ほかの地所を要請したという経緯がある。[9] 一八八一（明治一四）年、七五七坪のこの地に清国人避病院が建設され、のちに居留地内の病院を移設して中華同済病院と名を改め、横浜の華僑社会の医療機関に発展した。[10] 一九二三（大正一二）年九月の関東大震災で倒壊した後は再建されなかったようである。現在、中華同済病院については顕彰碑などもなく、その痕跡は明瞭とはいえないが、現地に足を運ぶと、一角を囲む道路の形状や全体が盛り土された様子などから、病院があった区画は図6の場所だと推定することができる。

清国人避病院があったとおぼしき場所から、さらに移動してみよう。中村川を左手にみ

(9) 内海孝編『横浜疫病史　万治病院の百十年』横浜市衛生局、一九八八年

(10) 伊藤泉美『横浜華僑社会の形成と発展　幕末開港期から関東大震災復興期まで』山川出版社、二〇一八年、二七五～二七七頁。

図6　清国人避病院（横浜同済病院）跡地（筆者撮影）
背後の崖および周囲の道路の線形などから推定

図7　外国人避病院跡（筆者撮影）
園内に「避病院」と刻印された境界石が現在でも残されている。

てしばらく歩くと中村八幡宮がみえる。小高い場所にあるこの神社は、地域一帯の信仰を集めるとともに、一八七四（明治七）年に内務省地理寮（のちの地理局）が三角測量を行った際に刻印した水準点を現在でも確認することができる。[11]その中村八幡宮の裏手から山羊坂の長い階段を上りきるとバス通りに出る。山手の丘陵の尾根道になっており、その先の唐沢公園がかつての欧米人向けの外国人避病院があった場所である（図7）。もともと横浜には欧米系の居留外国人の寄付で設立・運営されていた横浜一般病院（Yokohama General Hospital）およびアメリカ、ドイツ、フランスがそれぞれ海軍病院を開設していた。コレラの大発生という事態を受けて、欧米系居留民が一八七九（明治一二）年に明治政府から地所を借り受けて建設したのが外国人避病院である（図3の③）。

この外国人避病院があった場所は、現在、横浜市によって唐沢公園として整備されてお

（11）https://www.nakamura-hachimangu.yokohama/bunkazai.html中村八幡宮・文化財二〇二三年一〇月二日最終閲覧。

表2　過去のペスト・パンデミック

	時期	主な流行地	備考
第1次	6世紀半ば	地中海沿岸〜ヨーロッパ、エジプト	東ローマ帝国で人口半減？
第2次	1346〜1370年頃	中国、中央アジア、ヨーロッパ	2500万人死亡？
第3次	1894〜1940年代	東アジア(中国、台湾、香港、日本)、インド、東南アジア（インドネシア、ビルマ、ベトナム）	

（出典：R. Pollitzer, *Plague*, World Health Organization, 1954および春日忠善『日本のペスト流行史』北里メディカルニュース編集部、1986年をもとに作成）

り、丘陵にある園内からはランドマークタワーをはじめとして、みなとみらい地区を一望することができる（住宅地にありながら美しい夜景を楽しめる場所として若者の間では知られているようだ）。高台の土地ゆえに風通しがよく湿気をさけることができるという、かつての横浜の欧米系のひとびとが望んだ地理的条件は現在と変わらないはずである。その意味では、その土地がおかれた環境も歴史的な痕跡だといえるのかもしれない。

2　ペストの痕跡

ペストの世界化

明治期の日本が経験したもうひとつのパンデミック、それはペスト（Plague）である。ネズミなどのげっ歯類に寄生するノミによって媒介されるペスト菌が原因の細菌感染症である[12]（感染部位によって腺ペストと肺ペストに区分されるが、本章では単にペストとする）。古代および中世のヨーロッパで二度のパンデミックが発生したことがあり、それぞれ人口が激減する規模の大流行だった（表2）。

（12）https://www.niid.go.jp/niid/ja/kansennohanashi/514-plague.html国立感染症研究・ペストとは　二〇二三年一〇月四日最終閲覧

（13）帆刈浩之『越境する身体の社会史　華僑ネットワークにおける慈善と医療』風響社、二〇一五年、永島剛「香港　一八九四年　〈イギリス三度目のパンデミックは、東アジアの香港が起点となった。イギリス帝国と清朝中国との間のアヘン戦争の結果、一八四一年から香港はイギリスの植民地となった。香港の行政は、イギリスから香港総督をはじめとする官僚が派遣され、香港政庁によって行われたが、居住する地区や行政の浸透度などから、イギリスの行政は現地社会に対して不介入主義的だったとされる。(13)

日本での流行

一八九九（明治三二）年一一月、香港や台湾で大流行していたペストの感染が日本で最初に確認されたのは神戸だった。地元紙『神戸又新《ゆうしん》日報』は「吁《ああ》ペスト来たれりペスト来たれり」と題した論説を掲載し、かなり感情的な様子でその様子を伝えている。(14) 日本のひとびとにとって周辺国での蔓延の様子が頻繁に伝えられ、その感染性の強さや現地社会の混乱に恐怖を感じたうえでの国内での感染だったのである。その状況は、二〇二〇（令和二）年二月初めの新型コロナウイルス感染症が、中国の武漢で蔓延し、日本で初めて感染例が確認された状況と類似している。

日本では、神戸および大阪で感染が集中した。ただし、コレラのように毎回の感染数が万を超える規模だった感染症に比べれば、ペストの流行は軽微に終わった（図1）。

横浜に残されたペストの痕跡

横浜でペストの感染が確認された一九〇二（明治三五）年一〇月のメディアの反応も、三年前の神戸と同じような状況だった。横浜には、一八九〇（明治二三）年創刊の『横浜

流）衛生行政と植民地社会」永島剛ほか編『衛生と近代』法政大学出版局、二〇一七年

(14)『神戸又新日報』第四八三〇号一面、一八九九年一一月一四日。神戸では一八六八（明治元）年の開港にともない外国人居留地が設置され、諸外国の外交官や商社員はいくつかの例外を除いてここに居住していた。一八九四（同二七）年締結の日英通商航海条約が一八九九（同三二）年七月に施行されると、居留地は撤廃され、日本人と外国人の雑居（内地雑居）が行われることになった。内地雑居に対しては、海外から労働者が流入し衛生環境が悪化するのではないかとの懸念が当時から指摘されていた。このような対外関係の変容と国内への影響は、神戸社会がペスト初感染を感情的に受け止める背景になったと考えられる。以上、居留地撤廃にともなう内地雑居と感染症の問題について、詳しくは市川智生「開港場神戸における感染症対策と居留地自治」『歴史科学』第二一九号、二〇一五年および同「神戸　一八九九年　開港場の防疫と外国人社会」永島剛ほか前掲書、注(13)を参照されたい。

図８　海岸通の家屋焼却の様子
（出典：「海岸通の焼却（第二日目）」『時事新報』第6817号（1902年11月1日））

貿易新聞』と一九〇一（同三四）年創刊の『横浜新報』（当初は『横浜毎夕新聞』）の二紙が、ペストの発生をめぐって、万治病院に収容された感染者の容態を詳細に伝えるなど、報道合戦を展開した。

結果的に、この年の横浜のペスト感染例はわずか八名にとどまった。感染の数だけみれば、かつて経験したコレラよりもはるかに少なかったといえるだろう。しかし、ペストの発生状況をめぐっては、それまでにない特徴があった。それは、八名のうち七名までが特定の地域に集中していたのである。横浜港に面した海岸通五丁目の一角が、この年にペストが発生した場所だった（図３の④）。

ペストを媒介するネズミは、棉花や米穀が貯蔵される倉庫に好んで生息する。国際貿易港に林立するそれらの施設は、ペストが伝播する危険性の高い場所でもあった。海岸通五丁目は、「沖仲士《おきなかし》」と呼ばれる港湾荷役労働者が集住する地区だったから、(15) 一九〇二（明治三五）年一〇月にペストが発生したのは決して偶然ではなく、もともとリスクの高い場所で働くひとびとの間での感染例だったといえるだろう。

防疫にあたった神奈川県および横浜市当局の判断は、この地域の家屋を買い上げ、焼却処分するというものだった。こうすれば、ペストの病原を根源から断つことができる上に、市街の中心部にあるみすぼらしいバラックを一掃することもできて一石二鳥だとの発想で

(15) 貨物船に搭載された貨物は、艀《はしけ》と呼ばれる運搬船に一度積み替えられ、さらに港湾へと積み下ろしされるのが一般的だった。そのたびに人力による荷役労働が必要とされ、そこで働くひとびとは「沖仲士」と呼ばれていた。現在では現場労働者への差別的なニュアンスが含まれる用語とされ、一般に使われることがない点には注意を要する。

あった。[16]報道によれば、同地には二〇〇軒ほどの長屋があり、一三〇〇人程度の荷役労働者およびその家族が生活をしていた。[17]そのすべての家屋が買い上げられ、焼却作業がこの年の一一月初めに行われた。ほかの地域への延焼を防ぐために家屋を倒壊させた様子が、新聞の挿絵（図8）および次の記事によってうかがうことができる。

一人の人夫頭が隣家の屋根に上りて両手を打振りつつエンヤラヤーと音頭を取れば此方も一斉にエンヤラヤーと相和して麻縄を曳き其曳く毎に家屋はメリメリと音して（中略）土烟《つちけむり》を起し地響を打たせて家屋は全く横さまに引き倒されぬ[18]

海岸通のペスト発生地区に住んでいたひとびとは、どこにいったのだろうか。彼らは当局による住居の焼却を前にして、対岸の神奈川台場跡に急遽建設された隔離施設に収容されたのだった（図3の⑤）。同地は、幕末の一八六〇（万延元）年に海防のために建設された八〇〇〇坪ほどの人工島で、[19]ペスト感染者がこれからも発生する恐れのある集団を周囲と隔絶して収容する条件がそろっていた。隔離された住民は、潜伏期間を想定して二週間をそこで過ごすことになった（図9）。台場跡の隔離施設の様子は、県庁や市役所が並ぶ横浜の中心部からよく見えたようだ。次の記事は、隔離の対象となった住民が、ペストの発生源として忌避されつつも、港湾労働者として横浜港の維持に必要な存在であるという両義性をよく表しているといえよう。

神奈川砲台の仮屋の住人は労働者が多いのに空しく数日間遊食して居るのだから定め

（16）「焼払期日は未定」『横浜貿易新聞』第三八五一号、一九〇二年一〇月二一日。この年のペスト流行を記録した神奈川県警察部編『神奈川県「ペスト」流行史』神奈川県警察部、一九一〇年では、この地区を「貧民窟」だと表現している。

（17）「黒死病彙報　健康診断」『横浜貿易新聞』第三八四〇号、一九〇二年一〇月八日

（18）出典は図8に同じ。

（19）横浜開港資料館編『地図と絵に見る神奈川お台場の歴史』横浜開港資料館、二〇〇五年

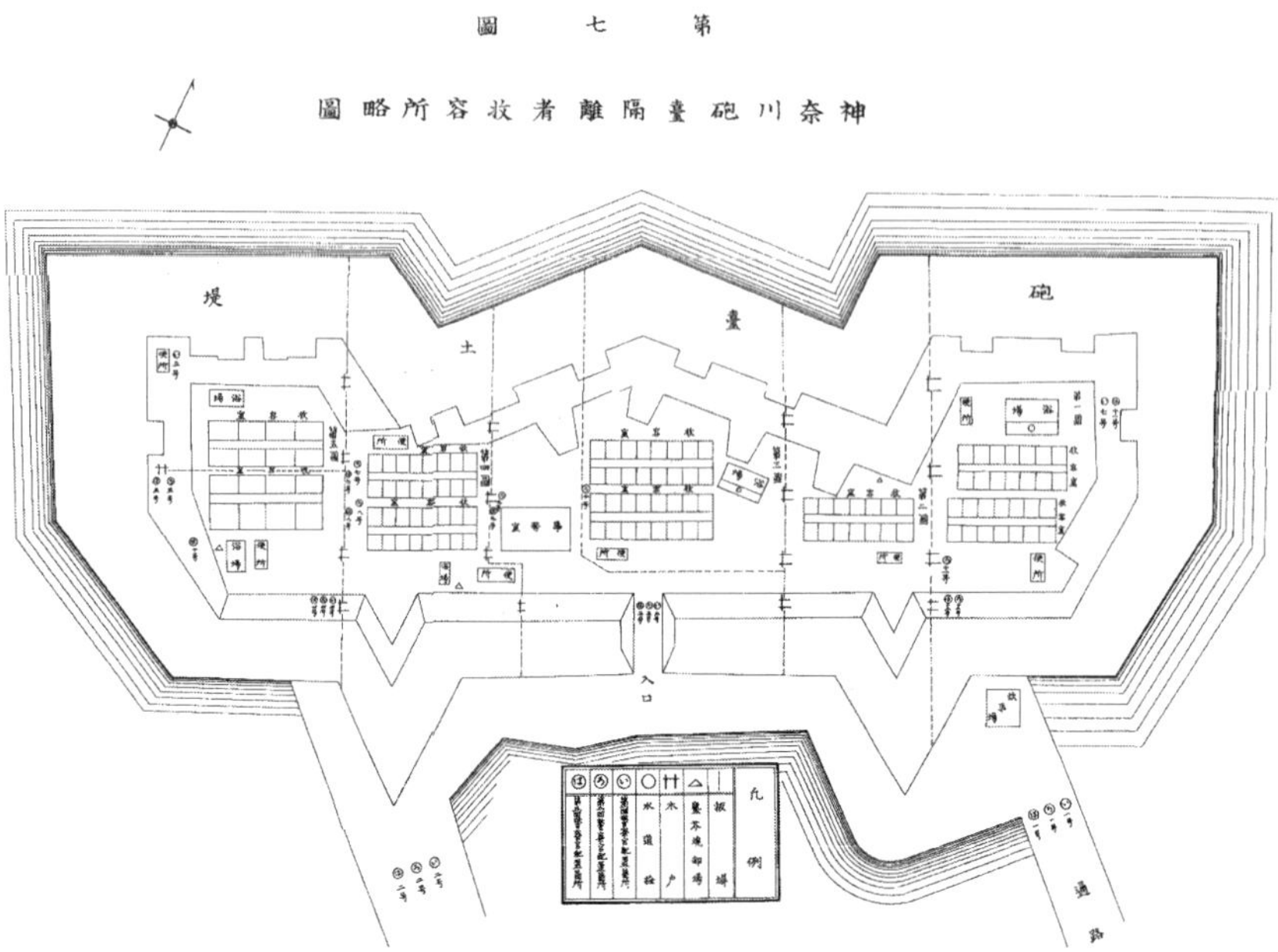

図９　神奈川台場跡の隔離施設
（出典：神奈川県警察部編『神奈川県「ペスト」流行史』（1910年、神奈川県警察部））

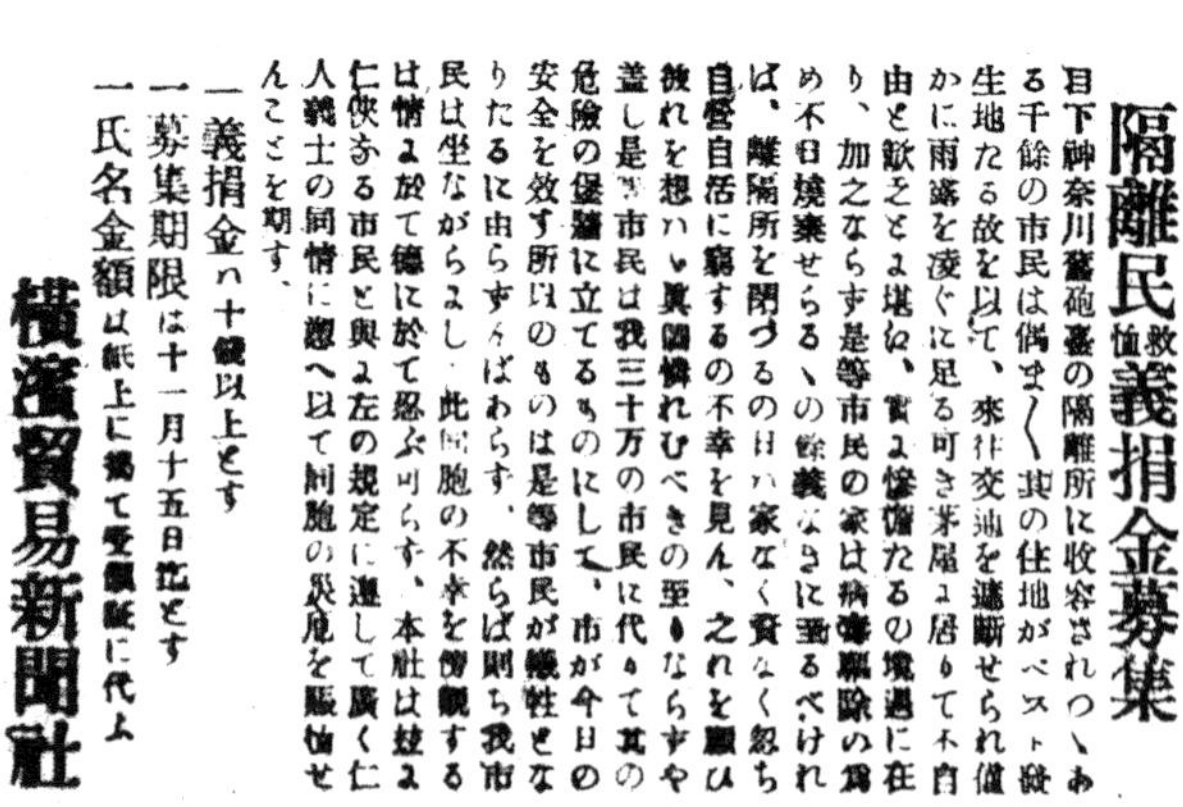

隔離民救恤義捐金募集

目下神奈川臺砲臺の隔離所に收容されつゝある千餘の市民は偶ま〳〵其の住地がペスト發生地たる故を以て、來往交通を遮斷せられ僅かに雨露を凌ぐに足る可き茅屋に居りて不自由と歎きとに堪ぬ、實に慘憺たるの境遇に在り、加之ならず是等市民の家は病毒驅除の爲め不日燒棄せらるゝの餘義なきに至るべければ、離隔所を閉づるの日ハ家なく資なく忽ち自營自活に窮するの不幸を見ん、之れを顧ひ彼れを想ハゞ眞に憐れむべきの至りならずや蓋し是等市民は我三十万の市民に代りて其の危険の保障に立てるものにして、市が今日の安全を效す所以のものは是等市民が犠牲となりたるに由らずんばあらず、然らば則ち我市民は坐ながらにし此同胞の不幸を傍觀するは情に於て德に於て忍ぶ可らず、本社は茲に仁俠なる市民と與に左の規定に遵して廣く仁人義士の同情に愬へ以て同胞の災厄を賑恤せんことを期す、

一　義捐金ハ十錢以上とす
一　募集期限は十一月十五日迄とす
一　氏名金額ハ紙上に掲て受領證に代ふ

横濱貿易新聞社

図10　ペスト発生による隔離者への義援金募集広告
（出典：『横浜貿易新聞』第3857号（1902年10月29日））

て退屈に堪えない程であらふ、聞けば昨今土俵を築いて相撲を取って居ると云ふが、元来此輩は働かせれば生産的市民で、遊ばせれば閑居不善を為す連中だから何とか其筋でも工夫をして一刻も早く生産の良民たらしむる様に致したいものだ。[20]

ペスト発生地の焼却や隔離の様子は、地元新聞で連日報道された。そのなかで目を引くのが、海岸通から対岸の砲台跡地へと移送され隔離生活をおくっていたひとびとへの義援金募集の広告である（図10）。翌年一月の『横浜貿易新聞』には、総計二九五九円五六銭五厘が集まり、隔離対象者一〇七五名に対して均等に二円八厘づつを分配したとある。当時の県庁の職員の一般的な月俸が一〇円前後だったことを考えると、[21]義援金は一時的な食費や交通費程度にとどまったと考えた方がよさそうである。

一一月中旬、約二週間の隔離期間を過ごし解放されることとなった彼らに帰るべき住居はなくなっていた。その後の動向は、報道からある程度把握することが可能である。まず、大部分は、三吉町など港湾荷役労働者が多く住む地区へと居を移したものと考えられる。隔離からの解放当日に、荷

図11　現在の神奈川台場跡地
（出典：公益財団法人神奈川台場地域活性化推進協会 https://kanagawadaiba.com/（2023年9月29日閲覧））

(20)「ペスト瑣談」『横浜貿易新聞』第三八五一号、一九〇二年一〇月二一日。傍線部は引用者による。

(21) 神奈川県編『神奈川県職員録』神奈川県知事官房、一八九六年

役労働の請負業者が台場付近に船を用意していたとの報道があることから、海岸通の住民が自発的に行動したというよりは、労働契約に付随して移動を強いられていたのだろう。[22]また、解放の段階で自活困難とされた者が二〇名余りおり、南太田の市立救護所に収容されたとの記録がある。[23]

海岸通の住民の隔離のために使用された神奈川砲台跡は、現在、日本貨物鉄道の東高島駅付近に位置し、外形からその痕跡をうかがうことは難しい（図11）。

筆者は、二〇〇〇年前後に、かつてペストが発生し家屋の焼却や住民の強制移転が実施された海岸通の一角と思われる場所を目の当たりにする機会があった。そこには、一九五八（昭和三三）年に建設された海岸通団地（住宅・都市整備公団）が健在であり、実際に住んでいた方々もまだいたと記憶している。周辺には一九八九（平成元）年の横浜博覧会（YES'89）を境に急速に開発が進められ、ランドマークタワーやワールドポータズなどの商業ビル群に象徴されるみなとみらい地区がすでに出現していた。そんな近未来的ともいえる空間のなかで、海岸通団地の存在は昭和の世界にタイムスリップしたかのような独特の雰囲気と違和感を醸し出していた。[24]それは、かつてのペストをめぐる歴史を語り継ごうとしているかのように感じたことを記憶している。

（22）「離隔所の解除」『時事新報』第六八一五号、一九〇二年一〇月三〇日

（23）「離隔民の解放と給養者の解散」『横浜貿易新聞』第三八六三号、一九〇二年一一月六日

（24）海岸通団地は二〇一三（平成二五）年に取り壊された。最後までそこで生活していた住人を扱ったドキュメンタリー作品に「Danchi Womam」二〇一九年、杉本暁子監督がある。

おわりに

本章では、明治期の横浜で蔓延したアジア・コレラとペストという二つの感染症をとり

あげ、感染状況や社会へのインパクトについて紹介するとともに、現在に至るまで残されている痕跡をたどってきた。隔離病院がかつて建てられていた場所の地形や周辺の環境は、コレラに感染したひとびとを収容するために作られたということを確かに物語っている。それとは対照的に、ペスト感染が確認された地区や隔離された場所は、商業施設や貨物駅へと姿を変え、当時の様子がうかがえるような外見上の痕跡は姿を消してしまった。なぜ、このような対照的な結果が生まれたのだろうか。二つの病気が流行した時期の横浜の社会経済的な状況の違い、感染症に苦しめられたひとびとと防疫のあり方といったことがヒントになるはずだ。そして結論はぜひ読者のみなさん自身にぜひ考えていただければと思う。

以上のパンデミックの痕跡は、感染症対策に関連する施設が建っていた場所や感染症が発生した空間に関する記録とも言えるかもしれない。その一方で、現代のひとびとが新型コロナウイルス感染症に関して持っているような、直接的で生々しい記憶というものも、明治のパンデミックに遭遇した横浜のひとびとの脳裏には存在したはずである。医療社会史研究では、その両者を追体験することが求められている。われわれは、文字として残された歴史資料や本章で紹介したような空間的な痕跡を手がかりに、過去の横浜のひとびとがどのような感覚で感染症というものをとらえていたのかを考えてみる必要があるだろう。

読者のみなさんには、本書を手にぜひ実際に横浜を歩いてみてほしい。自分の目や耳、そして感覚を総動員して歩いて初めて得られる情報がきっとあるはずだ。そして、それはあなたのオリジナルな経験の出発点になると信じている。

横浜中華街

伊藤泉美

はじめに

横浜中華街と聞くと、どのようなイメージを抱くだろうか。極彩色の看板が連なる通りに中華料理店がひしめき、人びとであふれる観光地を連想するのではないだろうか。たしかに、それも横浜中華街が持つ一面だ。けれども、それだけではない。横浜中華街には幕末開港期からの長い歴史があり、人びとの暮らしがある。ここでは、観光地としての顔だけではない、横浜中華街について考えたい。

1　横浜中華街の一六〇〇年の歴史

そもそも、なぜ、横浜に中華街があるのだろうか。いつ頃から横浜に中国人が暮らすようになったのだろうか。始まりは一八五九年の横浜開港である。ペリー艦隊の来航によって、一八五四年、江戸幕府は日米和親条約をむすび、日本の五つの港を対外貿易港として開くことになった。まず、函館、横浜（神奈川）、長崎が開港された。横浜では開港と同時に、外国人居留地という来日外国人が商売をして暮らすことを許可する場所が開設された。現在の山下町と日本大通りの一部である。[1] 横浜に進出した欧米商人のほとんどは、香港・広東・上海に商館を開いており、そこで雇っていた中国人などを伴って来日した。中国の欧米商館での勤務経験のある中国人は、欧米言語や貨幣や秤量単位なども理解していた。また、日本人とは漢字の筆談で意思の疎通がはかれたため、中国人は欧米人と日本人の間に立ち、開港場横浜の経済を動かす重要な役割を果たした。さらに、横浜の外国人居留地で暮らす欧米人の衣食住を支える仕事にも中国人が従事した。たとえば、テーラーやドレスメーカー、ソーダ水製造、[2] 洋館建築の大工やペンキ塗装などの職人たちである（図1）。欧米人の娯楽でもあったピアノを製造する中国人もいた。[3] 現在、中華街の萬珍楼本店や中華義荘[4]で華僑が作った周ピアノと李ピアノが展示されている。

図１　中国人職人の広告　*The Japan Directory*（1886）

（1）　その後主に住居地区として、現在の山手町一体にも外国人居留地が拡張された。

（2）　洋酒を割って飲むために必要であり、幕末から明治初年にかけては山手に英仏軍が駐屯しており、需要は多かった。

（3）　周興華洋琴専製所、李兄弟ピアノ製作所があった。

（4）　横浜華僑の共同墓地、横浜市中区大芝台に所在。詳細は次章を参照。

図2　大同学校の生徒と校舎　1912年（鮑建成氏寄贈・横浜山手中華学校所蔵）

中国人は外国人居留地の一角に集まり住むようになり、中華街が形成されていった。一八七七年の記録では、一一四二人の中国人が横浜外国人居留地に暮らし、そのうちの約半数が現在の中華街地区に暮らしていた。(5) ちなみに、この年の横浜の外国人総数は二四〇二人で、五割近くが中国人であった。江戸幕府は欧米五か国と条約を結んで日本を開国したが、横浜の港を開いてみると、やってきた半数近くが、一八七二年まで条約を結んでいなかった中国人であったのだ。そして彼らは欧米商館の重要なスタッフとして活躍したのである。移住先での心の安寧を求めて中国人は関帝廟(6)を築き、子供の数が増えてくると華僑学校を開設するなどして、コミュニティが成長していった（図2）。

一九二三年九月一日、関東大震災が発生する（図3）。この未曾有の災害によって、中華街を含む山下町一帯は壊滅的な被害を受け、幕末の開港以来六〇余年にわたり繁栄してきた街が一瞬で瓦解した。震災以前は五七〇〇人あまりの中国人が暮らしていたが、一七〇〇人ほどが亡くなり、生き残った人びとも阪神地域や本国の故郷へと避難した。しかし、経済的基盤を横浜に築いていた華僑の多くは、まもなく横浜に戻った。震災復興策の一つとして、中華街大通りに耐震性の高い鉄筋コンクリートで中華風の建築物が建てられた。一九三〇年代から四〇年代にかけて、中華街大通りは中華風意匠の中華料理店が建ち並ぶ通りへと復活した。しかしまもなく日中戦争（一九三七年〜）、太平洋戦争（一九四一年〜）

図3　関東大震災の惨状（横浜開港資料館所蔵）

(5) 「明治十年横浜清国人名簿」『神奈川県史料』第七巻、神奈川県立図書館編刊、一九七一年、一五一—三七九頁。

(6) 三国志の英雄関羽を祭った廟で、海外各地の中華街にある。

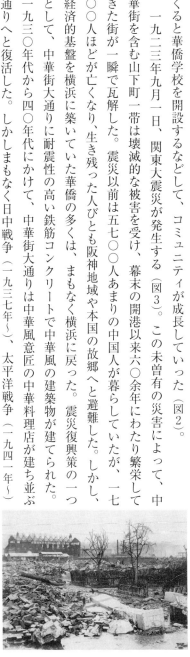

図4　善隣門の竣工　1955年（金子昇平氏所蔵）

の時代となり、中華街で暮らす華僑は日本政府が中国国内に樹立した傀儡政権[7]を支持する苦渋の選択を迫られ、戦時下の日々を耐えた。

一九四五年五月二九日の横浜大空襲をうけて、中華街は再び焼け野原となった。そして八月に戦争が終結し、ここから中華街の戦後復興が始まった。戦勝国民となった中華民国の華僑たちは、優遇された配給物資の小麦粉や油をつかって、ドーナッツや天丼などを売り、中華街は食べ物を求める人びとであふれた。一九五〇年には朝鮮戦争が勃発したため、米軍の横浜駐留がつづき、中華街は米軍相手のバーやクラブで賑わった。この間、一九四九年に中華人民共和国が樹立され、中華民国（台湾）との間で、二つの祖国の問題が生じ、横浜華僑社会が政治的分裂に直面した。

一方、一九五五年二月には、初代善隣門が中華街の入口に建てられ、戦後復興のシンボルとなった（図4）。一九六〇年代の高度経済成長、一九七〇年代の日中国交正常化、一九八〇年代のバブル経済などの影響を受け、中華街に観光客が押し寄せた。と同時に、中国の改革開放政策の影響を受け、一九八〇年代中頃から、新たに横浜にやってくる中国人が激増する。新華僑である。それまで五〇〇〇人台であった中国人人口が毎年約一〇〇〇

（7）　北京臨時政府や汪精衛政権。この当時の中華民国は複数の政府が存在する複雑な政治状況であった。

人ずつ増えた結果、二〇〇〇年には一万七〇〇〇人あまりと一五年で三倍に急増した。この間、一九八六年に三代目関帝廟が焼失するという出来事が起こったが、四代目関帝廟の建造にあたっては、中華人民共和国支持と中華民国支持の双方の老華僑が協力した。こうして政治的に分断されていた横浜華僑社会の力が結集されたことによって、以後、中華街の牌楼建設、公衆トイレの建設、大通りの電柱地中化などの街の基盤整備が進み、春節祭も開かれるようなった。

二〇〇〇年代に入ると、中華街は激動の時代を迎える。新華僑が経済力をつけ、中華街大通りで次々に店を開業していった。二〇〇四年にみなとみらい線が開業すると、その傾向に拍車がかかり、中華街の主役が戦前からの住民である老華僑から新華僑へと替わっていった。食べ放題の中華料理店が増え、日本人による占いの店も増えた。そして、二〇二〇年にコロナが横浜中華街を襲った。日本で最初のコロナ感染者が神奈川県在住の中国人と報じられたことから、横浜中華街の関係者だという誤った情報が流れ、客足は急速に遠のいた(図5)。コロナが収まるにつれ街に活気が戻ってきたが、コロナ禍で室内での飲食が敬遠されたことが影響し、テイクアウトに対応する店が増えた。今や週末ともなれば、食べ歩きを楽しむ観光客で中華街はあふれんばかりである。

図5　コロナ禍で無人の中華街　2020年5月(筆者撮影)

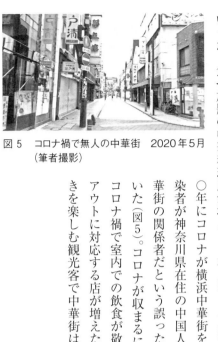

2　横浜中華街と観光

横浜中華街は日本を代表する観光地だが、いったい、いつから観光客が中華街を訪れていたのだろうか。観光は「物見遊山」といえるが、美しい風景、珍しい景観など、日常とは異なる風情を求める人びとの行動である。実は、日本人は明治の頃から中華街を観光の対象とみていた。図6の「横浜名所案内表」はその一例である。このチラシは一八七七（明治一〇）年頃に、広島屋という旅館が客に配っていた、今でいう、ガイドツアーのチラシである。上等・中等・並とコースが分かれ、それぞれ参加人数により異なる料金表がチラシ下部に掲載されている。「波止場」「天主堂」「外国人商館」などとともに、中華街の「関帝廟」と「会芳楼」が記されている。「会芳楼」は劇場兼中華料理店である。洋館などが建ち

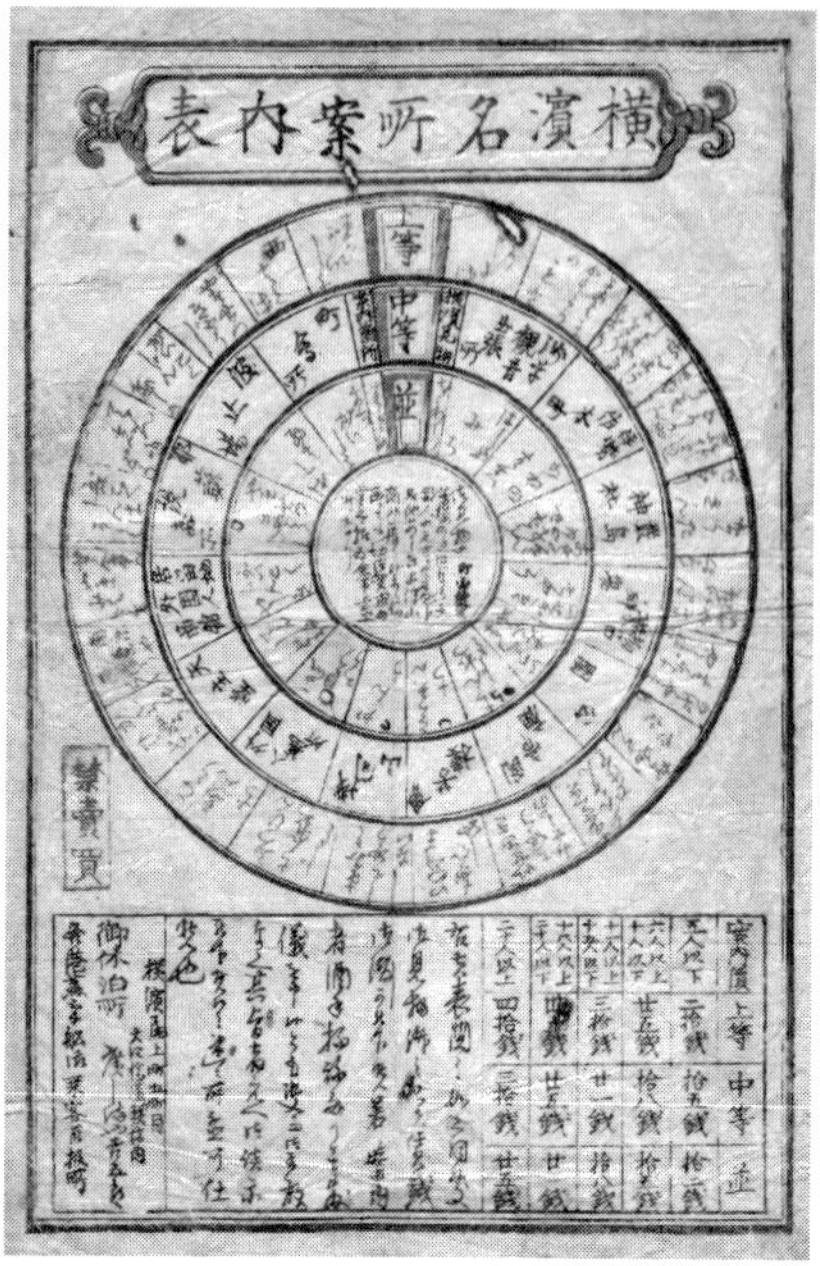

図6　横浜名所案内表　1877年頃（横浜開港資料館所蔵）

図７　昭和モダンの中華街　1933年頃（横浜開港資料館所蔵）

並ぶ明治の横浜外国人居留地界隈は、当時の日本人の目には「外国」と映ったのだろう。この時点での中華街は、観光地ではないが、その異国情緒あふれる存在自体が観光の対象となっていた。一九一三（大正二）年に出版された横浜の観光案内書には、横浜の年中行事として、正月の伊勢山皇大神宮初詣、七月四日の米国独立記念日などとならんで、二月には中華民国正月、つまり現在の春節と六月の関帝誕（関羽誕生祭）が紹介されている[8]。既述のとおり、関東大震災の復興過程で大通りには中華意匠の凝った建物の料理店が建ち並び、横浜観光の一つとして中華街が位置付けられていった（図7）。

本格的な中華街の観光地化は戦後に顕著となっていく。善隣門が建設され、中華街のみならず、横浜の戦後復興のシンボルとなった。その後、日本が高度経済成長期に入った一九六〇年に、横浜では山下公園の進駐軍による接収が全面解除となり、一九六三年にはマリンタワーがオープンした。また、桜木町駅が終点であった京浜東北線の先に根岸線が伸びて、関内駅や石川町駅が新設され、中華街への交通アクセスが便利となった。そして、一九七二年に日中国交正常化がなされると、パンダブームなど中国への関心が高まり、中華街への観光客も増えていった。一九八〇年代にバブル景気を迎えると、一九八九年の横浜博覧会の影響もあり、全国から観光客が横浜中華街に押し寄せた。しかし、この頃から徐々に中華街から生活の匂いが消えていった。

（8）『官署学校病院寺社遊覧商業案内』横浜開港資料館所蔵

3　暮らしの場としての中華街

中華街は明治の頃から日本人には観光の対象であったが、当時の中華街は観光地ではなく、人々の暮らしの場であった。通り沿いには貿易商、両替商、中華料理店などの商店が並び、その奥には住宅、学校、領事館、劇場、中華会館、関帝廟などがあった。関東大震災と空襲で建物は壊れるが、その後も横浜中華街は華僑の暮らしの場であった（図8）。

図8　中華街大通り　1921年（横浜開港資料館所蔵）

国内外の中華街と比較して、横浜中華街の特筆すべき特徴は、そこには家族や隣人として、現地の人びと、つまり、日本人も暮らしてきたという点である。明治の頃より日本人女性と中国人男性が家庭を持つ例が多くみられるし、また、精肉・鮮魚・青果といった生鮮食料品を扱う店は日本人の経営であった。中華街には市場通りという通りがあり、現在は占いと料理店がほとんどであるが、もともとここには文字通り「市場」があり、日々の暮らしに必要な食料品や雑貨などを商う日本人の店が並んでいた。一九八〇年代、観光客が街に押し寄せるようになると、ここは暮らしの場所としては不向きとなった。それまでは一階は店舗で二階は住居という職住一体型の暮らしが営まれていたが、中華街には店だけ残して住宅は別の場所へと移転するケースが増えていき、街から暮らしの部分が減っていった。華僑の暮らしが醸しだす風情もリアルな異国情緒として観光の重要な要素であった。なお、暮らしの部分は現在の中華街の表の表情からは見えにくいが、ここには学校、廟、中華会館などの華僑組織があり、華僑のコミュニティが存在していることを忘れてはならない。

「暮らし」が影をひそめた中華街であるが、依然として多くの人びとを横浜中華街にひきつけているのは、「食」である。普段は食べられない中華料理を味わいに人びとはやってくる。その食の形態も宴会型からテイクアウト、食べ歩きへと変化している。また、関帝廟と媽祖廟の存在と、それぞれが担う祭事は中華街の伝統的行事であるとともに、観光資源としても大きな意味を持っている。現在も横浜中華街の重要な祭事として関帝誕が営まれているが、図9は一九一〇年の関帝誕の様子である。

図9　関帝廟の祭り　1910年（横浜開港資料館所蔵）

華僑などの旧住民が減少した一方で、近年は新しい住民が増加している。みなとみらい線が開通し元町・中華街駅が開業すると、交通の利便性が高まり、中華街の外縁部を中心にマンションが増加した。すると新たなトラブルが生じた。校庭から聞こえてくる太鼓の音がうるさい、店の看板の明かりがまぶしい、エアコンの室外機の音がうるさい、といった苦情である。獅子舞の練習で校庭から太鼓やドラの音がするのを騒音ととらえる華僑はいないであろう。華僑社会の伝統と中華料理店がひしめく街の特性を理解していない住民とのトラブルは悩ましい。

おわりに

横浜は様々なルーツを持つ多様性に満ちた国際都市である。その中でも幕末開港期から現在まで、関東大震災と横浜大空襲を乗り越えて存続している中華街は、横浜の歴史と文化を象徴する存在といえる。横浜に暮らす華僑は横浜生まれのはまっこチャイニーズも多く、彼らの存在こそが多文化共生都市横浜の力となっている。確かに、横浜中華街は観光地として有名であるが、そこから一歩進んで、この街で華僑たちが紡いできた歴史と文化への理解も深めてほしい。そうすれば、国際都市横浜の実像が見えてくる。そのため、地元の横浜開港資料館や横浜ユーラシア文化館で、中華街に関する企画展を何度か開いてきた。また、中華街を散策しながら気軽にこの街の歴史と文化に触れてもらえる仕掛けも増えている。一つは、東西南北の牌楼の石碑案内に、中華街の地図とともにその場所の歴史写真が掲示されている（図10）。その場所を訪れた人に、自分が今立っている場所にも一世紀をこえた中華街の歴

図10　朱雀門（南門）の石碑案内版（筆者撮影）

史が刻まれていることに気づいてもらおうという仕掛けだ。さらに横浜市ふるさと歴史財団と横浜中華街発展会が協力し、「こい旅横浜　中華街」というサイトを立ち上げた。これはスマホを繰りながら、関帝廟や山下町公園（旧清国領事館）などのいくつかの地点の歴史をビジュアルに紐解いていく仕掛けである（図11）。観光を入口に、多文化共生都市横浜の象徴である中華街の歴史と文化に触れてほしい。

〔参考文献〕
伊藤泉美・西川武臣『開国日本と横浜中華街』大修館書店、二〇〇二年
伊藤泉美「横浜華僑のピアノ製造—周興華洋琴専製所を中心に」『横浜開港資料館紀要』第三二号、二〇一四年
伊藤泉美『横浜華僑社会の形成と発展—幕末開港期から関東大震災復興期まで』山川出版社、二〇一八年
伊藤泉美「二つの名簿からみえてくるもの—一九四五年、神奈川県下の中国人社会」『横浜ユーラシア文化館紀要』第九号、二〇二一年
伊藤泉美「李徳成家文書に見る戦時下の横浜華僑の暮らし」『横浜ユーラシア文化館紀要』第一一号、二〇二三年
横浜ユーラシア文化館編『横浜中華街一六〇年の軌跡—この街がふるさとだから』横浜市ふるさと歴史財団、二〇二一年

図11　中華街文化観光「こい旅横浜　中華街」サイト

遺体は悩む、故郷か異郷か
——中華義荘——

中林広一

はじめに

横浜という地域は様々なイメージを持たれており、その語られ方は幾通りにも及ぶ。そして、その内の一つに国際性を強調する語りがあるが、このことに違和感を持つ人は少ないと思われる。それはペリーの上陸、日米修好通商条約による開港といった教科書上の出来事だけではなく、鉄道・電話・ガス灯のような西洋から導入された技術、あるいは洋館や外国人墓地（**第Ⅱ部　学生研究「横浜にある外国人墓地」**）といった観光地など、国際的な横浜像を描くための素材には事欠かないからである。

ところで、本章では中華義荘という施設を取り扱う。この施設について耳にしたことのない人も多くいるとは思うが、中華義荘もまたこうした国際的な横浜を構成するパーツの一つである。そして、中華義荘の存在を通じて、国際性にとどまらない横浜の性格を考えることも可能だと言えるが、まずは基本的な事柄から順を追って見ていこう。

1　中華義荘とはどのような施設か

中華義荘という四字を並べられても、初見でどのような施設なのかイメージすることは難しいと思われる。「中華」はまだしも、「義荘」が私たちにとって馴染みの薄い言葉であるが、本章で扱う中華義荘は「華僑を埋葬する共同墓地」を指すものとして、大雑把にまとめておきたい(1)。

中華義荘は横浜市中区大芝台にある。JR根岸線山手駅から坂を上り下りしつつ一五分程度歩くと、住宅街の中に現れる。何も知らず横切ると見過ごしてしまいがちであるが、入口の門は日本の寺院のそれとは明らかに異なっていて、周囲に溶け込みつつも存在感のある不思議な一角である。

図1　中華義荘（筆者撮影）

中華義荘は共同墓地であるから、当然墓石が立ち並ぶ。その光景自体は日本の墓地とほぼ変わらないが、墓石に刻まれた「劉家」や「杜家」などの文字がいわゆる日本の墓地とは異なる空間であることを主張している。施設内には地蔵王菩薩像をまつる地蔵王廟、故人の位牌・骨壺を収める安骨堂などの施設があるが、これらもまた異なった景観の形成に一役買っている。

(1)　華僑は一般的に中国国籍を保持したまま国外の国や地域に居住する人を指す言葉として用いられるものである。一方で、移住先の国籍を取得した中華系移民は華人と呼び、華僑と区別されている。ただ、横浜の中華系移民は中国国籍の有無にかかわらず華僑と呼び表す習慣もあることから、ここでは中華系移民やその子孫を総称する言葉として「華僑」の語を用いていることをあらかじめ断っておく。

そうした日中の差こそあれ、墓地が人々にとって祖先と向き合う場であることには変わりはない。人々は折に触れ中華義荘を訪れては、墓石の前や地蔵王廟にて祈りをささげ、また毎年四月上旬の清明節には祭礼も行われている。このように中華義荘は移民の存在と相即不離の関係にあると考えてよい。

そして、この関係性は、横浜にて華僑が活動しはじめた一九世紀半ばにさかのぼる。[2] 江戸幕府は日米修好通商条約の締結を受け、五つの港（函館・新潟・横浜・神戸・長崎）を欧米諸国に向けて開くこととしたが、それに伴い欧米の商社が横浜にも進出する。その際、欧米商人が帯同していた人々が華僑である。日本の開国以前より欧米諸国の活動拠点が中国にあったこと、中国人は欧米の商習慣について一定の知識を持っており、かつ日本人とも漢字を用いた筆談にてコミュニケーションがとれたこと、そうした事情もあって、中国人は欧米商人のサポート役として適格と見なされ、当時多くの欧米商人が中国人を雇い入れていたという。

（2） 以下の内容については伊藤泉美による前章でも扱われている。西川武臣・伊藤泉美『開国日本と横浜中華街』大修館書店、二〇〇二年とあわせて参照されたい。

無論、当時来日した中国人は商売のサポート役とは限らない。商人の召使や横浜の外国人居留地で商売を始めようとする者など様々な立場で来日していたが、その結果として横浜では華僑の数が増えていく。数が増えれば当然、その中から死者は出てこよう。人々の間からは墓地の必要性が訴えられるようになる。

表1に見えるように華僑の埋葬地の初見は一八六四（元

表1　横浜における華僑埋葬地の歴史（参考：注（6）論文）

1864	増徳院境内に仮埋葬地を設置
1866	山手177番地の土地500坪を貸借
1873	久良岐郡字大尻の土地1000坪を貸借
1874	久良岐郡字大尻の土地255坪を貸借
1892	地蔵王廟建立
1899	山手177番地の土地500坪を返却
1941	安骨堂竣工
2013	国有地の払い下げを受ける

治元）年であり、華僑が横浜の地に居を構えるようになってわずか数年後にはそうした需要が生じていた。容易に想像のつくことだとは思うが、華僑の移住が続き、生活が営まれている限り死者の数は増大する。遺体が増えゆく中ではどうしても埋葬地の拡大が必要となるし、その結果として横浜の華僑は土地の貸借を繰り返すこととなる。表1では一八七三（明治六）年と翌七四年に久良岐郡字大尻の土地を借りているが、これが現在の中華義荘である。そこから数えると、現在の中華義荘は約一五〇年の歴史を有していると言えよう。

2　中華義荘の役割

二〇一六（平成二八）年と少し前の記録であるが、中華義荘には墓地に埋葬された遺骨が二五二四柱、安骨堂に安置された遺骨が二四八柱あるという。[3] この数字からは実に多くの華僑が眠っていることが分かるし、また一五〇年という歳月を感じることもできる。ただ、現在でこそ日本にて亡くなった華僑が中華義荘に埋葬されることはごく当然のこととしてなされるが、それは設置当初の中華義荘の役割とはいささか異なる。実は中華義荘は埋葬の場というよりは、運送を待つ遺体の仮安置所としての性格が強かった。

「運送待ち」と言われてもピンと来ない人の方が多いと思う。死んでしまった人をどこに運ぼうというのか、なぜわざわざ運ぶのか。そうした疑問に回答するに当たり、まずは遺体の運搬をめぐる詳細について確認しておかねばならない。

日本では身内に死者が出た場合、どのような行動をとるか。大半の人は通夜・告別式と

（3）　関廣佳「中華義荘の管理運営について」横浜華僑史研究会編『横浜華僑史分野に関する委託調査研究報告書』二〇一六年。

いった葬儀を執り行い、しかる後に火葬場にて遺体を燃やすことになろう。そして、燃え残った骨・灰は骨壺に収め、墓石の下にその骨壺が安置される。

ところが、華僑の対応は異なる。中国から移住してきた華僑が横浜の地で客死したとする。その場合、遺族・親類や友人は死者の遺体を棺に納め、それを故郷に送ろうとする。故郷に送られた遺体は葬儀が行われた後、一族が眠る墓地に埋葬される。遺体を故郷へ送り返して埋葬する、この一連の行動を帰葬と呼ぶが、かつての中国ではこうした対応は決して珍しくなかった。

図２　安置される棺（出典：注（３）論文）

この帰葬はなぜ行う必要があるのか。故郷に葬られたいという心情は理解できなくもないが、数千キロもの道のりを経なければならない手間と労力を考えるならば、それなりの理由がそこにあると考えられる。この点、死者や死そのものに対する日本と中国の感覚・価値観の違いを踏まえておかないと理解が難しいが、一つには儒教的な観点から理由が説明される。

儒教の名は聞いたことがある人もそれなりにいると思うが、それを簡潔に説明することは案外難しい。ここに深入りするといくらページがあっても足りないため、差し当たり倫理・道徳的な側面を持った思想と理解しておいてもらいたい。そして、儒教では礼（とそれに付随する作法）が重視される。儒教においては、皇帝の政治的な儀式から庶民の親子関係に至るまで、様々な場面において適切な礼のあり方が考えられているし、当然葬儀も礼の範疇に含まれている。その際、葬儀が適切な形で実施されることもまた重要である。というのも、中国において人間は死後、肉体と魂が分離するが、死者に対する祭祀が行われていれば、霊魂は現世に戻ってくることも可能と考えられていたからである。これに反して、祭祀が行われない場合、死体は悪さをなす存在となってしまう。これを「鬼」と呼ぶ(4)。

残された人々は死体が鬼と化してしまわないよう努めねばならないが、その時にただ単に葬儀を行うだけでは適切な対応とは言えない。すなわち、祭祀は死者と同じ気を受け継いだ者に行ってもらうことが必要とされる。

気はよく耳にする単語だと思うが、この場合の気は私たちの体の中をめぐっているエネルギーのようなものを思い浮かべてもらうとよい。そして、このエネルギーは父系の血統の中で受け継がれていくものでもある。肉体を母親から与えられ、肉体を動かすエネルギーは父親から譲り受けるという身体観がそこには展開しているとイメージしてもらえればよかろう。

以上の内容を一度整理してみよう。中国では、人が死んだ時、死体が鬼になってしまわないよう祭祀を行う必要があるとする感覚がある。ただ、単に葬儀儀礼をこなすだけでは不十分であり、祭祀は死者と同じ気を持つ父系の一族の手で行われねばならない。葬儀に当たっては、このような条件が付随するため、人々の気持ちは必然的に父系の一族が多く生活する故郷に遺体を戻して埋葬してもらう方向へと向かう。身寄りの少ない、そしてその身寄りもいずれ他所へ移住してしまうかもしれない、そのような環境では死者も安らかに身を落ち着けることはできない。

(4) 中国における「鬼」は「キ」と呼び、日本の「オニ」とは概念の異なるものとして呼び分けている。

以上の説明は、どちらかと言えば、ある程度整理だったものである。庶民の感覚としては「地獄に落ちてしまうことを避けたい」という素朴な捉え方もされていたようであるが[5]、いずれにせよ異郷の土となってしまうことには感情的な抵抗があったと考えてよい。故人が生前、遺体を故郷に送り届けるよう求める背景にはこのような感覚が働いている。

それでは遺体は死後すぐさま故郷に戻れるかと言えば、そう簡単にはいかない。一つには遺体を送る際に発生する費用の問題があり、さらには遺体を受け入れる故郷の側の問題もある。

前者は比較的シンプルな話である。言い方は悪いが、遺体とはいえ荷物である以上、そこには運搬料が発生する。裕福な華僑であれば自己負担で故郷へと遺体を送ることができるが、皆が皆、金銭的余裕があるわけではない。そもそも故郷での経済的困難から脱しようと異郷にやってきた人々が多いので、運搬料を工面できないといったシチュエーションは決して珍しいものではない。

それでは、このような人々はどうするかといえば、互助団体の力を借りる。華僑は移住先で様々なタイプの互助団体を組織し、その助け合いの中で移住生活を少しでも良いものにしていこうとする。同じ郷里・同じ一族・同じ職業と互助団体にも様々なタイプのものがあるが、当時の横浜には中華会館という組織があり、それが人々の帰葬をサポートしていた。ただし、中華会館側にも華僑が亡くなるたびに送り返すだけの余裕はないので、数年に一度のペースで棺をまとめて送り届ける方法を採っていた[6]。

一方で、遺体の送付先となる故郷としても、突然棺桶を届けられたところで困惑するばかりである。事前に問い合わせがあって初めてスムーズな葬儀が可能になるが、それへの

(5)「支那の奇習　横浜から送る死体」という記事(『横浜貿易新報』明治四一年九月一四日)には「本国を出る際に、菩提寺から必ず故国の土に葬りますと誓ってくる。他山の土と化すは畜生道に落ち地獄の苦しみを味わうと信じている。」との華僑のコメントが掲載されており、庶民の感覚を感じ取ることができる。

(6) 伊藤泉美「横浜における中国人墓地の歴史的変遷」、注(3)前掲書、二〇一六年、四六頁。

回答が寄せられるまでは一定の時間が必要とされる。華僑の死後、故郷の所在が分からないというケースは決して珍しくないだろうし、周囲に尋ねまわった結果何とか故郷が分かったとしても、そこからが時間がかかる。どのようにして故郷と連絡をとればよいのか。

ただ、中国は古くより多くの華僑を送り出してきたこともあって、そうした状況にもある程度対応はとれている。例えば、香港には東華義荘という施設がある。これは東華医院という病院が運営している慈善団体であるが、この東華義荘は全世界から送られてくる棺桶を広東省の各地に送り届けている。広東省出身の華僑が亡くなると、この東華義荘に問い合わせが寄せられ、東華義荘は死者の故郷に遺体を受け入れることが可能か照会を行い、その回答を照会元へと転送する。言わば、移住先と故郷との仲介役であり、また遺体をめぐるハブの役割を果たす存在だとも言える。

このような組織が中国各地にいくつか存在することは、残された人たちにしてみると心強いものがある。ただ、受け入れの準備がとれたことを示す回答が寄せられるにはどうしても時間がかかる。そして、先述の通り、棺を運ぶ船が来航するまで長い時間待たねばならないという事情もある。その間、遺体の扱いはどうなるのか。ここでようやく中華義荘へと話が戻ってくる。要は、中華義荘とは以上のような事情により横浜にとどめられている遺体を保管しておく場所である。故郷と連絡がとれ、かつ船の手配もできた、このように運搬を可能とする条件が満たされるまで、華僑の遺体は中華義荘に安置されていたわけである。

このようにかつて中華義荘には一〇〇体から二〇〇体の遺体が安置されていたというが、帰葬の習慣も一九四〇年代を最後に見られなくなり、現在ではもう行われていない。(7)

(7) 注(6)前掲論文、五四頁。

3　中華義荘から読み解く異文化

日本における墓地に対する捉え方としては、死者を葬る場と死者を悼む場の二つに大別する理解が一般的であると思われる。それは、前者が死者にとっての機能、後者が残された者にとっての機能ということになろう。一方で、中華義荘内のあれこれに目を向けると、それらが華僑に対する理解を深めるためのトピックでもあることに気づかされる。言わば、日本人とは異なった感覚・価値観の発見ということになるが、考えようによってはこれも中華義荘の機能と理解できなくもない。

差し当たり、その一例として、ここでは各所に建てられている碑石を採り上げてみたい。碑石については殊更に丁寧な説明は不要だと思われるが、何らかの記念に、あるいは記録として文字が刻まれた石のことである。中華義荘にはこの類の碑石が複数設けられていて、それぞれが中華義荘にまつわる様々な縁起を示している。

図３　旅日華僑重修横浜墳山墓道誌略（筆者撮影）

私のような歴史学の研究者にとっては、碑に示された内容は過去の出来事に関する証言として大変重宝される。ただ、碑石に刻まれた内容について少し角度を変えて考えてみると、あるいはなぜ碑文が刻まれたのか思いめぐらしてみると、従来の観点とは異なった華僑の側面が浮かび上がってくる。

例えば、「旅日華僑重修横浜墳山墓道誌略」という碑石がある。これは一九五二（昭和二七）年に余家滋というシンガポールの華僑が寄せた文章を刻んだ碑石である。内容としては中華義荘内の参道を整備した経緯と整備に携わった人々の顕彰が示されたものである。碑文の内容としては、どちらかと言えばスタンダードなものである。

ただ、碑文中に登場する「周祥賡令堂」（令堂は母親の意）に着目しつつ事のあらましを捉えなおしてみると、出来事の印象が少し異なってくる。周祥賡は様々な肩書を持つ人物であるが、当時は東京の華僑団体における指導的立場にあった。[8]「周祥賡令堂」なる人物はその母親ということもあり、華僑社会の中でもそれなりのステイタスを持つ人物であったことは想像に難くない。この母親が荒れ果てた参道を目にした後で何をしたかというと、同じ華僑の女性たちに対する参道整備の提案である。碑文中には呉宝財夫人・張和祥夫人などの名前が登場するが、こうした女性たちの働きかけの中で寄付金が集まったと推測される。すぐさま工事は始まっているが、こうしたスピーディーな動きには華僑社会における「関係」の重要性が見いだされる。

ここで示す「関係」は日本語の「カンケイ」とはニュアンスが異なる。これは「人と人とのつながり」を意味する言葉であり、中国社会では「関係」の有無にあらゆることの実現性やスピード感が左右されるといっても過言ではない。差し当たり、前提として「関係」

（8）　周祥賡については彼の自伝である『日本居留四十年』（永順貿易株式会社、一九六六年）を参照。

の有無と信頼性の有無は連動すると考えてもらいたい。つながりがないとごくドライな対応がとられるが、つながりがあると相手のためを思った行動をとる。そして、こうしたやりとりの中でお互いの「関係」は深まっていき、その深まりは自身にとって後日のメリットとなるかもしれない。

このような人間関係のあり方を踏まえた上で、呉宝財夫人や張和祥夫人の立場をイメージしてみよう。これは華僑社会の中の重鎮ともいえる周祥賡令堂からのお声がかりである、とすると、そこにはきちんと応対せねばならない。恐らく自身のネットワークで様々な人に話を持ち掛け寄付を募っただろうし、また夫のコネクションも可能な限り活用したと推測される。その苦労が忍ばれる話でもあるが、一方で本件を通じて周祥賡令堂との「関係」はさらに深まって、自身の活動にプラスに働くこともあったのではなかろうか。

以上の内容は推測ではあるが、それが的を外したものとは思わせないほど、華僑社会（もう少し広く言えば中国社会）では「関係」が重要視されている。中国は人間関係がものをいうネットワーク社会の側面を有しており、この特徴を根幹から支えているものが「関係」である。碑石に刻まれた何気ない文言ではあるが、そこには華僑社会、あるいは中国社会を理解するための重要なトピックが含まれていると言える。

碑文をもう一つ採り上げておこう。光緒一八年（一八九二年・明治二五年）に記された「横浜地蔵王廟碑記」である。当時の横浜領事を務めた黎汝謙がしたためた碑文であり、上述した地蔵王廟が建立された際の経緯が示されている。ただ、この碑石に刻まれている内容は経緯だけではない。建立に際して寄付を行った華僑の名前と寄付金の額もあわせて明記されている点が特徴的であると言える。

寄付という行為は私たちにとっても決して珍しいものではない。また、寄付者氏名の一覧を記した銘板を掲げ、寄付者に対する顕彰を行っている光景もよく目にする。ただ、寄付額の示し方についてはまちまちである。具体的な寄付額を示すケースもそれなりに見られるが、寄付者名のみを掲げるケース、「〇万円以上」のように一定の幅を持たせた金額帯で表現するケースもある。あえて寄付額を示さない、示したとしてもぼやかした表現を選択する理由が明示されることはほとんどないが、何がしかの配慮が働いてのことであろう。それは謙遜する寄付者の心情を察してのことかもしれないし、金額の明記を「生々しい」と感じる心性を意識している可能性もある。

一方で、「横浜地蔵王廟碑記」の記載は、華僑の名前と寄付額をワンセットで示していることから、日本社会の感覚とは異なった方向を向いているものと位置づけられる。そもそも中国では日本以上に寄付が積極的に行われるが、その場合寄付者の氏名や金額は必ずと言ってよいほど公開される。これは今も昔も変わらないが、その意味では「横浜地蔵王廟碑記」は、中国の碑文としてはごく標準的な作りをしていることになる。

それでは、なぜ寄付額も示す必要があるのか。それは寄付者の「面子」を満足させるためである。この「面子」も日本語の「メンツ」とはニュアンスが異なる。「名誉」・「プライド」に近いニュアンスを持つが、「自身が第三者からどのように評価されるか」という点を強く意識した感覚だと思ってもらいたい。どのような理由であれ、人前で自身を否定されることは極力避けようとするし、自身に良い評価が公開される機会は積極的に受け入れるが、その背景には「面子」を根底に据えた価値判断・行動原理があると考えてよい。

このことを踏まえた上で「横浜地蔵王廟碑記」を捉えなおしてみると、このモニュメントは自身の貢献を世間に知らしめ、「面子」を満足させる役割を果たしていることに気が付く。当然、華僑が行う寄付という行為は、相手の窮状に思いをいたす感情や社会正義の実現に対する責務など様々な感情も合わさったものではあるが、そこには「面子」に対する意識も濃厚に漂っている。

このように寄付一つとってみても日中で価値観の違いが見て取れる。謙遜を美徳と捉える日本の感覚と、自己主張が肯定的に扱われている中国の感覚の相違ということになるが、その意味では「横浜地蔵王廟碑記」は日中の価値観の違いが読み取れる素材であるとも言え、興味深いものを覚える。

おわりに

本章では横浜にある華僑の共同墓地について紹介を試みた。この中華義荘について理解を深めていくと、そこが私たちにとって単なる墓地にはとどまらない側面を有していることに気づく。

一つはそこが異なる文化・価値観の展開する空間であるという点である。帰葬からは日本社会とは大きく異なる中国の死生観を知ることができたし、碑文の内容からは「関係」や「面子」の重要性を感じ取ることができた。そして、こうした空間が存在すること自体が、横浜が開港後長い年月をかけて培ってきた文化的多様性の象徴として位置付けられる。

一方で、横浜の華僑が数世代にもわたって日本社会で生活していく中で、その習慣が変容していっている側面にも目を向けねばならない。帰葬の習慣が一九四〇年代を最後として見られなくなったことは先に述べたが、なぜ衰退したかと言えば、それを望まない華僑が増えたことに理由の一つが求められよう[9]。中華系の移民とはいえ、日本で生まれ暮らしていく中で、世代間で価値観にズレが生じていく。故郷としての中国に対するこだわりが薄れていけば、当然帰葬を望まない華僑も増えていく。

また、残された遺体の扱いについても同様の変化が見られる。中華義荘では一九四〇年代以降も遺体の収められた棺桶を保管していたが、それらも一九九〇年代に火葬の上、埋葬されることとなった。現在、中華義荘では遺体の保管はなされていないし、また土葬も行われていない[10]。上述の通り、儒教的な感覚からすれば火葬などもってのほかであるが、火葬を一般的なものとする現代日本社会の動向に合わせた判断が行われているわけである。ここからは横浜の華僑社会における現地化を読み取ることができる。

横浜も多様なルーツを持つ人々が多く生活する空間となったことを受けて、多文化共生を謳った街づくりを行っている。無論、こうした状況は横浜だけに限られたことではない。日本全体が異なるルーツを持つ人々との接し方を考えねばならない時期に差し掛かりつつあると言える。異なる文化・異なる価値観を持つ人々と共生を図っていく中で、どのように接していくことがお互いにとってストレスの少ない社会の実現につながっていくのか。簡単には解答が出せないが、避けては通れない課題でもある。

中華義荘の存在はそうした課題について考えるにあたり、ヒントとなる要素が多く含まれていると言える。その意味では本章を通じて中華義荘、さらには横浜の華僑社会に対して関心を持ってもらえたらこれに勝る喜びはない。

(9) 注(6)前掲論文、五四頁。

(10) 注(3)前掲論文、八五頁。

column

〈学生研究〉横浜にある外国人墓地

横浜に外国人墓地があることを知っているだろうか。一般的な横浜のイメージは、みなとみらいや中華街などの華やかさや、幕末にペリーが来航した国際港といった輝かしいイメージが多いかもしれない。「ＳＵＵＭＯ住みたい街ランキング（首都圏版）」で六年連続一位（二〇二三年現在）になるなど人びとの憧れが強い横浜だが、過去に目を向けると必ずしも輝かしい出来事ばかりではない。ここでは横浜にある四つの外国人墓地を紹介し、それらすべてを現地訪問した経験（二〇二二年一一月一二日）もふまえて墓地と観光の関わりについて考えていく。

図1　横浜外国人墓地(写真撮影：大胐虹美)

一つ目はみなとみらい線「元町・中華街」駅を出て中華街とは反対方向に歩くとすぐの場所にある「横浜外国人墓地」である（図1）。ここは幕末の米国艦隊来港の際の軍人の埋葬により始まった墓地である。横浜開港当時の発展に貢献した一九世紀の人々をはじめとし、四十数か国の外国人約五〇〇〇人が眠っている。墓地内は墓地維持管理募金のため、毎週土・日、祭日のみ公開をしている。横浜市民も校外活動で訪れたり、地元の人の話ではこの場所からきれいに花火が見えることから利用したりするなど、比較的知名度があり観光地にもなっている外国人墓地である。

二つ目は「中華義荘」である。この墓地は故郷中国へ棺を送還するまでの仮埋葬の場であったが、時代とともに永眠する場所へと変化した墓地である。ここでは奥に行くほど中国様式の墓地を見ることができ、入り口に近づくにつれて日本様式の墓地を見ることができる。筆者が訪れたときは台湾出身の男性が一か月に一度の頻度でお参りに来ているところであり、日本にこのような場所があることに感謝を述べていた。このように中華義荘は親族や一般人でも入れるように開放されており、横浜外国人墓地ほど知名度はないが休憩所や駐車場が整備されるなど比較的訪れやすい墓地である（中華義荘の詳細については第Ⅱ部中林参照）。

三つ目はＪＲ根岸線山手駅から徒歩五分の場所にある「根岸外国人墓地」である。この墓地は前述の二つの墓地とは異なり知名度は高いとは言えず、近隣住民にすらあまり知られていない墓地である。なぜそのようになっているのかというと、横浜市がこの墓地の存在をあまり広く知られたくないという姿勢を見せるほどに、かつてここで悲しい出来事があったからと思われる。

それは、敗戦後に日本人女性とアメリカ兵との間に生まれた数百人の子供達が埋葬されていることだ。その人数は正確にはわかっていない。なぜなら米軍が墓地に関しての書類を没収してしまい、当時のことを知る方法がないからである。当時の日本では混血児に対して差別や偏見があったため嬰児を遺棄したり、孤児院へ預けたりすることが少なからず起こった。そこで死産児や生まれて間もなく亡くなった嬰児はこの墓地に多く埋葬された。このような事実から横浜市はこの墓地について積極的に公にしようとはしてこなかった。実際に訪れようとしても一般に開放されているのか疑問に思えるほど入りづらく、敷地内に入っても点在した墓地があるだけで嬰児の墓はどこにあるのかすぐにはわからなかった。近隣の人に話を伺うと、墓地内にわずかに残る区切りの跡を教えて頂いた。言われなければこれが埋葬されていた跡とは気づかないほど消えかかっていた。

この墓地はこのような出来事があったことから地元民にもあまり知られていない。墓地を訪れても入口の門の脇にある説明版の文字が薄くなってほとんど判読できないため、現状では一般人が訪れるには向いていない、つまり観光には適していない墓地である。

四つ目は保土ヶ谷区にある「英連邦戦死者墓地」である。この墓地はオーストラリア軍によって建設され、現在墓地を管轄しているのは英国に本部がある「英連邦戦死者墓地委員会（Commonwealth War Graves Commission）」である。この墓地には全国各地の収容所や埋葬地から集められた捕虜の遺骨が埋葬されていて、捕虜の名前が分かるものは敷地内にある納骨堂の中の壁に刻まれている。この墓地は英国区、オーストラリア区、カナダ・ニュージーランド区、パキスタンを含むインド区、戦後の戦死者である「Post War Plot」、必ずしも戦死者とは限らない最近の死者をも含む戦後区に分かれている。二つ目に紹介した中華義荘では遺体は祖国に返還するのが一般的であったが、英連邦は「戦死者の遺体は本国に返還せず、現地で埋葬する」という方針がある。そのため、日本国内で死亡した連合軍捕虜約三五〇〇人のうち、戦後母国に持ち帰られたのはアメリカ人とオランダ人の遺骨である。

この墓地は手入れがされており、美しい景観が保たれてはいるものの、訪れるのは親族や地元民にほぼ限られている。筆者が訪れたときにも埋葬者の親族であるオーストラリア人男性が来ており、話を伺った。彼曰く、母方のいとこが第二次世界大戦のパイロットをしていて、その飛行機が東京湾に墜落してしまったため亡くなったとのことであった。また日本にも外国人墓地があるように、オーストラリアにも日本人墓地である「カウラ日本人戦争墓地」があることを教えて頂いた。

そこで次は横浜を飛び出して海外にある日本人墓地を見てみることにする。

オーストラリアのニューサウスウェールズ州カウラ市にある日本人戦争墓地（図2）は、五二四基の墓があり、太平洋戦争中にオーストラリア国内で死亡した日本人捕虜と日本人民間人抑留者たちが埋葬されている。この墓地の歴史を簡単に説明すると、戦時中に亡くなった日本人の墓をどうするかが日豪両政府の課題となり、日本国大使館は遺骨を日本に送還する可能性を探っていたが、遺骨送還ではなくオーストラリアに戦争墓地を設置することが決定され、カウラが選ばれた。墓地建設がカウラに決定される以前には日本人の集団脱走事件があり、カウラ市民に恐怖を与えた。しかし戦後に現地の退役軍人会メンバーが日本人墓地の手入れを自主的にしたことは、地元住民の寛大さを体現していたため、墓地設置の提言があった際も受け入れに地元側も積極的であったという。また近くには日豪の和解の象徴として造園家である中島健氏の設計によりカウラ日本庭園が建設された。ここは回遊式庭園であり、南半球最大の規模を誇る。カウラには様々な種類の桜も植樹されており、毎年九月に開かれる桜祭りには、お花見のほか、和太鼓や合気道のパフォーマンスを楽しみに多くの人びとが訪れる観光スポットとなっている。

図2　カウラ日本人戦争墓地墓標（写真撮影：田村恵子氏）

これまで外国人墓地を五つ紹介してきた。最後に、横浜外国人墓地やカウラ日本人戦争墓地のように観光として墓地を訪れる意味について考える。

戦跡や災害被災地など、死・暴力・虐待などの悲惨な出来事にまつわる場所を訪問する観光のことを「ダークツーリズム」という。ダークツーリズムの目的は一般的な観光のような娯楽性のある観光ではなく、学びの手段として捉えたり、その悲惨さを後世に伝え、現地を訪れることで悲惨さを追体験できたりすることである。被害者にとっては救いにもなり、観光者としても訪問する地域を多面的に見る契機にもなる。その一方で、現地の当局者や地元住民が隠したがる側面を掘り出してしまうこともあるため、当事者の気持ちを考えていないとか、死者への冒涜だというような批判もある。だが、根岸外国人墓地のように地元の人でさえ知らないような墓地であると、そのような地元住民ですらそこで何があったのかを知ることができない。墓地を観光地とすることで良い面も悪い面もあるため、両者の側面を踏まえながら、墓地と観光のあるべき関わり方を考えていくことが今後の課題であろう。

〔参考文献〕

大山瑞代「保土ケ谷の英連邦戦死者墓地とその「戦後区」をめぐって　英国公文書館所蔵文書から」『横浜開港資料館紀要』第三五号、二〇一七年
公益財団法人横浜観光コンベンション・ビューロー「横浜外国人墓地資料館」https://www.welcome.city.yokohama.jp/spot/details.php?bbid=78、二〇二三年八月一三日閲覧
公益財団法人中華義荘「中華義荘の成り立ち」http://www.z-ck.or.jp/giso/index.html、二〇二三年八月一三日閲覧
在豪日本大使館「カウラ日本人戦争墓地データベースプロジェクト」https://www.cowrajapanesecemetery.org/jp/、二〇二三年八月二五日閲覧
在シドニー日本国総領事館「NSW州市内で楽しめる日本庭園」https://www.sydney.au.emb-japan.go.jp/itpr_ja/culture_gardens.html、二〇二三年八月二五日閲覧
ＪＴＢ総合研究所「ダークツーリズム」https://www.tourism.jp/tourism-database/glossary/dark-tourism、二〇二三年八月二五日閲覧
田村泰治「特集　横浜の戦後史を考える—もう一つの外国人墓地—」『横浜歴史さろん』二〇二一年七月一七日tokushu20210717negishigaibo.pdf (yokohamasalon.link)、二〇二三年九月八日閲覧

〔付記〕この学生研究コラムは、二〇二二年度後期に神奈川大学国際日本学部国際文化交流学科観光文化コースの演習授業（コース演習、担当教員平山昇）を受講した大朏虹美（当時二年生）が、この授業での経験をふまえて執筆したものである。

横浜から見えるビールの歴史

平山　昇

はじめに　——キリンビールと崎陽軒

私が勤めている神奈川大学みなとみらいキャンパスは、横浜駅から歩いて一〇分ちょっとのところにある。私は列車に乗って車窓を眺めながらビールを飲むのが大好きなので、ときどき仕事を頑張った自分へのご褒美として、横浜駅でビールとシウマイを買い込んで湘南新宿ラインのグリーン車で束の間の晩酌を楽しむことがある。

図1はその晩酌のお供を撮影したものである。右はキリンラガービール、左は崎陽軒のシウマイ（「シュウマイ」ではなく「シウマイ」！）。この組み合わせは、長崎市出身で現在は横浜市内の大学に勤める私にとって格別の意味がある。崎陽軒とキリンビール、どちらも明治期の横浜で創業した老舗企業だが、実は両社ともに長崎とつながっているのである。

横浜市出身者でも知らない人が多いのだが、崎陽軒の「崎陽」という名称は、創業者の一人である久保《くぼ》久行《ひさゆき》（図2）が長崎出身であったことに由来している。[1]

図1　ある日の平山昇の晩酌風景。右はキリンラガービール（350ml缶）、左は崎陽軒のシウマイ（2024年4月16日、筆者撮影）

図2　1908（明治41）年に横浜駅（初代横浜駅。現在の桜木町駅）で崎陽軒を創業した久保久行と妻・久保コト（写真提供：崎陽軒）

キリンビールのラベルには「聖獣麒麟《きりん》」が描かれているが、これはキリンビールの前身ジャパン・ブルワリーの時代に三菱の重役荘田平五郎《しょうだへいごろう》の提案によって「聖獣麒麟《きりん》」が同社の商標になり、さらにトーマス・B・グラバー（図3）がこれを大きく描いたラベルを提案したことによって現在に至るまでキリンビールのシンボルとなった[2]（図4）。グラバーと聞けば長崎市内の有名観光地であるグラバー園を思い出す人が少なくないだろう。グラバー園はその名の通り幕末から明治にかけて活躍したスコットランド出身の商人グラバーが住んでいた邸宅に由来するが、このグラバーこそがキリンビールのラベルを世に広める立役者となったのである。長崎と横浜はともに幕末から開港地となったので、グラバーにかぎらず当時日本と世界をまたにかけて活躍していた商人たちはこの両方の港町と何らかの関わりをもつことが珍しくなかった。

　キリンラガービールも崎陽軒のシウマイも、このような歴史を知らなくても十分に美味しく味わえる。だが、長崎出身にして横浜で仕事をする私にとっては、自分の人生の舞台となった二つの土地のつながりに思いを馳せ

（1）「わが人生・野並豊（3）長崎にちなんだ社名」神奈川新聞アーカイブズ、二〇二二年二月一四日公開、二〇二三年一二月一一日閲覧 https://www.kanaloco.jp/special/serial/wagajinsei/article-794882.html

（2）「「キリンビール」発売の功労者 近代日本建設期の大商人・グラバー」、キリンホールディングス株式会社ホームページ「キリン歴史ミュージアム」、公開日不明、二〇二三年一二月一一日閲覧 https://museum.kirinholdings.com/person/kindai/14.html

図 3　トーマス・ブレーク・グラバー之像（グラバー園、2024年 5 月19日、筆者撮影）

図 4　1889年キリンビールラベル（図版提供：キリンホールディングス株式会社）

ながら味わうことができる格別な組み合わせなのである。

オッサンの自分語りはそのくらいにしておいて、そろそろ本題に入ろう。キリンビールの創業の地横浜から近代日本のビールの歴史を掘り起こしていくと、いったいどんなことが見えてくるだろうか・・・？(3)

1　小学校に「ビール井戸」!?　――「日本のビール産業の祖」コープランド

横浜市内のある小学校には「ビール井戸」がある――こんなことを聞くと、いったい何事かと驚く人もいるだろう。小学校の敷地のなかにビールがこんこんと湧き出てくる井戸

(3)　本章全体にわたって、以下の文献に多くを依拠している。神奈川県立歴史博物館編刊（丹治雄一ほか執筆）『特別展　日本のビール　横浜発国民飲料へ』（展示図録、二〇〇六年）、「キリン歴史ミュージアム」（キリンホールディングス株式会社ホームページ、公開日不明、二〇二三年一二月一一日閲覧、https://museum.kirinholdings.com/index.html)

があって、児童たちは毎日の給食で牛乳のかわりにそこから汲み上げたビールをゴクゴクと飲み干す……などというわけではもちろんない（お酒は二〇歳になってから!!）。

この「ビール井戸」は横浜市立北方《きたがた》小学校[4]にあるのだが（図5）、実はこの敷地は、隣接するキリン園公園とあわせてキリンビール発祥の地である。この井戸は、キリンビールの前身であるジャパン・ブルワリーがビール醸造のための水をくみ上げるために使用されていた。キリン園公園には「麒麟麦酒開源記念碑」と書かれた大きな碑が建っていて、元気に遊ぶ子どもたちを見守っている（図6）。ついでに言えば、この公園の前を通る道は「ビヤザケ通り」という名称がつけられている。

ここで注目したい人物が一人いる。「日本のビール産業の祖」と称されるウィリアム・コープランド（一八三四～一九〇二年）である[5]。

図5　「ビール井戸」（横浜市立北方小学校、2024年4月16日、筆者撮影）

図6　「麒麟麦酒開源記念碑」（キリン園公園、2021年10月20日、筆者撮影）

（4）　この小学校のホームページを見ると、トップページで「Kitagata」（きたがた）と書いている一方で、代表メールアドレスでは「kitakata」（きたかた）となっている。同校に電話で問い合わせたところ（二〇二三年一二月一一日）、校名の正式な読み方は「きたがた」であるとご教示いただいた。

コープランドはノルウェー生まれで、元の名をヨハン・マルティニウス・トーレセンといった。ドイツ人技師のもとでビール醸造技術を学んだのちに米国に渡ってウィリアム・コープランドと名乗るようになり、一八六四（元治元）年一一月に横浜にやってきた。運送業を営むコープランド商会を興して資金をたくわえた彼は、一八六九（明治二）年に山手に土地を取得したうえで、翌一八七〇年にスプリング・ヴァレー・ブルワリーを創設して自らビールを醸造するようになった。この土地というのが、先ほど述べた北方小学校とキリン園公園をふくむ一帯である。この地はかつて「天沼」と呼ばれており、良質な湧き水が得られることからコープランドはビール醸造にふさわしいと判断したのである。

ところが、その後共同経営者とトラブルが発生して裁判沙汰になってしまう。対立相手がコープランドのビールは人体に有害だと法廷で主張したのが響いて営業不振となり、一八八四（明治一七）年に廃業に追い込まれてしまった。

その後コープランドはしばらく東京でビール醸造に従事するなどした後、中米グアテマラに移住して再起をこころみたがうまくいかず、健康を害してしまう。一九〇二（明治三五）年にふたたび横浜に戻ったコープランドは、その約一か月後、波乱に満ちた六八年の人生に幕を下ろした。

実を言えば、コープランドは日本で初めてビール醸造を興した人というわけではない。彼よりも早くビール醸造を横浜ではじめた人がいた[6]。また、彼がスプリング・ヴァレー・ブルワリーを廃業した翌年の一八八五（明治一八）年にその跡地に設立されたジャパン・ブルワリーが、キリンビールの銘柄を誕生させた。その後一九〇七（明治四〇）年に経営権が日本人に移って社名も麒麟麦酒株式会社となった。つまり、コープランドがキリンビー

（5） コープランドについては、前掲（3）の文献のほか、以下の文献もあわせて参照した。丹治雄一「日本のビール産業と横浜」（『有隣』四七六号、二〇〇七年七月一〇日、二〇一三年一二月一一日閲覧 https://www.yurindo.co.jp/yurin/11467/2）、斎藤多喜夫『横浜外国人墓地に眠る人々 開港から関東大震災まで』有隣堂、二〇一二年、一八一―一八四頁。

（6） コープランドがスプリング・ヴァレー・ブルワリーを開業した前年の一八六九（明治二）年にローゼンフェルトの名で山手四六番地にジャパン・ヨコハマ・ブルワリーが開業した。記念すべき日本で初めての醸造所だったのだが、短命に終わったため、その後長らく忘れ去られた存在であった（斎藤多喜夫『幕末・明治の横浜 西洋文化事始め』明石書店、二〇一七年、一二四頁）。

ルを直接生み出したわけでもない。

にもかかわらず、コープランドは「日本のビール産業の祖」として現代まで語り継がれている。なぜなら、草創期の醸造所が次々と短期間で廃業するなかで、コープランドの醸造所は一〇年以上継続したうえに、彼から技術指導を受けた日本人たちが各地で活躍しながら日本のビール産業の発展に貢献していったからである。コープランドが死去した際にその葬儀を取り仕切ったのがジャパン・ブルワリーであったことからは、この醸造所の人々がただ単に同じ土地で創業した先輩というだけにとどまらない深い思いをコープランドに対して抱いていたことがうかがえる[7]。

彼はグアテマラへ渡る前に再婚[8]した日本人女性勝俣ウメとともに苦難の人生を生き抜いたのだが、そのウメも彼の死去から六年後の一九〇八（明治四一）年に三九歳の若さで死去した。二人はいま山手の外国人墓地（**第Ⅱ部　学生研究「横浜にある外国人墓地」**）で静かに眠っており、コープランドの命日にあたる二月一一日になるとキリンビール株式会社などゆかりの人びとが集って墓前祭を開くのが恒例になっている（口絵[9]）。同社の社員たちの手でキリンラガービールが墓標に注がれる献酒の瞬間、天上のコープランドとウメは何を思っているのであろうか。

2　明治の地ビールブームから大企業の寡占へ

戦後の日本のビール産業は長らくキリン、アサヒ、サントリー、サッポロの大手四社体

（7）　ジャパン・ブルワリーの「重役会議事録」が現在キリンホールディングス株式会社ホームページ内の「キリン歴史ミュージアム」で公開されており、コープランドが亡くなった翌日の重役会で次のような提案がなされ、承認されたことが確認できる。「二、三週間前、コープランド氏が夫人と共に南アメリカから日本にやってきたが、大変貧乏な状態で、しかも病身であった。彼はスプリングバレー・ブルワリーの創設者で、その地所に現在ジャパン・ブルワリーの施設が立っているのだから、彼に対して会社からいくらかの援助が出されるべきであろうと考えた。（中略）しかしコープランドは昨夜突然亡くなってしまった。それゆえ葬儀のための費用は会社が負担するべきである」（「コープランドの死」、キリンホールディングス株式会社ホームページ「キリン歴史ミュージアム」、公開日不明、二〇二三年一二月一一日閲覧　https://museum.kirinholdings.com/jbc/j5.html）。

（8）　スプリング・ヴァレー・ブルワリーの経営が軌道に乗った一八七二年に、コープランドはノルウェー

制が続いていたが、一九九四（平成六）年に酒税法が改正され、ビールの製造免許をとるのに必要な最低製造量が大幅に引き下げられたことによって、全国各地の中小メーカーにもビール醸造が可能となり、平成の地ビールブームが到来した。

しかし実は、明治時代にも日本全国で数多くのビールが誕生したことがあった。明治の初めは輸入品のビールが優勢であったが、明治一〇年代以降になると一八七九（明治一二）年発売の「桜田ビール」、一八八五（明治一八）年発売の「浅田ビール」など輸入品に対抗できる品質のビールも出現し、一時は日本全国で一〇〇以上のビールが醸造された[10]。

やがて企業勃興期の一八八七（明治二〇）年前後には、近代的ビール会社の設立が相次いだ。現在の私たちにも馴染み深い「キリン」「サッポロ」「ヱビス」「アサヒ」のブランドもこの時代に出そろう。

明治の地ビールブームが終焉するきっかけとなったのは、一九〇一（明治三四）年、日露戦争に備えた「麦酒税法」の導入であった。これにより税負担に耐えられない中小のビール醸造所が次々と撤退し、巨額投資を必要とする近代的な機械設備を有する少数の大企業によって市場が独占されるという構造ができあがった。

なかでも最も大きな位置を占めたのが、大日本麦酒株式会社である。同社は一九〇六（明治三九）年に札幌麦酒、日本麦酒（ヱビスビールを製造）、大阪麦酒（アサヒビールを製造）が合併して設立された（図7）。同社の社長に就任した「東洋のビール王」こと馬越恭平（図8）は、キリンビールを製造するジャパン・ブルワリーにも合同をもちかけた。ジャパン・ブルワリーから相談をうけたキリンビール総代理店の明治屋は、岩崎家（三菱）の支援を受けて一九〇七（明治四〇）年に麒麟麦酒株式会社を設立し、ジャパン・ブルワリーの事

にいったん戻って当時一五歳だったアンネ・クリスティネ・オルセンと結婚した。だが、アンネはその七年後に二二歳の若さで死去し、山手の外国人墓地に葬られた。

(9)　神奈川新聞のYouTubeチャンネルでは、二〇一三年の墓前祭の模様を動画で見ることができる。「ビール産業の祖・コープランド一一一年忌／神奈川新聞（カナロコ）」二〇一三年二月一二日公開、二〇二四年二月二一日閲覧。https://www.youtube.com/watch?v=7Z9vtHQflHA

(10)　このうち神奈川県におけるビール草創期の状況については、牛米努「神奈川県のビール業と日本麦酒」（多仁照廣編『多満自慢石川酒造文書　第六巻』霞出版、一九九四年）によって概観することができる。

図 7　大日本麦酒設立後の「アサヒビール」「サッポロビール」「ヱビスビール」のラベル

図版（左）提供：アサヒビール株式会社、図版（中・右）提供：サッポロビール株式会社

業を継承した。大合併にあえて加わろうとしないというこの会社の独立重視の姿勢は、この後の内容にも関わってくるので、頭にとどめておいてもらいたい。

　このように大企業による市場の独占が進むなかで、大きな資本力を活かした大胆な宣伝が繰り広げられるようになった。なかでも話題をさらったのがキリンビールの販売を手がける明治屋が一九〇九（明治四二）年に登場させた「ナンバーワン自動車」である。これは、明治屋が「キリンビール」の配達

図 8　「東洋のビール王」馬越恭平の銅像（恵比寿ガーデンプレイス、2024年4月16日、筆者撮影）

図 9　キリンビール宣伝カー「ナンバーワン自動車」
（出典）明治屋『嗜好』5巻9号（1912年9月1日発行）

図10　明治屋「祝横浜開港五拾年　横浜港の発展とキリンビールの販路」（広告）
（出典）『横浜貿易新報』1909年7月1日付

と宣伝用に英国から輸入した車で、警視庁登録番号が第一号だったことから、「ナンバーワン」の愛称で呼ばれた。ビールびんの形をしたボディーをつけ、そこには大きなラベルが描かれていた（図9）。自動車自体がまだ珍しい時代にこのような奇抜なデザインの自動車が各地をまわったのであるから、その宣伝効果は現代の私たちには想像もつかないほどのものだったであろう。

明治屋は横浜向けの宣伝でも面白いことをしている。一九〇九（明治四二）年に横浜貿易新報社の主導で大々的におこなわれた横浜開港五〇年祭に際して、明治屋は弁財天を描いたキリンビールの広告を地元新聞の『横浜貿易新報』に掲載している（図10）。この広告については本書の執筆者の一人である木村悠之介氏からご教示いただいたが、同じ七福神の恵比寿をあしらったビールを製造する大日本麦酒に対抗して、横浜の厳島神社にゆかりのある弁財天を採用してブランディングをはかろうとしたのではないかと木村氏はみている。

3　関東大震災とキリンビール

さて、冒頭で述べたように、山手（横浜市中区）のキリンビール創業の地には現在は小学校と公園があるのみで、工場などの施設はない。現在、同社の横浜工場は京急電車生麦駅から徒歩約一〇分の場所（同鶴見区）にある。移転のきっかけとなったのが、関東大震災である。

図12　関東大震災で焼失した「ナンバーワン自動車」の残骸（横網町公園内東京都復興記念館前、2024年4月16日、筆者撮影）

図11　麒麟麦酒山手工場の震災被害（『関東大震災横浜市写真帖』より）
（出典）神奈川県立歴史博物館編刊『特別展　日本のビール　横浜発国民飲料へ』（展示図録、2006年）、49頁

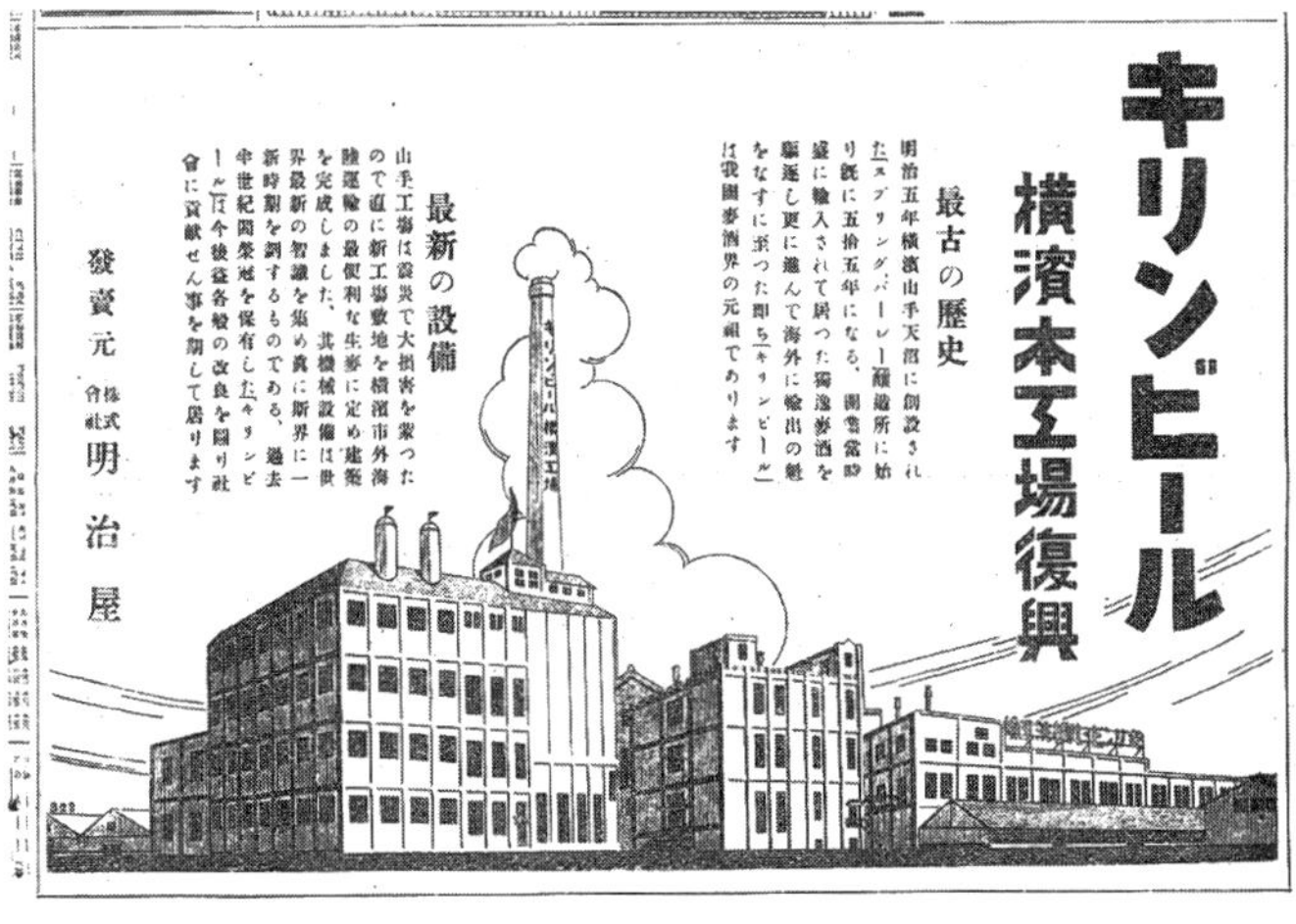

図13　「キリンビール横浜本工場復興」（広告）
（出典）『東京朝日新聞』1926年６月16日付

一九二三（大正一二）年九月一日午前一一時五八分、関東大震災が発生し（第Ⅳ部 吉田）、麒麟麦酒の山手工場も壊滅的な被害をうけた（図11）。ちなみに、前述の「ナンバーワン自動車」も消失してしまったが、現在その車体の残骸は東京の墨田区の横網町公園にある東京都復興記念館前に展示されている（図12）。

この震災後、麒麟麦酒は山手工場の再建を断念し、ビールの輸送や醸造用水の確保など永年の懸案の解決も兼ねて神奈川県橘樹《たちばな》郡生麦町（現横浜市鶴見区生麦）に新しい横浜工場を建設して、一九二六（大正一五）年から操業を開始した（図13）。

麒麟麦酒にかぎらず首都圏のビール製造業者はこの震災で大きな被害を受けたが、復興需要にも支えられてビール市場はその後も力強く拡大し続けた。各社が宣伝にしのぎを削るなかで彩り鮮やかなポスターがたくさん生み出されたことは、現在でも居酒屋で当時のポスターの復刻版を目にすることがあるので知っている人もいるであろう。だが、当時はそれ以外にも現代の若い人々が思いもしないような多種多様な宣伝や販売の手法が繰り広げられた。

図14　仙台駅ホームのキリンビール（生）売り
（出典）明治屋『嗜好』24巻8号（1931年8月15日発行）

たとえば図14は、駅のホームで列車の乗客たちにキリンの樽生ビールを販売している様子をとらえた写真である。現在では高速運転や空調コントロールの関係で窓が開かない列車が当たり前となったが、当時の列車は窓が開けられたため、駅のホームに停車している時間に窓を開けて駅弁やビールなどを買い求めるのが当たり前の光景だった。いささか愚痴めいてしまうが、時代が進むにつれて何でも便利になったかと思いきや、列車に乗ったままで生ビールを購入して味わうことができるというのは現在では一部の観光列車をのぞいてほとんど不可能となっている。この点だけを見れば列車の旅は退化してしまったのではないかと私はついつい言いたくなってしまう。

4　なぜキリンだけ「なで肩」なのか？

さて、ここで口絵の頁を開いてもらうと、現在のビール大手四社の大瓶を並べた写真がある。右からキリン、サッポロ、サントリー、アサヒである。私のようにビールが大好きという人でなくともスーパーや飲食店などで目にしたことがあるであろう。

この写真をよく見てみると、あることに気づく。キリンだけ「なで肩」になっているのに対して、他の三社はすべて肩が張り出しているのである。さらに、写真ではちょっとわかりにくいが、キリンだけは「聖獣麒麟」の図と「KIRIN」の文字が瓶に刻印されているのに対して、他の三社の瓶はただ「BEER」の文字が刻まれているだけである。実は、大手四社のなかでキリンだけは自社専用の瓶を用いているが、他の三社はラベルと中身が異なるだけで瓶は全く同じ仕様のものを仲良く使いまわしているのである。なぜこのようになっているのだろうか。

昭和に入ると慢性不況下でビール業界の競争が激しくなり、競争疲れの状態に陥った業界のなかで自主統制が進展する。たとえば、一九二八（昭和三）年にビール産業に参入した寿屋（サントリーの前身）は、自主統制が進展すると一九三四（昭和九）年に大日本麦酒にビール工場を譲渡してビール産業から撤退した[11]。大日本麦酒はこの前年（一九三三年）には日本麦酒鉱泉を合併してさらに巨大化していた。

ところが、このようななかで唯一最後まで独立を維持し続けたのが、麒麟麦酒だった。麒麟麦酒と言えども時代の潮流と無縁でいられるはずもなく、一九三三（昭和八）年には大日本麦酒と対等出資で麦酒共同販売会社を設立するという形で一定の協力には応じた。太平洋戦争の開戦に伴って戦時統制がかつてないほど進行し、一九四三（昭和一八）年にはついに銘柄別のラベルが廃止され「麦酒」とのみ漢字で書かれたラベルに統一された。同年、大日本麦酒は桜麦酒を合併する。翌一九四四年には、それまで各社でバラバラだった大瓶一本あたりの容量が、全社のなかでもっとも少ない容量だった三・五一合（六三三・一六八ミリリットル）に合わせて統一され、麒麟麦酒もこれに従った。

こうなると、ビール瓶の形もシェア最大を誇る大日本麦酒の「肩はり型」に統一されてしまいそうなものである。ところが実際には、麒麟麦酒の「なで肩」のビール瓶はしぶとく存続し続けた。

もうおわかりいただけたであろう。現在のビール大手四社の大瓶のなかでキリンだけが「なで肩」になっているのは、かつて大日本麦酒による合併にも戦時統制にもなびかずに独立を守りぬいたことの名残りなのである。そのような歴史を知ると、見た目はすらりとしている「なで肩」には、この老舗企業の愚直なまでの頑固さが秘められているようにも思えてくる。

(11)　寿屋がビール業界にふたたび参入するのは、戦後の一九六三（昭和三八）年、社名をサントリー株式会社へと改称してからのことである。

おわりに

ここまで、横浜から見えるビールの歴史を描いてきた。日本のビールの普及に戦争と軍隊がきわめて大きな役割を果たしたこと、米国の禁酒法（一九一九年成立、翌年施行）による影響が生じたことなど、語りつくせない歴史がまだまだたくさんあるが、別の機会に譲ることとしよう。

最後にひと言。コープランドと勝俣ウメがしずかに眠る横浜外国人墓地は日時限定で一般公開をおこなっている。(12) この墓地からビール井戸とキリン園公園までは歩いて行ける距離である。もしあなたが二〇歳以上でお酒を受けつける体質であれば、これらの場所をめぐったあとで、歴史に思いをはせながらゆっくりとビールを味わってみてはいかがだろうか。

(12)「墓地内は通常、縁故者等の墓参以外には非公開ですが、二月から七月および九月から一二月まで毎週土・日・祭日（雨天を除く）一二時〇〇分～一六時〇〇分に外国人墓地募金公開を行っています。外国人墓地の維持管理のための募金（五〇〇円程度）にご協力いただくとその返礼として入苑できます」（横浜外国人墓地オフィシャルサイト、公開日不明、二〇二三年一二月一一日閲覧。http://www.yfgc-japan.com/schedule.html）

軍都横須賀の旅館業と軍港観光
——新井屋旅館の資料から——

山本志乃

はじめに

近代の横須賀は、幕末期の横須賀製鉄所の開設を機に、軍港都市として急速に発展した歴史をもつ。半農半漁の静かな村で、日本初の近代的な造船工場となる横須賀製鉄所の建設が始まったのは、ペリー来航から一〇年あまりを経た一八六五（慶応元）年のこと。フランス人技師ヴェルニーらにより最新の技術が投入された横須賀製鉄所は、造船のみならずさまざまな機械を造り出す総合的な工場であり、ここで培われた技術や西洋文明が各地で応用され、明治維新後の日本の近代産業を支える礎となった。

一方で、一八八四（明治一七）年、横須賀に鎮守府が置かれ、横須賀海兵団が開庁。内陸部にも横須賀陸軍要塞砲兵第一連隊（一八九〇年）、東京湾要塞司令部（一八九五年）などの陸軍組織が設置されて、横須賀は海陸両軍による軍都としての様相を呈していく。横須賀製鉄所も、明治初頭に横須賀造船所と改称され、ここからさらに発展して一九〇三（明治二六）年には横須賀海軍工廠が成立した。

軍港を中心に主要な施設が多数置かれた横須賀には、自ずと仕事を求めて人が集まった。海浜部が埋め立てられ、住宅や商店が立ち並び、「下町」と呼ばれる繁華街が形成された。下町には、芝居の劇場や寄席、料理屋、楊弓場などの遊興場があり、遊廓も置かれていた（一八八八年の火災後は上町の柏木田に移転）。鉄道の敷設も進み、東海道線全通と同じ一八八九（明治二二）年には、大船から敷かれた横須賀線の終点として、軍港直結の横須賀駅が開業した。

新興の都市となった横須賀には、さまざまな人が往来し、その人たちを泊める宿が必要とされた。一八八八（明治二一）年発行の『横須賀繁昌記』（井上鴨西著）には、「旅宿」として、元町の三富屋、汐入町の三浦屋、汐留町の鈴木屋、湊町の松坂屋などが記されている。同書によれば、夏には千葉、茨城、埼玉などから富士山や大山《おおやま》に参詣に行く人たち数百人が群れをなし、あるいは春になれば、青森、山形、福島などの東北から伊勢参りに来た人たち数十人が組となり、造船所の見学に立ち寄るため投宿したという。

ここでは、軍港に近い汐入で、明治末から約一〇〇年にわたって営業を続けた新井屋（のちに新井閣と改称）[1]を例に、軍都横須賀における旅館の役割とその変遷を、戦前・戦中を中心に考えてみたい。なお本稿の内容は、新井屋最後の女将である澤田菊江さん（一九四一年生まれ）のご協力により、二〇一〇年から二〇一三年にかけて新横須賀市史編さん事業の一環として実施した調査に基づくものである。調査に応じてくださった菊江さんとご家族の皆さんには、改めて深く感謝申し上げる次第である。

（1）一九五五（昭和三〇）年に結婚式業務を始めた際に改称した。本稿では、開業時からの称号である新井屋で記載することとする。なお新井閣は一九九七（平成九）年に閉館し、解体された。

1　旅館と御用商

新井屋旅館は、一九〇六（明治三九）年、現在の京浜急行汐入駅付近に開業した。旅館業を始めたのは、菊江さんの祖母の澤田ハルさん（一八七四～一九四八）である。ハルさんは広島県の呉の出身で、軍属だった夫の配置換えによって横須賀に移り住んだ。新井屋旅館が創業した汐入は、造船所をひかえた沿岸部の本町とともに、横須賀では比較的早くから市街地が形成された地域である。一八九〇（明治二三）年、先述した陸軍の要塞砲兵第一連隊が不入斗《いりやまず》に設置され、そこへと至る道筋にあたる汐入の谷戸《やと》に、工員や軍人相手の商店が並ぶようになった。ハルさんが旅館業を始めたいきさつは定かではないが、港にも、また陸軍施設にも近い汐入は、商売を始めるにはうってつけの場所であったのだろう。とりわけ、軍艦の入港に伴っておびただしい数の軍人が上陸することなどから、旅館の需要が大きかったと思われる。

新井屋の澤田ハルさんには、娘と息子がひとりずついた。娘は静岡県の裾野出身の海軍御用商人、勝又半《なかば》さん（のち澤田半、一八九〇～一九七九）に嫁いだが、一九二三（大正一二）年に早世。半年後には息子も相次いで亡くなり、ひとりになったハルさんを見かねて、娘婿の半さんが澤田家を支えることになったようだ。半さんは泉商会を経営し、海軍に鋳物製品などを納入する御用商であった。旅館業はもっぱらハルさんが切り盛りをしていたが、やはり海軍との関係は深く、互いに協力することで商売にも好都合だったのだろう。

一九四〇（昭和一五）年に半さんは東京から妻を迎え、翌年菊江さんが生まれたのを機に、澤田姓となった。御用商だった半さんが旅館業に本腰を入れるようになったのは、戦後のことである。

明治期に大都市に生まれ変わった横須賀に、一九一七（大正六）年、横浜方面からの電気鉄道の敷設が計画された。一九二三（大正一二）年の関東大震災によって建設中の路線が被害を受けたが、復興の歩みのなかで、一九三〇（昭和五）年、湘南電鉄（現京浜急行）が開通し、横須賀軍港（現汐入）駅が開業した。この工事に伴って、新井屋は周辺の建物とともに湊町方面に移転をし、同年一二月、木造二階建てに入母屋造りの屋根を持つ重厚な旅館として再建された。図1は、新築当時の新井屋の外観である。玄関前に整列しているのは工事に携わった職人たちで、彼らが奉納した大型の火鉢が澤田家に残されている。刻まれた銘を見ると、鳶・畳・建具・銅工・経師・大工・硝子・左官・煉瓦・塗師の連名となっていて、和洋の粋を尽くした建造物であったことがうかがい知れる。

図2は裏玄関側から写したもので、「泉商会」の看板が見える。同じ建物内に半さんの事務所が置かれ、表玄関は旅館、裏に回ると御用商という二重構造であったことがわかる。新築当時の間取り図によれば、一階の表玄関を入った右手に調理場と配膳室があり、廊下をはさんでその向かい側の三部屋が、家族の居室であった。泉商会の事務所は一階の裏玄関を入って右手に置かれている。それ以外は、二階も含めて、基本的に旅客のための部屋となっていた。一階の客室は、八畳が七室（うち一室は洋室）、六畳と四畳半がそれぞれ一室。二階の客室は、一〇畳が一室、八畳が一〇室、六畳が二室のほか、四畳一室、三畳二室といった小さな部屋もある。これらの部屋は中庭を囲むように配置され、一階の洋室以外、

図１　1930（昭和5）年再建当時の新井屋旅館（以下、図版はいずれも澤田菊江家所蔵）

図２　裏玄関から見た新井屋旅館

仕切りの襖をあければ二〜三室をつなぐことができた。人数や用途に応じて部屋の広さを変えることができるこうしたつくり自体は、日本家屋に一般的な特徴であり、江戸時代の旅籠屋に似た間取りであったことがうかがえる。

一階の中央付近には、螺旋状に地下への階段が付けられ、階下の大浴場へと通じていた。半円形になった階段部分の窓には、海と軍艦をモチーフにしたステンドグラスがはめ込まれていた。また、一階には、先述した部屋のほか、表玄関を入った左手に応接室と称する洋間が作られていた（図3）。一階にあるもうひとつの洋室は第二応接室となっていて、椅子やテーブルなどの調度のほかに、電話も引かれていたようだ。こうした部屋は、多くは半さんの商談に用いたものであろうが、新井屋は海軍の将校クラスの利用が多かったことから、軍の高官たちの必要に応じて利用されたとも思われる。

図4は新築の祝賀会、図5は中庭に集まった従業員たちの写真である。従業員は女中や板前などで、女中はハルさんの故郷の呉から親戚の娘などが住み込みで働きに来ていた。海軍の需要を取り入れながら時代に即した商売を展開する中で、家族経営という旅館の基本は踏襲されていたことがうかがえるのである。

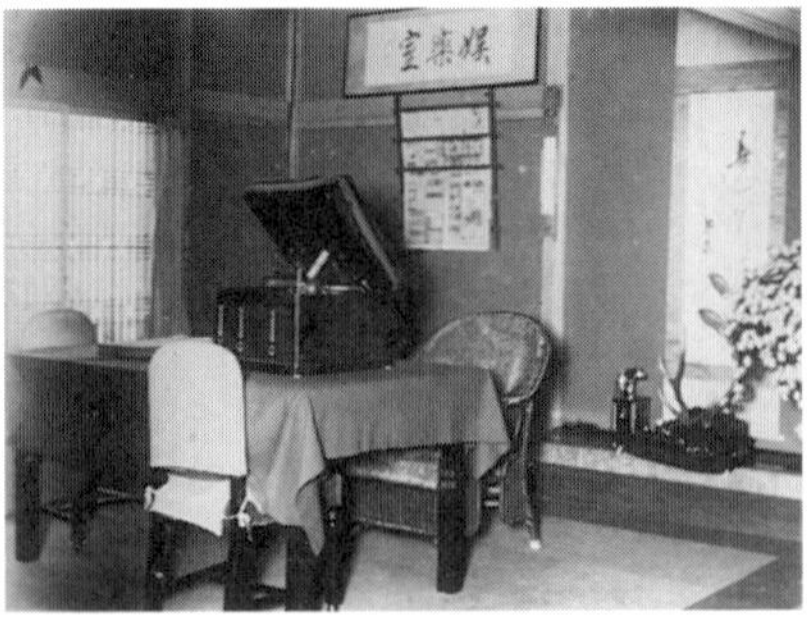
図3　第一応接室

図4　新築祝賀会（銘々膳の脇に筒状の火鉢が置かれている）

図5　中庭に集まった館員一同

2　旅館の多様な機能——慰問・出征・結婚式

図6は、昭和初期の歌手、小唄勝太郎（一九〇四～一九七四）のサイン入り写真である。勝太郎は新潟の花街・沼垂《ぬったり》出身の芸妓で、上京して葭町の芸者となり、黎明期にあったレコード業界から誘われて歌手になった。当時は大衆向けのレコードに唄を吹き込む「うぐいす芸者」が人気だったころで、勝太郎も「島の娘」「東京音頭」などの流行歌がヒットして一躍名を挙げた。日中戦争が始まると、レコード業界をはじめとする娯楽全般が低迷し、代わりに戦地や軍需工場などへ芸能者の慰問団が派遣されるようになる。慰問団の派遣は軍の恤兵部《じゅっぺい》が管理をし、新聞社や芸能関係各社がこれに関わった。勝太郎もこうした慰問団の一員として、一九三八（昭和一三）年三月に、中国大陸方面へ三週間ほどの巡業に行っている。その後も第二次世界大戦にかけて、積極的に国内の軍施設に慰問に行っていたようだ。横須賀の海軍施設にも訪れ、そ

図6　小唄勝太郎（サイン入り）

の際に新井屋を宿所としたのだろう。芳名録にも記帳がある。

このように、慰問に訪れた著名な歌手や芸人たちも、新井屋の客であった。芳名録には、小唄勝太郎と同時期に人気を博した、同じく元芸者の市丸や、日本人初の国際的なオペラ歌手として活躍した三浦環、流行歌手の東海林太郎、女優の田中絹代などの記帳が見える。また、主に大正から昭和初期にかけての書画の短冊も多数残されており、軍の高官たちとともに、こうした著名な芸人や文化人たちが集う一種のサロン的な場所となっていたことがわかるのである。

図７　出征記念写真

その一方で、現実に出征していく兵士を見送る場でもあった。新井屋は海軍指定旅館のひとつであったため、出征を控えた兵士が見送りの家族とともに泊まり、別れの前の一晩をすごすのである。図７は旅館の正面玄関前で撮影した出征記念の写真である。新井屋ではこうした記念写真撮影のために、写真屋を頼むことがしばしばあった。他の旅館でも同様で、そのため横須賀には写真屋が数多くあったという。

このほか、結婚式の支度を終えた花嫁の写真も残されている。明確な年代は不明だが、おそらく終戦後まもない頃と思われる。新井屋が本格的な結婚式業務を始めたのは一九五五（昭和三〇）年になってからだが、それ以前から、縁者の結婚の際に支度や披露宴のために場所を提供することがあったようだ。そうした経験から、戦後の新しい業務のひとつとして結婚式を手がけるようになったのだろう。業務として行うようになってからは、神社から神主にも来てもらい、支度・式・披露宴の一切を旅館内で行った。各家での結婚式が一般的だったこの頃、横須賀では現代のようなホテルや結婚式場での結婚式はまだなく、新井屋の試みはこれらの先駆けであった。披露宴では、本膳[2]から三の膳に口取りがついた特別の料理も用意した。その際に使用する膳具一式や朱塗りの杯、ひな壇、屏風などが旅館に備えられていた。

　このように、新井屋では、宿泊と食事の提供という旅館本来の基本的な業務のみならず、多様な機能を有していたことがうかがえる。とりわけ、出征や結婚式といった人生の節目に関わりを持っていたことは、客にとっても旅館が特別な場所、すなわち非日常的なハレの時空間として記憶されることを意味するといえよう。

3　横須賀の軍港観光

　図8は、新井屋が一九三八（昭和一三）年に発行した絵はがきの一枚である。当時の新井屋の全景と横須賀鎮守府のイラストが組み合わされた図柄となっている。こうした絵はがきは、横須賀鎮守府の検閲[3]を経て発行が認められたようだ。組になったはがきを収める封筒（図9）には、検閲の年月日とともに、「鉄道省　近衛第一両師団　東京都市逓信局　横須賀鎮守府　御用命旅館」と明記され、新井屋がこれらの指定旅館であったことがわかる。絵はがきはこのほか、戦艦三笠と旅館の庭園とを組み合わせた図柄や、東京湾要塞司

（2）　本膳料理は、室町時代に武家の礼法のひとつとして確立した料理の形式で、江戸時代には格式高い行事食として一般にも広まった。酒礼にあたる式三献に始まり、本膳、二の膳、三の膳、硯蓋で構成されるのが一般的で、硯蓋は口取りとも呼ばれ、肴や菓子などを折詰めにした引出物を指す。

（3）　戦前期の日本では、軍事機密の保持のため、要塞地帯内での写真・地図などの作成が厳しく制限され、それらを作成する際には検閲を必要とした。

令部と旅館の喜久の間とを組み合わせた図柄など、海軍の主要施設や戦艦などが旅館の紹介にも利用されている。

横須賀の海軍施設は、明治の頃からすでに、旅の大きな誘因となっていた。冒頭でも紹介した『横須賀繁昌記』（一八八八年）には、「まづ第一の見物と申《もうす》は造船所です」とある。中でも軍艦の進水式は「横須賀第一の賑ひ日」であり、料理屋や貸座敷が繁盛し、女演劇や大弓場なども普段以上に人を集め、まるで縁日の夜店のような賑やかさであることが綴られている。また、一九一一（明治四四）年には横須賀市教育課の福本友次郎と稲本新吉の作詞、東京音楽学校講師の幾尾順作の作曲による『湘南遊覧唱歌』が発行された。旋律などは明らかではないが、横須賀一帯の名所旧跡、故事来歴などが四七番にわたって歌い

図 8　絵はがき（横須賀鎮守府と新井屋）

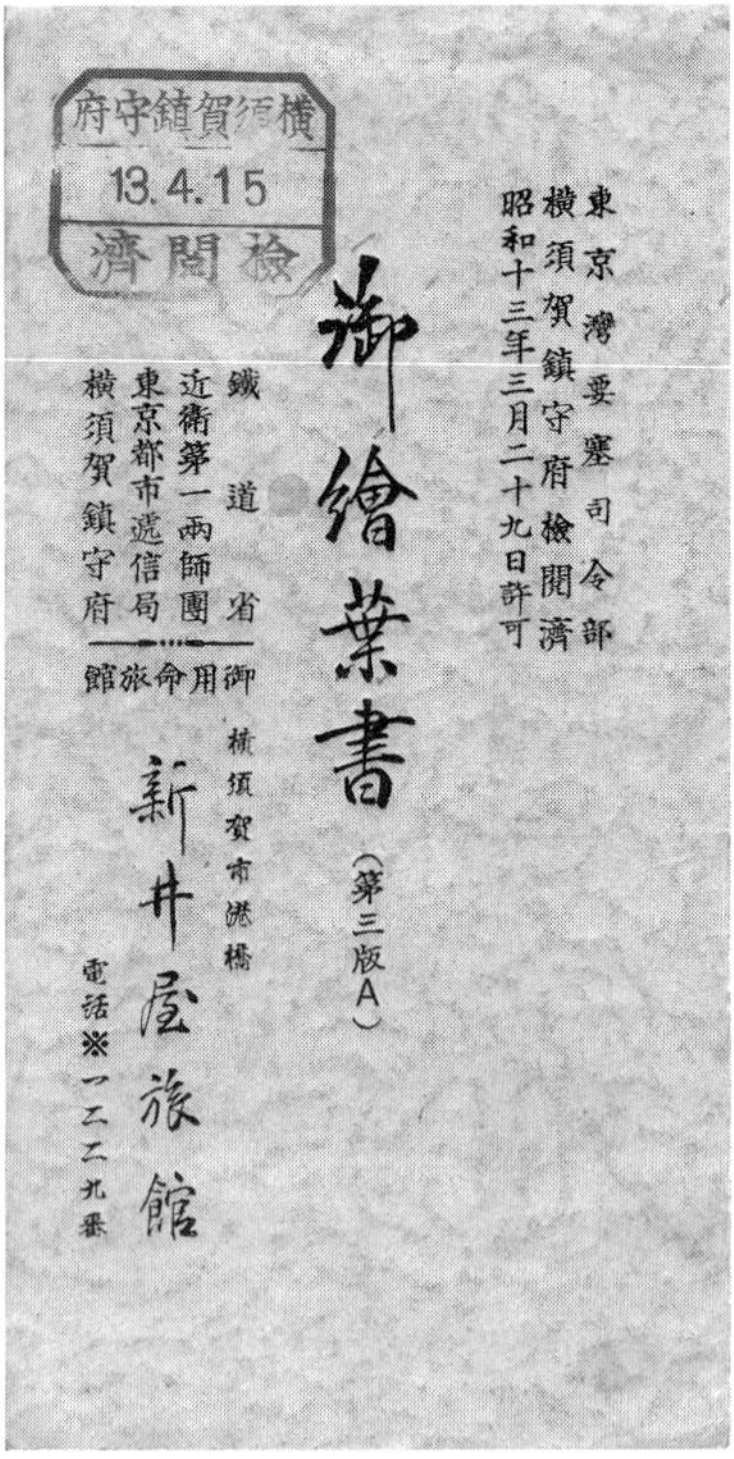

図 9　絵はがき封筒

込まれ、当時流行した『鉄道唱歌』を思わせる。そしてこのうち四〇番に「東洋一の軍港地　人口多き横須賀市　教育日々に進み行き　民業月に盛んなり」、四一番に「海軍工廠の槌の音　港につらなる艨艟や　朝日に輝く海軍旗　海の威光を示すなり」、四二番に「陸には要塞司令部と　重砲旅団の設けあり　数千の貔貅が勇ましき　練武の声も聞ゆなり(4)」と軍港や軍の施設が歌われており、これらが横須賀を象徴するいわば新名所として認識されていたことがうかがえる。

こうした軍関係の施設は、明治半ばから各地の学校行事として定着した修学旅行の行先としても人気だったようだ。当時の修学旅行は、身体鍛錬と学習を主な目的とし、主に師範学校を中心に実施の風潮が広がった。一九一一（明治四四）年に長野県から訪れた女学生が記した「横須賀修学旅行記」によると、汽車で横須賀に到着後、鎮守府や造船工廠にてさまざまな施設を見学し、「造船工廠内にては驚きぬ。壮大なる船台、鉄鉛製造場、鋳物場、船具製造場、倉庫、石炭庫、空中高く往来せる起重機等に。烟は天を焦し、高橾の建物には只々眼くらむのみ(5)」と、西洋式の造船技術を結集させた巨大な施設や設備に驚きの声をあげている。また、軍港に停泊していた軍艦相模の内部を水兵の案内で詳細に見学もしている。

その一方で、周辺の鎌倉、逗子、茅ヶ崎、大磯といった湘南の海岸部に比べて、横須賀に行楽のため訪れる人は、軍人やその関係者を除いては少なく、鉄道院の割引券の対象から除外されていることが当市の課題となっていたようである。一九一四（大正三）年に発表された「観光招致政策(6)」には、行楽に適した海岸部に海水浴場を設置すること、軍艦や工廠の観覧に便宜をはかることなどが提言されており、地元の側でも横須賀特有の軍港観

（4）　横須賀市『新横須賀市史　資料編　近現代Ⅱ』横須賀市、二〇〇九年、一〇四一頁。

（5）　前掲書（4）、一〇四二～一〇四三頁。

（6）　前掲書（4）、一〇四三～一〇四四頁。

光と、湘南地域の自然を活かした海辺での行楽を組み合わせた、特徴ある旅のスタイルを構築しようとしていたと思われる。

とはいえ、やはり集客の目玉は、軍港や軍艦にあった。新井屋にも、明治末から昭和初期にかけて発行された軍艦の進水式の記念絵はがきが、拝観券とともに残されている。日露戦争の日本海海戦で旗艦となった戦艦三笠も、一九二五（大正一四）年に引退して記念艦となり、横須賀の港に固定されていた。新井屋には「戦艦三笠と新井屋」とタイトルをつけた絵はがき帳があり、関連する絵はがきがそこにスクラップされている。

横須賀観光協会が昭和初期に発行した観光案内パンフレットを見ても、遊覧コースの例として「軍港及市内見学」とあり、軍港・海軍航空隊・海軍工廠・記念艦三笠が市内の名勝として列記されている。当時の新聞でも、各地から「軍港見学」や「軍港見物」に訪れて賑わう様子が記されており、軍港とその周辺の海軍施設が重要な集客装置となっていたことがわかる。

日露戦争後という時代背景もあるだろうが、戦艦や航空機は最先端の工業技術でもあり、これに対する純粋な憧れや好奇心が根底にあったのだろう。また、海軍の町特有のネオンや歓楽街のようすなども紹介されており、旧来の名所旧跡や景勝地などが主な旅先であった当時とすれば、横須賀は他では味わえない魅力を放つ場所であり、近代における地方都市観光の先駆的な事例ともいえるのではないだろうか。

おわりに

以上、新井屋旅館の資料をもとに、主に戦前・戦中における旅館の機能について、地域との関わりから述べてきた。これらの資料からは、横須賀という軍都にあって、海軍とのつながりを強く保ちつつ、意匠をこらした旅館の建物や設備、そこに出入りする文芸人たち、さらには最先端の工業技術の見学と、単なる宿泊施設を越えたさまざまな文化が、新井屋周辺に重層的に展開していたことを知ることができる。

軍港の発展とともに急速な都市化を果たした横須賀には、全国各地から人が集まり、地域ごとにさまざまなコミュニティが形成されていった。終戦によって旧日本軍の軍都としての機能は失われたが、横須賀の市街に今なお残る商店街は、かつて生活の糧を求めてやってきた人たちが、大道商人からやがて店を構えて自ら作り上げていった町並みである。その町並みには、往時の繁栄からはやや隔世の感があるものの、この地に定着していった人々の暮らしの営みが息づいており、再開発が進み変貌が著しい都心部の商業地とはどこか異なる趣がある。

二〇一五(平成二七)年、横須賀市は、近代横須賀の始まりともいえる横須賀製鉄所の鍬入れ式から一五〇年という節目の年を迎えた。翌二〇一六年には、旧軍港都市四市(横須賀市、呉市、佐世保市、舞鶴市)が日本遺産「鎮守府　横須賀・呉・佐世保・舞鶴―日本近代化の躍動を体感できるまち―」として認定を受け、構成要素となった市内の旧横須賀鎮守府関連の建造物などが改めて注目を集めるようになった。
かつて日本の近代化を牽引した横須賀は、軍都から歴史都市へと姿を変えながら、今なお人を引き付ける魅力を放ち続けているのである。

〔参考文献〕
井上鴨西（三郎）編『横須賀繁昌記』井上三郎、一八八八年
岡田緑風編著『三浦繁昌記』公正新聞社、一九〇八年
高村聰史『〈軍港都市〉横須賀―軍隊と共生する街―』吉川弘文館、二〇二一年
山本志乃「軍都横須賀の旅館文化―新井屋旅館の資料から―」『市史研究横須賀』第一一号、二〇一二年
横須賀市『新横須賀市史　資料編　近現代Ⅱ』横須賀市、二〇〇九年
横須賀市『新横須賀市史　通史編　近現代』横須賀市、二〇一四年
横須賀市『新横須賀市史　別編　文化遺産』横須賀市、二〇〇九年
横須賀市『新横須賀市史　別編　民俗』横須賀市、二〇一三年

第III部

山と平野から見る神奈川

「農」と「食」からみた横浜——清水和明
湘南唯一の酒蔵と茅ヶ崎ノースの風景——高井典子
清川村の社会文化形成における観光振興の役割、課題、在り方——柏木　翔
城下町小田原でひろがる、新しい都市生活スタイル——小泉　諒
箱根町における宿泊施設の立地と特徴——山口太郎
江戸文学に見える相模大山参詣——原淳一郎

「農」と「食」からみた横浜

清水和明

はじめに

筆者は大学生に対して「横浜のイメージ」を聞くことがある。「どこに行っても人が多い」、「日本で人口が最も多い市である」、「みなとみらい地区や中華街など、遊べる場所がある」、「横浜駅の工事がいつまで経っても終わらない」など、横浜に対して様々な答えが返ってくる。ただし、横浜で生産されている農産物のことや、それらを使った「食」に関連する内容を答える学生はほとんどいない。

とはいえ、学生達の中でそうした認識が全くないということではなく、授業の終わりに「横浜には田んぼや畑といった自然や緑がある」と話してくれる学生も僅かではあるがいる。田んぼや畑のことを「自然」や「緑」と一括りにすることに違和感はあるものの、地域のことに関心を持って生活している点は評価できる。横浜は都市的な一面が強調されがちであるが、少し歩けば農業や農的な土地利用を目にすることのできる魅力的な都市でもある。こうした魅力を大学生に限らず、多くの方に知ってもらいたいと筆者は考える。

本章では、「農」と「食」の視点から横浜の持つ地域性を描きたい。まず横浜の農業の位置づけを示した上で、横浜のどこで、誰が、どのような農業を行っているのか、その地域的な特徴を地図（主題図）で確認する。さらに、横浜で農業や農的な土地利用が維持されている理由を、関連する法律や制度の面から検討する。実際にこれらがみられる地域の様子を紹介しつつ、「農」と「食」の関わりについても、取り上げたい。

1　横浜市の農業の特徴

神奈川県内の中から横浜の農業を位置づけたい。ここで用いるのは農業産出額[1]である。二〇二〇年における神奈川県内市町村の農業産出額をみると、最も高いのが横浜市（一二一・三億円）であり、野菜産地として知名度の高い三浦市（九二・六億円）を上回っていることがわかる。図1から神奈川県内の市町村別農業産出額をみると、横浜市は果樹や花き（花卉）[2]、畜産といった多様な農畜産物が生産されていることがわかる。図2から農業経営体[3]における農産物の売上一位の出荷先をみると、三浦市をはじめ、平塚市や伊勢原市、厚木市や海老名市などは農協が主な出荷先となっている。これに対して、横浜市をはじめ川崎市、相模原市、藤沢市、茅ヶ崎市などでは農協以外の出荷先が多い。横浜市に注目すると、農協を主たる出荷先としている経営体も一定数いるものの、消費者への直接販売を主たる出荷先としている経営体が多く、食品製造業や外食産業といった多様な出荷先を確保して

（1）　都道府県ごとの品目別の生産量に、品目別の農家庭先販売価格（消費税）を乗じて求められる。
（2）　一般的に花のことを指す。生産農業所得統計における「花き」の数値は、切り花、球根、鉢物類、花き苗類（パンジーなど）、その他（芝など）をまとめて算出されている。
（3）　二〇〇五年の農林業センサスから導入された概念である。二〇二〇年の農林業センサスでは、法人化していない家族経営である個人経営体と、法人化している組織と法人化していない組織を合わせた「団体経営体」に分類される。

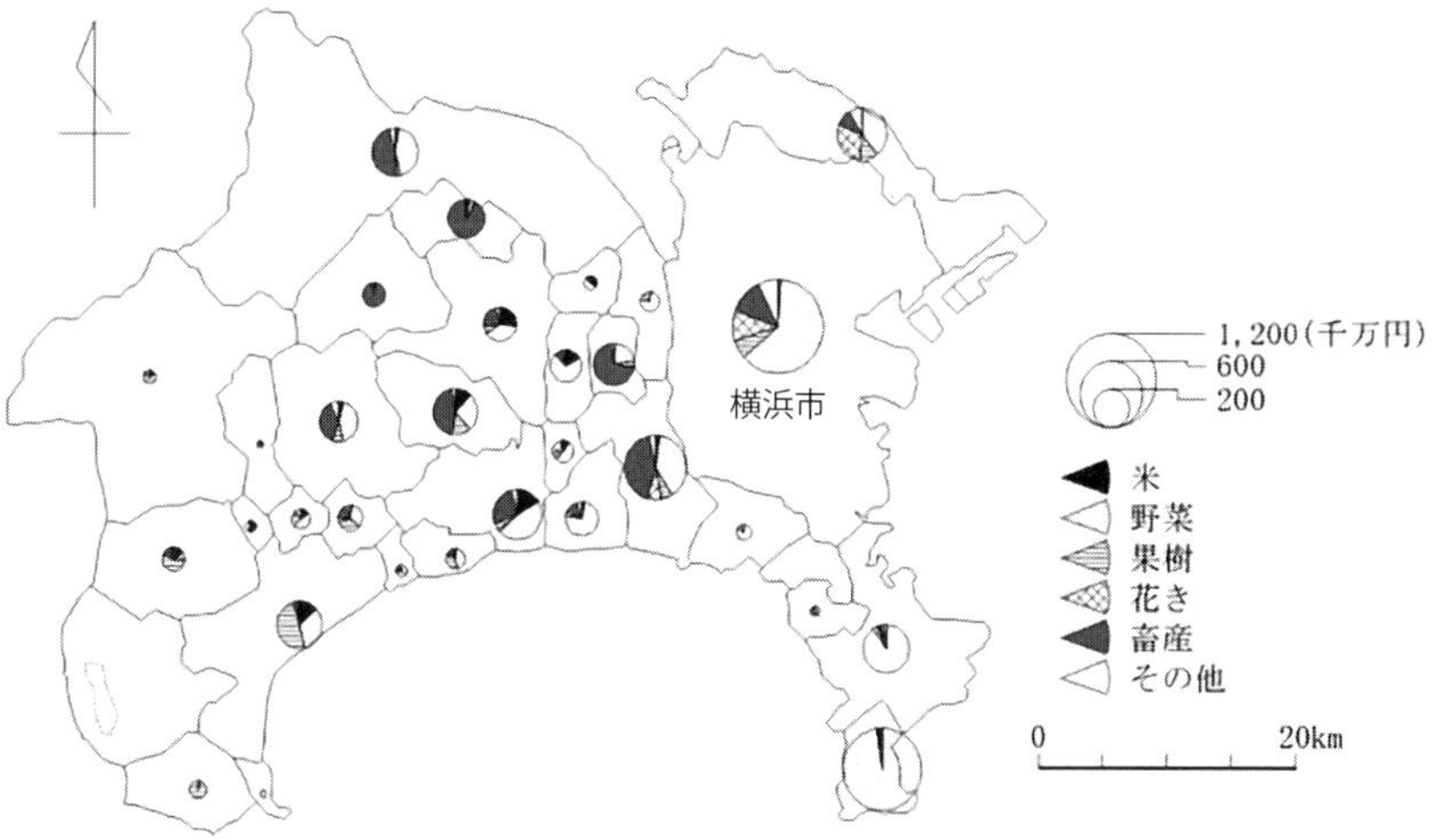

図 1　神奈川県内の市町村別における農業産出額（推計）とその内訳（2020 年）
「その他」は、麦類、雑穀、豆類、いも類、工芸農作物、その他作物、加工農産物の金額を合算したもの。農林水産省「生産農業所得統計」より作成。清水（2022）を修正。

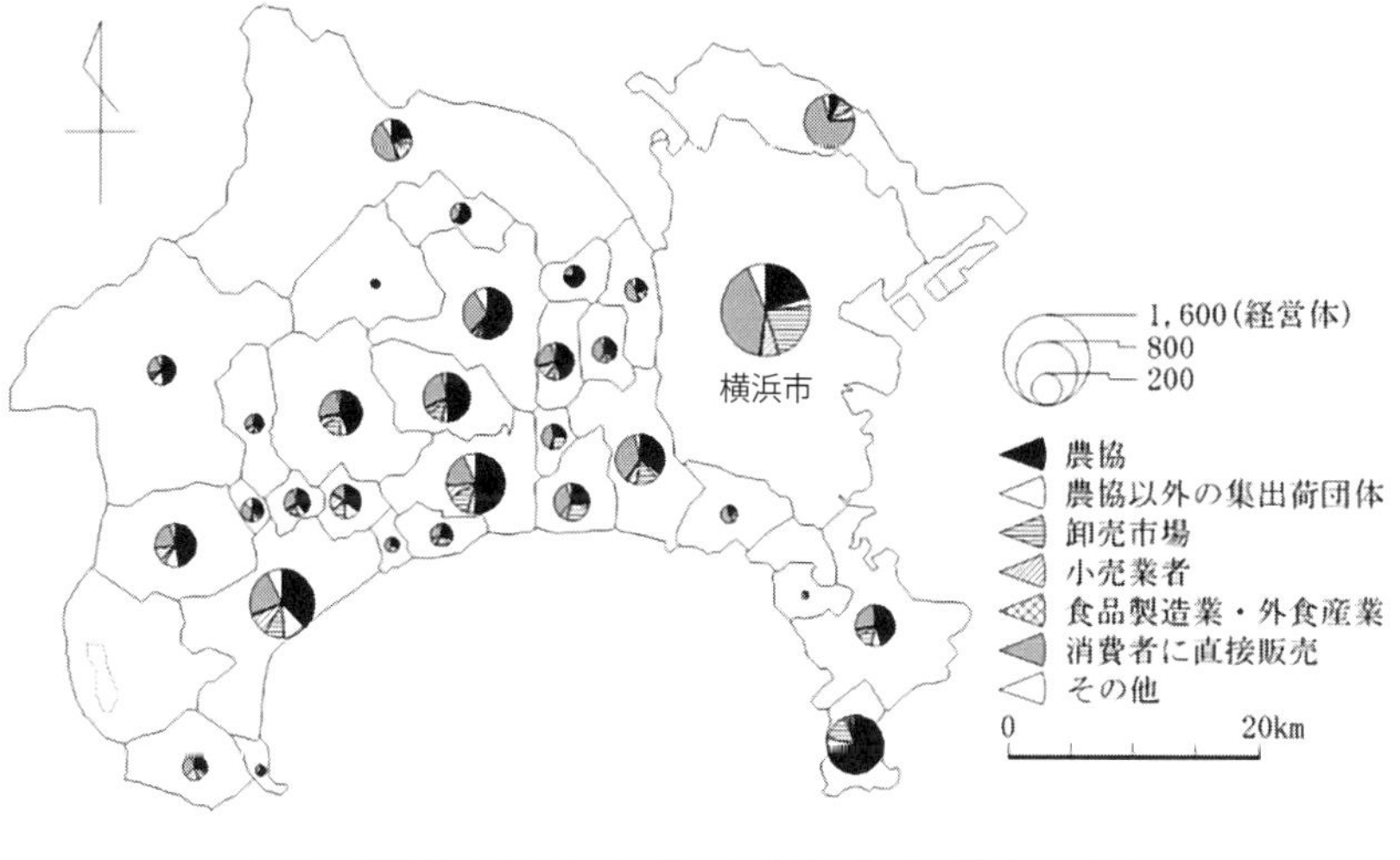

図 2　農産物の売り上げ一位の出荷先別経営体数（2020 年）
逗子市と箱根町の経営体数は秘匿値のため、図中には表示していない。農林業センサスより作成。清水（2022）を修正。

いることもわかる。

横浜市内における農業の概況を地図に示したのが図3である。二〇二〇年時点で横浜市には一九三一の農業経営体がある。このうちの一八七九経営体が個人経営体である。残りの五二経営体が団体経営であり、そのうちの四八経営体は株式会社をはじめとする法人経営体となる。各区における農業経営体数とその内訳をみると、最も多いのが都筑区の二六五経営体であり、泉区(二四七経営体)、港北区(二二五経営体)、緑区(二二四経営体)の順となる。

経営規模別農業経営体数の内訳をみると、市全体では〇・五〜一・〇haの層が多く、神奈川区、旭区、港北区、緑区、青葉区、都筑区、戸塚区、泉区、瀬谷区で最も多い層になる。その一方で、経営規模が一haを超えるような経営体は少数となる。戸塚区、泉区、瀬谷区は、一〜二haの層が地域内で最も数が多い集団となる。

農産物販売金額別の経営体数をみると、市全体では「一〇〇〜三〇〇万円」の層が最も多く、「五〇万円」の経営体(三七五経営体)、「五〇〜一〇〇万円」の経営体(二七三経営体)の順となり、販売金額が少額である経営体が多い。「販売なし」の経営体も含めて農産物の販売金額が「一〇〇万円未満」の経営体が半数を超えているのは港北区、旭区、緑区、青葉区、都筑区、瀬谷区である。いずれも市内の中でも農業経営体数が多い地域であり、港北区と都筑区は農産物販売金額が一〇〇〇万円を越える経営体もみられる。多様な農業経営体を抱えている地域も存在していることがわかる。なお、神奈川区、戸塚区、泉区でも農産物販売金額が一〇〇〇万円を超える経営体もみられる。

農産物販売金額の一位の部門別形態数は、各区とも「露地野菜[(4)]」が卓越しており、これ

(4) 一般的に、屋内でなく屋外で栽培された野菜のことを指す。

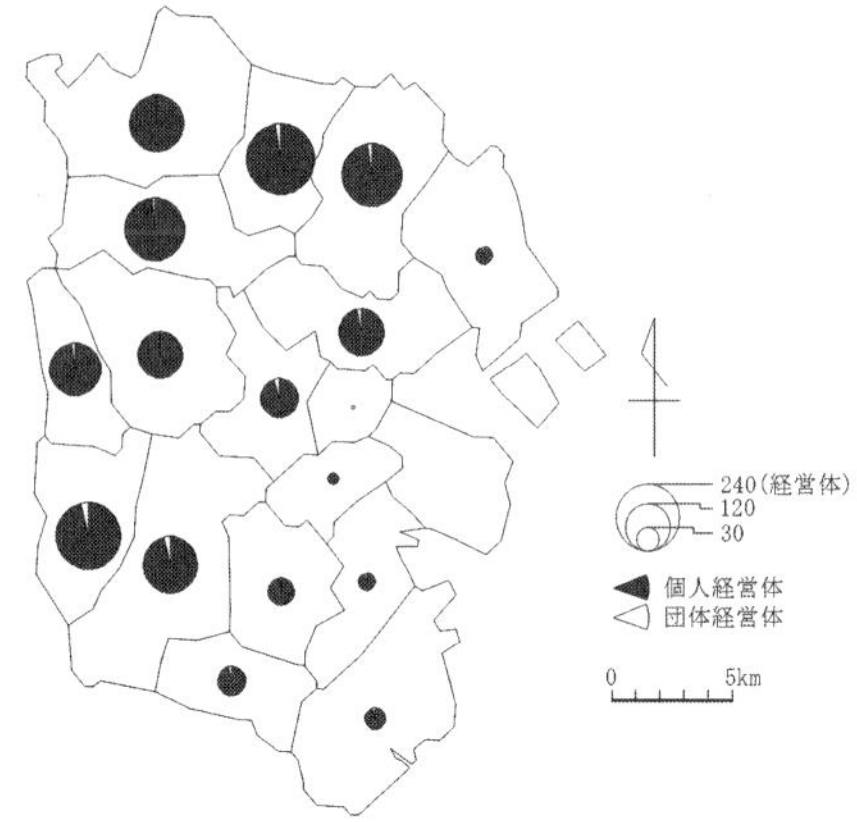

a 農業経営体数

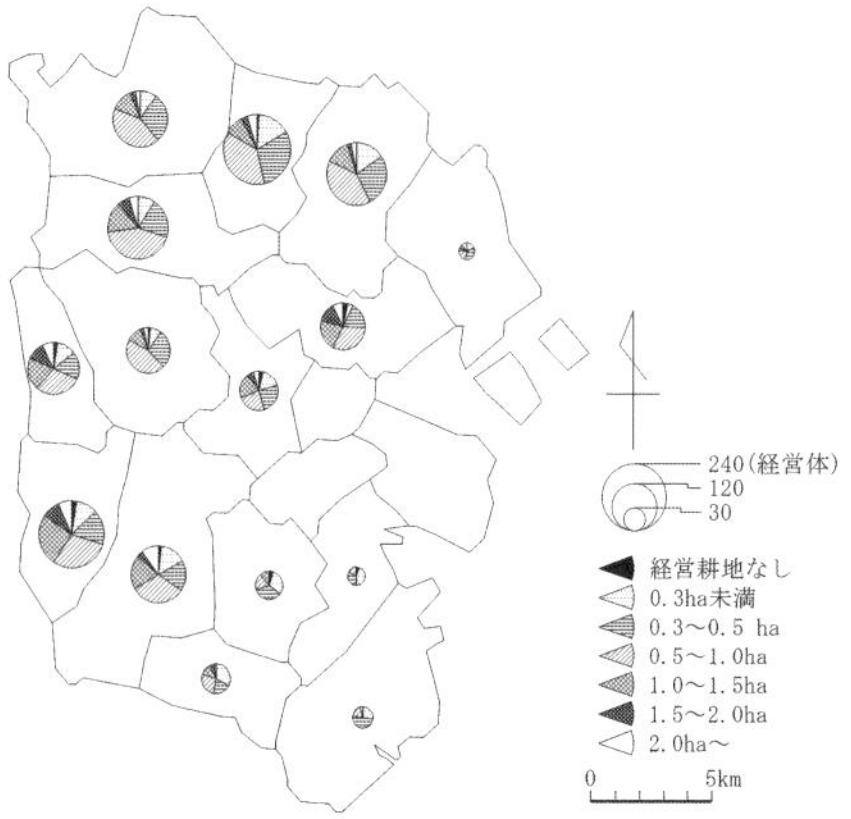

b 経営規模別経営体数

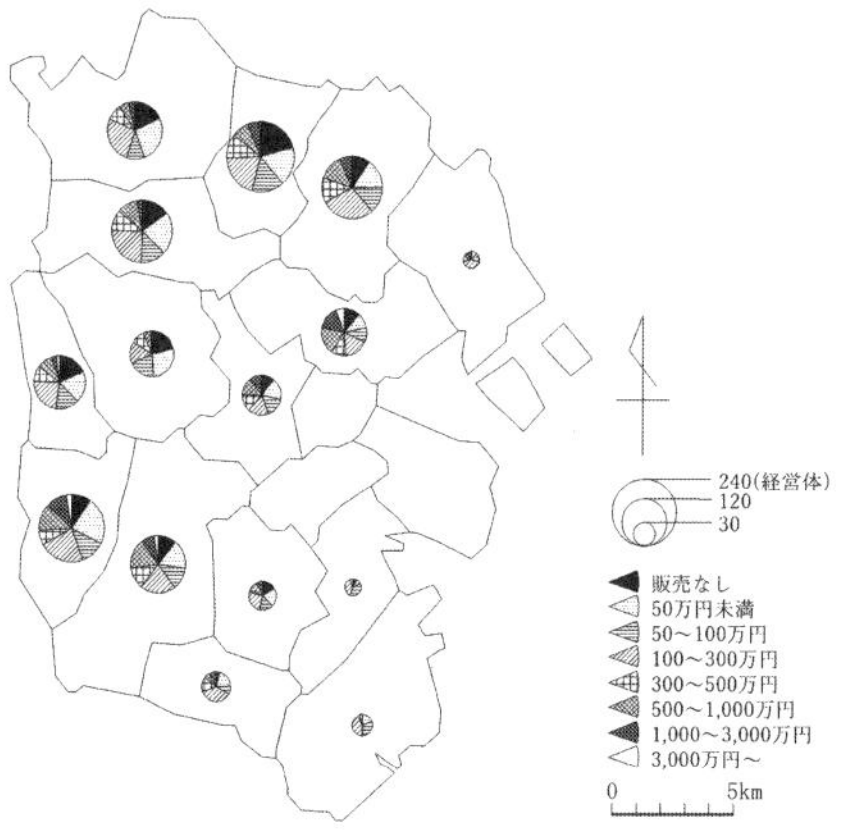

c 農産物販売金額の規模別経営体数

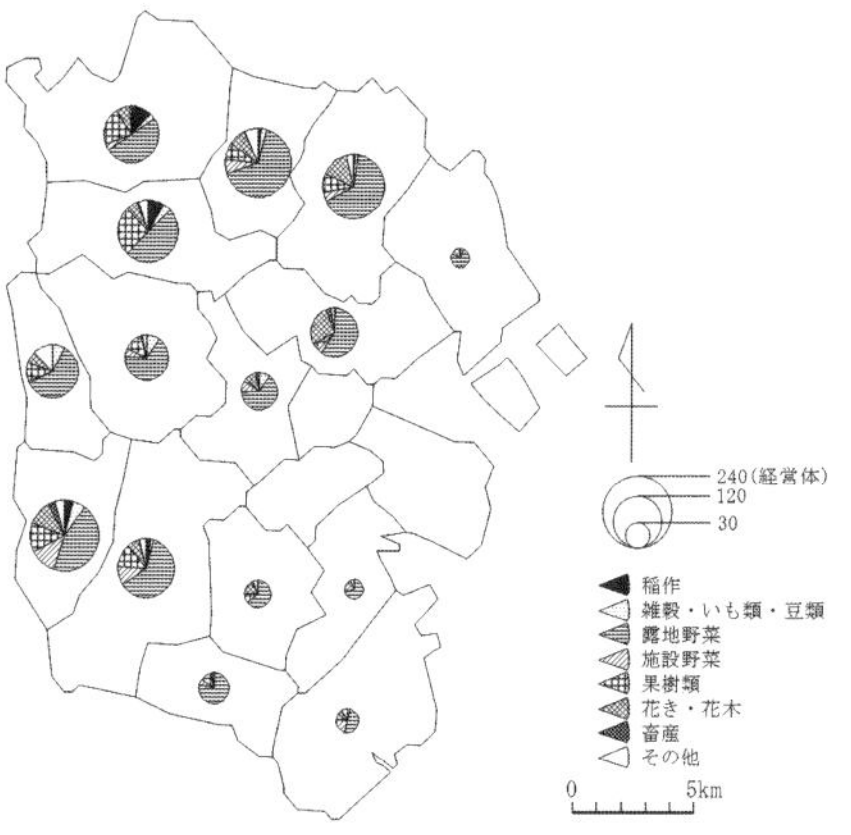

d 農産物販売金額一位の部門別経営体数

図 3　横浜市の農業の特徴（2020 年）

区名は後掲図 5 を参照。西区・南区は農業経営体数以外の数値が秘匿値のため、a 以外の項目では数値を入力していない。中区は全ての項目が「数値なし」であったため、数値を入力していない。d「その他」は、麦類、工芸農作物、その他の作物、酪農を合算したものを指す。農林業センサスより作成。清水（2022）を修正。

に果樹類、花き・花木[5]、施設野菜の順となるが、その順位は地域によって異なる。旭区、緑区、青葉区、戸塚区、栄区、泉区、瀬谷区では露地野菜に次いで果樹類が多い。花き・花木であるのは鶴見区、神奈川区、港北区、都筑区となる。施設野菜の販売金額が多い経営体は磯子区と金沢区にみられる。青葉区と緑区では、稲作の販売額が一位である経営体が一定程度いることも確認できる。

先述したように、横浜市は県内の他の地域と比べて、農協を主たる出荷先としている農業経営体よりも、消費者への直接販売が主な出荷先と位置づけている農業経営体が多い。図4から各区における出荷先別の経営体数をみると、農協へ出荷する経営体が多いのは都筑区、緑区、戸塚区、泉区であり、保土ヶ谷区、戸塚区、青葉区、緑区、旭区、泉区は消費者への直接販売を行っている経営体が多い。

図4のうち、消費者に直接販売している経営体の具体的な販売方法を示したのが表1になる。自営の農産物直売所で販売している経営体が各区で多く、自営以外の農産物直売所がその次の販売先として選ばれている地域と無人販売を含めた「その他」の形態を採用している経営体が多い。その一方で、インターネットを利用した販売を行う経営体は、いずれの地域においても少数に留まっていることがわかる。

経営耕地面積が少なく、農産物の販売金額が一〇〇万円未満の経営体が一定数存在する状況を踏まえると、自営の農産物直売所やその他の形態を選択する経営体の中には、農産物の販売をはじめとする農業所得が少額であっても存続できる経済的な基盤（不動産収入など）を有していることが考えられる。

（5）サツキ、ツバキ、ツツジなどの庭園、街路樹、公園などの鑑賞・緑化用樹木のことを指す。

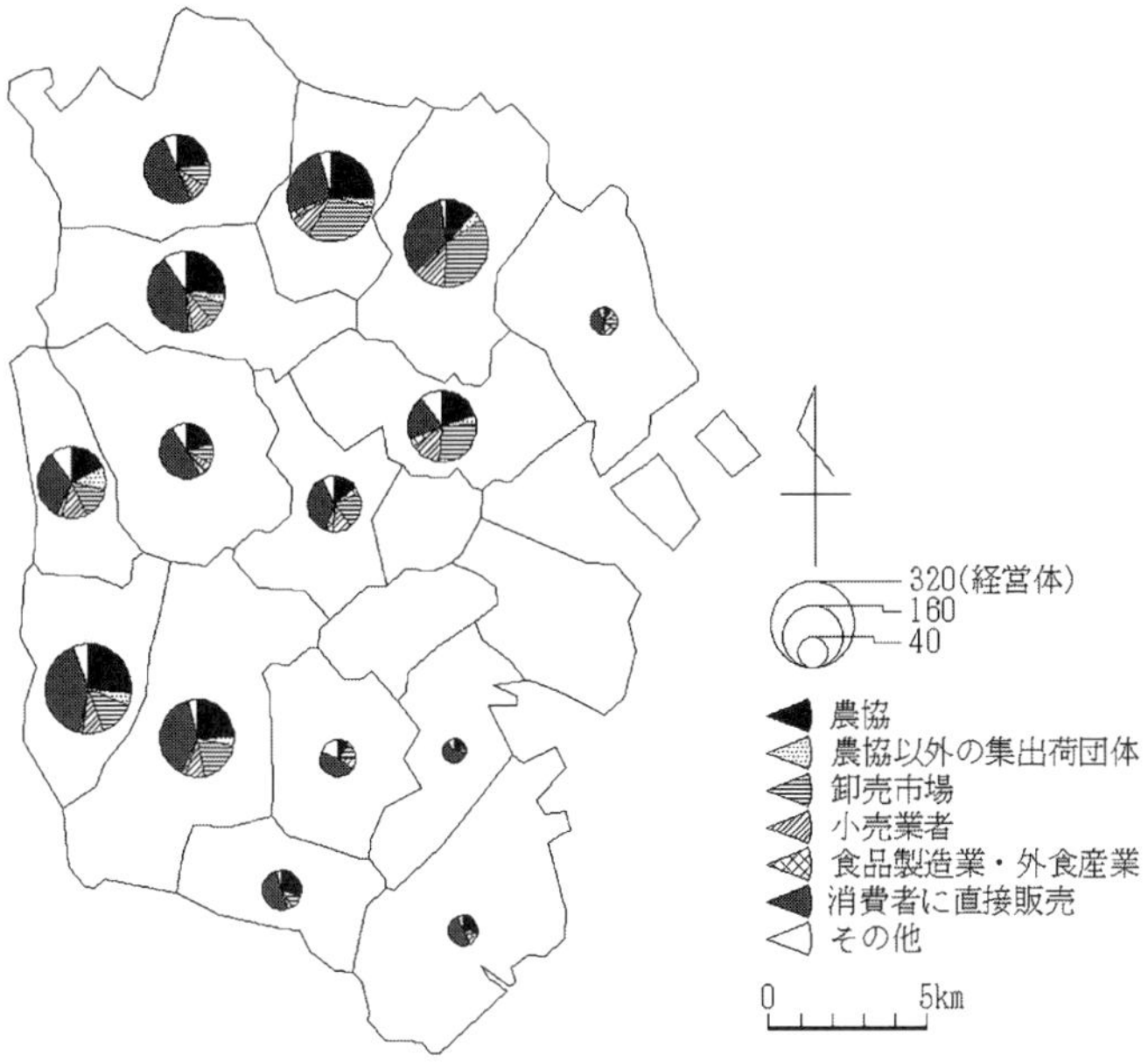

図 4　農産物の出荷先別経営体数 (2020 年)

区名は後掲図 5 を参照。中区は数値なし、西区と南区は秘匿値のため、数値を入力していない。複数回答可の項目であるため、各区の経営体数よりも大きい数値となっている。清水 (2022) を修正。

表 1　消費者に直接販売を行っている経営体の主な販売方法

	自営の農産物直売所	その他の農産物直売所	インターネット	その他の方法
鶴見区	11	3	1	2
神奈川区	19	18	1	12
港南区	12	8	1	10
保土ヶ谷区	26	19	1	18
旭区	31	11	0	31
磯子区	8	4	0	14
金沢区	8	11	1	6
港北区	74	27	3	20
緑区	71	37	0	33
青葉区	67	20	2	32
都筑区	49	30	3	26
戸塚区	58	29	2	35
栄区	17	11	0	9
泉区	82	27	3	44
瀬谷区	40	10	1	20

中区は数値なし、西区と南区は秘匿値のため、数値を入力していない。複数回答可の項目であるため、各区の経営体数よりも大きい数値となっている。「その他」には「無人販売」などが含まれる。清水 (2022) を修正。

2　横浜で農業が行われている理由

横浜市において農業や農的な土地利用が今日においても残っている理由は何であろうか。農業生産活動を行う農業経営体の努力にその要因を求めるのはもちろんのことである。こうした農業を行う主体を取り巻く諸条件から存続要因を考えると、以下の二点を挙げることができる。

一点目は、横浜市内で農業が行われている地域の位置である。これまで述べてきたとおり、横浜市内で多くの農業経営体が分布しているのは、横浜市の中心から離れた地域であり、これらはもともと農村的な性格を有する地域であった。横浜市は市制が施行された一八八九（明治二二）年から段階的に市域を拡大させてきた。一九三九（昭和一四）年の第六次市域拡張によって、今日の市域が確定する。[6] こうした農村地域を市域に組み込んできたことが、横浜において農業や農的な土地利用が残っている理由として指摘することができる。

こうした地域の中には、農業政策により野菜の産地に指定され、長らく農産物の供給を担ってきた地域も多く含まれる。とりわけ、横浜市で生産される「春キャベツ」、「夏秋キャベツ」、「冬キャベツ」は、「野菜生産出荷安定法」に基づく、「指定産地」になっている。同法は消費量が多い「指定野菜[7]」の安定的な供給の確保を図ることを目的として制定され、「指定産地」は、毎年一定の出荷義務を負う代わりに、価格の下落時に生産者補給金が交

（6）横浜市「市政記録　二〇二二年版　第一分冊」による。

（7）二〇二三年時点では、キャベツ、きゅうり、さといも、だいこん、たまねぎ、トマト、なす、にんじん、ねぎ、はくさい、ばれいしょ、ピーマン、ほうれんそう、レタスの一四品目が該当する。

付される。二〇二三年時点で全国に計八七六の指定産地[8]があり、横浜市は市内の全域ではないものの、市域の広い範囲がこれに含まれる。横浜が農産物の産地であることは、意外と知られていないことであるが、このことを理解すれば、市内に農業や農的な土地利用が残っていることに合点がいくだろう。

ただし、農産物の産地であっても、横浜は東京のベッドタウンとしての役割を持ちつつ、市内の至る所で住宅地開発が進んできたはずである。都市化が進行していく中で、横浜では農業や農的な土地利用をまちづくりに組み込んできた経緯がある。これが横浜において農業や農的な土地利用が残っている理由の二点目として挙げられる項目である。

一九六八年に制定された新都市計画法に基づいて、都市計画区域は、市街地として積極的に開発・整備する市街化区域と、市街化を抑制すべき市街化調整区域に区域区分がされた。横浜市は、区域区分がされた一九七〇年から今日に至るまでその面積は大きく変化していない。二〇二二（令和四）年三月三一日時点の都市計画概況調査によると、市街化区域面積は三万三七六七㎢、市街化調整区域面積は九八八五㎢となっている。横浜市の区域区分に深く関わった田村明は、いわゆる「六大事業」と呼ばれる第二次大戦後の横浜の都市計画を主導した都市プランナーである。田村は自身の著作[9]の中で、今日一般的に用いられている「都市農業」とは若干意味合いが異なるものの、都市と農業・農的な土地利用が共生するまちづくりを模索していたことが知られている。

横浜市の「六大事業」の一つである港北ニュータウンの開発は、農業や農的な土地利用を意図的に残していく形で開発が進められていく[10]。その中で、横浜市独自の制度として設定されたのが「農業専用地区制度」である。同制度は都市農業の確立と都市環境の保全を

（8）　農林水産省「都道府県別・種別別野菜指定産地数（令和五年八月二日現在）」を参照されたい。

（9）　田村　明『都市ヨコハマをつくる―実践的まちづくり手法』中央公論社、一九八三年

（10）　NPO法人「田村明記念まちづくり研究会」のウェブサイトでは、当時の都市農業研究会がまとめた報告書等が公開されている。詳細はそちらを参照されたい。

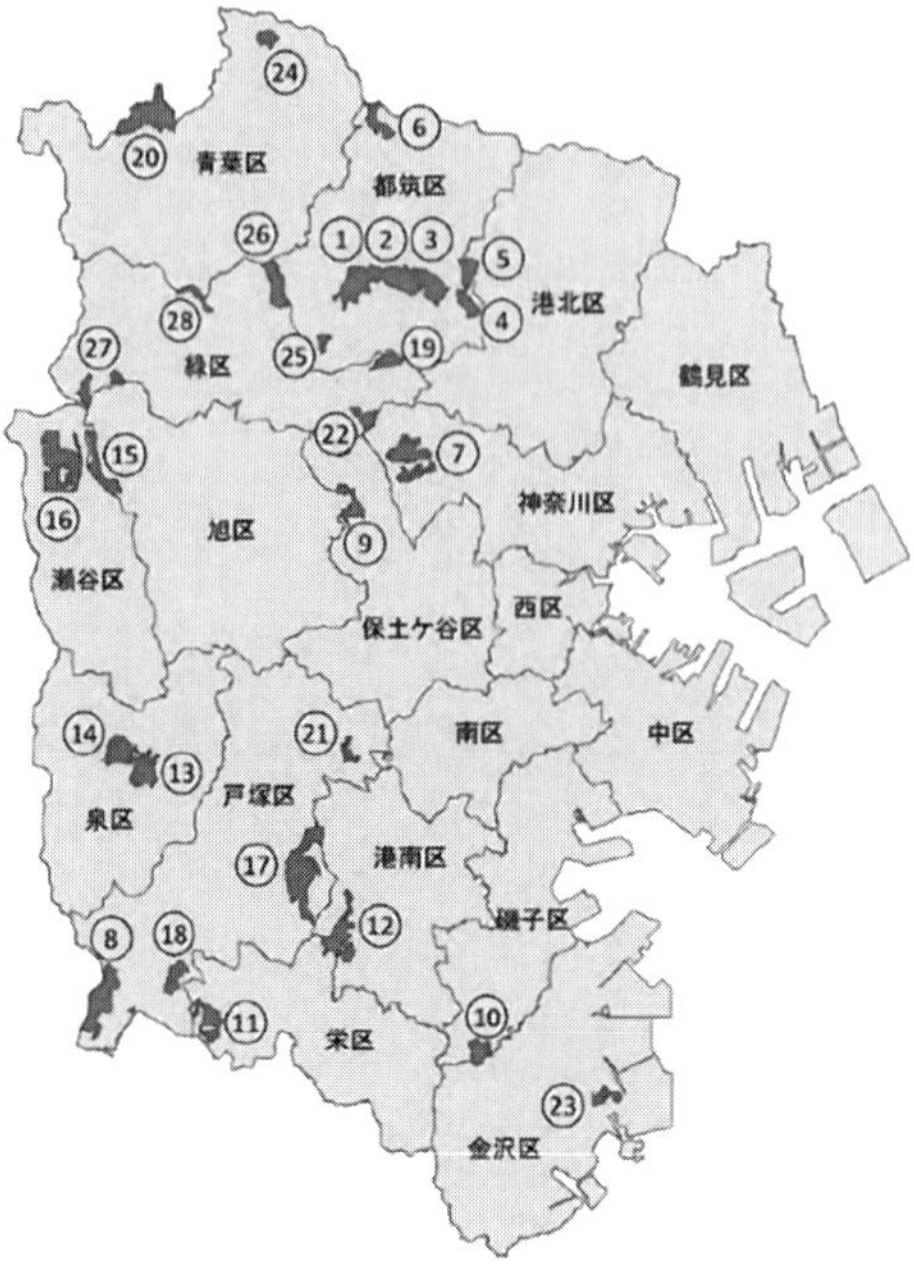

番号	地区名		指定年月日	地区面積(ha)
1	港北ニュータウン農専	池辺	1969年9月24日	60.0
2		東方	1969年9月24日	60.0
3		栃木	1969年9月24日	43.0
4		大熊	1969年9月24日	20.0
5		新羽大熊	1969年9月24日	23.0
6		牛久保	1969年9月24日	24.0
7	菅田羽沢		1972年3月31日	61.6
8	東俣野		1972年3月31日	65.7
9	西谷		1972年11月25日	25.2
10	氷取沢		1973年3月22日	20.9
11	田谷・長尾台		1973年10月30日	35.1
12	野庭		1975年12月27日	43.4
13	中田		1976年5月13日	40.0
14	並木谷		1976年5月13日	35.0
15	上川井		1977年7月7日	35.3
16	上瀬谷		1977年7月7日	92.0
17	舞岡		1979年9月17日	102.7
18	小雀		1980年4月25日	25.7
19	鴨居東本郷		1982年1月13日	19.1
20	寺家		1986年3月24日	86.1
21	平戸		1986年3月24日	8.8
22	鴨居原		1986年9月1日	17.1
23	柴		1991年3月30日	17.4
24	保木		1992年3月3日	14.7
25	佐江戸宮原		1993年3月15日	8.6
26	北八朔		1997年5月15日	39.8
27	長津田台		2006年8月30日	25.7
28	十日市場		2015年1月9日	21.6
合計28地区				1,071.5

図 5　農業専用地区の位置とその概要

注：各地区の面積は2023年8月時点の数値を示す。
（地図の出典：横浜市環境創造局「横浜都市農業推進プラン2019-2023」より転載）

写真 1　農業専用地区の案内掲示（十日市場農業専用地区）
（2022年 9 月15日　筆者撮影）

目的として一九六九年から始まった。農業専用地区に指定されることで、水田や畑地の区画を整形するほ場（圃場）整備事業や、畑地に灌漑設備を設置する施設整備事業などの農業振興策が優先的に実施されるほか、農業振興の基本計画に基づいた事業実施に対して高い比率での補助が受けられることになっている。都市の中に農業や農的な土地利用が残っている背景には、こうした横浜独自のまちづくりの考え方がある。

この制度は、当初港北ニュータウンを対象とする制度であったが、その後に対象地域が市全域に広がっている。二〇二三年時点で市内に二八地区あり、鶴見区、西区、中区、南区を除いた一四区に分布している（図5）。地区の指定時期をみると、制度が開始した一九六九年から一九七〇年代にかけて多いが、二〇〇〇年代以降にも新たに二地区指定されている。実際に、農業専用地区を歩くと、写真1のように、地区の範囲がわかる案内図が掲示されている。

3　写真でみる横浜の「農」の景観

港北ニュータウン農業専用地区

ここでは横浜市内でみられる「農」の景観について、幾つかの地域の様子を紹介する。主に取り上げるのは先述した「農業専用地区」に指定されている地域である。

まず取り上げるのは港北ニュータウン農業専用地区（都筑区）である。写真2は、そのうちの池辺《いこのべ》農業専用地区の景観である。農業専用地区の面積六〇・〇haの大半は、なだらかな丘の上に位置しており、野菜類の生産が行われているほか、観光農園もみられる。また、小区画の農地の中には、写真3のように、横浜市の特区農園もみられる。特区農園は特定農地貸付法等に基づいて、農地所有者等が開設する農園であり、農園内の区画は市民が借りることができる。農園を開設するにあたっては、横浜市に申請手続きをする必要があるものの、市のお墨付きを得た農園であることから、農地を借りたい市民が多いという。

写真4は、池辺農専地区に隣接する東方農専地区の景観を写したものである。ニュータウンのすぐ近くに広大な畑が広がっている。また、ハウスを利用した花きの栽培が行われており、産業としての農業が維持されているようにみえる。その一方で、地区内には不法投棄に関する注意書きや、農家以外の立ち入りを規制する掲示もみられる。(11)

写真 2　港北ニュータウン農業専用地区の景観（池辺農業専用地区）
（2022年 7 月24日　筆者撮影）

写真 3　農業専用地区内にある特区農園
（2022年 7 月24日　筆者撮影）

写真 4　港北ニュータウン農業専用地区の景観（東方農業専用地区）
（2022年 7 月24日　筆者撮影）

(11)　こうした掲示は、本章で取り上げた農業専用地区だけにみられるということではない。

なお、都筑区の区政二〇周年を記念して作成された「都筑区水と緑の散策マップ」には、二〇二三年時点で一五の散策コースが設定されており、この中に農業専用地区をめぐるコースが複数設定されている。実際に農業専用地区の様子を確認することができるため、歩いてみることを勧めたい。(12)

水田が残る地域（ＪＲ横浜線十日市場駅周辺）

写真5は、二〇一五年に農業専用地区に指定された十日市場農業専用地区（緑区）の一部を写したものである。ＪＲ横浜線の十日市場駅・中山駅間に広がる水田のうち、鶴見川の支流である恩田川の右岸側が農業専用地区に指定されている地域である。この一帯には、水田だけでなく畑・果樹園が広がっており、民間事業者が運営している貸農園や市民農園が数多く立地している。なお、ＪＲ横浜線の長津田駅から新横浜駅にかけては、車窓から住宅地や商業施設の間に農業や農的な土地利用をみることができる。車窓から眺めるのもよいが、途中下車して実際に現地を歩いてみることも勧めたい。

写真５　十日市場農業専用地区の景観
（2022年９月15日　筆者撮影）

(12)　都筑区「都筑区水と緑の散策マップ（北部、南部統合版）」https://www.city.yokohama.lg.jp/tsuzuki/kurashi/machizukuri_kankyo/midori_eco/pr/20141023173539.html（最終アクセス二〇二三年八月一〇日）

4 「農」と「食」をつなぐ様々な取り組み

ここまでは、横浜の「農」に関連した内容について触れてきた。横浜で栽培された農産物がどのように「食」と結びついているのか、「食」と「農」をつなぐ取り組みについて触れたい。

まずは、横浜市が行う「横浜農場」の取り組みを挙げることができる。農家をはじめとする農に関わる主体や、農業や農的な土地利用などを一つの農場に見立て、横浜の「農」や「食」をPRする取り組みの総称である。横浜市内で生産された農畜産物のブランド化を目的として、横浜市内で生産された農産物の販売をはじめ、横浜の「農」の魅力をPRするイベントが横浜市役所をはじめ市の施設で定期的に開催されている。

また、農業や農的な土地利用に関する理解を深める場所として「横浜ふるさと村」がある。戸塚区の「舞岡農業専用地区」と青葉区の「寺谷農業専用地区」の二か所にあり、市民が自然や農業に親しめる場所が整備されている。舞岡ふるさと村では各種の収穫体験ができるほか、農畜産物の販売や、野菜を使用した料理教室などが開催されている。寺谷ふるさと村では、谷戸[13]に広がる水田やため池などの景観を保全する活動が行われており、市民が農的な土地利用の維持管理に参加することができる。[14]

なお、近年では、生活の中に「農」と「食」のつながりが生まれている。農業専用地区ではないものの、筆者の勤務校（神奈川大学横浜キャンパス）近くには農地がまとまって存

(13) 丘陵地や台地が侵食されて形成された谷状の地形のことを指す。谷地《やち》や谷津《やつ》をはじめ、地域によって様々な呼び方がある。

(14) 横浜市「ふるさと村」https://www.city.yokohama.lg.jp/kurashi/machizukuri-kankyo/nochi/noutaiken/shizen/furusatomura.html（最終アクセス二〇二三年八月二五日）

在する農業振興地区がある。この一帯には、先に取り上げた特区農園だけでなく、民間企業が開設して管理を行っている貸農園があり、農作業を楽しむ市民の様子を目にする。市民にとっては、「趣味」や「生きがい」といった形で生活の中に「農」を取り込み、旬のものを食卓に並べることができる。しかも「横浜で」である。「農」と「食」のつながりは横浜の中で確実に根付きつつある。

なお、特区農園を借りている市民に話を聞いたところ、家の近くで「家庭菜園」をしたいが、インターネットで「家庭菜園」と検索しても、希望する情報がなかなか得られないという。「市民農園」や「特区農園」といったキーワードの認知度を高めていくことも、「農」と「食」のつながりを考える上で重要になるだろう(15)。

おわりに

都市における農業や農的な土地利用に対する関心は社会的に高まっている。二〇一五年に制定された都市農業振興基本法や同法に基づき策定される都市農業振興基本計画において「農地は都市に必要ないもの」から「農地は都市に必要なもの」と位置付けが変わってきている。都市内に農地を増やし、従来の消費だけではない、生産の一面を取り戻すことの重要性が指摘されており、「都市の農村化(16)」という概念も提示されている。

とはいえ、都市に存在する農地が今後も維持されていくのか、それとも別の土地利用に変わっていくのかは、基本的に農地を所有する農家の判断にかかっている。農業経済学者

(15) なお、横浜市のウェブサイトでは、横浜市内にある市民農園の情報が公開されており、地図上から市民農園を探すことができる。詳細は横浜市「市民農園」のウェブサイトを参照されたい。

(16) 斎藤義則『「都市の農村化」と協同主義―近代都市像の再構築―』有志舎、二〇二二年

の安藤光義氏は、市民農園や体験農園の開設を進めることで「耕す」市民を増やしていくことが重要になると指摘している(17)。また、地理学者の石原肇氏は、都市や都市近郊で行われている農業は、農家をはじめとする生産の主体だけでなく、周辺に生活する住民や農産物の消費者といった様々な主体が連携して支えていくことが必要になると指摘している(18)。本章で述べたように、横浜では農業や農的な土地利用を生かしたまちづくりのあり方が提唱され、実践されてきた経緯がある。さらに、一部ではあるものの、市民が「農」と「食」を生活の中に取り込んでいる様子もみられる。今後の都市と「農」や「食」の関わり方を考える上で、横浜で行われている様々な取り組みは有益な視座をもたらすものと筆者は考える。

最後に、本章の内容をきっかけに、横浜の「農」や「食」について、多くの方が興味関心を持ってもらえれば幸いである。

〔付記〕本章の一部は、清水和明「統計からみた横浜市の農業の地域的特徴」(神奈川大学人文学研究所『人文学研究所報』第六八巻、二〇二二年)の内容を加筆修正したものである。

〔参考文献〕
安藤光義「都市の農地・農業政策の評価と展望」『農業と経済』八六、二〇二〇年
石原　肇『都市農業はみんなで支える時代へ—東京・大阪の農業振興と都市農地新法への期待』古今書院、二〇一九年
NPO法人田村明記念まちづくり研究会「研究資料　都市農業」https://www.machi-initiative.com/research-materials/urban-agriculture/(最終アクセス二〇二二年八月二五日)
斎藤義則『「都市の農村化」と協同主義—近代都市像の再構築—』有志舎、二〇二一年

(17) 安藤光義「都市の農地・農業政策の評価と展望」『農業と経済』八六、二〇二〇年
(18) 石原　肇『都市農業はみんなで支える時代へ—東京・大阪の農業振興と都市農地新法への期待』古今書院、二〇一九年

清水和明「統計からみた横浜市の農業の地域的特徴」『人文学研究所報』第六八巻、神奈川大学人文学研究所編、二〇二二年
田村 明『都市ヨコハマをつくる―実践的まちづくり手法』中央公論社、一九八三年
都筑区「都筑区水と緑の散策マップ（北部、南部統合版）」https://www.city.yokohama.lg.jp/tsuzuki/kurashi/machizukuri_kankyo/midori_eco/pr/20141023173539.html（最終アクセス二〇二三年八月一〇日）
農林水産省「生産農業所得統計の概要」https://www.maff.go.jp/j/tokei/kouhyou/nougyou_sansyutu/gaiyou/index.html#1（最終アクセス二〇二三年九月一〇日）
農林水産省「都道府県別・種別別野菜指定産地数（令和五年八月三日現在）」https://www.maff.go.jp/j/seisan/ryutu/yasai/y_law/attach/pdf/index-7.pdf（最終アクセス二〇二三年八月二〇日）
横浜市環境創造局農政推進課「横浜都市農業推進プラン二〇一九―二〇二三」https://www.city.yokohama.lg.jp/kurashi/machizukuri-kankyo/nochi/nougyou/nougyousuishinplan.files/0025_20190319.pdf（最終アクセス二〇二三年八月二五日）
横浜市「市政記録 二〇二二年版 第一分冊」https://www.city.yokohama.lg.jp/city-info/yokohamashi/gaiyo/kiroku/siseikiroku2022.files/0184_20230217.pdf（最終アクセス二〇二三年八月二五日）
横浜市「市民農園」https://www.city.yokohama.lg.jp/kurashi/machizukuri-kankyo/nochi/noutaiken/siminnouen.html（最終アクセス二〇二三年八月二五日）
横浜市「ふるさと村」https://www.city.yokohama.lg.jp/kurashi/machizukuri-kankyo/nochi/noutaiken/shizen/furusatomura.html（最終アクセス二〇二三年八月二五日）

湘南唯一の酒蔵と茅ヶ崎ノースの風景

――髙井典子

はじめに――海じゃないほうの茅ヶ崎

「住まいは茅ヶ崎で」と自己紹介すると「いいなぁ、羨ましいなぁ」とよく言われる。海辺の小綺麗な町の風景を思い浮かべているに違いない。「いえ…うちは海側じゃなくて、北のほうでして」と返すのが常である（なにが「いえ…」なのか）。

茅ヶ崎は全国的に知名度が高い。「砂まじりの茅ヶ崎　人も波も消えて」で始まるサザンオールスターズのデビュー曲にして大ヒット曲である「勝手にシンドバッド」から、この町の名を知った人も多いだろう。サーフィンが盛んなビーチタウンとしてもたびたびメディアに登場してきたが、実のところ茅ヶ崎という町はJR東海道線によって「海のあるおしゃれな南側」と「そうじゃない北側」に分かたれる。「いえ…」から始まる言い回しには、おそらく相当数の北側住人が共有している心情があらわれているのだ。世間に流布するキラキラした海側イメージへの憧れと引け目。明るい茅ヶ崎イメージと自己同一化し

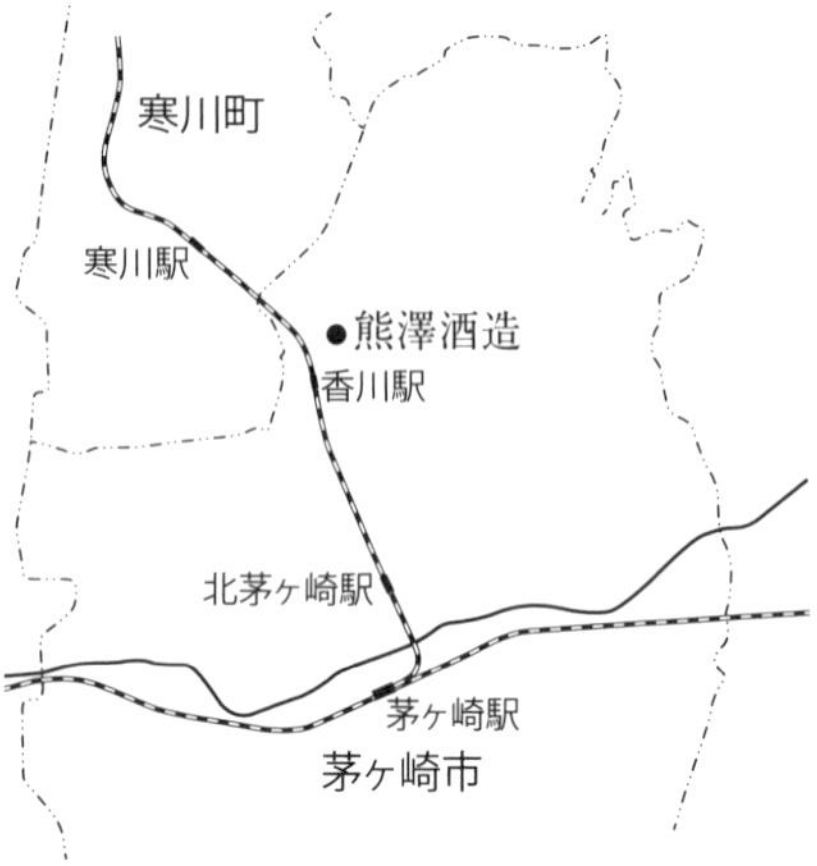

図１　茅ヶ崎地図（地理院地図より作成）

たいけれどしきれない、若干ねじれた地域アイデンティティを北側住人は抱えている。

しかし南側にはない、いや、湘南と呼ばれる地域内の他のどこにもない、唯一無二のものが北側にはある。酒蔵である。茅ヶ崎駅からＪＲ相模線に乗り換えて二駅目の香川駅から徒歩七分、住宅街のなかにある熊澤酒造だ。香川の地で一八七二（明治五）年に創業した同酒造は県内に残る一三の蔵元のひとつである。四七都道府県中第一位の蔵元数（九一）を誇る新潟県と比べるとわずか七分の一、そもそも神奈川県は都道府県別の日本酒生産量では下から数えたほうが早いくらいで決して酒どころとして有名な県ではない[1]。しかし「湘南に残された最後の蔵元」として近年なにかと注目を浴びる熊澤酒造は、北側住人にとっての心の拠りどころのような存在だ（言い過ぎだろうか）。

この酒蔵は、「出没！　アド街ック天国―湘南・茅ヶ崎」（テレビ東京、二〇二二年七月三〇日放送）では七位に食い込んだ（因みに六位まではすべて海側関連の風物である）。あくまでも番組制作側が考えるランキングではあるものの、世の中の空気を読んでのランクインといえるだろう。現蔵元の六代目襲名以降、同酒造は日本酒に加えて地ビールの製造販売、オクトーバーフェスト、酒蔵フェストの開催など精力的に事業を拡大してきた。敷地内に

（1）二〇二三（令和五）年の蔵元数（神奈川県と新潟県）は国税庁ウェブサイト「酒類製造業及び酒類卸売業の概況」による。https://www.nta.go.jp/taxes/sake/shiori-gaikyo/seizo_oroshiri/r05/index.htm　最終アクセス二〇二三年八月一日。なお、本章での「蔵元」は酒類製造業のなかの清酒製造業者の意味で用いる。

はメタセコイアが枝葉を広げる中庭を囲むように、蔵を改造したレストランやカフェ、桶場跡を活用したアートギャラリーなどが配置され、地元住民のみならず遠方から訪れる人びとで賑わう。

なぜ、この地に湘南唯一の酒蔵が残ったのか。田園地帯から住宅街へ、茅ヶ崎ノース[2]の風景の変遷とともに熊澤酒造の歩みをみていこう。

1　熊澤酒造の創業から終戦まで

明治初期の地主酒蔵の創業ラッシュ

熊澤家の祖先は武田氏の落人であったといわれる。熊澤一族のひとり熊澤隼人が現在の茅ヶ崎市矢畑から香川に移り香川・熊澤氏の本家となったのは一五八二（天正一〇）年[3]、その約三〇〇年後の一八七二（明治五）年に熊澤の酒づくりが始まった。代々地域の中心に位置する豪農だった熊澤家の周辺には、当時五〇軒ほどの農家と水田が広がっていた。所有する水田で獲れた米と地下水、そして蔵に浮遊する酵母を使った酒づくりが初代蔵元・茂兵衛と二代目・積太郎によって始められ、最初につくった酒は『放光』と名付けられた[4]。

熊澤の酒づくりは時代の大きな流れのなかにあった。一八七一（明治四）年「株鑑札制度」「造石高制限」の廃止により政府がそれまでの酒造株を没収し、免許料支払いによる酒造業の営業の自由が保証されると、全国中小の地主や農家が競って創業するようになる。熊

（2）　本章で扱う「茅ヶ崎ノース」は、かつて熊澤酒造が所有していた農地があった付近（主に、現在の茅ヶ崎市香川、下寺尾、みずき）を指している。北部の丘陵部全体を指す「茅ヶ崎市北部」およびＪＲ相模線「北茅ヶ崎駅」と区別するため「ノース」という表現を用いた。

（3）　香川の歩み編集委員会『香川の歩み』一九七八年、七頁

（4）　熊澤酒造株式会社『熊澤通信vol.05』五頁。

澤酒造はこの流れに乗る形で誕生したのだ。

一八七五（明治八）年には酒類税が創設される。税金を払えば誰でも酒造を行えるようになり各地で酒造業者が激増、一八七九（明治一二）年には神奈川県内の酒蔵は一〇七三場になった(5)。富国強兵のための財源として酒税を有望視した政府は、一八八〇（明治一三）年に造石税（酒を仕込んだ時点で課税される制度）を導入する。一度は急速に数を増やした酒造業だったが経営体力のない蔵元の撤退が相次ぎ、一八九二（明治二五）年には県内の酒蔵が二七八場に減少するなか(6)、地主酒蔵のなかでは小規模でありながらも比較的財力があった熊澤酒造は撤退せず事業を継続することができた。

第二次世界大戦と酒造業

日本の近代化と歩を合わせるように順調に商いを大きくしていった熊澤酒造に最初の危機が訪れたのは一九二三（大正一二）年である。関東大震災により建物の大半が倒壊し、酒の全量が流出してしまったのだ。三代目蔵元・茂吉の時のことである。復興に尽力した三代目はその心労からか四〇代で早世、一九三〇（昭和五）年四代目（現蔵元の祖父）が二〇代で事業を継承し、先代の名である茂吉を襲名、『放光』は『曙光』と名を改められた。浜辺から見た美しい日の出に感動しての名称変更であった。その後『曙光』は蔵の代表銘柄酒となっていく(7)（巻頭口絵）。

大正末期から昭和初期にかけては日本全体が経済不況の時期であり、日本酒は過剰生産と需要の低迷に見舞われていた。そこで、酒造組合中央会(8)が中心となって日本酒の自主的な生産統制が行われていく。やがて一九三七（昭和一二）年に日中戦争がはじまると、戦

（5）明治前期の神奈川県内の酒類醸造高は全国平均よりはるかに低く、同じ醸造製品である醤油の場合はかなり高かった。これは関東地方の農村共通の属性である、畑作が米作よりも盛んであったことに由来する。県内の主要農産物は麦・大豆・雑穀などであり、米の生産量は全国水準よりも相当下回っていた。とはいえ、茅ヶ崎市が当時属していた高座郡などの県西部では、人口一人当たりの酒類醸造高は県平均よりも高かった。丹沢山塊や多摩丘陵の辺縁部にあたるため、良質な醸造用水に恵まれ、また相模川の水運の便が利したためであろう。神奈川県県民部県史編集室『神奈川県史 通史編 六 近代・現代（三）』一九八一年、四二七—四二九頁
（6）神奈川県県民部県史編集室、前掲書（5）、四二八頁
（7）二〇二三年時点で『曙光』は一般流通はしておらず寒川神社のお神酒として残る。
（8）酒造組合中央会は前身の全国酒造組合連合会が発展解消し、一九二九（昭和四）年に発足している。

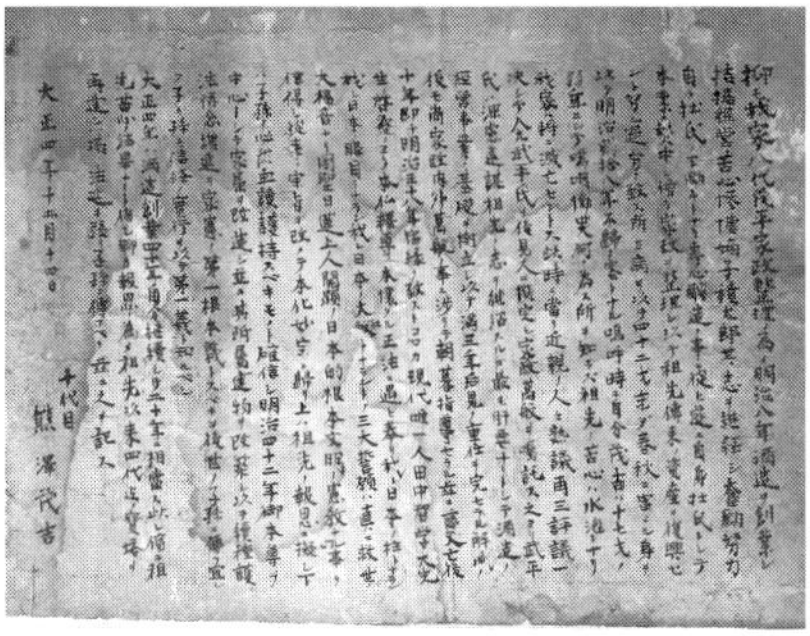

図2　三代目蔵元・茂吉（中居熊澤としては十代目当主）の由緒記（所蔵・提供：熊澤酒造）

初代と二代目の創業期の苦労や先代から事業を継承した経緯、そして祖先が残した酒造業を永続できるよう心して精進せよという子孫に向けてのメッセージが書かれている。関東大震災でほとんどの家財道具が消失したなか、奇跡的に残った文書。

図3　昭和初期に撮影された四代目蔵元・茂吉（前列中央）と蔵人たち（所蔵・提供：熊澤酒造）

争の長期化に備えた食糧米確保の必要性を同会が訴えて酒造組合法を改正し、より強制力の強い減産が実施されたことから[9]、日本酒不足の時代が到来した。従前の酒余り感から一転、酒不足感が高まり、ここからいわゆる「水酒（みずざけ）」問題が激化することにもなった[10]。酒不足は戦後も続くことになる。

戦時下には国策として各種業界での企業統廃合が進んだ。酒造業界も例外ではない。中小企業を整備し、半数は統合をすすめて生産性を上げる一方、残りの半数は転廃対象にしようというものである。後者の労働力や諸施設・物資を軍事生産につぎ込むためだ[11]。

酒造業者の統廃合にあたっては、酒造組合中央会が各地の酒造組合連合会を通じて都道府県ごとに統合・転廃を決めていったが[12]、その際の現場の様子について熊澤酒造四代目蔵元が現蔵元に語ったところによると、要は都道府県ごとに当事者が話し合って決着をつけようということだったそうである。一九四三（昭和一八）年、当時の

（9）　一九三九（昭和一四）年には西日本と朝鮮（内地移出米の生産地）の大干ばつも影響し、急遽、酒造米の半減令（農林省食糧管理局による割当削減）が出され、その後も生産統制は継続された。鈴木芳行『日本酒の近現代史 酒蔵地の誕生』二〇一五年、一六四—一六六頁

（10）　鈴木芳行、前掲書（9）、一六五頁、二二三頁。「水酒」とは、アルコール分の低い悪質な酒のこと。金魚もスイスイ泳げるほどなので「金魚酒」とも呼ばれた。国税庁ホームページ　https://www.nta.go.jp/about/organization/ntc/sozei/05sake/kaidai.htm　（最終アクセス二〇二三年八月九日）

（11）　大蔵省は一九四二（昭和一七）年一〇月「清酒製造業企業整備要項」と「清酒製造業企業整備ニ関スル件」を示して統廃合を進め、同年に全国で六八五〇場あった清酒製造業者は翌年には三二二四場へと半数以下となった。転廃業者が所有する酒造機械などの金属類は供出処分とされ、航空兵器などへと姿を変えていった。鈴木芳行、前掲書（9）、一七〇—一七一頁。なお、清酒のうち原料である米、米こうじに日本国内産米の

神奈川県下の蔵元が一同に会しての「協議」の場では、互いに怒鳴り合いとなり収拾がつかず、気弱な蔵元が自主的に廃業を選択したという。それでも目標の廃業者数に満たず、最後はくじ引きで当たりとハズレを決めたというのである。

ここでも熊澤酒造は強気と強運が奏功し廃業を免れたが、戦時中の酒不足は戦後長く同酒造の酒づくりの方向性を決定づけることになる。それがやがては平成初期の業績悪化と廃業寸前に追い込まれる危機の素地をつくることにもなった。

みを使用し、国内で醸造したものが日本酒である。本章で「日本酒」と表記している箇所については、引用・参考元の原典の記述および取材時の表現が「日本酒」であったものはそのまま記している。

(12) 酒販昭和史刊行委員会『酒販昭和史』一九八五年、一四六頁

2　戦後から高度経済成長期へ

三増酒

戦中戦後の酒不足の主要因は原料米の不足である。そこで編み出されたのが「アル添」といわれる酒造法であり、米不足がさらに悪化した戦後には醸造アルコールの添加により同量の米から純米酒の三倍の増醸ができる「三倍増醸酒」、いわゆる「三増酒」が出回るようになった。(13)

「戦時中は造り酒屋がまとまってひとつの会社になったりもして、無理やり、国の都合ですよね。要は米を使うなと。できるだけ米は食べる方とか戦地に送る必要があるから、酒なんか作ってるより爆弾作れっていう話だから、とにかく酒税は必要だけど米を回せないからお米を使わないお酒を開発させて、造り酒屋を統廃合させて。それで戦後はど

(13) 鈴木芳行、前掲書(9)、一一六七—一六八頁

んどん三増酒を量産させたっていう。食文化って国の都合とか社会情勢に影響されるんです。戦後、だんだん食文化が良くなっていく中で、造り酒屋だけは三増酒中心になっちゃってたんで、それで日本酒の人気が落ちちゃった。」（現蔵元・熊澤茂吉氏のインタビューより）

図 4　1952年の熊澤酒造全景（所蔵・提供：熊澤酒造）

増える住宅 減りゆく田んぼ

戦後の農地解放にともなう土地の没収により、熊澤家は多くの所有農地を失うことになったが、それでも地元の農家が育てた米を買い取っての酒づくりを続けることはできた。その事情が大きく変わっていくのが一九六〇年代からの高度経済成長期である。首都圏のベッドタウンとして茅ヶ崎市でも宅地造成が進んでいったのだ。市街地からは離れた位置にあった香川にも人口流入が起きる一方、道路排水その他の生活の基盤となる公共的施設がほとんど行き届いていなかったため、家庭汚水の処理が問題となった。農家には無断で農業用水路に汚水を排出する家庭も多く、水田が汚染される事態を招き、農家が田んぼを手放す一因ともなった[14]。田園風景は徐々に姿を消し、そのあとには住宅が立ち並んでいった[15]。

熊澤でも酒米はすべて全国の産地から調達することになり、米作りをアウトソースして醸造に特化する事業スタイルは大量生産を可能にしたが、これが時代の要請にピタリとは

（14）　香川の歩み編集委員会、前掲書（3）、七八―七九頁

（15）　宅地開発と下水道未整備による汚水流入、そして離農の問題は全国で起きていた。当時の新聞記事には高度経済成長期の工場進出、人口増加、宅地開発による全国各地の都市近郊農地の変容をうかがわせる読者投稿が多く見られる。例えば、一九六五年一〇月二八日朝日新聞「ひととき」（読者投稿欄）には、無計画な宅地造成に下水工事が追いつかず汚水が田んぼに流れ込み、またゴミのポイ捨てもひどく、田んぼが汚染されていく様子、そして耕作できたとしても米が臭くなって食べられないという苦情が埼玉県川口市の主婦（匿名希望）によって投稿されている。

図 5　造成中の東急ニュータウン（昭和40年代中頃、所蔵：茅ヶ崎商工会議所　提供：茅ヶ崎市）

「東急ニュータウン松風台」として1974（昭和49）年に東急不動産によって開発された。

図 6　1985（昭和60）年頃の香川駅前（茅ヶ崎市博物館デジタルアーカイブ「ちがだべ」https://chigamu.jp/chigadabe/detail/9588_1_255/　最終アクセス2023年 8 月10日）

当時駅前にあった熊澤屋は熊澤酒造からのれん分けされた酒販店である。

まった。どういうことか。

　地域の酒販組合が立ち上げた独自銘柄を地域内の酒蔵が醸造し、地域の酒屋が売るという、いわゆる「神奈川方式」が県内で生まれ、第一号は一九七三（昭和四八）年初出荷の『丹沢ほまれ』[16]（神奈川県央酒販協同組合）、そして熊澤酒造は第二号の『湘南ほまれ』を藤沢酒販協同組合から請け負って醸造することになったのである。[17] この酒は三増酒であった。首都圏ベッドタウンとして人口増加時代を迎えた湘南地区に急増した酒屋（販売店）への安価な酒の大量供給が熊澤の任務となっていったわけだ。[18]

　『湘南ほまれ』の生産開始により、熊澤酒造での日本酒生産に占める三増酒の比率が八割まで増え、一時は神奈川県内の日本酒生産量でトップクラスになったという。一九八五（昭和六〇）年ごろのことである。住宅と酒販店の増加スピードに比して酒蔵数は減っていたため、高度経済成長期の日本酒需要拡大に

(16)　『丹沢ほまれ』は厚木税務署管内の小金井酒造、久保田酒造など七社程度が醸造していた。

(17)　一九八六（昭和六一）年に藤沢税務署および横須賀税務署から分かれて鎌倉税務署が出来たことに伴い、鎌倉酒販協同組合が設立され、熊澤酒造醸造による『湘南ほまれ』は茅ヶ崎市、藤沢市に加えて、鎌倉市や逗子市などの酒屋でも売られるようになった。

(18)　かつて酒蔵は酒屋よりも上の立場にあった。酒蔵で丁稚奉公した従業員がのれん分けしてもらって酒屋を営み、いわば元・上司のところの酒を売るという関係である。その地位が逆転し、酒屋が酒蔵に発注して酒をつくらせる関係へと変化したといえる。

図 7　1961年空撮写真_地理院地図 _ GSI Maps—国土地理院

真ん中が熊澤酒造（○印）。酒造の南側は既に住宅開発によって農地が減っている。画像の中央右には造成中の高級ゴルフ場スリーハンドレッドクラブ（東急不動産、1962年開業）が見える。

図 8　2019年空撮写真_地理院地図 _ GSI Maps—国土地理院

画像左上の寒川町にはまだ農地が見えるが、熊澤酒造（○印）の周囲はすべて住宅になっている。

合わせて業績を伸ばしていったのだ。五代目蔵元・圓造の時代である。しかし、有り体にいえば「大量生産の安売り酒造会社」になってしまったのである。その一方、品評会に出すための高級酒を時間と手間をかけてつくり、賞を取ることによって酒蔵としてのブランドを維持しようともしていた。結局、熊澤がつくる酒は「安価な大衆酒」と「品評会用の高級酒」に二極化し、地元の人びとが日常的に楽しめる旨い酒をつくらなくなってしまったのだった。このしっぺ返しは一九九〇年代にやってくる。

3　平成から令和へ――廃業の危機を乗り越える

「見えないものたち」の風景

主力商品『湘南ほまれ』による大量生産全盛期が終わりを告げたのは昭和末期である。日本酒は量より質の時代を迎えようとしていた。少量でも上質な酒を地道につくってきた地方の蔵が生み出す酒が脚光を浴びるようになったのだ[19]。その波は全国に広がり、一九九〇年代後半には地酒ブームが起こり、大量生産の安酒は価値を失っていく。独自の酒づくりをしてこなかった熊澤は業績が悪化、廃業寸前の危機を迎えることになった。

ここで少し時間を巻き戻そう。現蔵元（六代目当主・熊澤茂吉氏）が生まれたのは、一九六九（昭和四四）年、香川「中居」熊澤家[20]の十三代目に当たる。高度経済成長期のただなかに生まれ、田んぼによって生業がなりたつ一〇〇年続く家業のありようがあっという間に変わってしまった節目を見て育った。

「香川では昭和三四年に電話があった家はわずか三軒。昭和三〇年代半ばになり上下水道が引かれるまでは、田んぼにも生活にも井戸水が使われ、江戸時代とあまり変わらない田園風景と暮らしがあった。僕の生まれる数年前の事だと思うと信じがたいです」（現蔵元・熊澤茂吉氏[21]）

(19)　一九九二（平成四）年の日本酒級別制度の廃止（石本酒造・越乃寒梅（二級酒）の人気が国の制度を変えたと言われる）、続く一九九四（平成六）年の酒税法改正で酒類の販売に関する免許制限が緩和され、地域を越えた酒類の輸送が可能になり、地方の酒蔵が全国的に知られるようになった。

(20)　香川には多数の熊澤姓の家があるため、昭和の頃までは屋号で区別していた。

(21)　熊澤酒造株式会社、前掲書(4)、六頁

高度経済成長期の住宅開発による田んぼの急激な減少は、全国の都市郊外の農地に共通した出来事だった。第一次産業から第二次産業・第三次産業へと国民の就業形態が変化し、人口が都市部へ集中したことによって、田園風景は住宅地へと姿を変えてゆき、都市郊外にあった多くの酒蔵が廃業していくなか、熊澤はどのようにして生き残っていったのだろうか。

新しい酒を醸す――「よっぱらいは日本を豊かにする」

一九九六（平成八）年、現蔵元が二六歳のときに祖父（四代目蔵元）が他界し、その葬儀の場で自ら茂吉襲名を宣言して六代目蔵元となる。廃業の危機を乗り越えるため、安酒づくりをやめ地域の人に愛され地域の誇りとなるような良質の食中酒をつくろうと決意するが、この方針転換は長年付き合ってきた越後杜氏との軋轢を生む。蔵人全員が引き揚げてしまうという、いわゆる「総上がり」を食らうハードランディングであった。代わりに丹波杜氏に通ってもらい、地域の若者を起用し時間をかけて杜氏として育てる道を選ばざるを得なくなったのだった。

目指す酒ができるまでの間を生き残るため、熊澤が取り組んだのは酒づくりが落ちつく夏期のビール醸造である。理想の味と職人を求めて何度もドイツへ足を運んだ。「夏場は米づくり、冬場は酒づくり」というかつてあった酒蔵の年間サイクルを「夏場はビールづくり」に変えて両輪で本業を立て直そうと考えたのだ。こうして一九九六（平成八）年、当時の地ビールのブームに乗った形で誕生したのが『湘南ビール』である。大正時代の土蔵を改装したビアレストラン「湘南麦酒蔵」を敷地内にオープンし、翌一九九七（平成九）

図 9　熊澤酒造「酒蔵フェスト」の様子（所蔵・提供：熊澤酒造）

4月の酒蔵フェストは10月のオクトーバーフェストと並ぶ熊澤の年中行事となっている。

図10　「天青」と「曙光」（写真撮影：吉原勇樹氏）

年にはビールのお祭りであるオクトーバーフェストをスタートさせる。

蔵元の代替わりから七年後の二〇〇一（平成一三）年、地域の人びとが日常的に楽しめる酒を目指した『天青』が誕生した。翌年には敷地内にあった元の仕込み蔵を改装したレストラン「蔵元料理 天青」も開店する。酒づくりの道具を作っていた桶場は湘南地区で制作活動を行うアーティストや職人によるモノづくりの発信地「オケバギャラリー」に生まれ変わった。敷地内の建物や空間のデザインはすべて現蔵元が手がけたものだ。

各種事業を支えるのは「よっぱらいは日本を豊かにする」という現蔵元が掲げる社是である。酒蔵は単なる食品メーカーではない。人が集い食文化が生まれ育つ場、酒蔵が地域の磁力の中心になるのだ、という宣言でもある。現蔵元が子どものころに祖母から聞いた話―昭和初期には、農作業を終えた人たちが貧乏徳利と呼ばれる貸し徳利をもって酒蔵に酒を求めにくる日常風景があった―が影響しているのだという。

図11　六代目蔵元（中居熊澤家十三代目当主）熊澤茂吉氏　（所蔵・提供：熊澤酒造）

「昔はまだ瓶がなかったから、畑仕事とか田んぼ仕事が終わると夕方歩いて行ける造り酒屋に行って、酒汲んでもらって貸し徳利に入れてもって帰るんだけど、帰ろうとすると隣の誰かが来て、どうしてんだお前、とか言いながら、ちょっと久しぶりに飲むか、とか言って飲み始める。簡単なアテを出したり、そうこうするうちにまた違う人が来て酒盛りが始まって、っていうのがまあ日常茶飯事的にあったんですね。シメには裏の茶畑でとれたお茶をお出しして、お開きにしたり。お相撲さんが来てくれたこともありました。祖母から聞いた話です。小売りの酒屋もスーパーも居酒屋も全くない農村だと造り酒屋が人が集まる場所に結果的になってたって感じなんでしょうね」（現蔵元・熊澤茂吉氏のインタビューより）

先祖から引き継いだ酒蔵を「かつてと同じように　でも新しく」時代に合わせて形を変えながら、地域のより（寄り）どころとして営み続けていく。現蔵元の志は熊澤酒造で働く人びとに共有されているようだ。社内スタッフ製作による定期刊行の冊子『熊澤通信』に「しるし」のように毎号掲載されている詩に「わたしたちの物語」としてやわらかな言

図12　熊澤酒造が客に貸し出していた貧乏徳利（写真撮影：吉原勇樹氏）

かつて造り酒屋での販売形態は客が持参する徳利に樽から酒を汲み入れるというものだったが、やがて瓶入りでの販売へと移行する。熊澤酒造でも大正末期から昭和初期にかけて徐々に瓶入り販売へ切り替わっていった。

葉で綴られている（章末参照）。

おわりに――わずかに残る原風景を引き継ぎ育てる

現蔵元が経営改革に着手した一九九〇年代中盤はバブル崩壊直後の「失われた三〇年」の幕開けでもあった。この頃の茅ヶ崎ノースでは一九六〇年代に始まった宅地造成がさらに進んでいた。一九九三（平成五）年に香川の一部および隣接する下寺尾に残った農地は市街化調整区域から市街化区域へ編入され、相鉄不動産によって大規模宅地造成工事が始まった。町名は「みずき」と改められた。二〇〇七（平成一九）年に完成した宅地「湘南みずき THOUSAND VILLAGE」には隙間なく家が立ち並び、空き地はほぼなくなっている。茅ヶ崎ノースの農地から住宅地への変容は最終段階を迎え、田んぼのなかの酒蔵は住宅街のなかの酒蔵へと姿を変えた。

かつて熊澤の田んぼが広がっていた場所には子育て世代が暮らす家々が並ぶ。子どもたちの多くは自分の家の建つ場所が、かつてはどこまでも広がる田園だったことを知らない。しかし、それでもまだ茅ヶ崎ノースにはわずかながら田んぼが残る。二〇二〇（令和二）年、熊澤酒造は農業部門を設立し、一反からスタートして徐々に増やしつつある自社管理農園で酒米を育てるプロジェクトを開始した。

酒蔵が地域コミュニティのハブであった時代のように、地元でつくった米と地元の水をつかって酒をつくり、地元の人がその酒を飲み、ときに集って飲む、そんな風景を取り戻

図13　茅ヶ崎市を北側から見る　2004年3月撮影　（所蔵・提供：みずき自治会）

図14　茅ヶ崎市を北側から見る　2008年9月撮影　（所蔵・提供：みずき自治会）

せないか。失われた景観は元通りにはならなくても、人びとが酒蔵に集う場を現代に甦らせることはできないか。そのために、わずかに残る原風景を引き継いで育てていく取り組みである。しかし、それは単なるノスタルジーではないようだ。

　茅ヶ崎の米で茅ヶ崎の酒をつくれば、田んぼが耕作放棄地にならずに済む。酒づくりのために田を耕せば、養分が川を下って海に流れ魚が育つ。里と海はつながっている。町に酒蔵があることによって、町の食文化が守られ豊かに続いていくのだ。もしそうだとするなら、ノースの住人がもつ海側への気後れなど吹っ飛ぶだろうか。南の魚を肴に北の酒でともに酔っぱらえば、茅ヶ崎はきっと、もっと楽しくなる。

この土の上に
突然現れるものなど
存在しない

今ある景色が
どうなっていたのか
どうなってゆくのか
わたしたちにはみえないけれど
無関係ではない

それはどうやら
まあるく輪になって
循環してゆくようだ

失われつつあった
見えないものたちのささやきを
もう一度拾い集めて
かつてと同じように でも新しく
営みをつづけてゆく

100年後　わたしたちの物語は
どうなってゆくのだろうか

『熊澤通信 vol.05』三頁　村石英璃子作（熊澤酒造元スタッフ）

図15　酒米プロジェクト　（所蔵・提供：熊澤酒造）

〔謝辞〕本章の熊澤酒造株式会社に関する記述の多くは六代目蔵元・熊澤茂吉氏のインタビューから書き起こしている。また、熊澤家所有の資料や写真を参考にさせていただいた。かつての田んぼ跡に現れた新興住宅地みずきに住む筆者にとって、本章の執筆は次世代に語り継ぐべき土地の記憶を辿る経験となった。

貴重なお話をお聞かせくださった熊澤さんに心より御礼を申し上げます。撮影にご協力くださった吉原勇樹氏にもこの場を借りて御礼を申し上げます。ありがとうございました。

〔参考文献〕

秋山裕一『日本酒』岩波新書、一九九四年
香川の歩み編集委員会編『香川の歩み』茅ヶ崎市香川自治会、一九七八年
神奈川県県民部県史編集室編『神奈川県史 通史編六 近代・現代（三）』神奈川県、一九八一年
熊澤酒造株式会社『熊澤通信 vol.05』二〇二一年
国税庁課税部酒税課・輸出促進室『酒のしおり』国税庁、二〇二三年
酒販昭和史刊行委員会編『酒販昭和史』酒販昭和史刊行委員会、一九八五年
鈴木芳行『日本酒の近現代史　酒蔵地の誕生』吉川弘文館、二〇一五年
茅ヶ崎市編『茅ヶ崎市史現代六〔新聞集成Ⅱ〕市民の表情（一九六九〜八五）』茅ヶ崎市、一九九三年
茅ヶ崎市編『茅ヶ崎市史現代七 地図集 大地が語る歴史』茅ヶ崎市、一九九四年
茅ヶ崎市史編集委員会編『茅ケ崎市史現代八 図説市民の半世紀』茅ヶ崎市、二〇〇一年
茅ヶ崎市企画部文化推進課市史編さん担当編『茅ヶ崎市史現代十 レンズのなかの茅ヶ崎　昭和の記憶』茅ヶ崎市、二〇〇八年

清川村の社会文化形成における観光振興の役割、課題、在り方

——柏木　翔

はじめに

本章の読者の中に清川村と聞いて、何県にあるのか、どこにあるのかを明確に答えられる人は何名ほどいるのだろうか。もちろん本書のタイトルが神奈川ガイドであるため、神奈川県内にあることは理解できると思われるが、それがなければ、県名や所在地域、ましてや隣接する自治体を答えられる人はそこまで多くはないのではないだろうか。筆者は清川村出身であるため、神奈川県民であれば知っていて欲しいという気持ちはあるが、これまでの筆者の経験からすると残念ながら知らない人が多い。事実、これまでに何度か学生に尋ねたことはあるが、聞いたこともない、聞いたことはあるけど詳しくは知らないと言われることが大半である。

清川村は神奈川県唯一の村である。神奈川県北西部に位置し、厚木市、愛川町、相模原市、秦野市、山北町と隣接している。五つの市町に囲まれた村であるが、多くの清川村民

の生活圏や意識は、かなり厚木市を向いている。それは唯一の公共交通機関である神奈川中央交通バス（神奈中バス）が、全て本厚木駅行きだからかもしれない（二〇二三年八月時点）。言い換えると、公共交通機関では厚木市しか行けない。しかも、村の中心である役場からだと本厚木駅まで約四〇分もかかる。ここまで記すと、不便極まりないと感じるかもしれないが、自家用車であれば東京都心まで一時間半程度であるため、大変便利な村とも言える。

さて、ここまで清川村の情報を簡単に記してきたが、本章では村の観光行政を司ってきた村長や村役場職員、元村議会議員の方々にインタビューへご参加いただき、清川村の社会文化形成における観光振興の役割や課題を整理していく。そして、今後の観光振興戦略の議論をとおして、清川村における観光発展の在り方を考察していく。清川村をもっと知ってもらいたいという思いの中で執筆していることは言うまでもなく、節々に村出身者ならではの内容を含めていく。

1　清川村の概要

清い川と山々と湖

まずは清川村がどのような村なのかを観光的な視点から知っていただきたい。清川村は文字どおり、清い川がいくつもあり、水資源と緑に囲まれた自然豊かな山間の村である。谷太郎川、唐沢川、中津川を代表に、県内でも有数の水質を誇る。天然のイワナやヤマメも生息しており、マス釣り場もあることから存分に渓流釣りを楽しめる。それらのすぐそばにはキャンプ場もある。その他にも厚木市内に流れていく小鮎川もある。村外から友人を連れて行くと、小鮎川の透明度ですら驚かれることが多いが、上記した三つの川には及ばないと言える。筆者も小鮎川では釣りも川遊びもほとんどせず、より綺麗な谷太郎川や中津川で遊ぶことが圧倒的に多かった。これは村民の子どももあるあるではないだろうか。

さらにどれほど清い川であるかを物語るのが、「きよかわの恵水（めぐみ）」ではないだろうか。飲料水として販売されており、意識しなければ他の天然水と変わらない美味しい水であるが、実は水道水である。言い方を変えれば、神奈川県という首都圏にありながら、売りものになるほどの水道水が存在しているのである。この水道水を村民は普段から飲んでいるため、他の地域で水道水を口にすると違和感を覚える人も多いのではないだろうか。

その美味しい水の源となっているのが、丹沢《たんざわ》の山々である。清川村は丹沢山地の東側に位置し、四方八方を山に囲まれている。丹沢大山国定公園の中にあるため、神奈川県内でも有数の豊かな自然環境の中にある。村の面積のうち居住地域は一割程度であり、その他は山。初めて訪れる人は、その雄大な山々に魅了、圧倒されるだろう。

もう一つ村の面積の多くを占めるのが宮ヶ瀬湖である。清川村という地名は知らなくても、宮ヶ瀬湖（または宮ヶ瀬ダム）は知っているという人もいるかもしれない。また宮ヶ瀬湖が清川村にあるということを知らなかった人もいるかもしれない。宮ヶ瀬湖は清川村、愛川町、相模原市緑区に跨る湖である。湖名の宮ヶ瀬は清川村の中にある地区の名前であるため、宮ヶ瀬湖の中心は清川村にあると言える。宮ヶ瀬湖に関して、詳しくは後述するが、これまでの清川村における観光振興に欠かせない観光資源であり、今後も清川村の代

図 1　丹沢 清流

図 2　丹沢山 堂平 ブナ林

図 3　丹沢山 富士遠望

図 4　宮ヶ瀬湖 湖水

図 5　宮ヶ瀬湖 紅葉

（注）本章の写真はすべて清川村提供

名詞となる魅力だと言える。ここまで清川村の概要として川、山、湖に関して触れてきたが、次節ではそれらを活用してきた清川村のこれまでの観光振興を宮ヶ瀬湖及び道の駅清川を中心に、掘り下げていく。

2　清川村における観光振興とその役割

宮ヶ瀬湖を活用した観光振興と役割

清川村といえば宮ヶ瀬湖、宮ヶ瀬湖と言えば清川村と記憶してもらえれば、本章の目的は果たせたといっても良いほど、宮ヶ瀬湖は村における観光振興の中心的役割を担ってきた。村には大きく分けて煤ヶ谷と宮ヶ瀬という二つの地域がある。前者は「すすがや」と読み、村役場や村唯一の消防署（厚木市消防北消防署清川分署）などがあり、村の人口の九割以上が住んでいる。後者は「みやがせ」と読み、宮ヶ瀬湖を中心に観光資源が集まったエリアである。

宮ヶ瀬湖は、一九八七年一一月の宮ヶ瀬ダム本体建設工事開始から約一三年をかけ、二〇〇〇年一二月に竣工し、二〇〇一年四月から本格運用が開始された（国土交通省関東地方整備局、二〇二〇年）。建設当時のことを知る宮ヶ瀬出身の元村議会議員の話によると、当初の名称案は「中津湖（なかつこ）」であり、宮ヶ瀬湖という名称にするために建設省（現国土交通省）担当者に直談判をしたという。もし中津湖のままだったと想像すると、中津は隣接する愛川町内の地域であるため、清川村の観光振興における宮ヶ瀬湖の役割は現在のものとは異なっていた可能性もある。その点からすると、中津湖から宮ヶ瀬湖への名称変更は、その後の清川村の観光振興における大きなターニングポイントになったと言えよう。

宮ヶ瀬湖は、建設当時から観光資源としての活用が意識されていた。本章執筆に向けた産業観光課長へのインタビューの中で「観光立村」という言葉が当時から使われていたという、信じがたい話があった。半信半疑ながらも村史やこれまでの村の総合計画を含む様々な資料に目をとおしていく中、神奈川新聞社より二〇〇一年に発行された書籍『宮ヶ瀬ダム—湖底に沈んだ望郷の記録』に、確かに観光立村という言葉が使われていた証拠が見つかった（神奈川新聞社、二〇〇一年、九二頁）。一九八八年二月二四日から神奈川新聞に連載された宮ヶ瀬湖に関する記事の中に使われていた。日本では、二〇〇三年に当時の政府により観光立国宣言がなされ、以降日本の観光立国ということが官民あげてさかんに言われるようになった。その一五年も前に、清川村では観光立村という言葉が使用されていたことが明らかになった。このようなことから、一九八〇年代後半頃に、清川村において宮ヶ瀬湖を中心とした観光振興が少しずつ根付き始めていたと言えよう。

毎年一一月下旬から一二月二五日まで開催されるクリスマスイベントも宮ヶ瀬湖畔園地で行われる。このイベントの目玉となるジャンボクリスマスツリーは高さ約三〇メートルの自生のもみの木が使われ、日本一の高さを誇る（諸説あり）。このイベントは、村において最も有名なイベントの一つであり、それにより近隣の市町や神奈川県内外において、宮ヶ瀬の名前が広く知られるようになったと言える。二〇二二年においては、約一五万人が訪れた。副村長や元村議会議員の話によると、そのクリスマスイベントも大変ユニークな始まりであった。元々は、宮ヶ瀬にある旧宮ヶ瀬小学校の校庭に自生していたもみの木に、卒業生や保護者が装飾を施し、小学校のイベントとしてスタートしたと言われている。その後宮ヶ瀬にダムが建設されることとなり、旧宮ヶ瀬小学校やその周辺にあった合計二七四世帯がダム建設により水没し、村内外へ移転した（神奈川新聞社、二〇〇一年、八八頁）。ダム建設により一帯の森林が伐採される中、明日にも森林伐採工事が終了するというタイミングに、一本のもみの木を残せないかと宮ヶ瀬の住民が当時の建設省担当者を説得し、残すこととなった木が現在のジャンボクリスマスツリーの始まりなのである。当時の住民の宮ヶ瀬を残したいという熱意がなければ、現在のイベントもなかったかもしれない。

宮ヶ瀬湖を活用した観光振興やイベントは、単に観光客に訪れてもらうために存在しているのではなく、水没による移転者のためにあるのかもしれない。本書及び本章は観光について記述するものであり、筆者も観光マーケティングや旅行者行動を専門に研究と教育に携わっているが、宮ヶ瀬湖とその周辺の変遷を多少なりとも知る者として、それだけでは清川村の観光における本質を欠いた内容になってしまうと考える。なぜなら宮ヶ瀬ダムの建設により移転を余儀なくされた村民が存在しているからである。

現在は県道伊勢原津久井線を煤ヶ谷方面から宮ヶ瀬に向かい、土山峠を越えると、湖を眼下に右側の山肌に沿いそのまま平坦な道を進む。水没前には、その峠を越えるとすぐ左側に曲がりくねった下り坂があり、今では湖底となった集落があった。端的に表現すると、宮ヶ瀬ダムの建設により、その集落まるごと水の底に沈むため、移転せざるを得なかった。

その後、宮ヶ瀬では湖畔園地の開発を一例に様々な変化が起きた。中でも前述のとおり、毎年一二月に開催されるクリスマスイベントが有名だろう。このイベント期間には、エリア全体がイルミネーションで飾られ、花火が打ち上げられ、ジャンボクリスマスツリーが訪れる人々を華やかに迎える。そのイベントの名前は、「宮ヶ瀬クリスマスみんなのつどい」である。この「みんなのつどい」という言葉に込められた思いは、観光客をみんなと捉えるだけではなく、移転者や村にルーツを持つ人々に向けたメッセージかもしれない。一九八一年一二月の最初の移転から四〇年以上が経ち、移転者一世の高齢化も進み、常日頃から宮ヶ瀬に帰省する元村民が多いとは考えづらい（神奈川新聞社、二〇〇一年、四八頁）。だからこそ、このクリスマスイベントは、観光客、移転者、村にルーツを持つ人々みんな

図６　宮ヶ瀬湖畔園地

図７　宮ヶ瀬湖 クリスマスイルミネーション

図８　宮ヶ瀬湖 クリスマス花火

が集うイベントとして、極めて意義のある役割を担ってきたと言える。日本中にある多くのクリスマスイベントとは一線を画し、宮ヶ瀬湖の成り立ちや水没、移転などの村の歴史とともに、後年にも受け継がれていく必要があることを強調したい。もちろんこのクリスマスイベントは一つの例に過ぎず、この他、四月上旬開催の宮ヶ瀬桜まつりや八月一五日開催の宮ヶ瀬ふるさとまつり花火大会などのイベントも毎年実施されている。全ての宮ヶ瀬における観光振興やイベントが持つ意味は大きく、これまでの村の社会や文化、歴史のうえに成り立つことを念頭に推進されていくべきだと言える。

図 9　道の駅清川 正面

道の駅清川を活用した観光振興と役割

二〇一五年一一月、清川村役場の目の前に道の駅清川が誕生した。元々その場所には、地域の交流促進を目的として設置された清流の館という建物があり、その既存施設を拡充する形で道の駅が開設された。道の駅清川は他の道の駅と同様に、周辺の観光情報の発信という観光振興の旗振り役を担っているが、インタビューをした清川村長、副村長、産業観光課長、政策推進課長は口をそろえて、村の農業振興が主目的であったという。実際に道の駅清川を訪ねると、他の道の駅と比べ少しこぢんまりとした二階建ての建物内に、村内や周辺地域の農家による朝採れ野菜やお米、果物、お茶、蜂蜜、豚肉などの農畜産品が豊富にそろっている。朝十時の開店前から行列になっていることもあり、その行列の多くが新鮮な朝採れ野菜を求める周辺地域住民（村民）だという。道の駅と聞くと、観光客向けの施設といったイメージもあるが、道の駅清川は周辺地域住民にも親しまれている。

もちろん他にもお土産や特産品を販売するスペースや、恵水キッチンという地元の農畜産品を使ったレストランも入っており、観光客も清川村の味を楽しめる施設となっている。車のナンバーを見てみると、相模、湘南、横浜、川崎といった県内ナンバーのみならず、県外ナンバーも多く、控えめに言っても、筆者が訪問するたびに少なからず一台は県外ナンバーの車が駐車している。その点、道の駅開設は清川村の認知度向上に繋がっていると言えよう。カーナビゲーションの道の駅欄に載ったのである。全国の道の駅マップにも記載されたのである。元々、村内には多くの観光資源があるわけではないため、他の大きな都市と比べ、道の駅は際立つ存在だと言え、その存在価値は清川村にとって非常に大きいのではないだろうか。

それだけではなく、観光客へ安心感を与えることも考えられる。知らない土地で商業施設も乏しく、歩く人も少ない田舎において、良く知るコンビニエンスストアを見ると、どことなく安心する気持ちは多くの人が感じたことがあるのではないだろうか。残念ながら清川村には、二〇二三年八月時点でコンビニエンスストアは一つもない。しかし、道の駅がある（某薬局兼スーパーマーケットはある）。公共施設である道の駅は誰もが知る存在であり、そこにはローカルの情報やグルメもある。自由に出入りできる施設であるため、トイレだけの利用でも気兼ねなく立ち寄れる。このような特徴を持つ施設は、観光客としては貴重であり、特に土地勘がない人にとってはさらに存在価値は大きいはずである。しかも道の駅清川に至っては、目の前が交番と役場、隣は消防署である。車中泊で旅行を楽しむ人たちにとっても、絶好のスポットだと言える。人がいる安心感、公共施設という安心感、安全性も高いという安心感の提供を、道の駅清川は全うしていると言えよう。

3　清川村における観光振興の課題

宮ヶ瀬と煤ヶ谷の温度差

清川村では、長年宮ヶ瀬に偏っていた観光振興による地域のにぎわいを、道の駅清川の開設によって煤ヶ谷にももたらした。これは宮ヶ瀬と煤ヶ谷の観光振興に関する温度差の軽減に繋がる可能性を持っている。副村長及び産業観光課長ともに、この温度差を感じている。村の観光振興は宮ヶ瀬の話であって、煤ヶ谷は特に関係ないという温度差は、煤ヶ谷に住む村民の意識に埋め込まれている。宮ヶ瀬の村民としても、村を盛り上げているのは宮ヶ瀬だという意識は少なからずあると言える。前述してきたとおり、村の観光振興は、宮ヶ瀬湖を中心に進められてきたという過去約四〇年の歴史がある。もちろんそこには国や県を含めた大規模な資本の投入もあった。煤ヶ谷においても、マス釣り場や別所の湯、キャンプ施設の開設など、観光に関連する動きはあったが、宮ヶ瀬ほどの大規模なものだったとは言えない。このようなこれまでの観光振興の偏りが、温度差の主な原因であることが考えられる。

インタビューでは、副村長及び産業観光課長がそろって、一二月のクリスマスイベントに起因する交通渋滞は昔の話だと述べている。例えば、通常であれば煤ヶ谷の尾崎という交差点から宮ヶ瀬湖畔園地までは自家用車を使えば二〇分程度で行けるが、クリスマスシーズンには一時間以上かかるという話は昔の話。しかし、煤ヶ谷の住民は昔の渋滞のイメージが強く焼き付いており、それが理由でクリスマスイベントを訪れない人もいる。このように、歴史的な観光振興の偏りとクリスマスイベントにおける渋滞が、宮ヶ瀬と煤ヶ谷の観光振興に対する温度差に影響を及ぼしている可能性がある。

図10　青龍祭 歩行

観光振興中心の村ではないという考え方

今回実施したインタビューをとおして、清川村では村民に対する様々な支援が、他の自治体よりも充実していることを把握できた。例えば、小児医療費の助成に関し、清川村は他の自治体に先駆けて入院費を一八歳まで全額助成してきた。そして、二〇二三年四月からは通院費も一八歳まで全額助成している。保育園の副食費の全額補助もある。また近年様々な自治体で、給食に関するニュースが飛び交う中、村では既に幼稚園から中学校卒業まで給食費が無償化されている。さらに通学に関する助成も手厚い。二〇〇五年から通学定期乗車券購入代が大学卒業まで半額助成されている。さらに高校生までは自転車の購入費用も二万円まで助成、タブレット端末などの購入費も半額の助成がある。現役世代に対しても、路線バスの通勤費自己負担額の半額まで助成される。上記は数ある助成の数例にすぎないが、村民生活のための助成事業が大変充実している。

これらの村民のための助成や補助は、もちろん税金で賄われている。そして観光振興にかかわる施策にも税金が使われることは言うまでもない。この点について政策推進課の方々は、村の各種事業及び施策を俯瞰的な視点で捉える中で、バランスの重要性に言及している。観光振興事業や村への移住促進、関係人口拡大への取り組みも全て重要な村の施策ではあるが、現在住んでいる村民への支援や行政サービスが最優先であり、そこが欠けてはならないことを強調している。一方、観光振興については、言わば村外の方々に対する行政サービスである。わかりやすく言えば、観光客が出したごみは村の税金で処理される。観光客が使う公共トイレの清掃にも村の税金が使われる。これは当たり前のことではあるが、忘れてはならない視点である。このような小さな事柄の積み重ねが様々な都市で課題となっているオーバーツーリズムの始まりだと言える。観光振興の拡大によって、村民生活が脅かされてはならない。だからこそ、観光振興のみにとらわれることなく、各方面にバランスの取れた税金の使い道、行政サービス、施策の強化が、結果として村民のベネフィットとなると言える。今後の清川村の社会形成を考えると、観光振興は大切な位置付けにあり、村民の生活を豊かにするための一つの施策ではあるが、村づくりの中心ではないと考えることも必要かもしれない。

4　今後の清川村における観光振興戦略

広域連携の強化

清川村長は、今後の清川村における観光振興戦略に関して、周辺自治体との広域連携の強化に言及している。具体的には、伊勢原市、秦野市、厚木市、愛川町、相模原市を含む、丹沢大山エリアで一体となった観光振興の推進が必要だと考えている。先述のとおり、村内には宮ヶ瀬湖及び道の駅清川という観光の拠点がある。それらを考慮したうえで、日本の大動脈とも言える幹線道路に囲まれている清川村の地理的利点を活かし、周辺自治体と相互の観光振興を推し進めたいという構想を描いている。

清川村は、南側は東名高速道路及び新東名高速道路、北側は中央自動車道、東側は圏央道に囲まれている。これらを繋ぐように県道伊勢原津久井線や県道厚木清川線、県道宮ヶ瀬愛川線が通っており、三つの有料道路のどこから訪れても、清川村を通ることで異なる有料道路に容易にアクセスできる。従って、丹沢大山エリアの観光を広域に見た場合、清川村は地理的に中央にあると言える。

ここで言う清川村以外の丹沢大山エリアの四市、一町には、それぞれ魅力的な観光資源が点在している。一例ではあるが、伊勢原市には大山阿夫利神社（**第Ⅲ部　原**）や大山の食文化、秦野市には鶴巻温泉や戸川公園、厚木市には七沢温泉や飯山温泉、愛川町にはあいかわ公園や服部牧場、相模原市にはオギノパン本社工場やリニア中央新幹線神奈川県駅（仮称・建設中）などがある。しかしながら、主観的に考えても、それぞれが単体で観光客を誘致するのは簡単ではないだろう。県内だけを見ても、江の島、鎌倉、箱根などの全国的に有名な目的地と比較すると、競争力が欠けていると言える。一方、それぞれの魅力を活かした集合体として戦略的なデスティネーションマーケティングを展開することで、訴求力が高まっていくと言える。だからこそ、清川村長が述べるとおり、丹沢大山エリア一体を一つの目的地と捉え、周遊ができるような施策を自治体間協同で確立することにより、観光振興が広域的に発展する可能性が考えられる。

おわりに

本章では、神奈川県唯一の村である清川村をより多くの方々に知っていただきたいという思いで、清川村の観光資源や魅力を紹介してきた。またこれまでの清川村の観光振興やその役割、課題を村の観光資源の中心である宮ヶ瀬湖及び道の駅清川を用いて考察してきた。

冒頭でも触れたように、筆者は清川村出身であるため、地元民としての視点が所々に散りばめられている。出身者だからこそ許されるような表現や考察、見解も多い。もちろん客観性に欠ける部分は否定できないが、地元の人間だからこそ書ける内容や、出身者としての誇りを持って執筆してきた。これらの点が本章のこだわりであり、他にはない特異性だと言えよう。尚、村民の中でも、異なる意見や考え方が存在すると思われる内容も多々あるかもしれないが、もしかするとそれらを吸収し、今後の清川村の観光振興に活かすことが、本章の意義であり、清川村への貢献になるかもしれない。今後の清川村の観光振興を考える第一歩になれば、このうえない喜びである。

最後になるが、本章を執筆するにあたり、以下の多くの方々にインタビューへのご協力をいただいた。氏名を記載するとともに心より感謝の意を表したい。特に、産業観光課長の村上貴史氏においては、インタビューへのご参加のみならず、全インタビューのスケジュール調整や執筆内容への助言もいただいた。この場を借りてお礼申し上げたい。

〔インタビュー協力者一覧（肩書はインタビューを実施した二〇二三年七月現在のもの）〕

清川村村長岩澤吉美氏、清川村副村長川瀬久弥氏、清川村役場政策推進課岩澤勲氏、同岩本悠司氏、清川村役場産業観光課村上貴史氏、同坂本誠治氏、元清川村村議会議員落合圏二氏、同川瀬正行氏。

〔参考文献〕
神奈川新聞社『宮ヶ瀬ダム　湖底に沈んだ望郷の記録』かなしん出版、二〇〇一年
国土交通省関東地方整備局「宮ヶ瀬ダム」二〇二〇年七月二八日公開https://www.ktr.mlit.go.jp/sagami/sagami00017.html（最終アクセス二〇二三年八月二五日）

城下町小田原でひろがる、新しい都市生活スタイル

——小泉　諒

はじめに

読者のみなさまにも、「神奈川」と聞いて思い浮かぶイメージが「横浜」のものである方は少なくないと思われる。それは東海道の宿場町のひとつである「神奈川」という地名が県名に採用されたことにあると思うが、いずれにしても神奈川県は武蔵と相模の国にまたがり、様々な顔を持つ。

神奈川県内には、横浜や川崎といった多くの人口と高い人口密度を有する自治体もあれば、高齢化と人口減少が深刻な自治体もみられる。そうした中、典型的な日本の地方都市、都市の起源が城下町であり、戦後は高速交通網の整備の恩恵を受け発展を続けたものの、近年は人口減少と高齢化が進展している——そうした都市のひとつが、小田原市である。小田原城の城下町として基礎が築かれた小田原市であるが、人口は国勢調査によれば二〇〇〇年の約二〇万人をピークに減少に転じ、中心部の大型商業施設の閉店や空洞化も指摘されている。

しかし箱根や伊豆の観光の玄関口にあたり、自動車道や新幹線などもあるという恵まれた交通条件を生かし、いま小田原では新たな動きや、生活スタイルが生まれている。本稿では、つい横浜や湘南が連想されがちな「神奈川」の西の中心である、小田原について取り上げる。

1　都市「小田原」の魅力と盛衰

図1　JR小田原駅改札（2022年2月、筆者撮影）

城下町と宿場町としての小田原

小田原城が本格的に築かれたのは、永禄年間（一六世紀後半）と推定される（日本歴史地名大系）。城の外周には用水が開かれ、有力な商人や職人が集住し、城下町として繁栄したという。元和年間（一七世紀前半）には、小田原宿が東海道の整備とともに、五十三次の宿場の一つとして定められた。こうして小田原は、城下町かつ宿場町として、関東の玄関口として政治・軍事・経済・文化の拠点となった。

その後、一八七一年の廃藩置県によって小田原県となり、その後に韮山県と合併して足柄県となった。県庁は小田原城内に設けられ、小田原町は政治・経済の中心地を維持した。しかし一八七六年には神奈川県に編入され、以後小田原の地位は低下した。

交通網の整備と都市域の拡大

それでは鉄道の発達についてみてみよう。一八八九年に東海道線が国府津から小田原を経由せず、御殿場経由で開通した。その結果、旧小田原町は交通上の要地たる地位を失った。しかし一九二〇年に国府津から小田原の鉄道、一九二七年に新宿と小田原を結ぶ小田急電鉄、一九三四年の丹那トンネル開通による東海道本線の経路変更によって、旧小田原町が経済・交通の一中心地としての地位を回復した。また一九六四年の東海道新幹線小田原駅の開業により、鉄道による交通利便性の高さが構築されてきた。

自動車交通について、東名高速道路は、東海道にあたる国道一号線のひっ迫を受けて計画された、自動車専用道路である。しかし一九六九年に小田原の近隣である大井松田インターチェンジが開通したものの、東名高速道路は小田原を通過しなかった。そのため、その枝線的な役割を担う自動車道路として、小田原厚木道路が建設された。小田原厚木道路は、東名高速道路の厚木インターチェンジと西湘バイパスの小田原西インターチェンジを結び、一九六九年に開通した。こうして小田原は、自動車専用道路でもアクセスの良さを確保した。

人口減少と中心市街地の衰退

続いて、自治体としての変遷をみてみよう。一八八八年に市制・町村制が公布され、憲

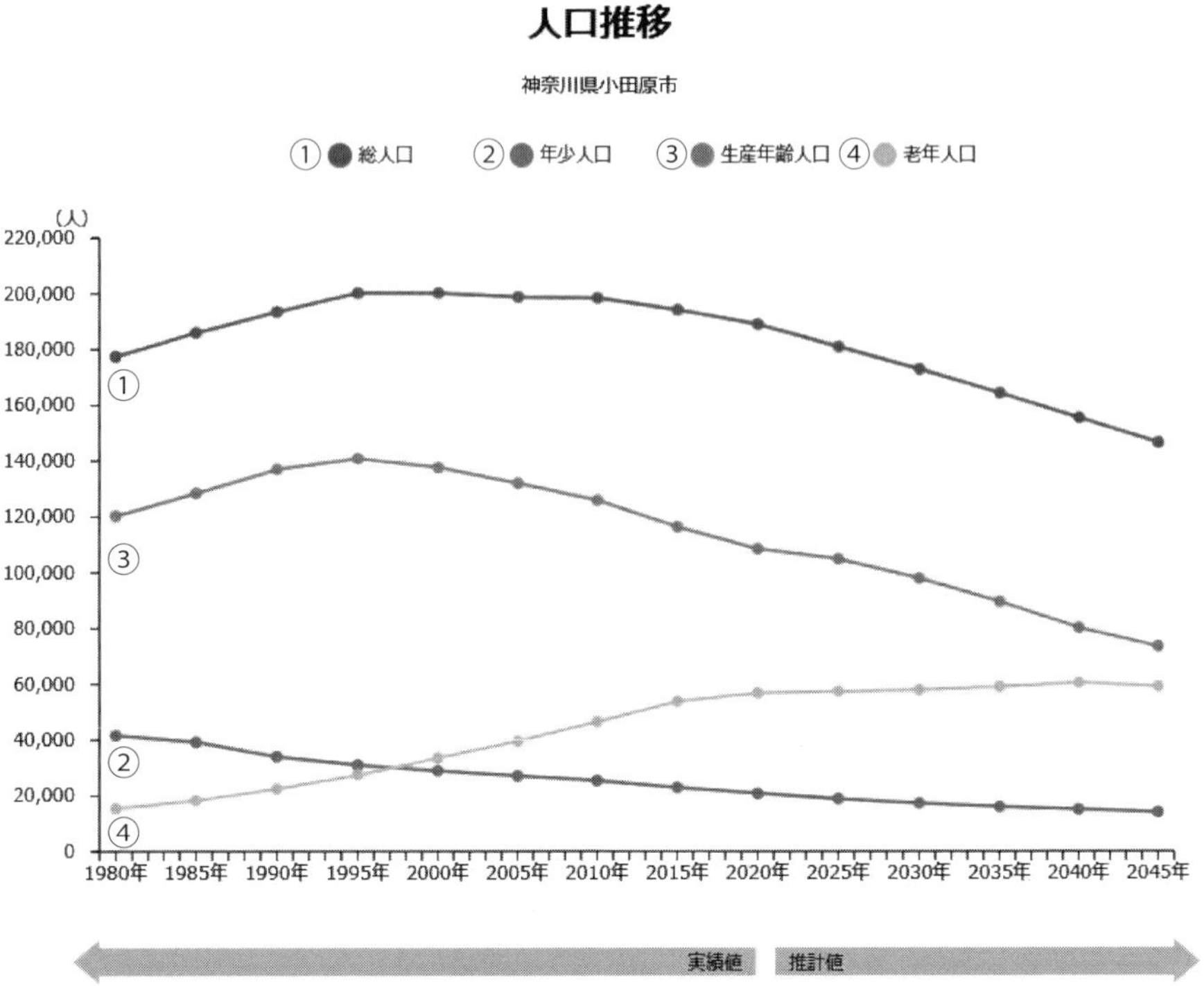

図 2　RESASによる小田原市の人口推移（1980年～2045年）

法制定・帝国議会開設を前提とした本格的な地方制度が創設された。そして小田原城下の範囲を中心として、小田原町が発足した。その後、一九四〇年に近隣町村と合併して小田原市となり、その後に幾度かの合併ののち、一九七一年に現在の市域になった。

地域経済分析システム（RESAS）を用いて人口の動向をみると、小田原市の人口は二〇〇〇年の約二〇万人をピークとして、以降は緩やかに減少が続いていることがわかる。また高齢化率は二〇二〇年に三〇%を超え、二〇四五年の推計では四〇%を超えると見込まれている(図2)。

都市の機能として、商業は重要な機能である。大型商業施設の分布をみると、近年は中心部では閉鎖と開業の両方がみられる。中心市街地では、一九七二年に「ニチイ小田原店」として開業した「アプリ小田原」が二〇一六年に、一九九三年に開業した「EPO小田原店」が二〇二三年に、それぞれ閉館した(図3)。隣接する両施設の区画を合わせ、高層マンションの建設が計画されている。その一方、小田原駅ビル「ラスカ小田原」が二〇〇五年に、隣接する小田原駅東口お城通り地区再開発事業「ミナカ小田原」が二〇二〇年にそれぞれ開業し、賑わいをみせている。郊外型の大型商業施設としては、「ダイナシティ」(イーストモールは一九九三年開業、ウェストモールは二〇〇〇年開業)と「フレスポ小田原シティーモール」(南館は「クレッセ」として一九九九年開業、北館は二〇〇八年開業)が酒匂川の左岸部に位置し、小田原市北部のJT工場跡地にイオンタウンが二〇二四年度を目途に進出することが発表された。

図3　閉館した「アプリ小田原」(2022年2月、筆者撮影)

2　仕事と暮らしの新たなスタイル

積極的な情報発信と、行政と民間の連携

現在、小田原における仕事と暮らしの新たなスタイルの情報発信元の一つが、WEBサイト「オダワラボ」である。このサイトは、小田原市企画政策課のスタッフが中心となり、二〇一五年五月に開設され、小田原市が進める「小田原ブランド」を高める取り組みの一つと位置付けられている。小田原で暮らす具体的なイメージがわくような記事が多く掲載され、インスタグラムなども活用して発信されている。

例えば移住の検討者には、「STEP1『小田原暮らし』のイメージをしてみましょう」、「STEP2情報を集めましょう」、「STEP3小田原に来てみましょう」、「STEP4住まいや仕事を探しましょう」、そして「STEP5『小田原暮らし』の準備完了！」と五段階に分けて情報を提供している。

まずSTEP1では、小田原移住のPR動画「おだわらでみつけたもの」や「東京から約30分！　実は近い城下町「小田原」の移住先としての魅力」、小田原のプロモーション冊子「小田原ブック」の紹介、「先輩移住者の生の声」が紹介されている。STEP2では、オンライン移住相談窓口やふるさと回帰支援センター（東京都千代田区有楽町）、先輩移住者とのオンライングリーティングやセミナーの案内がなされている。続くSTEP3では、いよいよ小田原を訪れ、市職員が小田原を現地案内する。案内先は移住者の希望に合

わせてカスタマイズ可能で、先輩移住者の話を聞くことも可能だという。さらに、「お試し移住」として、ゲストハウス tipy records inn（ティピーレコーズイン）での二泊三日のステイプランが用意されている。

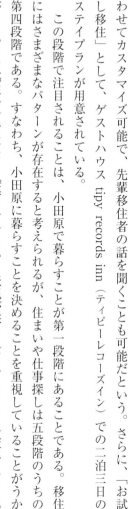

この段階で注目されることは、小田原で暮らすことが第一段階にあることである。移住にはさまざまなパターンが存在すると考えられるが、住まいや仕事探しは五段階のうちの第四段階である。すなわち、小田原に暮らすことを決めることを重視していることがうかがえる。また、「住む」ではなく「暮らす」という表現が採られていることも重要であろう。

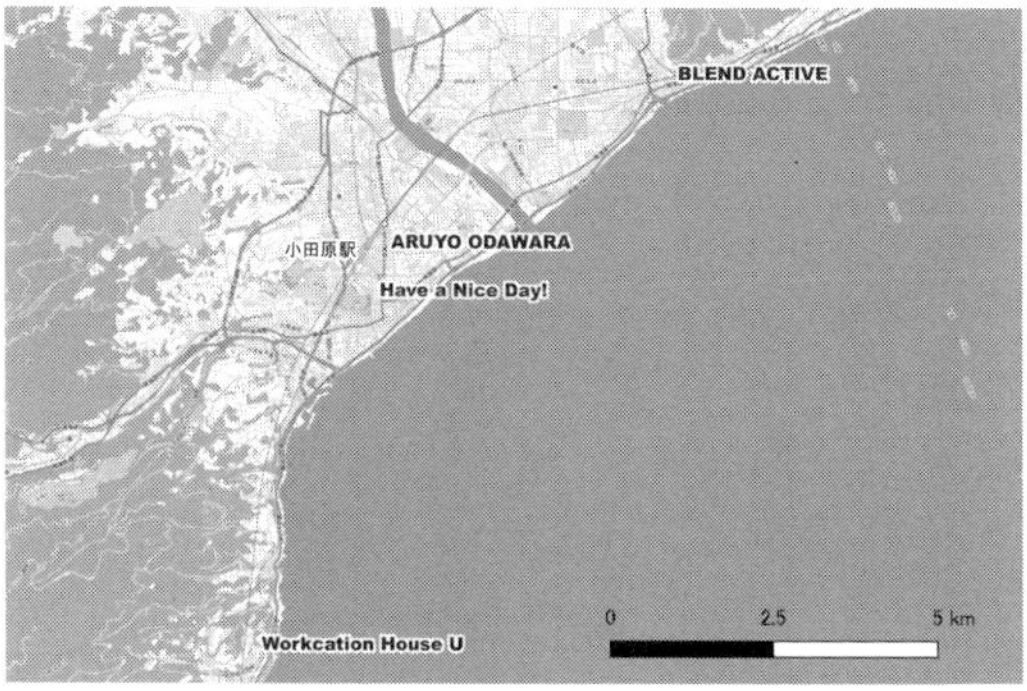

図 4　コワーキングスペースの位置
（オダワラボ掲載情報をもとに筆者作成）

小田原に増加する個性的なコワーキングスペース

前述のとおり、移住に求めるものや移住に至るプロセスは、まさに人それぞれであろう。移住者の仕事について、例えば横浜や東京へ通勤する場合もあるだろうし、市内に勤務する場合もあるだろう。本章で注目したいのは、小田原で暮らすことを可能とした、リモートワークの活用がなされているケースである。出勤とリモートワークを組み合わせた勤務スタイルは、二〇一九年末以降の世界的なＣＯＶＩＤ-19により、定着したといえる。本章では、仕事と暮らしの新たなスタイルの象徴と考えられる、コワーキングスペースを取り上げる。
コワーキングスペースとは、複数人で共用するオフィス空間というイメージであるが、その実態は多岐にわたる。利用方法としては、月額会員制度が多いが、ドロップインという都度利用が可能な施設も存在する。またコワーキングスペースの特徴は、それぞれの施設が個性ある空間を構築していることにある。

二〇二二年三月の三日間には、小田原の様々な働く人と働く場に出会えるワークスペース回遊型体験イベント「オダワラワークデイズ」が開催された。このイベントはコンセプトやキャラクターの異なる四つのワークスペースを巡りながら、好きと思える働き方や暮らし方を見つめる機会となることが意図された。対象となった四か所は、「ARUYO ODAWARA」、「Workcation House U」、「BLEND-activeCoworking」、「Have a Nice Day!」である（図4）。このイベントは小田原市からARUYO ODAWARAが委託を受け、小田急電鉄と小田原ワーケーション、eemoの協力で実施された。

小田原駅から徒歩五分に位置する「ARUYO ODAWARA」は、小田原市の業務委託を受けた一般財団法人八三財団により、二〇二二年九月に開業した。同所はWork Place Marketと銘打ち、企業支援やブレインストーミングのサポートなど、ビジネス支援も行われている。利用は月額会員が八三〇〇円から、ドロップイン利用が一日一五〇〇円である。

「Workcation House U」は、小田原市南部の旧片浦支所をリノベーションしたものである。運営主はオフィス関連事業を営む文祥堂で、二〇二二年に開業した。この施設の特徴は、その立地と建物にある。建物は旧片浦村役場として一九五三年に建設され、旧片浦村の小田原市合併後は小田原市片浦支所として二〇一九年三月に廃止されるまでの間、地域住民に親しまれてきた白い壁が特徴的な木造二階建ての建物である（図5）。小田原市は二〇一九年三月に、三つの支所（旧大窪支所、旧曽我支所、旧片浦支所）を廃止した。その建物を民間事業者に活用してもらうことを検討するため、二〇二〇年度に活用の可能性や条件についてヒアリングし、応募しやすい公募条件等を整えるためにサウンディング（対話型市場調査）を実施した。

それらの結果を踏まえて、旧片浦支所の利活用について、株式会社空間編集と株式会社文祥堂の共同提案が採用され、開業したのが当施設である。開業にあたり、小田原産の素材や地元宮大工の技術を取り入れたリノベーションが行われた。室内は木材を活かした明るい雰囲気で、好天であれば相模湾が水平線まで見渡せる開放感がある。一階はコワーキ

図5　Workcation House U
（2022年9月、筆者撮影）

図6　Workcation House Uの内部
（2022年9月、筆者撮影）

ングエリアを中心として、賃貸契約によるレンタルオフィスや会員専用ゲストルームが設けられている(図6)。そして二階のほぼすべてが、会員専用のコワーキングエリアとなっている。利用金額は、月額会員が五五〇〇円から、都度利用が一時間五〇〇円、一日二〇〇〇円と設定されている。

小田原市東部の国府津地区に位置する「BLEND active Coworking」は、月額会員(一万円)を基本とし、コワーキングスペースのみならず、自然を楽しむレンタル品や他のBLEND施設(CAFE・BAR・STUDIO・宿泊・EVENTPARK)も利用可能とされている。運営する杉山大輔氏は、市内の旧曽我支所を民間提案制度で買い取り、新たな施設もオープンさせた。

小田原市中心部に位置する「Have a Nice Day!」は、「泊まる、食べる、使う」をコンセプトに、宿泊やBBQ、カフェ、バー、コワーキングが一体化した共創型施設である。コワーキングスペースの利用料金は二時間利用で五五〇円、一日利用で一一〇〇円である。

これら以外にもコワーキングスペースは存在する。小田原市内の街づくりに積極的に参画している不動産会社「旧三福不動産」は、社名の由来であり、周辺に惜しまれながらも閉店した中華料理屋「三福」が入居していた建物のリノベーションも行い、その建物の二階にコワーキングスペースが設けられていた(二〇二一年一一月に現在地へ移転)。月会員が月額一万一〇〇〇円、一時利用は一日一一〇〇円である。

また各施設に共通して、コワーキングだけでなく、各種イベントやプログラムの開催にも力を入れている。小田原移住者や起業家、ノマドワーカーが集う「小田原Hub Night」(Have a Nice Day!)やピラティス教室(Workcation House U)、ランチ企画(ARUYO)などが行われている。

おわりに

本章では、ＣＯＶＩＤ－19の影響もあり普及したリモートワークを取り入れた暮らし方の場として、小田原市におけるひろがりの一端を紹介した。人口の減少や高齢化率の上昇、中心市街地の衰退といった日本各地の地方都市と同様の現象を小田原市は経験しているが、先述した交通利便性の高さや行政と民間の積極的な連携などにより、新たなスタイルが生まれつつある。

それは、「小田原で暮らす」ことに主眼の置かれた生活スタイルであり、仕事と私生活の時間と空間の分離を、自らの手で調整しながらバランスをとる生活と言えよう。もちろんこのような選択が可能となった背景には、性別役割分業の弱まりや男女雇用機会均等法の実効化なども挙げられるだろう。

日本社会における様々な面での「東京一極集中」が指摘される中、東京「にも」行ける暮らしの場としての小田原市の今後は、引き続き注目されよう。

〔参考文献〕
オダワラボ https://odawalab.com/（最終アクセス二〇二三年八月三一日）
小田原市ウェブサイト　産業振興 https://www.city.odawara.kanagawa.jp/field/industry/industrial_promotion/（最終アクセス二〇二三年八月三一日）

平凡社編『日本歴史地名大系』https://japanknowledge.com/lib/search/rekishi/（最終アクセス二〇二三年八月三一日）

箱根町における宿泊施設の立地と特徴

――山口太郎

はじめに

神奈川県西部に位置する箱根は、正月に開催される東京箱根間往復大学駅伝競走、通称「箱根駅伝」が全国的に知られていよう。往路五区の「山上り」は、活火山である箱根山を登るルートである。箱根山とは、約四〇万年前に噴火活動が始まった、二重の外輪山と中央火口丘群からなる複式火山の総称のことである。約三〇〇〇年前には、神山の北西部の噴火による土石流が早川の上流部を堰き止めて芦ノ湖が形成された。また、長い火山活動の恵みとして、温泉が人々に利用されてきた。

日本各地に温泉観光地は存在しているが、箱根温泉の空間的特徴は、かつて箱根七湯、現在では箱根一七湯（二〇と表現される場合もある）といわれる、箱根町の温泉の分布に地域的な偏りが生じている点であろう（図1）。そして、それぞれの温泉地（以降、温泉地区と記す）によって、泉質も形成過程も異なる。また、外湯ではなく内湯が中心である。宿

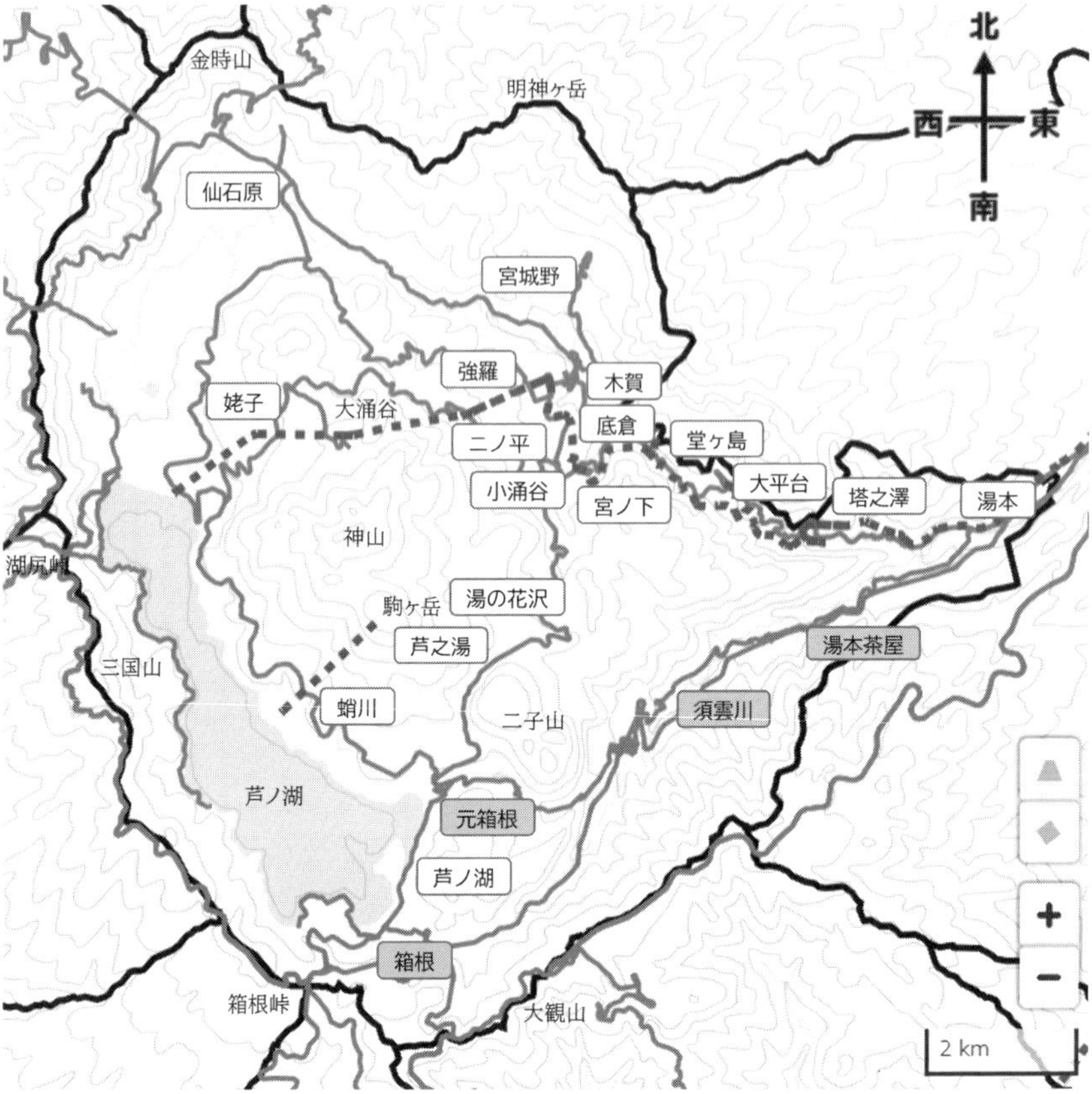

図 1　箱根町の概要

〔凡例〕黒線：行政界、灰線（太）：道路、灰線（細）：等高線、点灰線：交通機関、白枠：箱根17湯、灰枠：地番の地名

（箱根町教育委員会（2015）を参照し、地理院地図 Vector に筆者が加筆して作成）

泊施設の種類も旅館・ホテルだけでなく、寮・保養所も多く立地する。さらに、温泉地区によっては、別荘開発がなされてきた。

このように、箱根温泉は町内に複数の温泉地区を有し、それぞれに特徴が見られる。ここでは箱根温泉の地区別特徴を、宿泊施設の分布と変容に注目して議論していこう。

1 箱根町における観光客数の推移

最初に、箱根町の観光資源を確認しておこう。箱根町には、芦ノ湖や大涌谷、仙石原の湿原やススキ草原といった自然観光資源が存在する。そして、これらを登山電車、ケーブルカー、ロープウェイ、遊覧船、バスといった多種類の交通機関で巡ることができる。また、大自然を楽しむ観光行動として、外輪山や中央火口丘での登山やトレッキング、そのほかにゴルフやキャンプなどが指摘できる。さらに、箱根神社のような歴史的観光資源や、彫刻の森、ポーラ美術館といったアートミュージアムも存在する。これらが主な観光資源となっている。

さて、ここ二〇年程度の箱根町における観光客数を見てみよう（図2）[1]。「コロナ禍」以前の二〇一九年までの二〇年は二〇〇〇万人前後で推移していた。いくらか下回っている年のうち、二〇一一年は東日本大震災による観光行動の自粛が考えられる。二〇一五年は大涌谷周辺の火山活動の活発化、二〇一九年は大涌谷での噴火警戒レベルの引き上げと台風一九号による箱根登山電車の運休の影響と考えられる。つまり、箱根は自然災害の影響

（1） 箱根町ホームページに掲載されている「入込観光客数」各年の統計を用いた。

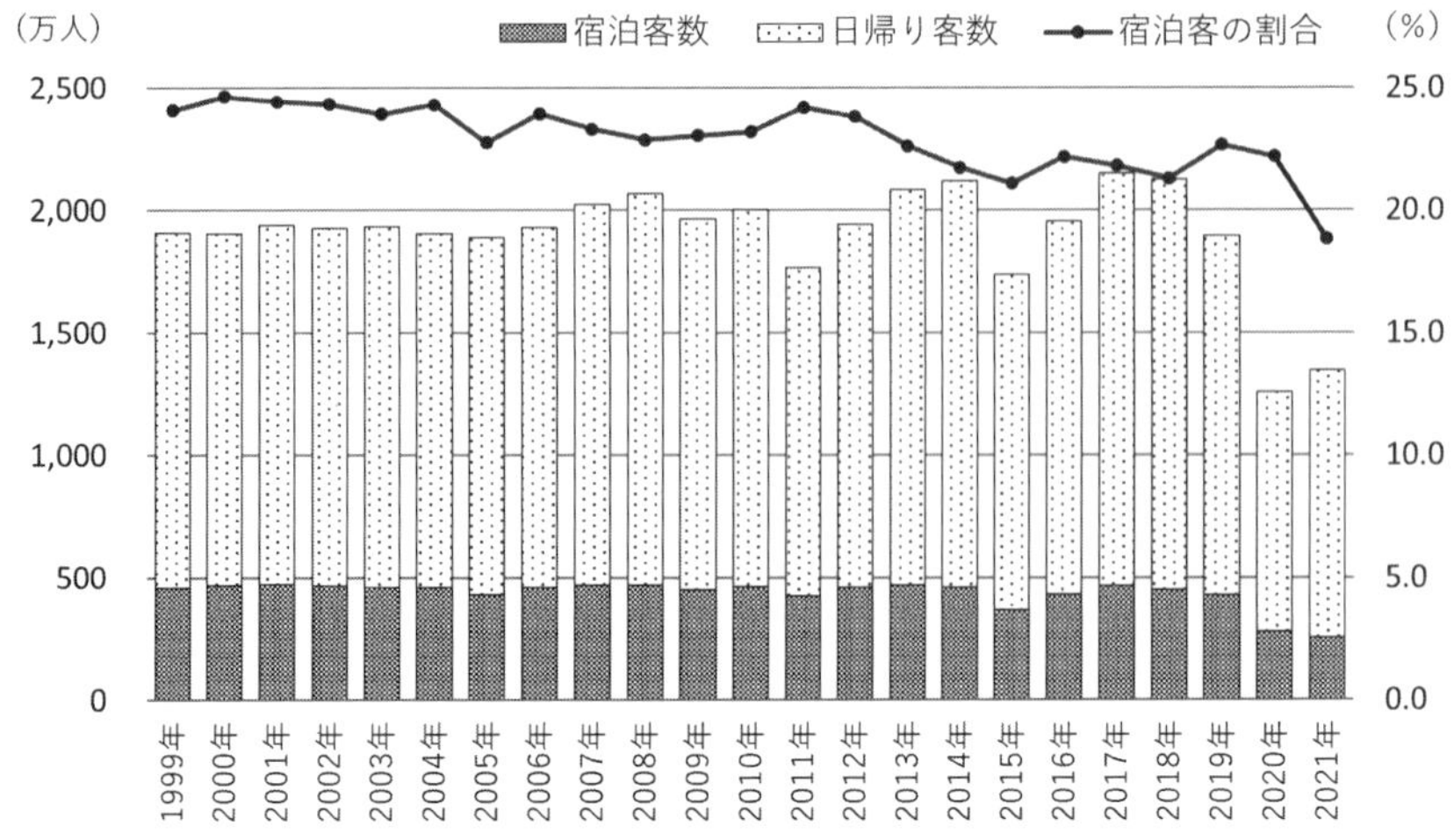

図 2　箱根町の観光客数の推移（1999～2021年）
出典：箱根町「観光入込客数」

を受けやすい観光地といえる。火山活動は、温泉という恩恵だけでなく、災害という人間活動にとって負となる側面も持ち合わせている。

次に、箱根町における観光客数に対する宿泊者の割合を見ると、二〇～二五パーセントを推移しているのがわかる。箱根は東京からの日帰りが可能な観光地である。それは交通の便の良さによる。箱根町の入口である箱根湯本駅まで新宿から直通の特急列車が乗り入れており、また、手前に位置する小田原駅は東海道新幹線の停車駅である。さらに、隣県の静岡県御殿場側から箱根町に入ることもでき、具体的には新宿からの高速バスという手段が利用可能である。

ただし、箱根の観光資源の一つである温泉を楽しもうとすると、宿泊の方が適していると考えられる。箱根町の温泉地区には共同浴場や日帰り温泉施設も存在するものの、多くが内湯である。現在の箱根温泉では、大浴場だけでなく各客室に露天風呂を設置している宿泊施設も見られる。また、エステなどを付加した宿泊プランを提案している宿泊施設も存在する。つまり、宿泊施設での滞在時間を長くし、ゆっくり温泉を楽しむ場合には宿泊が適しているといえよう。

2 箱根七湯から一七湯へ

箱根の温泉地としての歴史を髙橋（二〇二三）、鈴木（二〇二三）、箱根町立郷土資料館の資料を参照して、簡単に確認しておこう。[2] 箱根における温泉利用は、奈良時代末に発見された湯本温泉が始まりであると言い伝えられているが、確実な史料に限定するならば、鎌倉時代までさかのぼることができるという。江戸時代初期には、湯本、塔之澤、堂ヶ島、宮ノ下、底倉、木賀、芦之湯という箱根七湯に、姥子を加えた八つの温泉地区が知られるようになった。いずれも自然に湧出する温泉を源泉として利用することで形成された温泉地区であり、芦之湯を除く箱根七湯は早川沿いに立地している。すなわち、この頃の温泉地区の分布は、自然湧出された地点に限定されていたのである。

明治時代になると、掘削技術の向上やポンプによる汲み上げ、遠隔地への引き湯といった温泉開発のための技術が進歩した。仙石原では、地元住民が大涌谷からの引き湯により温泉宿を開設している。小涌谷では、横浜の実業家であった榎本猪三郎らが噴気に水を混ぜた温泉を引いて温泉宿を開設した。強羅では、東京の実業家であった平松甚四郎をはじ

（2） 箱根町立郷土資料館の資料についは、展示資料や配布資料を参照した。

めとする京浜地域の実業家たちが早雲山や大涌谷からの引き湯により温泉宿を開設した。また、湯の花沢では元箱根の住民が温泉の湧出を利用して湯の花製造を行っていたが、この時代になって温泉地区として整備された。ここで触れた四つの温泉地区に、江戸時代から利用されていた姥子を合わせて、箱根は一二湯を有するようになった。

戦後の高度経済成長期を迎えると、再び温泉地区の開発が盛んとなった。各温泉地区の開発概要を記す[3]。大平台は、一九五一年に共同湯として宮ノ下から温泉が引かれた。二ノ平は、一九六〇年代に温泉が湧出した、彫刻の森美術館近くにできた温泉地区である。宮城野も同じ頃温泉が発見され、寮や保養所が多く立地する。「富士山の見えるところでは温泉は湧かない」といわれてきた箱根において、芦ノ湖の温泉地区も同じ頃、湯の花沢温泉から温泉を引いて成立した。蛸川は一九八〇年代に駒ヶ岳ロープウェイの北側で温泉が噴出した温泉地区である。これら五つの温泉地区が加わって、現在では箱根一七湯と称されるようになったのである。

(3) 箱根町観光協会「箱根全山」同協会公式サイトを参照した。

3 箱根町における宿泊施設の地区別概要

ここからは、箱根町における宿泊施設の地区別特徴を検討していこう。その前に、町内全体における宿泊施設の種類別件数の推移を確認しよう(図3)[4]。旅館・ホテルは微増傾向にある。二〇〇八年には箱根の宿泊施設の約半分を占めていた寮・保養所は、全体的に減少傾向にある。現在では旅館・ホテルと寮・保養所の件数の順位が逆転している。ペン

(4) 箱根町ホームページに掲載されている「入込観光客数」各年の統計を用いた。

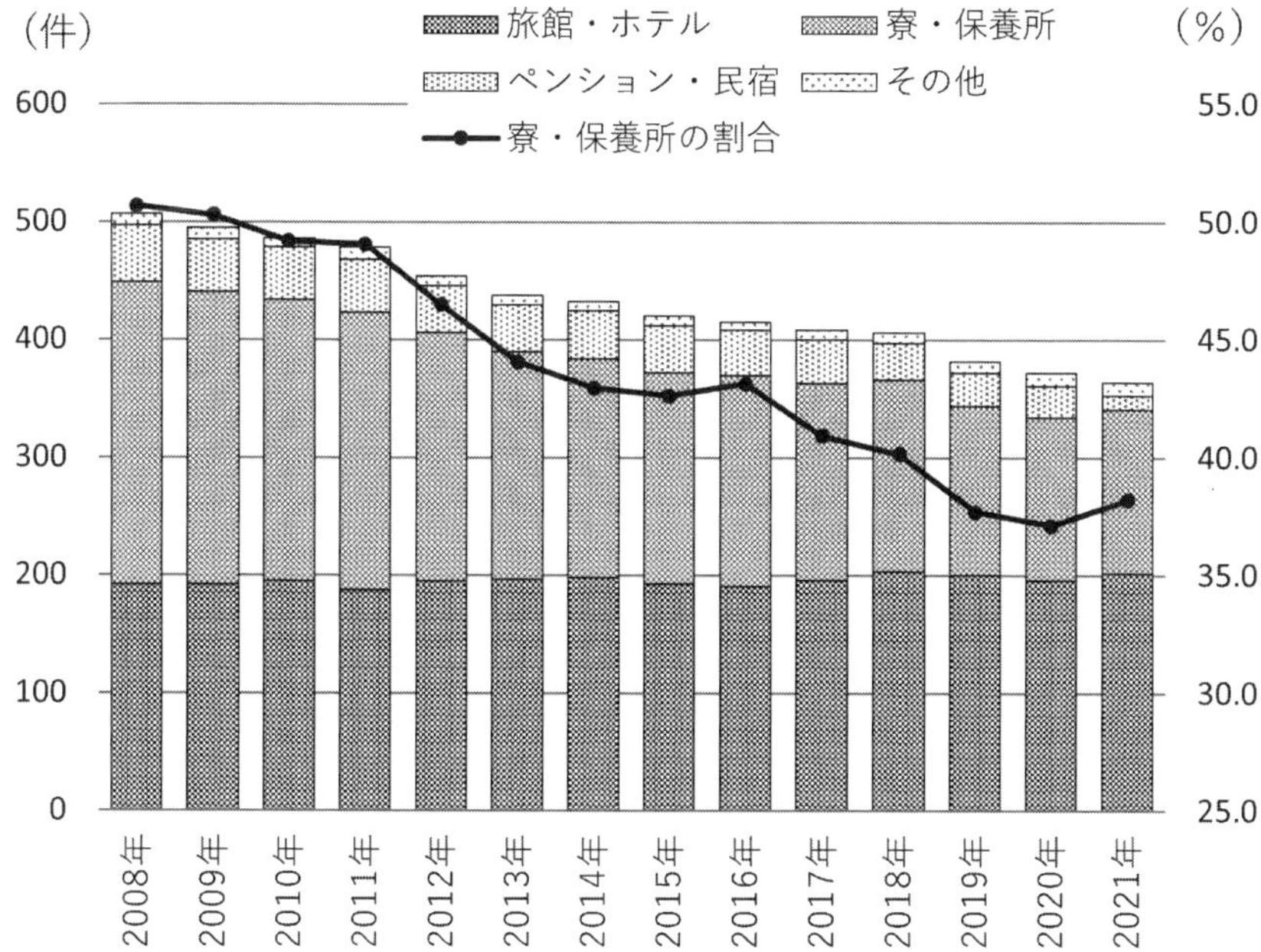

図 3　箱根町宿泊施設(種類別)の推移(2008〜2021年)

出典：箱根町「観光入込客数」

ション・民宿も減少傾向にある。全体的には宿泊施設数が減少しているが、その内訳を確認すると、前述のような特徴を見てとれた。

さて、地区別の宿泊施設の種類別件数とその推移について検討しよう。ここでは、二〇一七年(図4)[5]と二〇二一年(図5)を比較してみる。なお、用いる地区スケールは、箱根町を五つに分けたもので、箱根(芦之湯、湯ノ花沢、芦ノ湖、蛸川)、仙石原(仙石原、姥子)、宮城野(宮城野、強羅、木賀、二ノ平)、温泉(小涌谷、底倉、堂ヶ島、宮ノ下、大

(5) 箱根町ホームページに掲載されている「統計はこね」各年の統計を用いた。

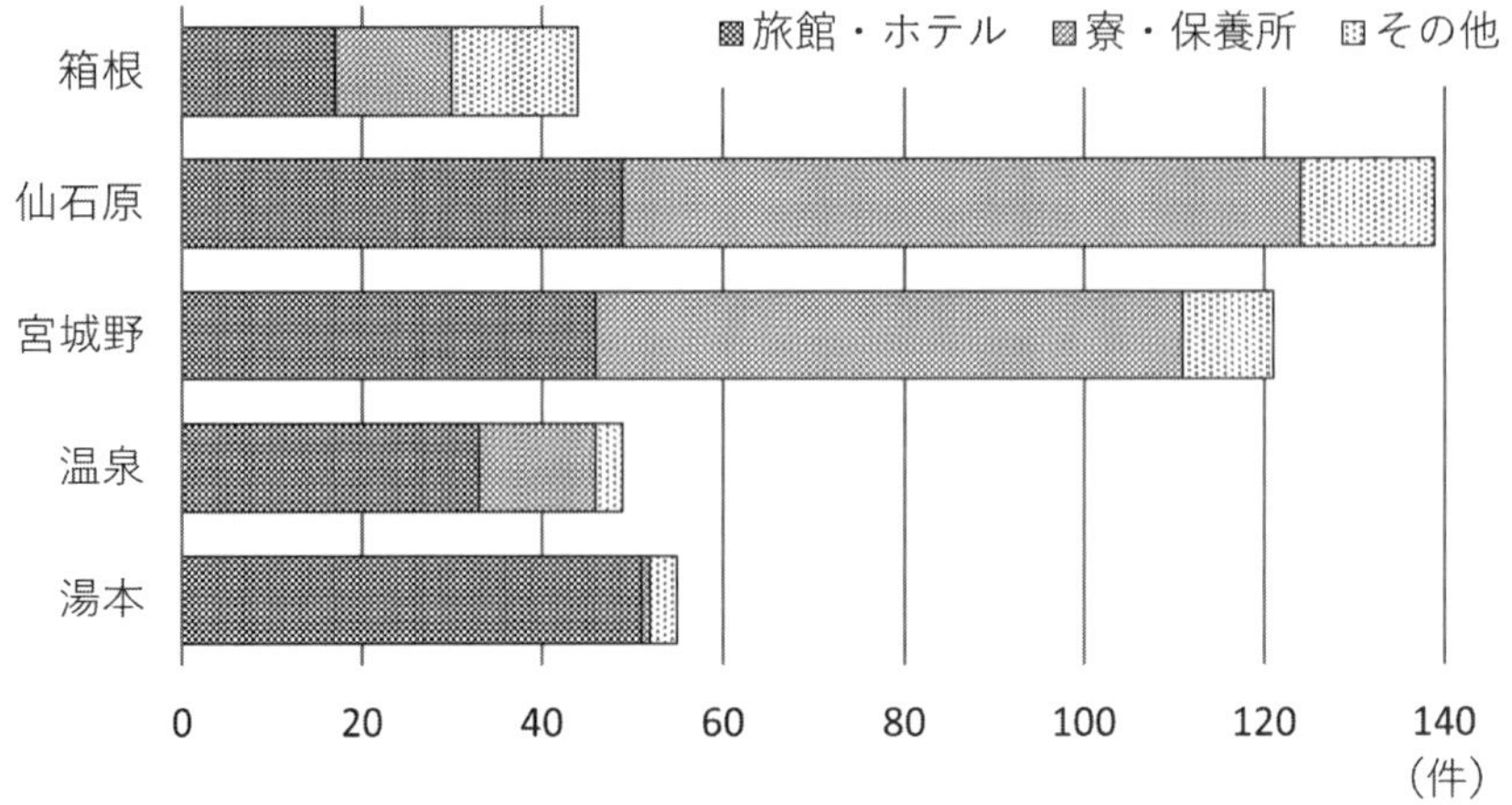

図 4　箱根町地区別宿泊施設種類の件数（2017 年）

出典：箱根町「統計はこね」

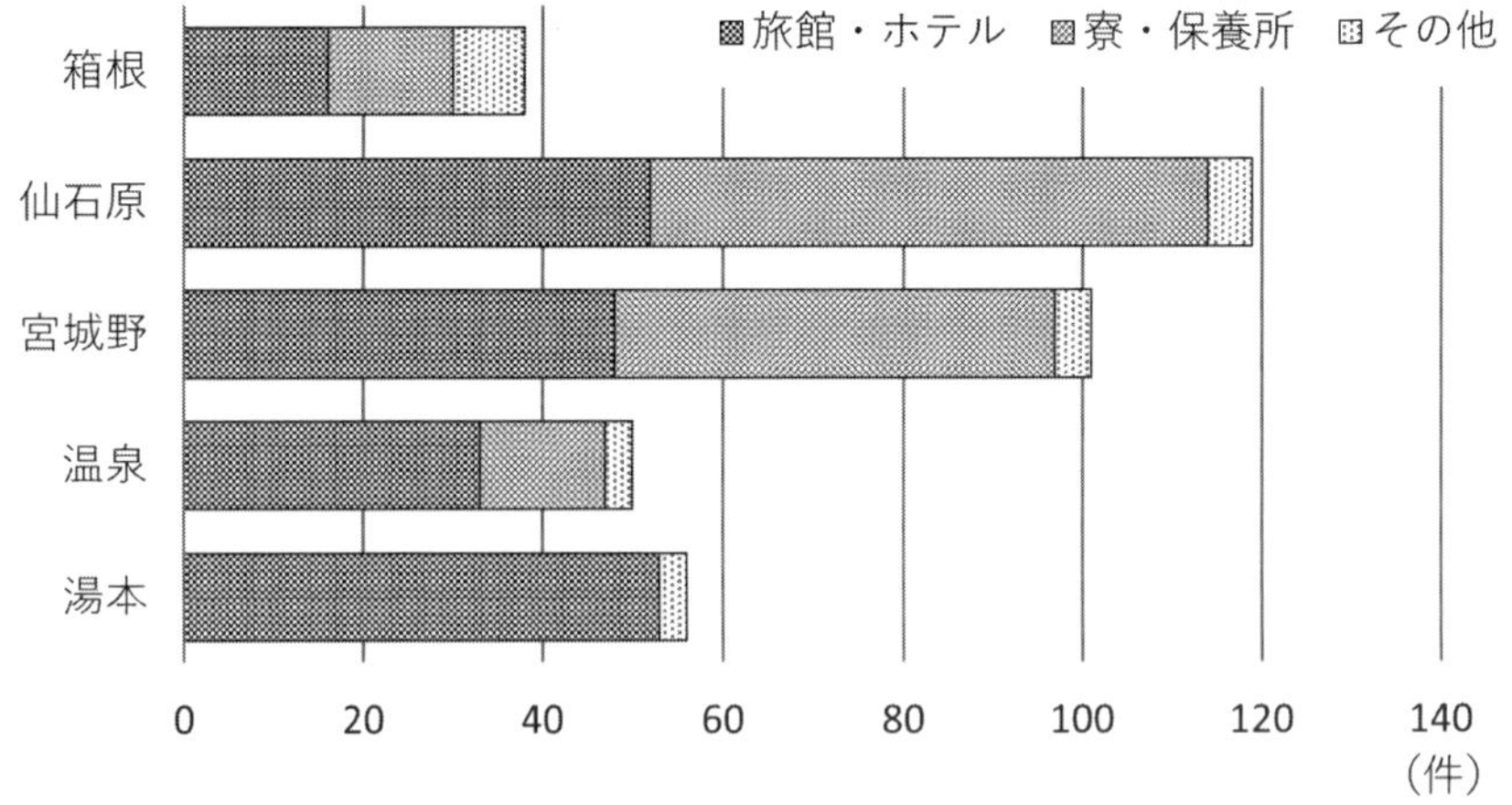

図 5　箱根町地区別宿泊施設種類の件数（2021 年）

出典：箱根町「統計はこね」

平台)、湯本(湯本、塔之澤)である。まず、二時点ともに、仙石原、宮城野、湯本、温泉、箱根の各地区の順で宿泊施設の件数が多いことがわかる。なかでも、仙石原と宮城野の寮・保養所の件数は、他地区のそれを圧倒している。次に、旅館・ホテルの件数は、仙石原、宮城野、湯本でそれぞれ五〇件程度を占めていることがわかる。さらに、二〇一七年と二〇二一年を比べると、二〇二一年に減少しているのは、仙石原、宮城野、箱根であり、いずれも寮・保養所とその他の件数が減少している。換言すれば、旅館・ホテルはさほど減少しておらず、この点について、湯本や温泉を含め地域差はそれほど特徴的ではない。このように、箱根町の宿泊施設は地区別に件数の偏りが生じており、また、各地区において旅館・ホテルの増減は顕著ではなく、仙石原、宮城野、箱根の各地区において寮・保養所の減少の著しいことが指摘できる。

4 「旅館業法許可施設一覧」に見る箱根町の宿泊施設の特徴

ここまで箱根町がまとめた観光に関する統計を用いて、主に宿泊施設の件数について分析を進めてきた。ここからは「旅館業法許可施設一覧」を用いて、より詳細な分析をしてみよう。

「旅館業法許可施設一覧」の特徴

「旅館業法許可施設一覧」という資料は、一九四八年の「旅館業法」により、以下のケースにおける「旅館業営業許可申請」をまとめたものである。
一、新しく建築物を建て、旅館を営業する場合。
二、既許可営業施設で、建築延べ面積の五〇パーセントにわたる増改築、移転等をする場合。
三、既許可営業施設で、営業者が変わる場合（営業者が個人から法人へ、法人から個人へ、となった場合も含む）。
四、既存の建築物（用途が旅館以外のもの）の用途を変更して旅館を営業する場合。
五、既許可営業の種別を変更する場合（例えば、旅館営業から簡易宿所営業へ）。
この資料の記載事項について、神奈川県小田原保健福祉事務所環境衛生課に情報公開を依頼し開示が認められた。開示を求めた記載項目は、施設名称、施設所在地、営業の種類（旅館・ホテル、簡易宿所）、許可（廃止）年月日、延べ面積、総部屋数、営業者の名称（所在地）である。この資料を用いる利点は、すでに廃止となった施設に関する情報が得られる点である。(6)

なお、この「旅館業法許可施設一覧」の集計数と、前述した箱根町ホームページ掲載の観光統計の集計数は、同じ項目でも一致していない。これらの資料の取り扱いについて、確認しておこう。まず、「旅館業法許可施設一覧」は、営業者からの届出書類によって作成されている。そのため、申請が遅れたり、なされなかったりすることも予想される（とくに「廃止」について）。また、届出が出された年が記載されており、それは必ずしも創年ではない点にも留意が必要である。この点は古くからの宿泊施設を分析する際に重要である。また、箱根町ホームページに掲載されている観光統計は、宿泊施設の種類別分類を

（6）個人が経営していた廃止となった施設については、開示に制約がかかるとのことだったので、開示請求をしなかった。

行うにあたって、各宿泊施設からの自己申告に頼っており、それでカバーできない部分を箱根町役場の各部署が所有する資料や箱根町観光協会の資料を組み合わせて作成することがあるという[7]。このように、データの回収方法や集計方法を踏まえると、どちらの数値も実数で検討するのは限界があり、概数として理解するに留めるのが適切であろう。

箱根町全体の宿泊施設の許可と廃止の特徴

まず、箱根町全体の宿泊施設の許可と廃止の特徴を検討する。今回分析対象となった宿泊施設の総数は、九〇〇件を超える。そのうち、五〇〇件を超す宿泊施設が営業している。これは、資料の特徴を踏まえて正確に表現するならば、許可が得られ、廃止申請をしていない施設数が五〇〇件以上あるということになる[8]。裏返しになるが、四〇〇件弱の施設が廃止されている。また、箱根町の宿泊施設において廃止が出現するようになるのは二〇〇〇年代以降であることがわかった。二〇〇二年から二〇二一年における年平均は二〇件弱である。

営業許可申請時期によって、現在営業中の施設数と廃業になった施設数に分類した（図6）。時期を遡るほど廃業の割合が高まるが、一九五〇年代と一九六〇年代では逆転している。一九六〇年代が廃業率七割以上であるのに対し、一九五〇年代は同四割程度である。一九五〇年代に許可を得た宿泊施設にはいわゆる「老舗旅館」が含まれ、それらの実際の創業年は一九五〇年よりも前の時期である。また、新規許可のピークが、一九八〇年代と二〇一〇年代の二回であることも読み取れる。

（7） 箱根町役場での聞き取りによる（二〇二三年四月二七日）。

（8） ここでは便宜上、この「許可が得られ、廃止申請をしていない施設」を「営業中」とみなすことにする。

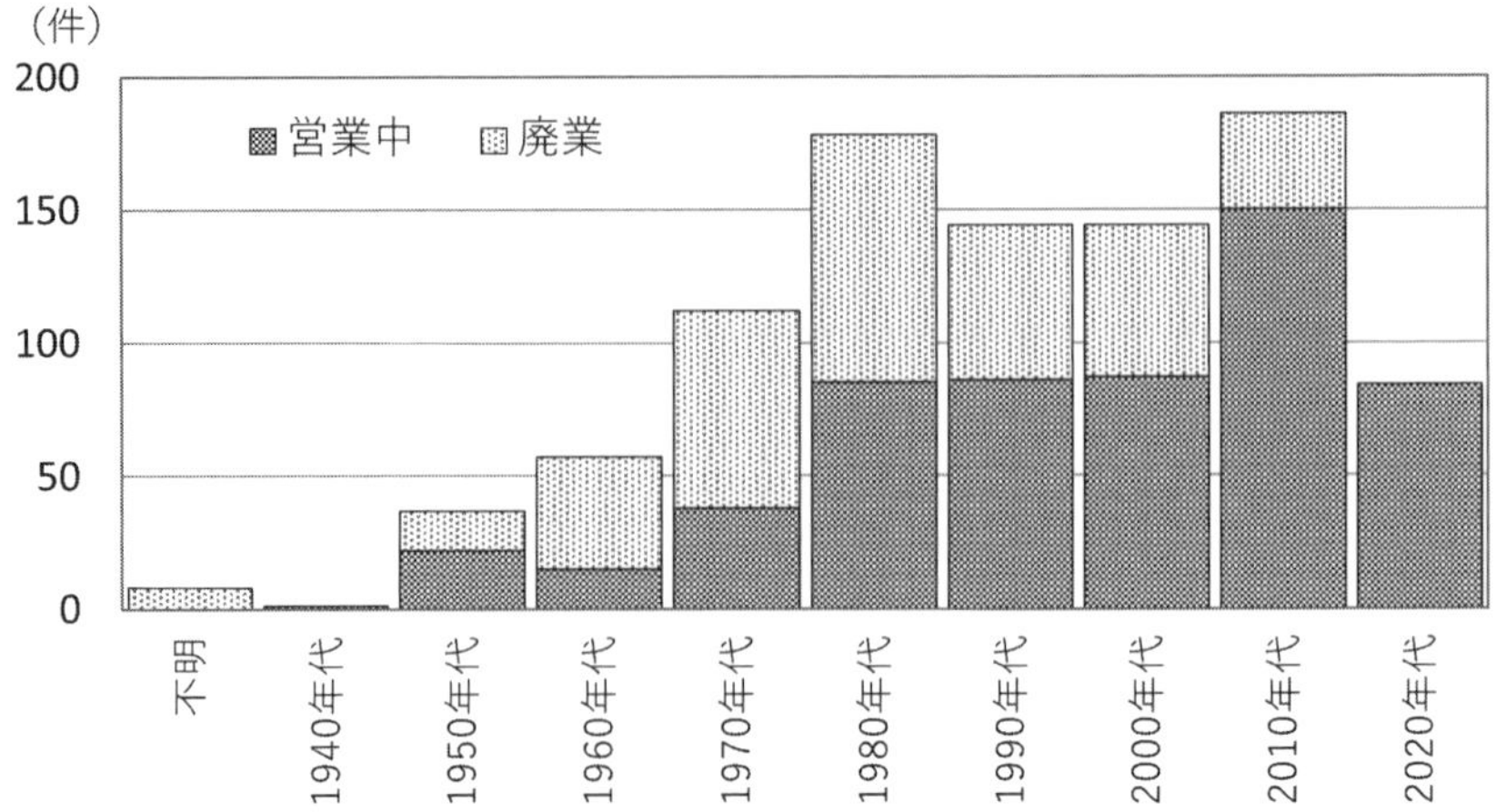

図６　箱根町の営業許可時期別宿泊施設数
出典：小田原保健福祉事務所「旅館業法許可施設一覧」

地区別の宿泊施設数と特徴

次に、現在営業中の宿泊施設数を地区別に分類して地図化した（図7）[9]。仙石原に全体の約三割が立地し、強羅に約二割と続く。この二地区はそれぞれ一〇〇件を超える宿泊施設を有する。元箱根と湯本が約一割ずつである。なお、塔之澤、芦之湯、木賀、須雲川、底倉の宿泊施設数は一桁である。このように、箱根の温泉地区数は多いが、宿泊施設数という規模には地区間で大きな差が生じている。箱根の温泉開発史における新しい地区ほど、規模が大きい傾向を見出せる一方、それぞれの地区面積の影響も受けていると考えられる。

各温泉地区における許可申請のあった施設のうち、廃業した宿泊施設の割合が約五割を占めるのは、木賀と須雲川である。どちらも温泉地区の規模が小さく、実数は一桁である。五割まではいかない

（9）ここでは地番における地名表記をもとに地区区分を行った。おおよそ箱根一七湯の名称と一致するが、図7で確認されたい。

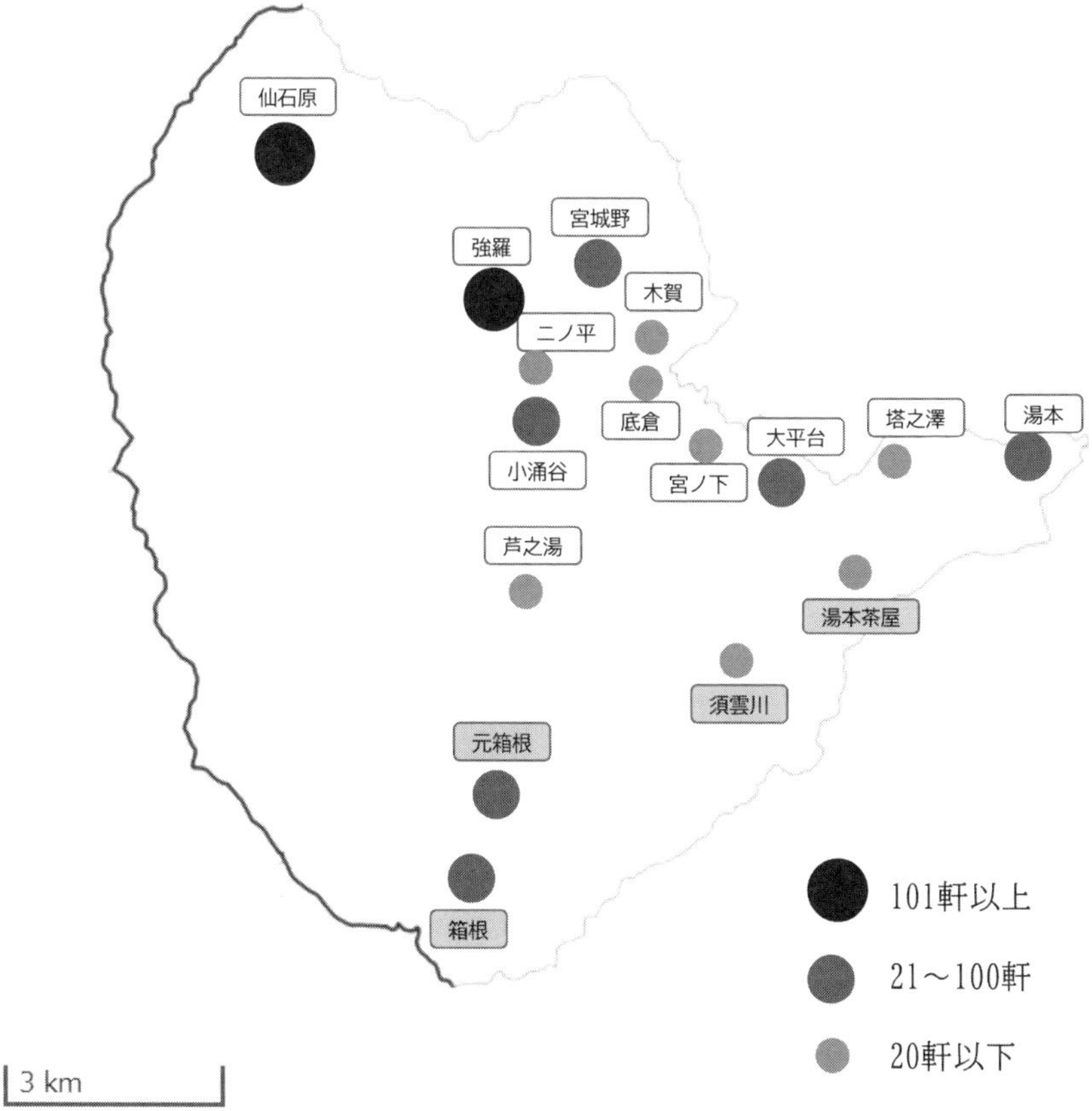

図 7　箱根町地区別旅館業法許可施設数（2023年）
出典：小田原保健福祉事務所「旅館業法許可施設一覧」

が四割以上となっているのが、仙石原、強羅、宮城野、小涌谷、二ノ平である。地区面積が大きく、箱根の中では新しい地区という特徴を持つ地区群である。なお、箱根全体における廃業の割合は約四割である。箱根の玄関口に位置する湯本は廃業率が約二割であり、箱根全体の中では低率となっている。

地区別の新規許可時期の傾向を分析してみよう。ピークの古い順に取り上げる。大平台と元箱根は一九八〇年代と一九九〇年代にピークがある。また、その後もコンスタントに新規許可がある。宮ノ下と湯本茶屋は、離れた二時期にピークがある。宮ノ下のピークは一九五〇年代と一九九〇年代であり、湯本茶屋のそれは一九七〇年代と二〇〇〇年代である。この二つの温泉地区では二〇二〇年代には新規許可がほとんどない。仙石原と宮城野は、近い二時期にピークがあり、仙石原は一九九〇年代が少なめでその前後が多く、宮城野は二〇〇〇年代が少なめでその前後が多い。強羅は、一九八〇年代から二〇一〇年代にかけて長くピークがある。箱根、二ノ平、湯本は二〇一〇年代以降にピークがある。このように、温泉開発史の長い歴史を有する箱根では、現代においても新規許可が続いており、そのピークが地区によって異なる点が確認できた。

さらに、各温泉地区における現在営業している施設の一件あたり面積と室数を算出して分析してみよう。まず、平均値は一件あたり面積が約二〇〇〇平方メートル弱、平均室数は約一五である。どちらも平均の約半分、もしくはそれ以下なのが、宮城野、大平台、箱根、底倉である。それに対し、平均を大きく上回るのは、宮ノ下、湯本茶屋、芦之湯、須雲川である。いわゆる老舗旅館の立地や、地区における建物密度との関係性が推察できる。

5　「旅館業法許可施設一覧」に見る仙石原の宿泊施設の特徴

ここでは温泉地区のうちもっとも宿泊施設数の多い仙石原を事例に、箱根町に特徴的な寮・保養所について分析を続けてみよう。

「旅館業法許可施設一覧」は、営業の種類が旅館・ホテルと簡易宿所の二分類となっており、寮・保養所の情報が示されていない。そこで、以下のような手順によって分類を行った。分類の判断に用いたのは、建物名称、営業者の法人名、インターネットによる検索の三点である。建物名称による分類には、ホテルや保養所という語が用いられているものをそれぞれに分類した。そのほか、健康保険組合といった語が含まれている場合は保養所とした。また、明らかに観光産業とは関係のない企業名が含まれている場合も保養所とした。[10]この方法は、営業者の法人名でも同様に行った。このような手順で分類した結果、仙石原地区には、一四〇件程度の寮・保養所、一一〇件程度の旅館・ホテルが確認された。[11]なお、これは許可時当初を基準として分類した。

寮・保養所に分類された施設のうち、一九六〇年代に許可されたものが約一〇件、一九七〇年代と一九八〇年代に許可されたものがそれぞれ約四〇件、一九九〇年代と二〇〇〇年代に許可されたものがそれぞれ約二〇件、二〇一〇年代以降はそれぞれ一桁である。現在まで営業している施設の割合は、時期を遡るごとに低くなる（図8）。二〇〇〇年代許可の施設で六割弱、一九九〇年代許可の施設で約五割、一九八〇年代許可の施設で四割強、

(10)　インターネット検索で建物名称を入力して、確認できたものも多かった。

(11)　宿泊施設の種類として分類できず「不明」として、今回の分析対象外とした施設もある。

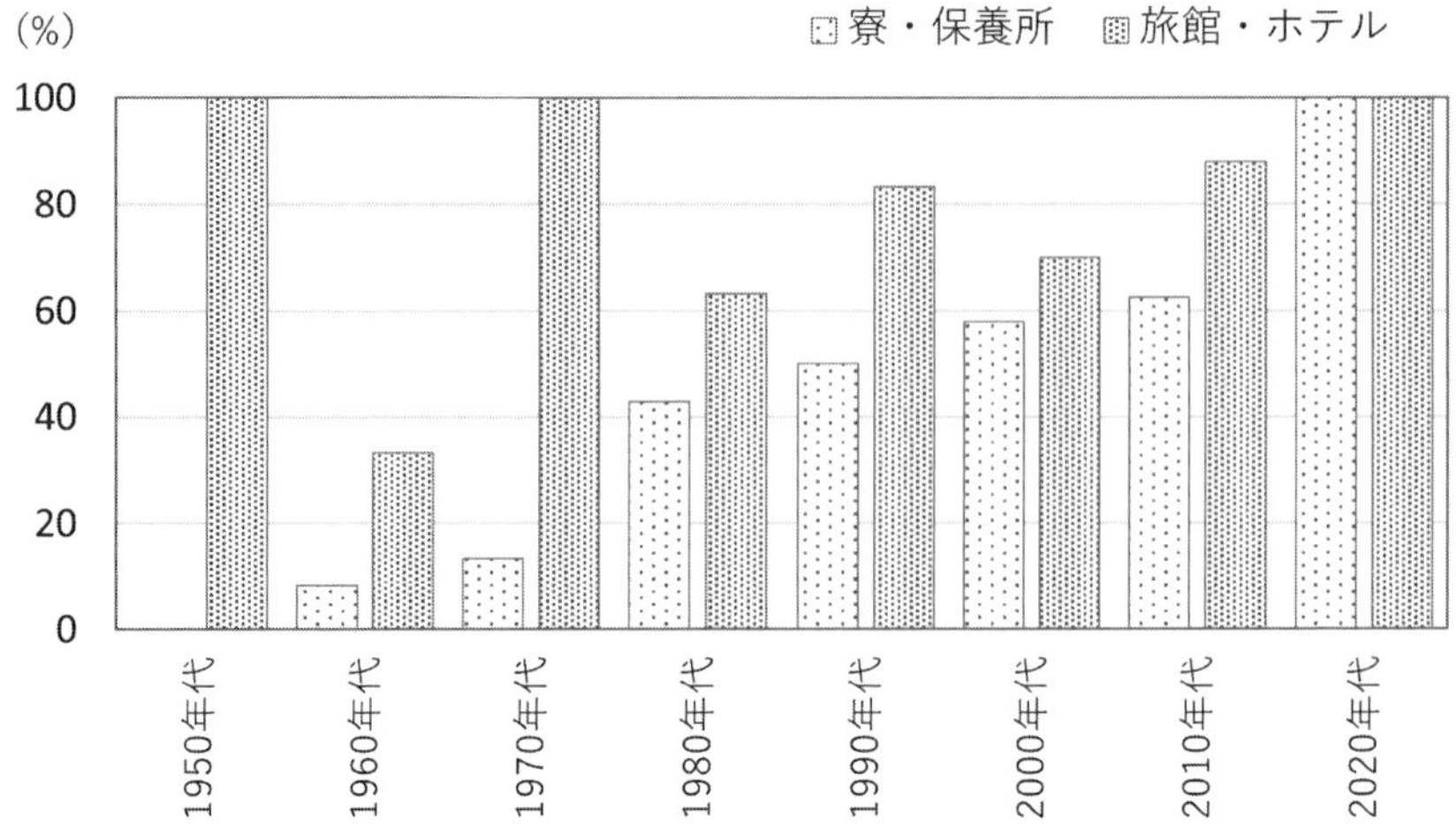

図８　仙石原における営業許可時期別営業中の宿泊施設種類の割合
出典：小田原保健福祉事務所「旅館業法許可施設一覧」

一九七〇年代許可の施設では一割強に過ぎない。

廃止については、二〇〇〇年代に三〇件強の施設でなされ、そのうち一九七〇年代に許可を得た施設が約半数を占める。次いで一九八〇年代に許可を得た施設となる。二〇一〇年代にも三〇件強の施設が廃止された。そのうち、一九七〇年代と一九八〇年代に許可を得た施設がそれぞれ一〇件強である。二〇二〇年代にもすでに約一五件が廃止され、内訳を見ると一九八〇年代に許可を得た施設が約半数である。これらから、廃止になる施設の許可時期が一九七〇年代から一九八〇年代に移行している様子がうかがえる。

旅館・ホテルに分類された施設のうち、一九五〇年代から一九七〇年代までに許可されたものは、それぞれ数件程度に過ぎない。一九八〇年代には約二〇件、一九九〇年代には約一〇件、二〇〇〇年代には約二〇件、二〇一〇年代には約三〇件、二〇二〇年代はすでに約一五件である。仙石原において、旅館・ホテルの許可申請はピークの最中である。ただし、浮き沈みもあるようだ。営業中の施設の割合を確認すると（図8）、一九六〇年代に許可を得た施設は約三割しか営業していない。一九八〇年代に許可を得た施設は約六割、二〇〇〇年代に許可を得た施設は約七割である。なお、それ以外の時期の施設は八割を超える。前述の寮・保養所と比べると、旅館・ホテルは現在でも営業している施設の割合がかなり高いことがわかった。

おわりに

今回用いた「旅館業法許可施設一覧」によって、箱根町の各温泉地区における宿泊施設の許可や廃止の時期の様子、宿泊施設の規模の違いを知ることができた。また、仙石原を事例として、寮・保養所と旅館・ホテルという宿泊施設種類による許可や廃止の時期の違いを確認することができた。箱根の温泉観光地形成史としては、箱根七湯の歴史や、別荘開発史を含めた戦後の小田急系や西武系の進出状況を説明されることが多い。今回は一九五〇年代から現在に至る現代における各温泉地区の一様態を垣間見ることができただろう。

箱根町における宿泊施設の空間的特徴を分析してきた。筆者が専攻する人文地理学においては、今回のような概略的な分析に、今回行わなかったミクロスケールでの土地利用や聞き取り調査を用いた詳細な分析を加えて地域調査を行うことが多い。ここでは地域調査への誘いとして、前者に重点をおき説明した。また、統計的な分析を中心に行ってきたが、数値が示すことのその要因は、それぞれのケースによるだろう。大きくは開発史や立地条件といった側面から説明できる要因もあろうが、最終的にはそれぞれのケースを聞き取り調査等で補うしかない。この点については、筆者の今後の課題であるとともに、読者において関心を持たれたならば、個別事例を調べてみるのもよいだろう。

〔参考文献〕

鈴木康弘「箱根七湯から十二湯へ」池谷初恵・大和田公一編著『古地図で楽しむ伊豆・箱根』風媒社、二〇二三年
髙橋秀和「中世の箱根温泉から箱根七湯へ」池谷初恵・大和田公一編著『古地図で楽しむ伊豆・箱根』風媒社、二〇二三年
箱根町観光協会「箱根全山」同協会公式サイト https://www.hakone.or.jp/（最終アクセス二〇二三年八月二七日）
箱根町教育委員会『箱根の歴史と文化　箱根温泉の歴史』二〇一五年
箱根町立郷土資料館編『バス、天下の険をいく―箱根の自動車一〇〇年―（平成二五年度特別展図録）』二〇一三年
箱根町「入込観光客数」箱根町ホームページ https://www.town.hakone.kanagawa.jp/www/contents/1100000001464/index.html（最終アクセス二〇二三年八月二七日）
箱根町「統計はこね」箱根町ホームページ https://www.town.hakone.kanagawa.jp/www/genre/1000600000029/index.html（最終アクセス二〇二三年八月二七日）

江戸文学に見える相模大山参詣

原　淳一郎

はじめに

大山《おおやま》は、標高一二五一・七メートルの均整のとれた山容から、古来より信仰の対象となってきた。丹沢山地のなかでももっとも目立つ山容であり、東京都立川市のビルの屋上や、栃木県宇都宮市の高台から、はっきりとその威容を確認することができる。

一八世紀以降、江戸町人の参詣が盛んで、最盛期には一六〇以上の宿坊が並んでいた。また大山を題材とした浮世絵や文芸作品は数多く、その人気の程が窺える。

ただし現在の姿は、当時とは随分異なっている。ケーブルカーの終着点である中腹には、現在阿夫利《あふり》神社下社があり、山頂には阿夫利神社本社があるが、かつては中腹に雨降山大《あぶりさんおお》山寺《やまでら》の本堂（本尊不動明王）があり、山頂には石尊社（石尊大権現）が存在し、神仏習合の山であった。しかし、廃仏毀釈が徹底されたことによって、山内に立ち並んでいた堂社がことごとく消滅した。ちなみに、門前町と阿夫利神社下社の中間点に大山寺が移されており、国指定重要文化財の本尊不動明王を拝見することができる。

大山の信仰習俗はユニークなものである。全国の山岳信仰に共通してみられる雨乞（五穀豊穣）、山アテ（航海安全・大漁）、ハツヤマ（通過儀礼）のほかに、山麓の茶湯寺《ちゃとうでら》（本尊が涅槃《ねはん》像）にまつわる死者供養信仰に加えて、諸厄祓除・諸願成就の願を込めて奉納される「太刀奉納」、大山の水を持ち帰り、それぞれの水に職業にかかわる祈願をする「神酒枠《みきわく》」という変わった風習があった。

図2は、歌川広重の「東海道五十三次細見図会・程ヶ谷」である。中程に「大山参りの詣人」と記されていて、右に「納太刀《おさめたち》」、真ん中に「神酒枠」が描かれている。この二つ

図１　相模平野からみる大山の山容（筆者撮影）

図２　歌川広重「東海道五十三次細見図会・程ヶ谷」「大山参りの詣人」神酒枠、納太刀（国立国会図書館デジタルコレクション）

の習俗を見れば、当時はだれもが「大山詣り」だと分かったもので、こちらも数多くの絵図に登場する。

1　文芸作品に描かれた「垢離《こり》取り」

大山参詣をする場合、地元の川（あるいは桶）での禊行と、大山山麓・山中での垢離取りの風習があった。これは生活圏からの脱却と、精進潔斎（身をきよめケガレを避けること）の意味合いがあった。これが非常に目立ったようで、各所で書き留められている。とくに有名であったのが、両国橋の東詰での千垢離で、江戸の名所案内・年中行事に度々掲載された。

享保二〇（一七三五）年の『続江戸砂子恩故跡志』では、

浅草川にて十七日こり《垢離》をとりて石尊禅定する也。乳のかぎり水にひたし、ざんげざんげ六こんざいしやうおしめにはつだいこんがらどうじ大山大聖不動明王石尊大権現大天狗小天狗といふ文を唱へて、もゝ《百》度水をかづく也。ざんげざんげは懺悔也。六こんざいしやうは六根罪障也。おしめにはつだいは大峰八大也。ことごとく誤まれども信の心を以て納受し給ふならん。此事中人以下のわざにして以上の人はなし。(1)

とあり、寛延四（一七五一）年の『再板増補江都總鹿子名所大全』では、

(1)　「続江戸砂子温故名跡志」（『江戸砂子』、東京堂出版、一九七六年）、三三三頁。

垢離を取と云て、おめく声蚊の鳴くが如し。ゐかにや市人の中にても中人以下の者のミ也。其人品放逸無慚の者のミ多き事、いと不審なる事也[2]

としている。ここで言う「中人以下」とは、地借・家守・店借《たながり》層である。都市中下層民と認識される店借層は、江戸町方人口の約七割を占め、深川では八割を超える。両国橋東詰での垢離取りの習俗の主体は、深川など大川（隅田川）東河岸地域の人々であったと考えられる。

図3　歌川国芳「東都名所　両国の涼」（慶應義塾図書館所蔵）

講の講中札・挑灯を集めた「江戸諸講中挑灯講中札控帳」によれば、大山講のメンバーは、鳶職、餅菓子屋、左官、木具屋、太刀職、大工、桶職、植木屋、旅籠屋、舟持、魚問屋、尾張屋幸次郎、上総屋惣店中、金春座、若者中といった面々である[3]。

また天保二（一八三一）年の夏山祭礼中に、江戸から大山の宿坊村山坊へ訪れた人々の職業は、石工、大工、鍛冶、菓子屋、道具屋、商人などである[4]。

こうしたことから、「中人以下」とは、江戸の文人から見て、江戸の下層社会を形成する職人・小商人であり、あるいは特定の職業集団による講の連中を指していると考えられる。つまり、借家層の率がもっとも多い地域である本所・深川の住人が、大川で行っていた「垢離取り」が、御府内（江戸町奉行所の支配地域）

（2）「再板増補江都総鹿子名所大全」、国立国会図書館所蔵。

（3）「江戸諸講中挑灯講中札控帳」（『江戸の参詣講—挑灯と講中札にみる霊場信仰』秦野市、一九九五年）。

（4）「夏山祭礼中諸収納控帳」（『伊勢原市史』資料編続大山、一九九四年）。

の住人から若干の蔑視観を持って観察されていたことを示している。それらは、たとえば「誹風《はいふう》柳多留《やなぎだる》」のなかの川柳に、

相模まで聞こえる程に垢離を取り　安永八（一七七九）年(5)

屋形船の歌千垢離につぶされる　天明元（一七八一）年(6)

とあって、風流な屋形船と対比するように、無粋な存在として詠まれている。

図3の浮世絵は、歌川国芳の「東都名所　両国の涼」である。右側で川に入って、木太

図４　葛飾北斎「諸国滝廻り・相州大山ろうべんの滝」（電子博物館みゆネットふじさわ提供）

図５　歌川国芳「大山石尊大瀧之圖」天保13（1842）年頃（神奈川県立図書館デジタルアーカイブより）

（5）「誹風柳多留十八編十二丁目」（『誹風柳多留』三〈川柳集成三〉、岩波書店、一九八五年）、五九頁。

（6）「誹風柳多留二十編二十一丁目」（前掲『誹風柳多留』三）、一五五頁。

刀を持っているのが大山参詣者である。先の川柳を明白に実証するかのような構図である。大山参詣者には、博打打ちも多く、あるいは、北宋を舞台とした中国の長編小説『水滸《すいこ》伝《でん》』の登場人物で、刺青が有名で、江戸でも人気の高かった花和尚魯智深や九紋龍史進の入れ墨をいれている参詣者の姿も描かれている。

また大山山麓での禊行は、とくに浮世絵の素材となった。これは聖地へ踏み入れたことの象徴である。大山山内には、数々の滝（良弁滝、元滝、大滝、二重滝）が存在した。次に掲げる、葛飾北斎の「諸国滝廻り・相州大山ろうべんの滝」（図4）、歌川国芳の「大山石尊大瀧之図」（図5）が代表的なものである。

参詣者は宿坊を起点に、大山山頂まで登拝することになるが、登拝時期の規制があった。『相中留恩記略』に

例祭六月廿七日より七月十七日までの間は、本宮へ参詣せることを許す。平日は禁足の地なり。祭礼中といへども女人は禁制にして、登山を許さず(7)

とあるように、大山寺本堂から山頂へは登山時期が限られており、女人は麓までしか参詣が許されなかった。現在は、女性も含め、一年中登頂が可能だが、夏山以外の時期は、阿夫利神社下社脇の登山口の半分の扉を閉めることで、かつての名残を維持している。

(7)『相中留恩記略』（福原高峰撰、天保十二年）（有隣堂、一九六七年）、一四六頁。

2　文芸作品に描かれた祈願内容

江戸町人の間では、大山信仰は、火除けなどの諸災祓除、商売繁盛・病気治癒などの諸願成就の対象となったと一般的に言われる。この点は疑いようもないが、その一方で、清廉潔白ではない祈願内容が、多くの作品から浮かび上がってくるのも事実である。

たとえば、明和五（一七六八）年の万句合には、

石尊は土（賭）場からすぐ思い立ち(8)

とある。あるいは明和三（一七六六）年の『当世座持話』では、「丑之助」という道楽者が、博奕《ばくえき》（博打）に勝てる運を授かろうと、石尊大権現に祈願したところ、

汝がことき筋ちがひの類我いまだかつてきかず。よく物を合点せよ。汝元よりかけ事を好ミ、打まけたるを悔ミて我を祈り、勝たる者の運をけづり、其運を其儘にわがものにしたひなど、は不届千万なるくせものなり(9)

と、石尊大権現から諭されるという教訓話が取り上げられている。

さらに明和二（一七六五）年の『水濃行方《みずのゆくえ》』の「大森翁之篇」には、

(8)「誹風柳多留五編三十五丁目」（『誹風柳多留』一〈川柳集成一〉、岩波書店、一九八五年）、二二二頁。

(9)「当世座持話」（『洒落本大成』四、中央公論社、一九七九年）、一七三頁。傍線筆者（以下同じ）。

相模の国あふりの山に立せ玉ふ不動明王ハ霊験あらたにましまして鎮護国家の道場なり。近来山上に石尊大権現鎮座あつて衆生の祈願に應じ玉ふ事、聲と響とのごとくなりとて、関八州の民家もも《百度》と参詣し、六月末より上日をはつ山と云ひ、盆を盆山ととなへて、其群集夥しき事あまねく世の人の知れる所なり。或ハ運を守り玉ひて信ある人は負べき事にも勝と言てより、ひょんな事の守神の様に覚へ、江戸中の鳶の者諸職人の弟子、魚売、天窓《あたま》に少しも血の気持た者ハなまぐざ《生臭》ばんだばさら《婆娑羅》髪に大の木太刀引かたげて五郎時宗が富士の狩場へ切り込んだる勢ひ、伊達染浴衣の露をむすんで肩に懸、今年ハ藤沢の宿も世並《よなみ》がなを《直》つてよひ《良》あまめらが見へる(10)

との文言があり、石尊権現は「運を守る神」で、信仰した人は「勝負に勝つ」という噂があったことが窺える。したがって、明和期（一七六四〜一七七二年）には、勝運の神、開運守護の神として定着していたのであろう。これは、一七世紀までは武家や大商人といった限られた範囲で営まれてきた江戸の大山信仰が、一八世紀中頃から、中下層まで拡大した過程で、新たに「勝運守護」信仰として彼等の心をつかんだことを示している。

これは一過性のものではなく、寛政元（一七八九）年刊の案内記『相州大山順路之記』にも

御宮の前に神垣あり。納太刀を奉納す所也。納太刀といふハ願望ある人、此神刀をかりて持かへり家内に尊崇す。願なつてその大きさなる神太刀を持て禮参す。其丈ハ定りなし。大いなるハ二間三間あるハ二尺三尺、小なるハ六七寸におよぶ。挾客《きょうかく》力

(10)「水濃行方」、国立国会図書館所蔵。

をいのりて石尊の神名によせて江戸より大石を肩に乗セて集る徒あり。近年江戸講中より神酒を樽詰にして持参す。運を守護り給ふ神なりとて中人以下ハはなハた信功なして群参等なす事也(11)。

とあり、「運を守護り給ふ神」と「中人以下」とある。たとい博奕における勝利という邪《よこしま》な願いでも、叶えてくれる場所として、現世利益を求める庶民の思惑と一致したのである。後に「開運守護」から「商売繁盛」の御利益へと発展し、あるいは職業別の利益に派生したものと考えられる。

これを露骨に表現したのが、

さんげさんげ藤沢で遊びました(12)
さんげさんげ間男をいたしました(13)
石尊で聞けば不実な男なり(14)

という手前勝手な懺悔である。こうした庶民の姿は、安政四（一八五七）年の『大山道中膝栗毛』の作者鈍亭魯文に、

りょうへんのたきにかゝり、その身をきよめていつしんふらんにせきそんさまへてまへがつなことをいのりし(15)

(11)「相州大山順路之記」、国立国会図書館所蔵
(12)「誹風柳多留十九編十一丁目」（前掲『誹風柳多留』三）、一〇二頁。
(13)「誹風柳多留十七編七丁目」（前掲『誹風柳多留』三）、一二頁。
(14)「川柳評万句合天明二年仁印四丁目」筆者所蔵
(15)「大山道中膝栗毛」（鈍亭魯文）（『神奈川県郷土資料集成』一〇、一九六九年）、三二四頁。

と侮蔑的に書かせ、『続江戸砂子恩故名跡志』の編者菊岡沾涼《きくおかせんりょう》には、

ことごとく誤まれども信の心を以て納受し給ふならん

と、こちらは好意的に、庶民の真摯な姿として描かせた。
それは病気の祈願に端的に表現されていると言える。

親の身は二千垢離でも取る気也(16)
よくさしが流れましたと子分来る(17)
医者が離れると抜身を持って駆け(18)

ここには、親の病気を直すために意気込んで祈る姿、使いで垢離取りに行って、さし（藁《わら》しべ）を流して吉凶判断をした子分が喜んで戻ってくる様子、医者が見放したのなら、もう大山にすがるしかないという、切羽詰まった様が描写されている。

おわりに

ここまで江戸の文芸作品に描かれた大山信仰について述べてきた。これに対して、村落での信仰はどうか。北は現在の宮城県辺りまでは道中日記が確認されていて、幅広く村落

(16)「川柳評万句合明和三年桜印五丁目」。
(17)「川柳評万句合天明五年梅印二丁目」。
(18)「川柳評万句合安永四年智印五丁目」。

部での信仰の痕跡が残されている。村落からすれば、伊勢、富士山、成田山、榛名山、三峰山、高尾山、出羽三山、木曽御嶽山　秋葉山、川崎大師、江の島など、数ある聖地が存在し、それぞれ養蚕、火伏、厄除け、安産など現世利益が機能別に分かれていた。

これらすべて農業信仰がその根底にあったと言ってよいが、そのなかでも、相模大山は雨乞信仰の祈願対象として、抜きんでた存在だった。

このような信仰習俗が生じた要因は、その山容をはじめとして種々あるだろうが、とりわけ楽ではない登山道にあった。延宝八（一六八〇）年に大山に登った『鎌倉紀』の作者自住軒一器子が

> 万民をみちびくに二つあり。理体は知恵のかたより入る。是はたまさかの事也。おほくは愚癡《ぐち》の人なれば、此の艱難《かんなん》をこえて上れば山上の仏もいよいよたうとく、嶮岨《けんそ》に汗を流して平生の安楽をおもひしれとの方便なれば、事理共に猶《なお》たうとし(19)

と語っている。この険阻さが、相模大山を聖地たらしめていたのであり、その境地は、ケーブルカーを使用せず、男坂から登り、現在の下社から山頂まで、自らの足だけで踏破してこそ理解できるのだろう。

(19)「鎌倉紀」(自住軒一器子)(『鎌倉市史』近世近代紀行地誌編、吉川弘文館、一九八五年)、一三三頁。

第IV部

道から見る神奈川

川崎・横浜の寺社参詣と鉄道——川崎大師と伊勢山皇大神宮を中心に
——木村悠之介
【コラム】常民文化ミュージアム——大学の研究所を博物館にする——安室　知
関東大震災と神奈川県の交通網——震源地の被害を中心に——吉田律人
【コラム】川の町・横浜の姿——横浜市街地の河川運河と水運——松本和樹
湘南トライアングル——地図に描かれた鉄の道——大矢悠三子
【コラム】江ノ電が走る街——大矢悠三子
【コラム】学生が見る鎌倉駅西口・御成通り商店街の観光地化の様相——山口太郎

川崎・横浜の寺社参詣と鉄道
——川崎大師と伊勢山皇大神宮を中心に——

木村悠之介

はじめに

道、つまり交通の観点から神奈川という地域を考えるとき、その大きな特徴として、隣接する東京エリアとの距離感を挙げることができる。江戸時代の東海道における宿場町は、品川宿の次が川崎宿、そして神奈川宿（現・横浜市神奈川区）だった。続く保土ヶ谷宿までが武蔵国で、戸塚宿からは相模国に入ることとなる。

一八五八年に江戸幕府が締結した日米修好通商条約では、江戸に近い「神奈川」の開港が約束された。しかし幕府側は、人通りの多い神奈川宿で外国人と日本人の接触が増えることを警戒して、街道から外れた漁村の横浜村（現・横浜市中区）を選び、あくまで横浜も「神奈川」の一部だと称して翌年に開港する。[1] 横浜は、江戸に近いものの近すぎもしないという立ち位置ゆえに開港場へ選ばれ、結果的に発展していったといえよう。

明治時代になると、その横浜と東京をつなぐ新たな道が登場した。鉄道である。日本初

（1）今の神奈川県庁と横浜市役所の所在地が横浜市中区で、しかし横浜市内には別に神奈川区もあることは、こうした複雑な経緯を反映している。神奈川区の中心部となる旧神奈川宿の近辺は、一九〇一年の横浜市第一次市域拡張により横浜市へ編入された。

の官設鉄道（官鉄）[2]は、一八七二年に品川～横浜停車場（現・JR桜木町駅）間で仮開業し、川崎と神奈川に停車場を加えてから、新橋～横浜間の正式開業に至った[3]。以後、民間の事業者（私鉄）も現れつつ、鉄道は全国化していく。

本章ではそれら鉄道について、近接する寺院や神社との相互関係を取り上げたい。文明開化を象徴する鉄道と、歴史的な伝統に見える寺社参詣《さんけい》[4]。対照的で意外な組み合わせに思われるかもしれないが、実は両者は密接に影響を与えあってきたのだ。

図１　鉄道開業時に使われていた110形蒸気機関車（筆者撮影）
桜木町駅ビルに展示されている。

1　東京から川崎へ——川崎大師平間寺

厄除大師の隆盛

現在、神奈川県内の寺社で正月の人出が最も多いのは、川崎大師こと平間寺《へいけんじ》である（鎌倉の鶴岡八幡宮がこれに続く）。全国の順位でも明治神宮と成田山新勝寺を追う三番手で、日本を代表する初詣《はつもうで》先となっている。

（2）政府が経営する鉄道。一九〇六年の鉄道国有法を境に、以前を官鉄、以後を国鉄と呼び分ける場合がある。

（3）横浜と鉄道の関わりについては岡田（二〇二三）が詳しい。

（4）「寺社」と「社寺」のどちらで呼ぶかは、細かいようで重要な問題だ（平山二〇一二）。今回は、寺院メインの川崎には寺社、神社メインの横浜には社寺の語を用いた。

ここで特に注釈もなく用いた「初詣」という言葉は、他ならぬ鉄道の登場と切り離せないものなのだが、それについては次項で触れることとして、まずは鉄道以前、江戸時代に川崎大師が栄えてきた過程を見ておこう(5)。

川崎大師の境内施設や門前町は、一八世紀末から一九世紀前半にかけての二〇年ほどのあいだに、「繁昌むかしに百倍す」と言われるほどの急成長を遂げた。大きなきっかけは、時の第一一代将軍・徳川家斉《いえなり》が二度にわたり厄払いに訪れたことだった。とはいえ、繁昌するためにはそれなりの下地がいる。すでに一八世紀半ば以降、開帳《かいちょう》（本尊の公開）を頻繁に行い江戸にも出張するなど積極的なアプローチを行うことで、江戸周辺における弘法《こうぼう》大師《だいし》参詣の名所として認知度を高めていた。厄除《やくよけ》イメージの確立も同時期だという。

図2　現在の川崎大師（筆者撮影）
参道中央の大香炉は、1964年に京浜急行電鉄株式会社が奉納したものである。

特に、江戸の中心地から日帰りも可能だが川を隔てて若干離れている程度のロケーションがやはり重要だった。それによって川崎大師は、非日常的な場所における厄除という観念と結びつくのみならず、近隣では羽田の弁財天社、遠くでは江ノ島や箱根など、様々な名所を巡る回遊ルートにも組み込まれていったのである。

鉄道開業がもたらした「初詣」

鉄道の登場は、そうした行楽地としての郊外へ、時間や体力に余裕のない人々でも容易に足を

(5) 以下、本項の内容は原（二〇一二）を参照した。

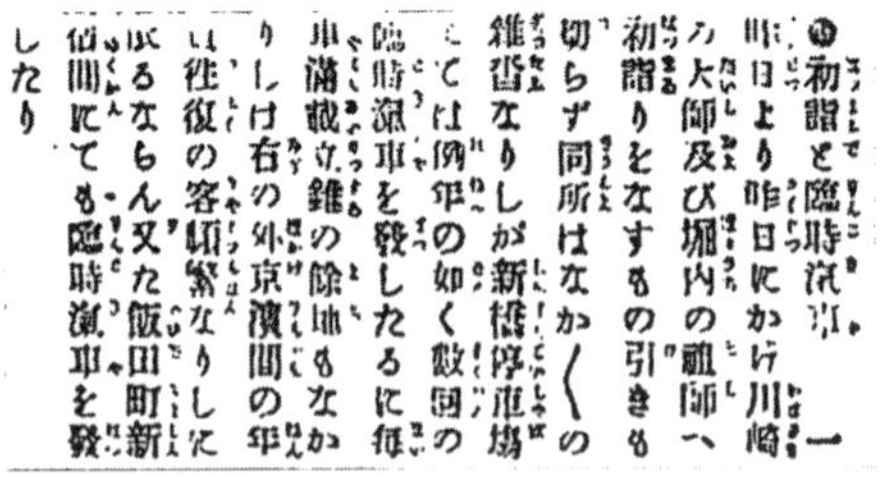

◉初詣と臨時汽車
一昨日より昨日にかけ川崎の大師及び堀内の祖師へ初詣りをなすもの引きも切らず同所はなか〳〵の雑沓なりしが新橋停車場にては例年の如く数回の臨時汽車を発したるに毎車満載立錐の余地もなかりしが右の外京浜間の乗り往復の客頻繁なりしに因るならん又た飯田町新宿間にても臨時汽車を発したり

図３　「初詣」を報じる記事の一例（『横浜毎日新聞復刻版』不二出版、1996年より転載）

『毎日新聞』1899年1月3日。現『毎日新聞』（当時の『東京日日新聞』）ではなく、旧『横浜毎日新聞』が東京へ移ったもの。

延ばすことを可能にした。(6) 一八七二年一〇月（旧暦九月）の官鉄正式開業直後には早くも、川崎大師の縁日（毎月二一日）に伴う旅客増を見越し、臨時的に列車の運行本数を増やす措置が採られた。川崎停車場は大師参詣のためにできたものでは全くなかったにもかかわらず、思わぬ需要が掘り起こされたことに注意したい。

そして鉄道は、単に参詣できる人々の数を増やしただけではない。現代の正月参詣では、元日以降にどこでも好きな寺社へ行く、という形式が一般的だが、これこそ鉄道が新たにもたらしたものである。従来、江戸時代から明治の半ばにかけて、正月の寺社参詣には日取りや場所に関する縛りが存在した。日取りは年明け最初の縁日、例えば川崎大師なら一月二一日の「初大師」が重んじられる。場所については、地元の氏神《うじがみ》への参詣や、毎年変わる縁起の良い方角に当たる寺社への「恵方詣《えほうもうで》」(7) が選ばれやすかった。

それに対し一八八〇年代の川崎大師では、元日に、しかも毎年、人々が訪れるようになった。つまり、縁日でなくとも、東京からの恵方に当たらない年でもよいのである。そのような、初縁日でも恵方詣でもない自由な形式を表すために出てきた言葉が「初詣」だ。今のところ新聞紙上で「初詣」の語を確認できる最も古い事例は一八八五年の臨時列車に関する記事であり、そこから一〇数年のあいだ、この言葉はほぼ全てが川崎大師との関わりで用いられていたと指摘されている。

（6）本項と次項の内容は主に平山（二〇一二）、鈴木（二〇一九）を参照した。

（7）恵方巻と同じ「恵方」だと言えば分かりやすいだろうか。ちなみに、恵方詣が今では衰退したのに対し、恵方巻が全国的なものになったのは一九九〇年代の大手コンビニチェーンによるキャンペーンが画期であり、意外と最近の風習だ。

なぜ川崎大師が初詣の発祥地になりえたのか。それは、東京周辺でいちはやく鉄道が開通した結果、汽車で出かけて郊外を散策できるスポットとしての魅力が見いだされたためだった。東京との距離感という地域の特徴が、初詣を生んだといえよう。また、当時の住職・深瀬隆健《りゅうけん》も、公園や参詣道を整備して集客力向上に取り組んでいた。

大師電気鉄道として始まった京浜電鉄

深瀬が整備した新道に、一八九九年一月二一日、(8) 関東で最初の電気鉄道が走った。大師電気鉄道である。今の京急こと京浜急行電鉄、と呼べばお分かりいただけるだろう。名前のとおり、開業当初は川崎停車場近くの六郷橋《ろくごうばし》から川崎大師までをつなぐことで、参詣客を輸送するための電車として始まったのだ（現・大師線）。非常に短距離の路線だが、代表取締役・立川勇次郎には裏の目的があった。実は立川は以前、東京市内における電気鉄道の計画を出願して却下されたことがあり、電鉄許可に消極的な政府に対し「電車の如何《いか》に快速で便利のものであるか」を示す必要があると考えていた。そのための「模範的事業」こそ、大師電気鉄道だった。(9) 東京に近い郊外で、参詣による需要が

図4　京浜急行電鉄「発祥之地」碑（筆者撮影）
1968年、川崎大師駅前に建立された。

(8) 前頁で見たように、この日取りは初大師である。

(9) この点は宮田（二〇一五）による。

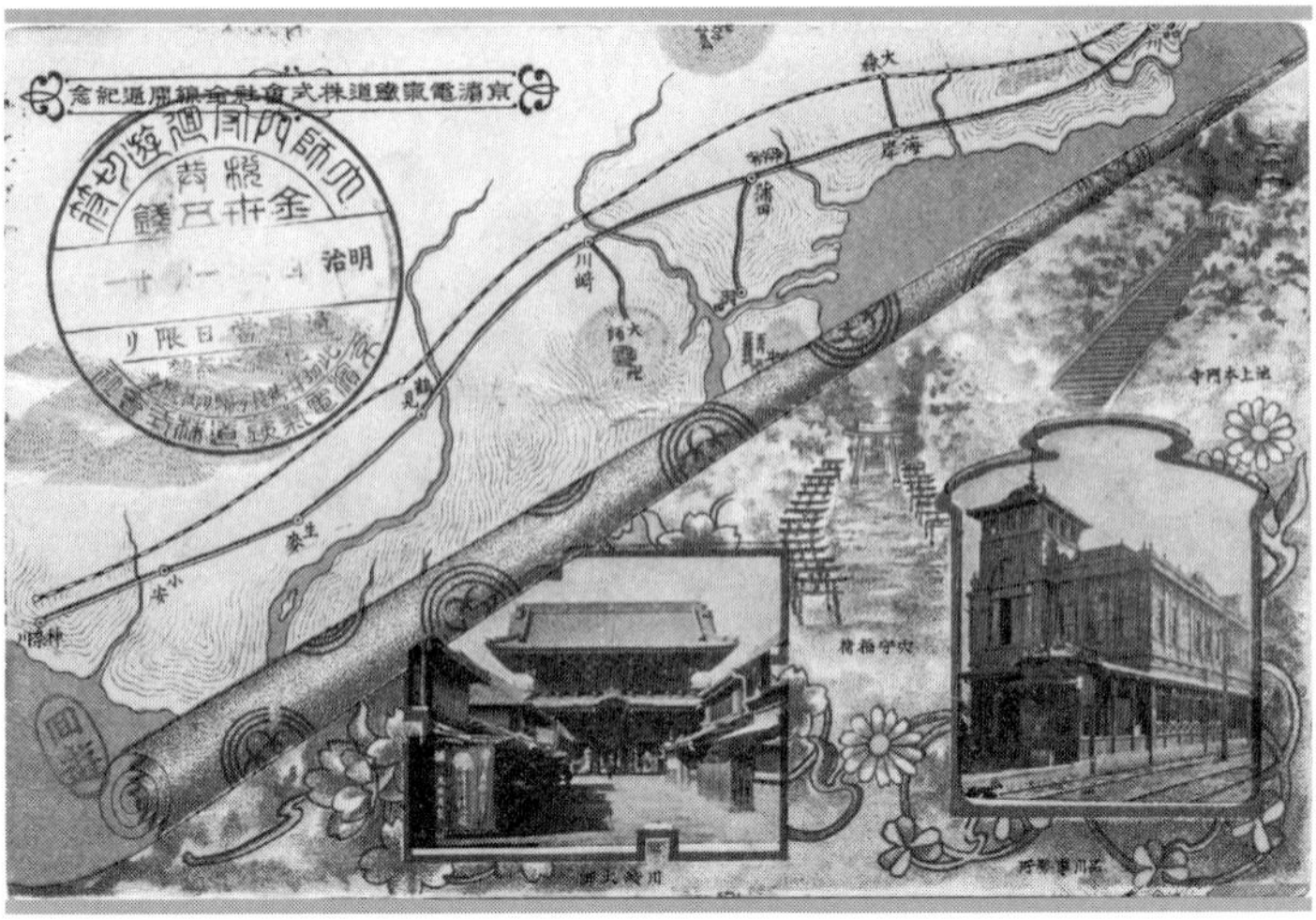

図５　「大師穴守廻遊切符」のスタンプが捺された「京浜電気鉄道株式会社全線開通紀念」絵葉書（横浜都市発展記念館所蔵）
かすれている日付は「明治四十年一月十一日」か。池上本門寺も描かれている。

見込める場所だからこそ、テストケースに選ばれたといえよう。

大師電鉄は同年四月に京浜電気鉄道へ改称し、一九〇五年までに品川～神奈川間を順次開通させるとともに、羽田の穴守《あなもり》駅に至る路線（現・空港線）も敷設する。(10) それにより、当時急速に隆盛していた穴守稲荷神社も含む回遊ルートが確立される一方で、品川～神奈川間を並走する官鉄（国鉄）との競合関係が熾烈なものになった。両鉄道のサービス競争、京浜電鉄による回遊ルートの売り込みが相まって、川崎大師への参詣客はますます増加していく。

ただしその後、川崎地域の工業都市化が進むなかで、郊外行楽地としての意味合いは薄れていった。現在も初詣の活況は盤石だが、近年に京急も採用した「夏詣《なつもうで》」(11)へ川崎大師が参画していないことには、また新たな時代の変化が表れているのかもしれない。

(10) 一九〇七年頃には、京浜電鉄の土砂採取工事により鶴見で発見された古墳（現・瓢簞山遺跡）が「お穴さま」と呼ばれて一時期だけ参詣ブームになるということもあった（稲葉一九六九）。

(11) 二〇一四年に浅草神社が提唱し、全国に広がりつつある企画。「夏詣参画神社・仏閣」(https://natsumode.com/shrine/)は、二〇二三年八月三日更新時点で神社四六六社・仏閣二四寺と、圧倒的に神社が多い。京急の場合は二〇一九年から「京急夏詣」キャンペーンを開催しているが、参加は神社のみである。二〇二三年は一九社で、穴守稲荷神社や、川崎大師駅が最寄りの若宮八幡宮、次節の伊勢山皇大神宮などが入っている(https://www.keikyu.co.jp/cp/natsumode2023/)。最終アクセスはいずれも二〇二三年八月一三日。

2 横浜から外へ――伊勢山皇大神宮

横浜地域の守り神

川崎大師と鉄道の関係が比較的よく知られてきたのに対し、開港により発展した都市・横浜の事例についてはイメージが湧かない読者がほとんどだろう。しかし次頁の浮世絵（図6）が象徴するように、横浜の社寺参詣もまた、鉄道との関係を生じさせていった。

浮世絵に描かれている伊勢山皇大神宮《いせやまこうたいじんぐう》は、鉄道開業とほぼ同時期の一八七〇年に野毛山へ創建され、天皇の祖先神・天照大御神《あまてらすおおみかみ》を祀った新しい神社だ。(12) 当時の神奈川県知事・井関盛艮《もりとめ》が創建を主導し、「神奈川県管轄内宗社《そうしゃ》」、つまり神奈川県全体の氏神的存在に定められている。(13) 現在では「横浜総鎮守」の呼び名で知られており、おそらくは創建から二〇年ほどのあいだに行政区分としての「神奈川県」や「横浜」（町・区を経て一八八九年に市制施行）がそれぞれ広域化していくなかで、神奈川県全体というより横浜地域の守り神だと見做されるようになっていったものと考えうる。(14)

旧横浜村の時代にも、守り神はいた。「横浜」の語源となった砂嘴《さし》の先端に洲干《しゅうかん》弁天社と呼ばれる村の鎮守が存在し、(15) 松林を有する景勝地として知られたほか、幕末の開港後には神奈川奉行の指示による大祭も行われたほどだった。同社は一八六九年に港湾開発の都合で関外へ移転し、現在の羽衣町厳島神社（横浜弁天）となっている。一八七〇年の伊勢山皇大神宮創建時には、この厳島神社の神職・龍山親祇《たつやまちかまさ》が祭事の担当者となり、羽衣町か

(12) 創建過程に関しては小澤（二〇二〇）が詳しい。

(13) 「神奈川県」は、廃藩置県より前の一八六八年にいち早く成立した。現在よりも県域は狭く、他に小田原藩・六浦藩・荻野山中藩などが併存していた。

(14) 今のところ確認できる「横浜総鎮守」の初出は、一八九二年の『横浜沿革誌』である。神奈川県の「総鎮守」ということであれば、一八七一年の公文書で「当県管内総鎮守」という表現が用いられている（『神奈川県史料』第六巻）。また、一八八一年には「横浜区」が氏子範囲に定められた（『伊勢山皇大神宮誌料』）。

(15) 弁天通や弁天橋といった中区の地名は、この弁天社への参詣道に由来している。弁天社については岡本ほか（二〇〇八）、横浜における祭礼に関しては阿部（一九九五、一九九七）、木下（二〇一六）が詳しい。

図 6　三代目歌川広重「横浜野毛伊勢山従海岸鉄道蒸気車ノ図」(1874年)(横浜市中央図書館所蔵)

右側に汽車も描かれているのが分かるだろうか。逆に、広重「横浜名所図会 野毛山下蒸気車」(同年)や二代目一曜斎国輝「神奈川蒸気車鉄道之全図」(1870年)は汽車の背景に伊勢山を描く。

ら伊勢山へと行列を組んだ。横浜における中心的な神社の移行が視覚化されたといえよう。

　とはいえ、人々の行き先が伊勢山皇大神宮だけに限られていったかといえば、そういうわけでもない。(16) 例えば一八九三年の正月模様に関する記事を見ると、「恵方参り若《もし》くは伊勢山の大神宮、成田山の不動尊、羽衣町の厳島神社へまふづるものは例に依《より》て夥《おび》たゞしく(17)」と、伊勢山皇大神宮、その隣の横浜成田山、(18) そして羽衣町厳島神社が、恵方詣とは別格の通例として参詣者を集めていたことが報じられている。伊勢山皇大神宮への元日参詣については一八八七年に「払暁《ふつぎょう》」(明け方)の混雑が取り上げられた(19)のが早い事例であり、他の様々な記事から推測するに、伊勢山と横浜成田山は、初日の出を見られる山で、しかも社寺だという点によって人気が出たものと思われる。

(16) 羽衣町厳島神社については開港五十年祭との関わりなど興味深い話題が尽きないが(木村二〇二三、および第Ⅱ部 平山「横浜から見えるビールの歴史」も参照されたい)、特に、中華街に住む華僑の人々が旧正月に豚の丸焼きを奉納していたことを指摘しておきたい(『横浜毎日新聞』一八七六年二月一六日、『横浜貿易新報』一九一四年一月二七日など多数)。金運の利益により、関帝廟と並ぶほどの崇敬を得ていたのである。

(17) 『東京朝日新聞』一八九三年一月三日。

(18) 野毛山不動尊とも呼ばれる。東京や千葉から横浜に移住した人々が、一八七〇年に成田山の遥拝所を設けたことが始まり。

(19) 『毎日新聞』一八八七年一月四日。

メディアイベントがつなぐ横浜と伊勢

つまり、創建からしばらくのあいだ、伊勢山皇大神宮が伊勢神宮の横浜版であることはさほど強調されていなかったようなのだが、この状況を変えたのが鉄道の力だった。[20]

一九〇八年一月、当時の横浜を代表する新聞社・横浜貿易新報社（現・神奈川新聞社）が、参加者を募って団体で鉄道を利用し桜木町の横浜駅[21]から伊勢神宮に向かう「参宮列車」イベントを催した。四〇〇名が参加したこの団体参宮は、新聞社によるものとしては大規模かつ先駆的な試みで[22]、一九一三年まで続き、一九一六年にも再び行われている。

当初、『横浜貿易新報』のキャンペーンは伊勢山皇大神宮を度外視していた。参宮に関する社説で言及しないばかりか、元日の紙面に掲載された参宮体験記には「日頃伊勢山太神宮の前に立つて、帽子を取らうとしなかつた人物も、太廟《たいびょう》（伊勢神宮）の大前に立つた瞬間には、何物か頭を押《おさ》へ付けて、何物か額を下に引寄せて、後部からは何物か腰を折らせるやうに感ずる」というくだりまであった。[23] さも、伊勢山皇大神宮よりも伊勢神宮のほうがありがたいのだから参宮列車に乗れ、と言わんばかりの内容だ。

そうした状況で動いたのが、当時、伊勢山皇大神宮の社司《しゃし》（今で言う宮司）を

図７　「参宮団隊横浜駅出発之光景」
『横浜貿易新報』1910年1月3日。

(20) これに加えて、神奈川県で最も早い一九〇五年から神前結婚式を始めたことも大きい。特に、関東大震災後の伊勢山皇大神宮が急速に復興できたのは、結婚式を東京ではなく横浜で挙げたいという地域住民の後押しがあったからだとの話がある（当山亮道「神前結婚に付て調査視察」『神社協会雑誌』二九―二、一九二〇年二月）。正月参詣のような年中行事のみならず、こうした人生儀礼の求心力にも注意すべきだ。

(21) 冒頭で述べたように、当時の横浜駅は現在のJR桜木町駅にあたる。しかし東海道線が西に延伸してからは接続が不便になってきていたため、一九一五年に高島町へ、関東大震災後の一九二八年に同じく高島町の現在地へ移転した。

(22) 横浜以外の事例は平山（二〇一八）が取り上げている。

(23) 『横浜貿易新報』一九〇八年一月一日。もちろん、これ自体は参宮列車の記録ではない。内容から、一九〇六年の体験だと思われる。

兼任するようになっていた龍山親祇だった。翌日の紙面に掲載された参宮列車レポートは、龍山が参宮列車のことを「聞きて」、横浜駅に神職を派遣し参加者のお祓いを行うことを「思ひ付き」、それを実行に移したのだと好意的に報じている。(24) 表現から推測するに、伊勢山皇大神宮側に対し新聞社側から事前の相談はなかったものの、龍山は伊勢山皇大神宮と桜木町との距離の近さを活かし、出発時に自分たちの存在を印象づけようと試みたのだろう。

　この機転が効を奏する。一週間後に参宮列車を総括した『横浜貿易新報』社説は、横浜が開港後に「伊勢神宮を分祀《ぶんし》し」市民が氏子となってきたことを、「美風」として語っている。(25) 伊勢山皇大神宮は、参宮列車への協力を通じて、横浜と伊勢神宮をつなぐ存在としての価値を捉えなおされたのだ。参宮列車に対する伊勢山皇大神宮神職のお祓いは、一九一三年まで実施されつづけることとなった。(26)

図８　現在の伊勢山皇大神宮（筆者撮影）
今の本殿は、2020年の伊勢山皇大神宮創建150年を奉祝するため、伊勢神宮内宮の西宝殿を式年遷宮後に譲り受けたものである。

恵方詣と横浜電気鉄道

　この時期の新聞記事を見ると、従来であれば伊勢神宮に用いられてきた「森厳《しんげん》」（おごそか）という形容が、伊勢山皇大神宮にも定型表現として適用されはじめている。また、実際の参詣行動としては、まずは大晦日の夜から初日の出にかけて伊勢山皇大神宮へ「敬《けい》

(24)『横浜貿易新報』一九〇八年一月二日。

(25)『横浜貿易新報』一九〇八年一月九日。また、この年に東西朝日新聞社の「世界一周会」が横浜から出発した際は、横浜貿易新報社長・富田源太郎の斡旋により伊勢山皇大神宮でお祓いが行われた（『東京朝日新聞』一九〇八年三月一八日）。

(26) 一九一六年については不明。前年の二代目横浜駅上棟式では、龍山が祭事を担当していた（『伊勢山皇大神宮日誌撮要』）。

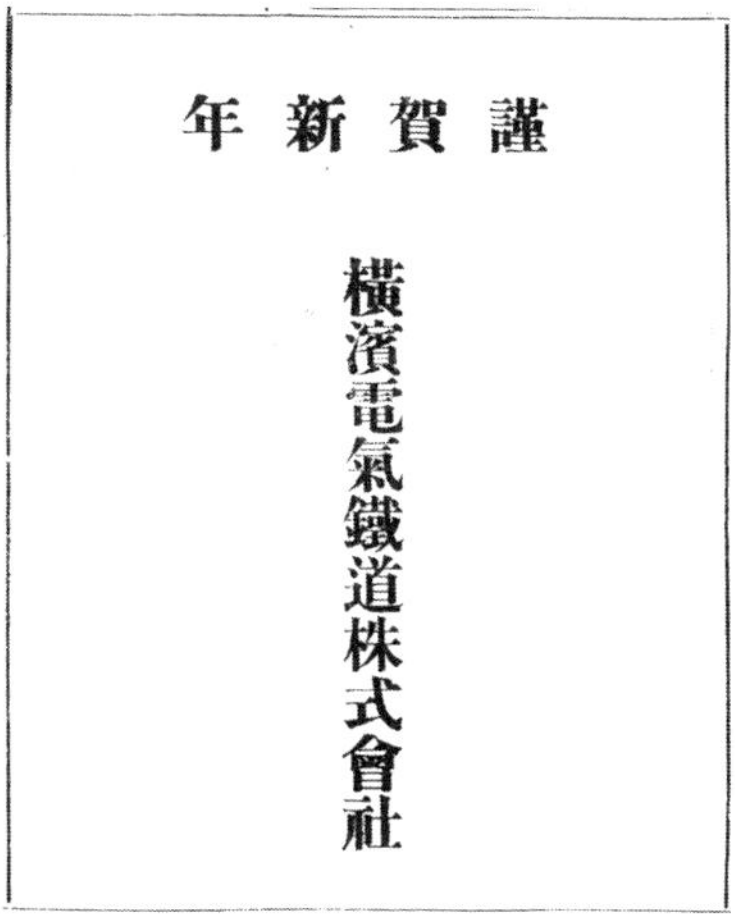

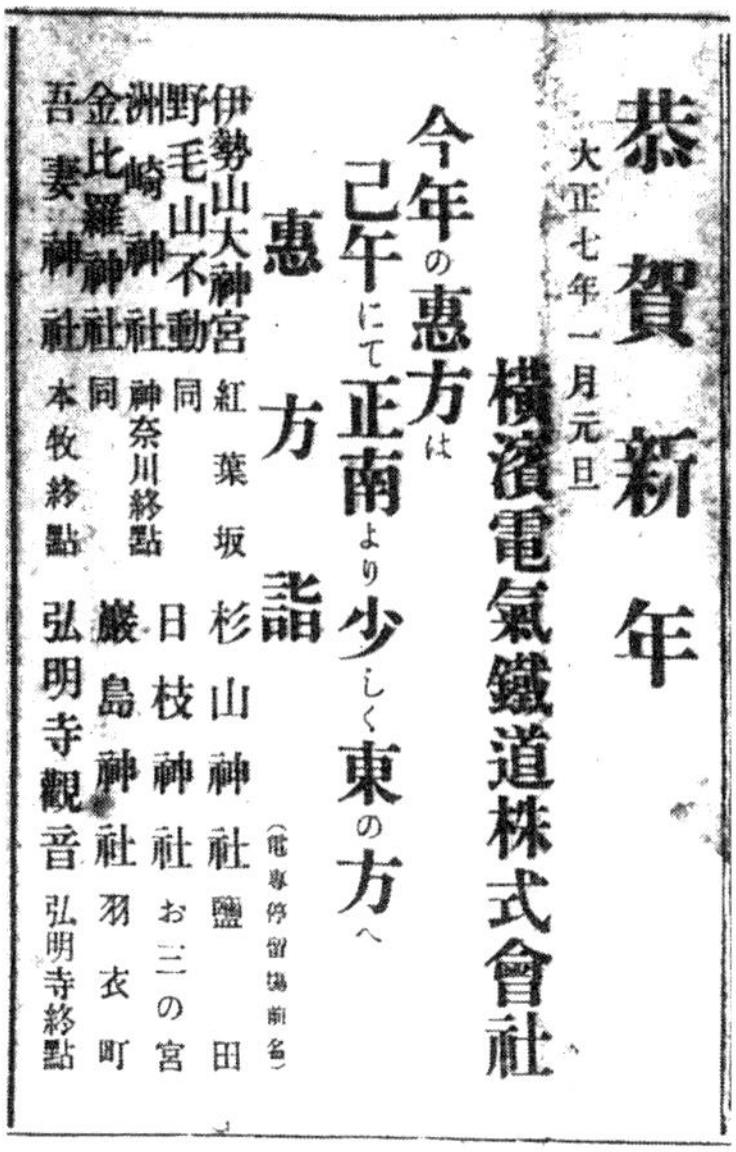

恭賀新年
大正七年一月元旦
横濱電氣鐵道株式會社
今年の恵方は
己午にて正南より少しく東の方へ
恵方詣
(電車停留場前名)
伊勢山大神宮 紅葉坂
野毛山不動 同
洲崎神社 神奈川終點
金比羅神社 同
吾妻神社 本牧終點
杉山神社 鹽田
日枝神社 お三の宮
巖島神社 羽衣町
弘明寺觀音 弘明寺終點

謹賀新年
横濱電氣鐵道株式會社

図９　横浜電気鉄道の元日広告（その１）
右が1917年、左が1918年。いずれも『横浜貿易新報』に掲載されたもの。

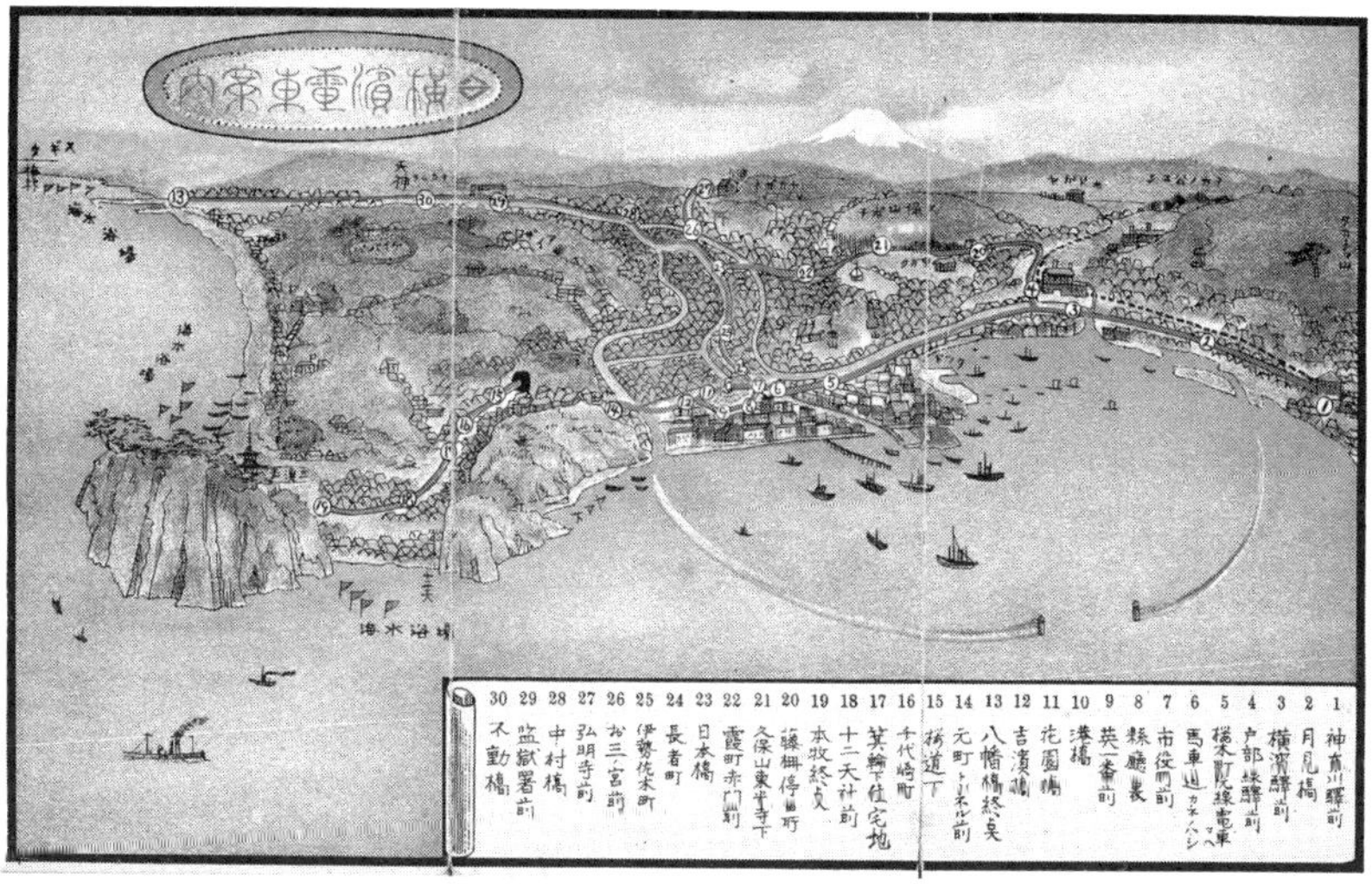

図10　「横浜電車案内」（1920年頃、岡田直『横浜　鉄道と都市の150年』有隣堂、2023年より転載）
市街中心の「イセ山」をはじめ、「オカムラ天神」「十二天」「三渓エン」といった郊外の名所が書き込まれている。「お三ノ宮前」「弘明寺前」などのように、駅名に冠される場合もあった。

虔《けん》」に参拝し、その後、横浜駅を起点に川崎大師をはじめとする各所の初詣・恵方詣など「歓喜」の場や参宮列車へ赴く、というパターンが現れてきた(27)。伊勢神宮とつながる空間性に駅への近さが相まって、伊勢山皇大神宮が優先的に参拝される重層構造が生まれたのだ。

ここで、横浜市内外の郊外地域へ恵方詣を行う人々の足となったのが、一九〇四年開業の私鉄・横浜電気鉄道だ。例えば、一九一一年開通の本牧《ほんもく》線は十二天社や三渓園、一九一三〜一四年順次開通の大岡川線は日枝《ひえ》神社(お三の宮)や弘明寺《ぐみようじ》などの参詣先を沿線に有していた。とりわけ、一九一二年の滝頭《たきがしら》線開通以降たびたび混雑が報じられたのが、現在の磯子区に位置する岡村天満宮である(一九一一年の第二次市域拡張により横浜市へ編入)。

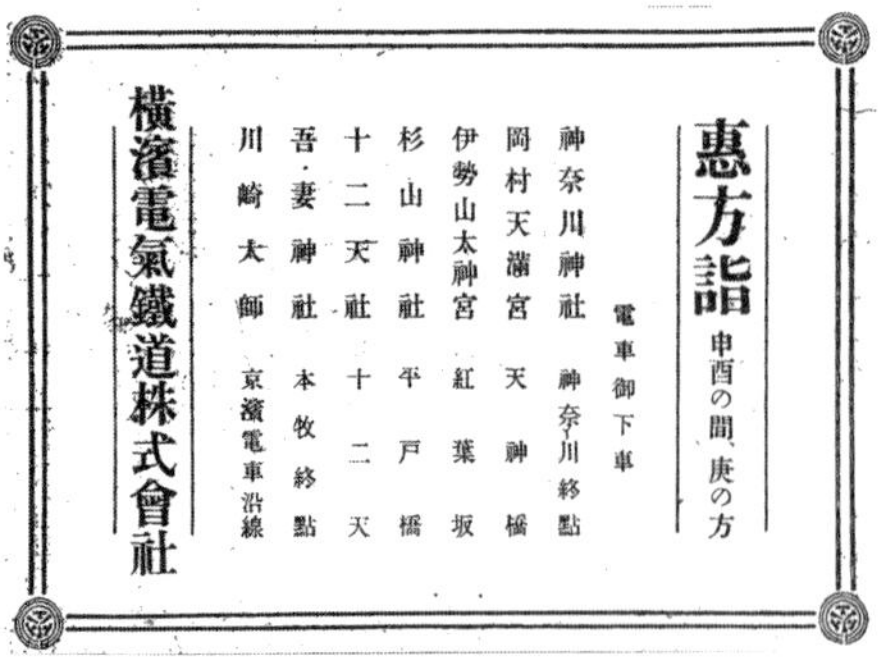

図11　横浜電気鉄道の元日広告(その2)
こちらは1920年のもの。伊勢山皇大神宮よりも先に岡村天満宮と「神奈川神社」が載る。

境内には遊園地も設けられ、それまで参詣者層として知られていた「花柳界《かりゅうかい》」(遊廓)の人々に加えて、家族連れも含む群衆が詰めかけたという(28)。

横浜電気鉄道の社史には一九一三年に本牧と根岸へ海水浴場を設けたことだけが記されており(29)、社寺参詣に限らず郊外開発を目論んでいたと思われる(30)。むしろ、前頁に掲げた元日広告の変化(図9)からすれば、恵方詣にフォーカスする時期は路線拡大よりも遅い。この一九一七〜一八年にかけて、横浜電気鉄道は第一次世界大戦による物価高騰を受けた様々な経営改善策を図っていた。おそらくはその一

(27)『横浜貿易新報』一九一一〜一八年、各一月二日。

(28)『横浜貿易新報』一九一四年一月六日、同二六日。

(29)『横浜市電気局事業誌』。現存する分の営業報告書(横浜開港資料館および東京大学経済学部資料室所蔵)を見ても、参詣需要への明示的な言及はなく、一月の乗客数が特別に増えるということもなかった。

(30) 市外にあたる逗子や鎌倉への軌道敷設特許も取得しており、前者は着工されたが、後者は失効した(岡田二〇二三)。

環として、参詣需要の掘り起こしによるテコ入れも試みられたのだろう。
　正月報道の状況からは参詣の活発化が窺えるものの、横浜電気鉄道の経営難を逆転させるまでには至らなかった。一九二〇年一一月、横浜市は横浜電気鉄道買収を決定し、翌年四月に横浜市電として運営しはじめる。関東大震災が起こる数年前の出来事だ。

おわりに――「神奈川神社」の謎

　一九二〇年、横浜電気鉄道が最後に出した元日広告（図11）に、「神奈川神社」という神社が記載されている。耳慣れない名前だが、どこのことを指すのだろうか。神奈川町の鎮守である熊野神社(31)の可能性も考えられるが、おそらくは、以前の広告で「神奈川終点」の神社とされていた青木町の洲崎大神《すさきおおかみ》(32)であろう。

図12　洲崎大神（筆者撮影）
当初、参道の前は船着き場となっていた。

　なぜ興味深いかといえば、横浜市域の拡大に伴い、新たに「横浜」とされた地域も伊勢山皇大神宮の氏子なのかという争いが起こっていた当時(33)、伊勢山皇大神宮にとって最大のライバルが洲崎大神だったためだ。特に、一九二五年の夏に横浜市神職会と横浜貿易新報社が実施した児童参宮団の出発時に

(31)　同社の跡継ぎとして生まれた照本亶《ゆたか》は当時の神社界を代表する言論人であり、そのペンネーム「金川」に、神奈川への愛着を窺える。金川は江戸時代の書物『金川砂子』において神奈川の語源とされている言葉で、日本武尊《やまとたけるのみこと》がこの地を訪れた際、身に着けていた剣の輝きが川に映ったことから名づけられたという（語源は諸説ある）。
(32)　震災後の『洲崎大神復興記念誌』では、横浜貿易新報社長・三宅磐か「我が神奈川の鎮守」と呼んでいる。洲崎大神は源頼朝の命令により、千葉の安房神社から分霊を受けて創立されたという（また、その頼朝が金川の表記を「神大《おおい》に示すの地」・神奈川に改めたとも伝わる）。
(33)　伊勢山皇大神宮は横浜市の全部を氏子だと主張していたが、市内各神社の陳情を受けた神奈川県は、市制施行時の範囲のみを氏子とする裁定を下した（『横浜貿易新報』一九二二年九月一九日）。

は、伊勢山皇大神宮ではなく洲崎大神の社司・吉田高司が横浜駅でのお祓いを行っている。(34)地域の神社がアイデンティティを主張しあうなかで、鉄道会社の広告上で「神奈川」の語が冠されたり、新たな参宮列車が行われたりしたわけだ。前節の参宮列車が横浜と伊勢の空間的つながりを人々に想像させたように、寺社参詣に関与した鉄道というアクターは、単に人間を輸送するだけではなく、それに伴う様々なイメージをも運ぶ媒体《メディア》に他ならなかったといえよう。(35)

本章では、旧神奈川宿を挟む川崎と横浜の両地域、つまり神奈川県のうち旧武蔵国のエリアについて、主に関東大震災以前の状況を扱った。同じ神奈川県のなかでも、違う場所（旧相模国）や異なった時代（関東大震災以後）に目を向ければ、また別の興味深い事例があるはずだ。その道は、現在の私たちに向かって延びている。

(34)『横浜貿易新報』一九二五年八月四日。

(35) 近年、新聞などの〝情報メディア〟だけではなく、鉄道のような交通インフラも〝交通メディア〟としてメディア史の枠組みで捉えるべきだという問題提起が行われている（平山二〇一九）。

〔参考文献〕

阿久津裕司「『伊勢山皇大神宮誌料』の解題と翻刻」『禮典』四〇、二〇一六年
阿部安成「文明開化とフォークロア―横浜開港の二〇年とコレラ流行―」宇野俊一編『近代日本の政治と地域社会』国書刊行会、一九九五年
――「横浜開港五十年祭の政治文化―都市祭典と歴史意識―」『歴史学研究』六九九、一九九七年
伊勢山皇大神宮『横濱総鎮守 伊勢山皇大神宮創建百五十年記念誌』二〇二一年
伊勢山皇大神宮社務所『伊勢山皇大神宮日誌撮要（稿本）明治五年―大正五年』二〇二〇年
稲葉森三編著『瓢箪山おあなさま』旭屋本店、一九六九年
岩科清次編『洲崎大神復興誌 附 神奈川郷土史』洲崎大神復興記念誌編纂所、一九三一年
岡田直『横浜 鉄道と都市の150年』有隣新書、二〇二三年
岡本哲志＋日本の港町研究会『港町の近代―門司・小樽・横浜・函館を読む―』学芸出版社、二〇〇八年
小澤朗「横濱総鎮守伊勢山皇大神宮創建の諸相について」『神道文化』三二、二〇二〇年
木下直之『近くても遠い場所―一八五〇年から二〇〇〇年のニッポンへ』晶文社、二〇一六年

木村悠之介「研究発表 近代横浜の社寺参詣―二つの「鎮守」を中心に」『神道宗教』二七二、二〇二三年
京浜急行電鉄株式会社『京浜急行百年史』一九九九年
佐藤教倫編『平間寺史』平間寺出版部、一九三五年
鈴木勇一郎『電鉄は聖地をめざす 都市と鉄道の日本近代史』講談社選書メチエ、二〇一九年
大本山川崎大師平間寺『平成九年開創八百七十年記念 川崎大師平間寺近現代史』一九九九年
――『祈りとご利益―川崎大師公式ガイドブック』二〇一八年
多田純二編『横浜市電気局事業誌』横浜市電気局、一九四〇年
龍山親祇『浜のいさご』伊勢山皇大神宮社務所、一九三〇年
原淳一郎「川崎大師平間寺の隆盛と厄除信仰」『民衆史研究』六四、二〇〇二年
平山昇『鉄道が変えた社寺参詣 初詣は鉄道とともに生まれ育った』交通新聞社新書、二〇一二年
――『初詣の社会史―鉄道が生んだ娯楽とナショナリズム』東京大学出版会、二〇一五年
――「大正・昭和戦前期の伊勢神宮参拝の動向―娯楽とナショナリズムの両側面から―」高木博志編『近代天皇制と社会』思文閣出版、二〇一八年
――「メディア史に鉄道は入っているか?―近代の都市における社寺参詣を事例に―」『メディア史研究』四六、二〇一九年
宮田憲誠『京急電鉄 明治・大正・昭和の歴史と沿線』ＪＴＢパブリッシング、二〇一五年

column

常民文化ミュージアム
——大学の研究所を博物館にする——

安室　知

神奈川大学の日本常民文化研究所は、二〇二三年三月、横浜キャンパス内に常民文化ミュージアムをオープンさせた。現在（二〇二三年）、博物館法に則った博物館展示としては日本で最も新しい施設であるといってよい。大学では常民文化ミュージアムを核にして大学史資料室などを含め三号館一階をミュージアム・コモンズと位置づけている。そうすることで、常民文化ミュージアムは大学のキャンパス内にあっても、学生や教職員だけでなく、広く地域の人びとに開かれた空間となっている。もちろん入館料は無料である。

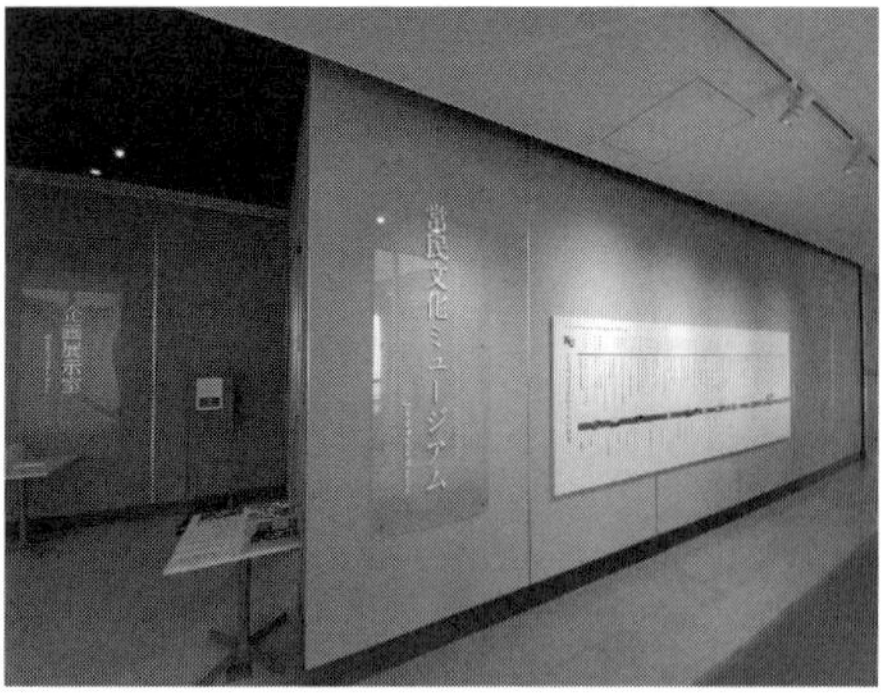

図１　常民文化ミュージアム（筆者撮影。以下同じ）

本来、日本常民文化研究所は、日本人の生活文化とその歴史について、歴史学、民俗学、文化人類学といった多様な方法により長年にわたり研究をおこなってきた研究機関である。それは、渋沢栄一の孫にして大蔵大臣や日本銀行総裁を歴任した渋沢敬三により一九二一年に創建されている。当初はアチックミューゼアム・ソサエティと称していたが、後に日本常民文化研究所と改称され、一九八二年には神奈川大学に招致され付置研究所となった。

創立一〇〇周年を迎えた二〇二一年、日本常民文化研究所では次なる一〇〇年を見据え、将来構想を策定している。その将来構想では、それまで研究所として担ってきた共同利用・共同研究の拠点としての機能をさらに増進するとともに、アチックミューゼアム時代に立ち返り博物館機能を充

図3　展示室全景

図2　展示「海のくらしと知恵」

実させることを大きな目的として掲げている。
　そうした将来構想の一環として誕生したのが常民文化ミュージアムである。まず、日本常民文化研究所それ自体を博物館相当施設として登録し、その展示部門として常民文化ミュージアムを開設した。一九五一年に博物館法が施行されて以来、日本において大学の付置研究所が博物館相当施設に認められたのは二例しかない。
　展示面積はわずか六四平米と少ないが、その内容はこれまで日本常民文化研究所がおこなってきた一〇〇年に及ぶ研究の成果を具現するものである。具体的にいうと、展示室は、研究所を紹介する「常民文化へのアプローチ」にはじまり、「海のくらしと知恵」、「布とくらし」、「生活の記録」の四つのコーナーに分かれている。特筆すべき点として一例を挙げると、「海のくらしと知恵」のコーナーでは、漁業者が経験により体得したさまざまな知識や技術について、民具のような有形資料に頼らない展示をおこなっている。それは、研究所として一〇〇年の研究蓄積があるからこそ可能となる実験的展示といってよい。このほか、展示室の床面にはこれまで研究所が刊行してきた常民文化にまつわる報告書や資料集の対象地を示した日本地図、建物の外壁面には研究所が歩んできた一〇〇年の記録が年表として掲示されている。
さらにいうと、この常設の展示室には企画展示室が併置されており、日本常民文化研究所だけでなく自然系や工学系など大学全体の最新の研究成果を展示として発表してゆく予定である。

この常民文化ミュージアムの開設により、日本常民文化研究所は博物館機能を有する研究機関として、これまでにない新たな博物館型研究統合を目指すことになったといえる。共同研究などの研究成果を企画展示やワークショップといった博物館事業を通して広く社会に発信するとともに、学芸員養成など大学教育にも利活用してゆくことになる。博物館型研究統合は、大学の付置研究所が博物館機能を有するからこそ可能となる研究と教育の融合であり、社会貢献のあり方であるといえよう。

関東大震災と神奈川県の交通網
――震源地の被害を中心に――

吉田律人

はじめに

今からおよそ一〇〇年前、一九二三（大正一二）年九月一日に発生した関東大震災は、神奈川県を中心とした大規模な地震災害であり、最大の被災地は横浜市であった。[1]この災害では、約三万八〇〇〇人の生命を奪った東京市本所区横網町陸軍被服廠跡（現・墨田区横網町公園周辺）の火災旋風などが知られており、東京市の犠牲者数は推定六万八六六〇人に上った。地震発生時の推計人口が二二六万五三〇〇人（『東京府統計書』）だった点を考えれば、約三三人に一人が亡くなった計算となる。一方、横浜市の犠牲者数は推定二万六六二三人と東京市に比べて少ないが、当時の人口が推計で四四万六六〇〇人だった点を考えれば、犠牲者は約一七人に一人となる。また、東京市は西半分が焼け残ったのに対し、横浜市は大部分が焼け野原となり、国際的な貿易都市としての機能は失われた。これらが横浜市を最大の被災地と位置付ける所以である。

（1）災害の概要は災害教訓の継承に関する専門調査会編『一九二三関東大震災報告書』第一～三編、中央防災会議、二〇〇六～二〇〇八年を参照。

加えて、神奈川県全体に視点を広げると、横須賀市や小田原町でも大規模な火災が発生したほか、相模湾の沿岸を津波が襲い、箱根町などの山間部では土石流なども発生した(2)。そもそも関東大震災を引き起こしたマグニチュード七・九の地震、大正関東地震の震源は神奈川県であり、激しい震動によって様々な種類の災害を誘発した。全体で推定一〇万五三八五人の犠牲者のうち、神奈川県全域の犠牲者は三万二八三八人に上っている。さらに情報網が寸断されるなか、避難者の移動にともなって「朝鮮人暴動」に代表される流言飛語も広がり、県内各地は混乱状態に陥った。

このように神奈川県にとって関東大震災は大きな歴史的事象であるものの、朝鮮人や中国人の殺傷問題を除き、注目されることは少なかった。歴史像を豊かにするだけでなく、発生が予想される首都直下地震や南海トラフ地震に備えるためにも、関東大震災の実態を知ることは重要である。特に人間の活動を研究対象とする人文科学は、被災した人々の行動と、復興にむけた動きを実証的に解明し、社会に対して広く発信していかなければならない。その論点は多岐にわたるが、本章では、人やモノの移動を担う交通網、道路や鉄路の被害に着目しつつ、神奈川県における関東大震災の状況を追いかけていきたい。

(2) 神奈川県内の被害は神奈川県編『神奈川県震災誌』神奈川県、一九二七年を参照。

1 関東大震災以前の交通網

旧街道と国道

江戸時代以来、神奈川県の東西には、東京と大阪を結ぶ東海道が主に海岸線に沿って通っていたほか、その脇街道として東京と平塚を結ぶ中原街道や、東京と静岡県の沼津を結ぶ矢倉沢往還（大山街道）、東京の三軒茶屋から相模原方面を結ぶ津久井街道などが通っていた。また、南北には、八王子道や鎌倉道、金沢道など東海道から分岐して脇街道と接続する道路も存在した。維新後、明治政府は国道や県道、里道の種類で道路を体系化し、その維持、管理に努めた。さらに一九一九（大正八）年四月に道路法が公布されると、国道、府県道、郡道、市道、町村道等に区分され、「東京市より神宮（伊勢神宮のこと）、府県庁所在地、師団司令部所在地、鎮守府所在地又は枢要の開港に達する路線」、「主として軍事の目的を有する路線」は内務大臣等によって国道に指定されることになった。[3]

地震発生以前、神奈川県内の主な国道には、一号線（川崎町―箱根町間）、八号線（津久井郡内）、三一号線（横浜市―横須賀市間）などがあり、軍港都市である横須賀（**第Ⅱ部 山本**）を中心に、三浦半島にも国の管理する道路があった。また、府県道も神奈川県道一号に指定された矢倉沢往還など一二四路線あり、これらから郡道や市道、町村道が分かれていた。[4]その構造は大部分が砂利道で、アスファルト舗装の道路は国道一号線の京浜間等に限られた。一九二二年八月に刊行された『神奈川県統計書』によれば、同年三月末段階の県内の車両数は、乗用馬車一一四台、荷馬車四七六三台、牛車二三二九台、荷車六万八二二五二台、乗用自動車五〇九台、貨物用自動車八九台、人

図１　人力車や馬車、自転車が行き交う横浜市街中心部 大正期（横浜開港資料館所蔵）

(3) 一九一九年四月一〇日、法律第五八号。

(4) 前掲『神奈川県震災誌』二八五～二九一頁。

力車四九六四台、オートバイ二一八台、自転車六万四八九八台で、自動車は乗用と貨物用を合わせても六〇〇台程度だった（図1）。道路の主役は動物や人間の力によって動く乗り物、または徒歩による移動だったのである。

神奈川県の主要鉄道

一八七二年一〇月一四日（明治五年九月一二日）、鉄道開業式が催され、日本初の鉄道となる新橋―横浜間の営業も正式に始まった。その後、一八八九年に東海道本線の新橋―神戸間が全通したほか、横須賀線の大船―横須賀間も開業した。続いて一八九九年に現在の京急大師線の前身となる路線を開業した大師電気鉄道が、同年中に社名を京浜電気鉄道（現・京急）に変更したうえで、一九〇五（明治三八）年には川崎―神奈川間の運行も開始した（第Ⅳ部 木村）。さらに一九〇八年九月には、東神奈川と八王子を結ぶ横浜鉄道が開業、一九一七（大正六）年には国有化されて横浜線となった。京浜間の交通需要の高まりによって、都市と都市を結ぶ交通網が整備されていく。

一方、横浜市内では、一九〇五年一二月二五日に横浜電気鉄道株式会社が神奈川―大江橋間の路面電車を開業させた。また、一九一五（大正四）年八月一五日、裏高島町（現・西区高島町二丁目、高島町交差点付近）に新しい横浜駅の駅舎が完成し、初代横浜駅は「桜木町駅」と

図2　1915(大正4)年に完成した2代目横浜駅（横浜開港資料館所蔵）

改称される（図2）。二代目横浜駅は煉瓦造二階建ての建物で、中央の屋根には堂々とした塔を備えていた。横浜駅前には路面電車も走っており、戸部線の横浜駅前停留所と、神奈川方面へむかう高島町停留所の二つの停留所があった。その後、路面電車は一九二一年四月に市営となり、「横浜市電」として市民に親しまれる。横浜市民は通勤や通学など市内の移動に市電を利用していった。

2　地震発生と交通網の被害

道路の被害

一九二三（大正一二）年九月一日午前一一時五八分、マグニチュード七・九の地震が発生する。続いて本震発生から三分後の午後〇時一分、東京湾北部を震源とするマグニチュード七・二の余震、続いて同〇時三分に神奈川、静岡、山梨の県境付近を震源とするマグニチュード七・三の余震も発生した。こうした度重なる揺れは県内各地に被害をおよぼしていった。例えば、横浜の中心部では、多くの建物が倒潰、崩れた瓦礫は道を塞いでいった。また、山手や野毛の斜面では崖崩れも発生する。続いて市内二八九ケ所から火災が発生、強風に煽られた炎は急速に燃え広がった。正午前だったこともあり、家庭や飲食店が火を用いていた。これによって横浜の街は壊滅的な打撃を受けた。

神奈川県内の道路に目を転じると、国道を含め、全線にわたって亀裂、崩壊、陥没等の被害が生じていた。『神奈川県震災誌』は道路被害について、「震源地たる相模灘に近き三浦半島より海岸に沿ひ、伊豆半島に渉る各地は被害最も激甚なること勿論なるも、就中《なかんずく》足柄下郡早川村より真鶴村に至る山腹は殆ど原形を止めざる程度に崩壊し、交通全く杜絶せり、山崩れの為め土砂を押し出し、甚《はなはだし》敷きに至りては、例へば根府川村の如きは数里の遠きより渓谷の崩壊土砂を海中迄押し出し、数十町歩の山林数百名の住民を埋没せり、又河川に沿ひたる土地、即ち相模川沿岸は愛甲郡厚木町付近に至る迄及酒匂川の沿岸は足柄上郡三保村付近に至る迄其被害夥し」と、簡潔に整理している。(5) 相模湾や各河川の沿岸を中心に、道路網は大きな被害を受けた。

激震や火災から逃れ、生き残った人びとは、避難先を求めて壊れた道路を移動していった。例えば、勤務していた横浜市山下町一五七番地のスピルマン商会で被災した鈴木テイは、横浜公園で救護活動を行った後、沿道の農家の支援を受けつつ、保土ケ谷、戸塚、藤沢、茅ケ崎、平塚と、東海道を歩いて郷里の中郡成瀬村下糟屋（現・伊勢原市下糟屋）をめざしていった。その体験記には、「途中地震の強いところは地が割れている所も大小あって夜道はこわい」とあるほか、「遠く点々と見える灯を頼りに歩く、少々顔にあたるのは雨らしい、道を間違えてはまた戻る、星ひとつ見えない」と、歩くのにも困難な状況が記されている。そして最後は「手に下駄をはかせ手さぐりで這いずり乍《なが》らやっと橋のたもとに出た」と、月明かりもない暗闇の中を進む様子がうかがえる。(6) 被災者たちは困難を乗り越えながら避難場所を求めていった。

(5) 前掲『神奈川県震災誌』二八九頁。

(6) 吉田律人「横浜・関東大震災の記憶—日高帝さんの震災体験」『市史通信』第七号、二〇一〇年三月。

崩壊する市民の足

横浜市電を運用する横浜市電気局は一五三両（保線車両を含む）の車両を運用していたが、

運転中であった八八両中五七両を焼失、また、貨車一両を失う。さらに高島町の車庫にあった一七両が火災によって失われたほか、滝頭の修繕工場でも建物の倒潰で一九両を失った。当時、横浜市電気局は各車両に電力を供給するため、千歳町変電所と常盤町変電所を運用していたが、二つの変電所は激震によって倒潰、変流機も破壊されてしまった。

市電関係の施設や軌道も全線にわたって破壊され、各所で寸断されることになった。特に神奈川―横浜駅間、吉田橋―駿河橋間、市役所―元町トンネル間、塩田―日本橋間の被害は大きく、神奈川―横浜駅間にあった高島町の月見橋や築地橋は破壊された。加えて河川に沿って軌道が敷設された吉田橋―日本橋間、足曳町角から日本橋の間では、護岸の崩壊とともに軌道も大きく変形してしまった。下末吉台地の一部を構成する野毛や山手、本牧などでは、崖崩れも発生、建物などを押し潰した。元町から麦田へ抜ける山手トンネルの入り口付近でも土砂崩れが発生し、車両の通行は不可能な状態となる。このように横浜市電の機能は完全に停止したのである。

3　寸断された大動脈

破壊された物流拠点

鉄道開業とともに運用が始まった初代横浜駅、後の桜木町駅は、初代新橋駅（震災当時は汐留駅）とともに、日本最古の駅舎であった。地震発生時、桜木町駅は最初の震動で外壁が崩れたほか、コンクリートの床面に亀裂が入り、天井や内装も落下した。さらに二回目の震動で屋根瓦が飛散、柱も傾くなど、被害は拡大していった。また、線路上を走っていた列車は急停車、転倒を免れた車内からは乗客が一斉に飛び出した。この間、駅員たちは救助活動を行いつつ、旅客の避難誘導を行った。その後、都橋方面から火災が迫り、桜木町駅は午後二時三〇分頃に焼け落ちたほか、線路上の貨車も焼かれた。幸い、避難者が貨車の一部を切り離したため、延焼はそこで止まったが、駅舎は失われることになった。

海上輸送を通じて世界と繋がる横浜港の周辺は国際的な物流拠点であり、東海道本線の支線として貨物線も整備されつつあった。地震発生時、貨物線の各駅には、多くの貨車が停車しており、そのほとんどが火災によって失われた。また、駅舎の被害も大きく、桜木町駅と隣接する東横浜駅は震動で倒潰、昼食中だった職員を巻き込んだほか、横浜港駅は火災によって焼かれてしまう。貨物輸送の要衝であった高島駅は、帷子川河口の埋立地上にあったため、軟弱地盤の沈下とともに亀裂が生じ、軌道や施設を破壊していった。

そうした被害は京浜電気鉄道の路線でも同様であった。現在の大師線（川崎―大師）及び京急本線（品川―神奈川間）を運営する京浜電気鉄道は、第五二回の『営業及決算報告書』に同社の震災被害を記している。それによれば、同社の各路線でも線路の亀裂や築堤の崩壊、沈下などが発生したほか、六郷鉄橋の橋脚をはじめ入江川（横浜）や海老取川（東京）の鉄橋にも損害が生じたという。また、建物に関しては、本社事務所や各駅、車庫などが倒潰、車庫内にあった五両の車両も大破した。発電所や変電所も損傷したため、列車の運行は不可能となったが、人的被害は軽微だった。

東海道本線・熱海線の被害

東京から横浜を経て関西方面へむかう東海道本線は日本の大動脈であった。地震発生時、東海道本線の東京—沼津間にあった二八本の列車は一七本が脱線し、そのうち二本は火災に襲われて焼失した。横浜駅の建物は大きな揺れに襲われたものの無事で、多くの避難者が押し寄せてきた。おそらく安全な避難場所と考えられたのだろう。その後、駅周辺で発生した火災は次第に大きくなり、午後三時三〇分頃には、風に煽られて迫ってきた。火の粉が降り注ぐなか、駅員たちは避難者の協力を得つつ鎮火を試みたが、猛火の前に断念せざるを得なかった。二代目横浜駅は誕生から僅か八年で姿を消すことになった（図3）。

当時、国府津以西の東海道本線は、熱海から丹那トンネルを通って沼津に抜ける現在の

図3　焼失した2代目横浜駅 1923（大正12）年（横浜開港資料館所蔵）

図4　山北—谷峨間、第2酒匂川橋梁付近の被害 1923（大正12）年（河邊啓太郎氏寄贈、横浜開港資料館所蔵）

ルートではなく、国府津から箱根山の北側を迂回して、御殿場、沼津へと抜けるルート（現在の御殿場線）だった（図4）。一方、国府津から小田原、熱海方面へは、一九二二（大正一一）年一二月までに熱海線（現在の東海道本線）の国府津―真鶴間が開通しており、真鶴からは熱海までむかう熱海軌道（軽便鉄道）と接続していた。小田原―熱海間の人車鉄道を前身とする熱海軌道は熱海線の開通とともに鉄道省に移管され、順次縮小される予定だった。神奈川県西部は震源の直上に位置したため、駅舎はもちろん、築堤や橋梁、トンネルなどが各所で崩壊、軌道も激震によって大きく曲がり、列車の運行は不可能な状態となった。そうしたなか、熱海線の根府川駅において最大の鉄道被害が生じた。

図5　土石流に襲われた白糸川橋梁と根府川集落
1923（大正12）年（横浜開港資料館所蔵）

図6　根府川駅の関東大震災殉難碑（筆者撮影、2021（令和3）年10月）

地震発生時、根府川駅の駅舎はホームに進入してきた真鶴行き旅客第一〇九列車とともに海中に沈んだ。ここで一〇〇人以上が犠牲となっている。また、駅舎周辺でも土砂崩れが発生、集落は土に埋まり、多くの犠牲者を出すことになった（図5）。根府川駅の南側に位置した白糸川橋梁も大洞山の崩壊で発生した土石流によって破壊されたほか、近くの寒の目山トンネルでは蒸気機関車が土砂に埋もれ、乗務員二人の犠牲者を出した。熱海線の被災状況は、既述の道路の被災状況とも共通している。現在、根府川駅の改札付近には、関東大震災から五〇年後、一九七三（昭和四八）年に建立された「関東大震災殉難碑」（図6）があるほか、東海道本線のガード下の先には、スルガ銀行の創業者である岡野喜太郎が一九三二年に建立した「大震災殃死者慰霊塔」もある。岡野の妻子は第一〇九列車に乗っており、帰らぬ人となった。地震発生から一〇〇年が過ぎようとするなか、これらの石造物は根府川駅の悲劇を私たちに伝えている。

4 復活する交通網

市民の足を取り戻せ

地震発生後、横浜市電気局の職員たちは市電の復旧に奔走するが、被害箇所が多く、軌道や電線、枕木等の材料も購入できない状況であった。だが、新規路線の工事に着手していたため、その材料を復旧工事に転用できた。また、職員を大阪に派遣して応援を求めたほか、陸軍の鉄道連隊にも協力を求めつつ、路線の復旧工事を進めた。さらに電車を動かす電力については、群馬電力会社や京浜電気鉄道から供給してもらうことになった。そうした努力の結果、一〇月二日に神奈川―馬車道間が開通、以後、復旧区間を拡大させながら二六日までに全線開通することになった。不十分ながらも市民の足は回復した。

一方、市電に電力を供給した京浜電気鉄道は各所と調整しつつ、応急修理を実施、九月一一日に品川―新子安間の運転を再開させる。さらに一九日付の『横浜貿易新報』は、「品川、新子安間運転中であった京浜電車は神奈川神明町稲荷神社裏手仮停車場を設け、仲木戸迄約三丁徒歩連絡で十八日より神奈川迄単線運転を開始した。始発午前六時、最終午後七時半、神奈川発で約六分間毎発車、但し六郷鉄橋は徒歩連らくである。大師線も全通、羽田線は稲荷橋迄十九日開通」と報じており、一〇月一五日には、羽田線の稲荷橋―穴守間を除き、すべての路線が開通することになった。

交通網の復旧

道路の復旧は地震発生直後から始まり、第一段階として徒歩が可能な状態、第二段階として車馬の通行が可能な状態、そして第三段階として主要道路における自動車交通が可能な状態と、段階的に進んでいった。全国から集まった陸軍の工兵隊は、土俵や丸太など入手が容易な材料を用いつつ、復旧作業を進めていった。しかし、都市部では、建物の瓦礫等によって道路が塞がれており、その復旧には時間を要した。

九月三日、神奈川県を管轄する鉄道省東京鉄道局は全国の鉄道局に応援を要請、それを受けた各鉄道局は管轄下の保線事務所から作業員を被災地に派遣した。また、千葉の鉄道連隊も出動し、横浜周辺の鉄道網を復旧させていった。[7] これによって北の八王子方面や南

(7) 吉田律人「関東大震災と鉄道連隊―復活する横浜の交通網―」『ハマ発ニュースレター』第三七号、二〇二一年八月。

の三浦半島への移動手段は確保されたが、横浜以西の東海道本線、大船―駿河〔現・駿河小山〕間と、熱海線の国府津―真鶴間の被害は大きく、復旧まで時間を要した。特に東海道本線では、相模川下流の馬入川橋梁が落下、営業列車の運行再開は一〇月二一日となった。ただし、回復したのは単線のみで、新たな橋梁の工事が進められていった。

一方、熱海線でも山沿いを通る小田原―真鶴間を中心に工事が難航、早川―根府川間の復旧は一九二四年七月一日、根府川―真鶴間の復旧は一〇月一日となった。同日、真鶴―湯河原間も新たに開業したが、白糸川橋梁が崩壊していたため、根府川からは一部徒歩区間であった。翌二五年三月二五日、新しい白糸川橋梁の完成とともに、熱海線は熱海まで線路が延びる。これによって熱海軌道は復活することなく廃止された。

おわりに

地震発生後、第二次山本権兵衛内閣の内務大臣であった後藤新平を中心に、復興計画が立案されていく。その過程で神奈川県知事であった安河内麻吉は鉄道の復旧、復興を訴えた。県内の交通網は一九二三（大正一二）年末までに大部分が復旧し、焼けた桜木町駅や横浜駅にも応急工事が施される。その後、駅舎の新築工事が始まり、一九二七（昭和二）年五月に新しい桜木町駅が開業した。また、復興事業が進むなか、横浜駅は高島町から平沼の埋立地に移転することになり、一九二八年一〇月に三代目横浜駅が完成すると、東海道本線の直線化のほか、京浜電気鉄道や湘南電気鉄道、東京横浜電鉄との接続も容易となった。現在の横浜駅の原型はこの時に形成された。

一方、市電網はさらに拡充し、路面電車の利便性も向上したほか、一九二八年からは市営バス（乗合自動車）の運行も始まった。さらにここに民間企業（横浜乗合自動車会社）が参入するなど、横浜市のモータリゼーション化も進み始め、タクシー事業も勃興し始める。横浜市の復興事業では、道路の拡幅も行われていった。その一方で、旅客輸送の一端を担っていた人力車は急速に衰退していく。

地震によって神奈川県の交通網は壊滅的な打撃を受けたが、震災復興はその再編を促していった。関東大震災後、神奈川県の交通網は新しい時代を迎えることになったのである。

〔参考文献〕

横浜市役所市史編纂係編『横浜市震災誌（未定稿）』第一冊～第五冊　横浜市役所市史編纂係、一九二六～一九二七年
神奈川県編『神奈川県震災誌』神奈川県、一九二七年
鉄道省編『国有鉄道震災誌』鉄道省、一九二七年
野田正穂・原田勝正・青木栄一・老川慶喜『神奈川の鉄道　一八七二―一九九六』日本経済評論社、一九九六年
災害教訓の継承に関する専門調査会編『一九二三関東大震災報告書』第一～三編　中央防災会議、二〇〇六～二〇〇八年
内田宗治『関東大震災と鉄道』新潮社、二〇一二年
横浜都市発展記念館編『伸びる鉄道、広がる道路―横浜をめぐる交通網―』公益財団法人横浜市ふるさと歴史財団、二〇一八年
横浜都市発展記念館編『激震、鉄道を襲う！―関東大震災と横浜の交通網―』公益財団法人横浜市ふるさと歴史財団、二〇二二年

column

川の町・横浜の姿——横浜市街地の河川運河と水運

松本和樹

開港後、市街地形成のなかで整備された横浜の河川網は、東京や三浦半島、房総半島との水運の拠点となる。河川網は関東大震災後に改修され、戦後、飛鳥田一雄市政下の六大事業で埋め建てられるまで運河として機能した。このコラムでは、河川網が運河としての機能を果たした昭和戦前期から一九五〇年代を中心に、港湾都市・横浜と異なる、川の町・横浜の姿を見てみよう。

まずは横浜市街地の河川網の形成を整理する。開港後、関内地域の発展で人口が増加すると、吉田新田の宅地化が進み、関外地区が市街地として成長する。河川の開削も行われ、明治三〇年代には、大岡川とその流派の中村川や堀川、掘割川、関内・関外地区を隔てる派大岡川、関外地区の吉田川、新吉田川、口ノ出川、新富士見川などが整備される。河川には橋が架かり、人や貨物の揚げ卸しを行う河岸《かし》が設けられた。一九二一年に発行された図1では、市街地を囲うように流れる大岡川や中村川、市街地を縦断する吉田川や派大岡川などの河川網を確認できる。その後、関東大震災で甚大な被害を受けた河川網は、国や市による改修で護岸強化や川底の浚渫などが実施された（横浜市『横浜復興誌　第二編』横浜市役所、一九三二年）。

河川運河には近世の水運で活躍した和船や、焼き玉エンジンなどの内燃機関を動力とする動力船（汽船）が行き交った。港町《みなとちょう》の貞喜丸汽船会社は、明治後期に定期航路を開設し、横浜・横須賀間の旅客輸送や、三浦半島への貨物の輸送を行った。港町や蓬莱町の河岸には京浜間の航路も開設された（横浜商業会議所『横浜港ノ現勢』、一九二六年）。定期航路は横浜・房総半島間でも見られた。図2は一九二三年に進水し、横浜と富津《ふっつ》を結んだ明治丸を撮影したものである。明治丸は、松影町に貨客の取扱所を置いた明治運輸会社が運航した総トン数約二〇

図 1　「横浜名所案内図絵　市街電車案内」1921 年（横浜都市発展記念館所蔵）

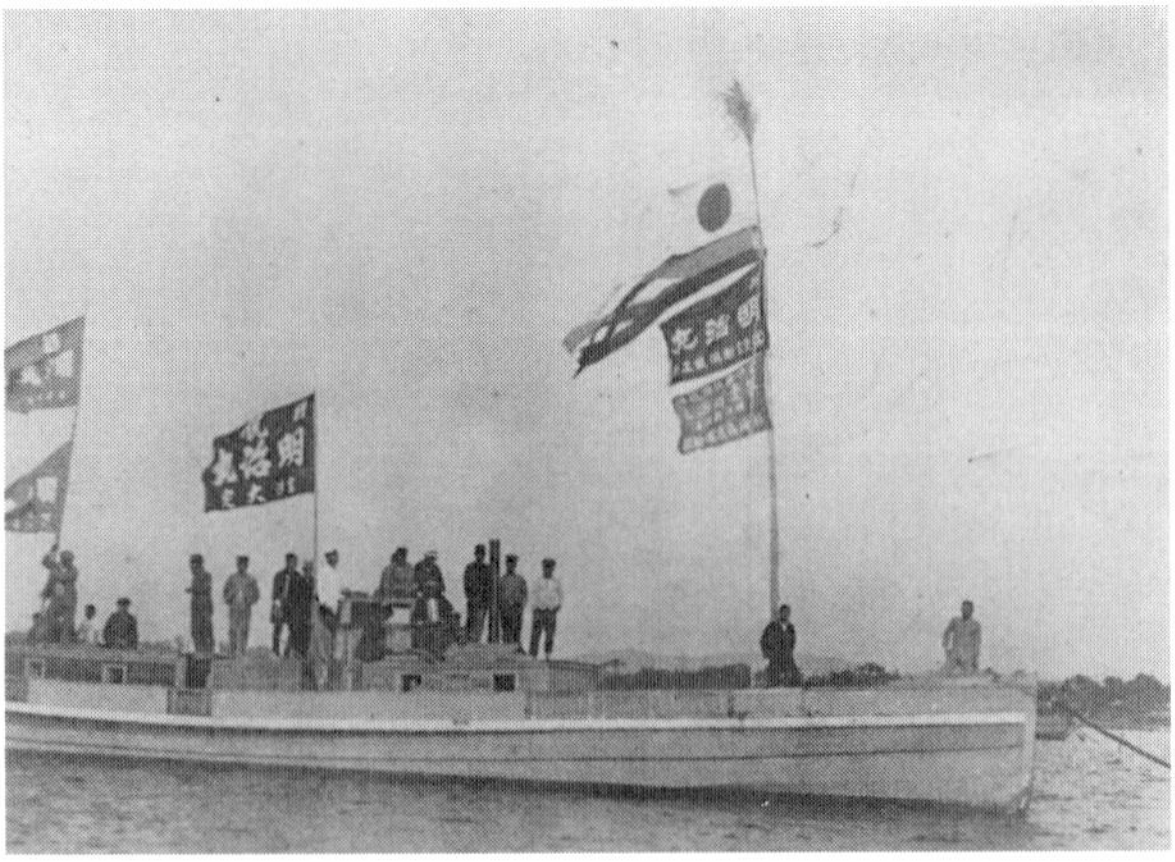

図 2　定期船明治丸（複写）（富津市教育委員会所蔵）

トン、定員三〇～四〇人の動力船で、一日一回横浜を出帆した（前掲『横浜港ノ現勢』）。一九一四年に千葉県知事宛てに出された「汽船営業願」から当時の富津航路の経路がわかる。横浜市内の河岸から東京湾へ出た船は、横須賀や君津郡を経由して富津方面へ向かった（富津市史編さん委員会編『富津市史　史料集一』富津市、一九七九年）。船が運んだのは米や野菜などの食料品で、港《みなと》町《ちょう》の横浜食料品市場で取り引きされた。市場周辺には卸問屋も集まり、河岸は賑わいを見せた（〝中区わが街〟刊行委員会編『中区わが街　中区地区沿革外史』横浜市中区役所、一九八六年）。

図 3　富津港と横浜港の間を就航していた定期船明治丸　昭和30年代（富津市教育委員会所蔵）

横浜と房総半島を結ぶ航路の運航は、発着場を海側に移しながら高度成長期まで続いた。北林透馬の小説「美人屋敷の秘密」（『恐怖のヨコハマ』学風書院、一九五六年収録）には、富津から明治丸に乗船して横浜へ職を求めて移動する女性や、生産品を売って生計を立てようと横浜に向かう人々の姿が描かれる。戦後から復興に向かう一九五〇年代、横浜と房総半島を結ぶ水運は両岸に住む人々の生活を支えた。明治丸の利用者が多かったことは、明治丸を撮影した図3からうかがえる。この明治丸は、戦前の明治丸の後継として一九四九年に建造された総トン数約四〇トン、定員一五三名の動力船で、前述の明治運輸合資会社が運航した（関東海運局『局務概要』、一九五〇年)。その後、明治丸の経営は京浜汽船株式会社に譲渡されたが、同社による航路は一九七一年に廃止された(佐々木高史『写真アルバム　木更津・君津・富津・袖ケ浦の昭和』いき出版、二〇一八年)。

航路が廃止された一九七〇年代、河川運河も転換期を迎える。六大事業による都市交通網の整備の下、吉田川・新吉田川の埋め立てが進み、一九七二年には横浜市営地下鉄が開業する。高速道路の建設で派大岡川も埋め立てられ、一九八〇年代にかけて中村川上空は高速道路で覆われた。こうして市街地を地下鉄や高速道路が走る、現在の横浜の景観が出来上がる。

今日、六大事業を経て一変した横浜の景観のなかにも、河川運河の痕跡は残っている。横浜公園周辺には花園橋の親柱や護岸など埋め立てられた派大岡川の痕跡が残り、大岡川や中村川沿いでは現在も問屋や材木店が営業している。これらの痕跡は、横浜が河川を通じて東京や三浦半島、房総半島とつながる川の町だったことを伝えている。

〔謝辞〕　本稿執筆にあたり、横浜開港資料館主任調査研究員の吉﨑雅規氏に諸事ご教示いただきました。また、木更津市郷土博物館 金のすず様、木更津市立図書館郷土資料室様、船橋市西図書館郷土資料室様、富津埋立記念館様には資料の調査・閲覧でお世話になりました。記してお礼申し上げます。

〔参考文献〕
横浜開港資料館編『川の町・横浜　ミナトを支えた水運』横浜開港資料館、二〇〇七年
横浜開港資料館・横浜都市発展記念館編『横浜の海七面相』公益財団法人横浜市ふるさと歴史財団、二〇一二年

湘南トライアングル
——地図に描かれた鉄の道——

大矢悠三子

はじめに

湘南と聞いたとき、あなたはどのような風景を思い浮かべるだろうか?

年配の方々なら「真白き富士の嶺《ね》、緑の江の島」(1)、団塊の世代と呼ばれる人びとは、石原裕次郎や加山雄三らの勇姿に、躍動する力を重ね合わせるかもしれない。また光るさざ波と色とりどりのウインドサーフィン、その向こうに浮ぶ江の島、そしてカタコト走る江ノ電という風景を思い描く人も多いのではないだろうか。湘南という地域は、実に多くのイメージを有している。

ひとくちに湘南と言っても、その範囲については、それ自体が論点でもある。そもそも湘南という地名はどこかの土地に由来したものではなく、中国の山水画の伝統的な画題である「瀟湘八景《しょうしょうはっけい》」からなぞらえた文人趣味の世界における一種の雅称だからである(2)。瀟湘八景は日本でも好まれた画題となり、その八つの名所になぞらえて、近江八景、金沢八

(1) 「真白き富士の嶺」「七里ヶ浜の哀歌」とも呼ばれる楽曲。一九一〇(明治四三)年一月二三日、逗子開成中学校の生徒を乗せたボートが転覆し、全員が死亡した。同年、三角錫子により作詞され、追悼大会で歌われた。のちにレコード化、映画化もされ、広く知られる楽曲となった。

(2) 小風秀雅「歴史のなかの地域イメージ」(「湘南の誕生」研究会編『湘南の誕生』所収、藤沢市教育委員会、二〇〇五年)

景のような地域の美しい景色を選ぶ根拠としても浸透していった。

県央地域の津久井郡にかつて湘南（現・相模原市緑区）という村が存在し、現在でも相模原市立湘南小学校に、その名を残している。内陸の湘南である。しかし、名前を冠していても、その地をいわゆる「湘南」であると認識する人は少ない。瀟湘を模した水があって風光明媚であっても、それだけでは成り立たないのである。現代の湘南というのは、海が大きなキーワードになっている。本章では、答えがひとつではない湘南において、明治期の江ノ電が果たした役割について考えてみたい。

1　江の島と湘南エリア

前近代の江の島と信仰

最初に江の島が歴史的にはどのような場所だったのかを確認したい。江島《えのしま》神社は由緒によると五五二（欽明天皇十三）年をはじまりとし、その後、長い歴史のなかで空海や日蓮など名僧たちが行をおこない、神徳を仰いだとされている。[3] それをうけたうえで、江の島・鎌倉エリアが歴史の表舞台に跳躍するのは、やはり鎌倉時代と考えてよいだろう。

源頼朝は江の島の岩屋に参籠して戦勝祈願をし、木造彩色弁財天坐像（八臂弁財天・神奈川県重要文化財）を奉納したとされ、鎌倉時代、江島神社は戦いの神として、歴史や伝承を刻んできた。

江戸時代になると、弁才天は七福神の一員としても活躍するようになり、才能をもたら

（3）　江島神社ホームページ、http://enoshimajinja.or.jp（二〇二三年七月七日閲覧）

すもの、そして楽器を携えていることから音楽・芸事に通じ、また才の音が財に通じるということから、弁財天信仰も盛んになった。江島神社は「戦いの神」から「芸能・音楽・知恵の神」や「福徳財宝の神」として信仰されるようになっていった。また、稚児ケ淵に伝わる白菊の伝説を取り入れた鶴屋南北《つるやなんぼく》の「桜姫東文章《さくらひめあずまぶんしょう》」や江の島に縁のある弁天小僧菊之助が登場する河竹黙阿弥《かわたけもくあみ》の「青砥稿花紅彩画《あおとぞうしはなのにしきえ》」など、芝居の演目にも登場して人気を博し、江の島は多くの来訪者を集めた。

明治初期の湘南

幕末、欧米列強（アメリカ・イギリス・フランス・ロシア・オランダ）と安政五か国条約が結ばれた。そのなかに外国人遊歩規定というものがある。一例を挙げると、日米修好通商条約の第七条では、外国人が居留地（横浜・函館・神戸・長崎・新潟）から外出して自由に活動できる範囲を、一般的に開港場から最大一〇里（約四〇キロメートル）と定めていた。遊歩区域の外に出るには内地旅行免状が必要で、旅行目的は病気の療養・保養または科学調査に限られていた。江の島は遊歩規程の範囲内にあり内地旅行免状が不要であったので、明治初年から外国人が来訪していた。同時代的にみても、外国人との出会いと交流は時代を先取りしており、ひとあし早い近代のあけぼのを迎えた地域と言えるであろう(4)。

また、明治に浸透した新しい文化のひとつに海水浴がある。日本にはもともと湯治という、温泉で長逗留し病に対処する療養があった。なかには『尾張名所図会』に描かれている潮湯治《しおとうじ》(5)のような海で行うものもあったが、この時代、海の中に入るのは、漁師や海女のようにそれを生業としている者であり、多くの人びとは浜辺を着物のまま散策することを

(4) 拙書『江ノ電沿線の近現代史』、クロスカルチャー出版、二〇一八年

(5) 現在の愛知県常滑市大野

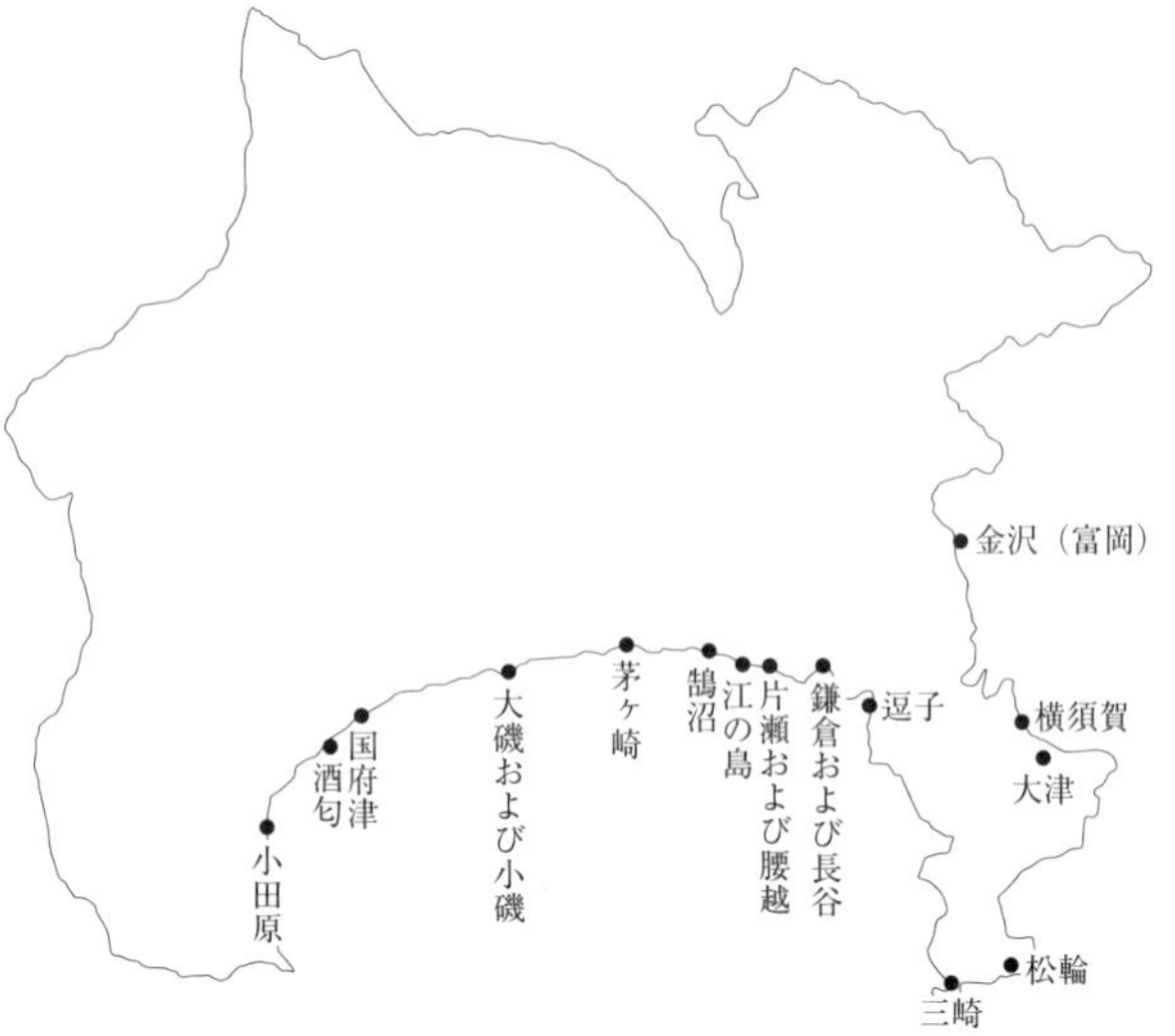

図１　神奈川県の主な海水浴場（明治中期）
「最近調査神奈川県管内図」（『横浜貿易新報』1911年1月1日）および、高島吉三郎『海水浴』（明文社、1899年）より作成

楽しんでいた。

明治になり、外国人が富岡（現・横浜市金沢区）で海水浴をするようになると、三条実美、井上馨、大鳥圭介など貴顕紳士たちが競って富岡に別荘を持った。「外国人」「海水浴」「貴顕紳士」が後に言うハイカラ感を醸し、富岡は多くの来訪者を集める地となった。その後、海水浴場は各地に開設され、いわゆる上流階級と呼ばれる人びとの別荘も建設されたが、そのなかでも葉山から国府津にかけての相模湾沿いには海水浴場が集中し、そのエリアを以て、大きく湘南と目されるに至った[6]（図1）。

（6）小風秀雅「湘南の誕生」（「湘南の誕生」研究会編、前掲書注（2））

2　江の島への道〜尾崎三良《おざきさぶろう》の日記より

明治一七年の旅

ここで、来訪地として人気を得た地域へのアクセスについて、官僚である男爵・尾崎三良（憲政の神様と言われた尾崎行雄は彼の女婿）が残した日記[7]から確認してみよう。

尾崎は富岡に一八八四（明治一七）年七月一二日に訪れている。午後の一二時五分に汽車で横浜に着いた後、人力車を使って富岡村に到着したのは午後四時であったという。新橋からの出発で、およそ五時間の移動時間である。この時、尾崎は富岡に七泊八日を過ごしているが、一九日の帰路は富岡から小舟を使って根岸に向かい、そこから徒歩と人力車で横浜停車場に達し汽車で帰京するという別のルートを使っている。

富岡から帰京してわずか四日後の二三日、尾崎は今度は江の島に出かけている。午前八時に新橋を出発する汽車に乗り、横浜の手前の神奈川で下車、そこから人力車を使い、江の島に到着したのは午後二時。途中の藤沢で昼食を摂っているとはいえ、新橋・江の島間の所要時間は六時間となっている。一八八四年の段階では、江の島は短い余暇に気軽に出かけられるところではなかったようである。

東海道線の延伸

一八七二年に新橋・横浜間で開業した東海道線は、各所で順次開通をみていたが、神奈

（7）　伊藤隆・尾崎春盛編『尾崎三良日記』（上）（中）中央公論社、一九九一年

川県内においても一八八七年七月に国府津まで延長され、程ヶ谷（現・保土ケ谷）、戸塚、藤沢、平塚、大磯、国府津の各駅が開業した。翌月の八月六日、尾崎は早速鉄道を使って出かけている。朝九時一五分に新橋を出発、途中横浜で汽車を乗換え、一一時四〇分に藤沢に到着し、昼食を摂ったあと人力車で鎌倉に向かっている。

また、一六日後に再び藤沢に向かった時の記録では、「早起、散歩。午前九時四十五分発シ、新橋ヨリ汽車ニ駕シ十一時四十分藤沢ニ着、若松舎ニ休憩。夫ヨリ腕車(8)ヲ命ジ藤沢駅ヲ出、又左曲シテ鵠沼村ニ至ル」と、やはり藤沢まで汽車を利用している。前回の鎌倉旅行のときは横浜で乗換があり、二時間二五分の時間を要したが、今回は直通だったのだろうか、二時間弱で藤沢に到達している。藤沢からは人力車を使い、鵠沼までは三〇分ほど、江の島までは島へ渡る舟の時間もあるため、およそ一時間を要するが、東海道線が国府津まで延伸されてからは、途中で昼食をはさむこともなく、三時間前後で東京から江の島を訪れることができるようになったことがわかる。移動時間は富岡より短く、海水浴場も多くあることから、このルートを使っての来訪者が増えたことにより、相模湾に面した東海道沿線が湘南であるという固定意識が定着していったと考えられる。

(8) 腕車《わんしゃ》とは人力車のこと

3　江ノ電の開業

横須賀線の開業と江の島への関心

東海道線が国府津まで延長された時、大船に信号場が開設されている。これは来たる横須賀線敷設のためのもので、翌一八八八（明治二一）年一一月に信号場は停車場になり、東海道線に大船駅が開業した。七か月半後の一八八九年六月一六日、大船・横須賀間の横須賀線が開通し、鎌倉・逗子・横須賀の各駅が開業する。横須賀線は海軍鎮守府のあった横須賀（**第Ⅱ部　山本**）への輸送を目的とし、その開通は国家的急務だった。また所要時間を短縮するため、最短ルートでの敷設を目指したことが円覚寺の境内や、鶴岡八幡宮の段《だん》葛《かずら》を横断していることからもわかる。

一八九四年、日清戦争が勃発し、鉄道は戦争ダイヤとなり軍事輸送が優先されることとなった。やがて戦争が終結するとダイヤが改正され、湘南にもまた観光客が戻ってきた。社会が活力を取り戻してくると、起こってきたのは第二次鉄道熱といわれる鉄道敷設ブームである(9)。

旧来から参詣地として人気を誇っていた江の島の最寄り駅は、藤沢か鎌倉になるが、いずれも海岸からやや離れていた。未だ鉄道と直接結ばれていない大きな観光スポットであった江の島に、企業家たちは鉄道敷設への関心を高めていったのである。

江之島電気鉄道

この地域には、横浜と江の島を、また金沢（富岡）と江の島を結ぶなど、いくつもの鉄道敷設計画が出された。その中で敷設に至ったのが、藤沢・江の島・小町（鎌倉）ルートを計画した江之島電気鉄道だった。

江ノ電は当初から藤沢駅と鎌倉駅とを江の島を経由して結ぶことで帰結している路線であった。東京・横浜方面から江の島に来遊する客層に対応する敷設計画であったとみてよ

(9)　日本鉄道の良好な成績に刺激されて、一八八五年から一八九〇年頃、私設鉄道事業への投資が活発になり、多くの鉄道会社設立の請願がなされた。この状況を第一次鉄道熱、第一次私鉄ブームなどと呼ぶ。

表１　江ノ電略年表

年	月	事項
1896（明治29）		江之島電気鉄道、電気鉄道敷設許可申請
1898（明治31）	12	江之島電気鉄道に電気鉄道敷設特許状、命令書交付
1900（明治33）	12	江之島電気鉄道設立登記
1902（明治35）	9	「藤沢～片瀬」開業
1903（明治36）	6 7	「片瀬～行合」開業 「行合～追揚」開業
1904（明治37）	4	「追揚～極楽寺」開業
1907（明治40）	2 8	隧道工事竣工 「極楽寺～大町」開業
1910（明治43）	11	「大町～小町」開業により、「藤沢～小町」全通
1911（明治44）	10	横浜電気と合併により江之島電気鉄道は解散、横浜電気江之島電気鉄道部となる
1921（大正10）	5	東京電灯と合併により横浜電気は解散、東京電灯江ノ島線となる
1926（大正15）		江ノ島電気鉄道設立登記
1928（昭和３）	 7	東京電灯と連名で江之島線軌道譲渡許可申請（昭3.6.9許可） 東京電灯より江ノ島線を譲渡、江ノ島電気鉄道として「藤沢～鎌倉」の営業開始

『江ノ電の100年』（注(10)）より作成

い。江ノ電は往路復路に藤沢駅・鎌倉駅を鉄道接続駅として、江の島に来遊できるという、「官設鉄道との接続による江の島・鎌倉観光」に特化して敷設計画された路線と位置づけることができよう。

会社の推移を少し述べておこう。江之島電気鉄道は江ノ電を全通させたが、その翌年には、横浜電気株式会社に合併され、江ノ電は横浜電気株式会社江之島電気鉄道部となった。その後、今度は横浜電気が東京電燈株式会社に合併されたことから東京電燈江ノ島線となる。ここまでが江ノ電の前史といわれるもので、現在の江ノ電を経営するのは江ノ島電鉄株式会社である。大正年間に設立され、乗り合いバス事業を行なっていた江ノ島電気鉄道が一九二八（昭和三）年に東京電燈から江ノ島線を譲り受け、現在の江ノ電の経営が始まったのである[10]（表1）。

（10） 江ノ島電鉄株式会社開業100周年記念誌編纂室編『江ノ電の100年』江ノ島電鉄株式会社、二〇〇二年

4　湘南への旅

湘南への熱い視線

第二次鉄道熱のなか、東海道線や横須賀線などの官設鉄道も様々な企画を発していた。この頃の官設鉄道の建設運輸を担当するのは鉄道作業局で、一八九七（明治三〇）年に鉄道局から分離された機関だった。鉄道作業局は一八九九年に企画乗車券を発売する。藤沢・鎌倉・平塚・大磯・国府津を対象とした週末限定の往復割引切符だが、その有効期間は三日間あり、週末に滞在し、月曜日に帰京することができるというものだった。その利用駅

をみると、鎌倉から国府津までの相模湾沿岸が湘南と目されていることがわかる。しかも、「右の内藤沢又ハ鎌倉行切符は両駅共通を為し得るものなるも一般途中の下車乗継ハ為すべからす」[11]と、この往復切符は藤沢と鎌倉だけが両駅共通となっており、往路と復路で乗車・下車駅が異なる客が多い江の島・鎌倉観光に便宜を図っていたことがわかる。

一九〇二年の七月には、海浜行の臨時列車や割引券発売計画が新聞報道されている。その内容は、「模様によりてハ東京横浜の両停車場より、海浜行の各種割引券を発売し、尚都合上或ハ朝夕数回の臨時列車をも発して、朝に大磯鎌倉の辺より東京横浜の市街に出るに便にし、夕に再び青松白砂の間に還らるべきやうな」[12]とあるように、夏の間、大磯や鎌倉から通勤できるような環境を想定している。実際、七月一五日から新橋国府津間と大船横須賀間に、新橋へ朝二本、横須賀へ朝夕各一本、国府津へ昼前一本の臨時列車を運行している。鉄道作業局の湘南へのセールス意欲を強く感じることができる。

そして、江ノ電開業後に初めての夏を迎えた一九〇三年、鉄道作業局は富士登山と湘南海浜への避暑客への便をはかった二割引往復乗車券を発売する。七月一九日の新聞には湘南海浜への乗車券は、「京浜両地より横須賀、逗子、鎌倉、藤沢、茅ヶ崎、平塚、大磯、二の宮、国府津等を随意回遊し得べき至極便利なる割引乗車券」[13]で一定区間が自由に乗り降りでき、有効期間も七日間あるという遊びのための切符であると報じられている。この海浜回遊乗車券の面白いところは日を追う毎に進化していったことである。

一週間後の二六日には乗車券利用で江ノ電・小田原電気鉄道の乗車賃の割引と、各駅に近在する旅館の宿泊料割引という優待が付与されると報じられている[14]。そして翌日には、江ノ電は全線片道三割引、藤沢片瀬間の往復は四割引、小田原電気鉄道は国府津小田原間、

(11)『読売新聞』一八九九年七月一〇日
(12)『読売新聞』一九〇二年七月六日
(13)『読売新聞』一九〇三年七月一九日
(14)『読売新聞』一九〇三年七月二六日

国府津湯本間の往復一割引と優待の内容があきらかにされている。[15] 鉄道各社、そして迎える街、各々が有効に活用し、湘南は地域を以て新たな観光地となっていったことがわかる。

湘南案内

翌一九〇四年も鉄道作業局は、「暑中湘南地方に旅行する者の便を計り[16]」、国府津行一両、横須賀行一両を連結した列車を走らせ、大船駅で乗り換えずにそれぞれの目的地に向かえるなどダイヤの充実を図っているが、積極的な施策は、前年の湘南海浜乗車券の発売に際し、すでに打ち出されていた。乗客に「避暑案内記」を配布していたのである。[17]

同年一〇月の『鉄道時報』二一四号に、一泊から二泊の旅行にむけた栞ということで鉄道作業局運輸部旅客掛調の「遊覧地案内」が掲載されている。その中の「江の島巡り」という案内には、藤沢で下車し、遊行寺、小栗堂を観光したあと、江ノ電に乗車して江の島に向かうのが便利であると紹介している。途中の鵠沼での「海岸運動」や龍口寺も紹介しつつ、江の島について、「秋晴の天空に富士の霊峰を望み渺々《びょうびょう》たる波間に伊豆の大島を見渡した所は実に一幅の名画を見る様である。是丈けは贅言《ぜいげん》かも知らんが一寸案内して置きたい[18]」と記し、この絶景とともに鮮魚を味わうことを勧めている。史蹟の観光、海水浴、そして名勝地の美しさに浸り、食を満たすという観光地としての多くの要素が、藤沢と江ノ電へ乗り継ぐだけで、すべて可能であることを示しているのである。

湘南の消費

鉄道作業局の湘南への注力は続く。

(15) 『読売新聞』一九〇三年七月二七日
(16) 『鉄道時報』二五五号、一九〇四年八月六日
(17) 『読売新聞』一九〇三年七月二九日
(18) 『鉄道時報』二一四号、一九〇三年一〇月二四日

一九〇五年の夏には、国府津発の臨時列車を運行し[19]、また月曜日に限って、横須賀発の一等・二等・三等客車を一両ずつ増結している[20]。これは、週末に湘南地方に避暑し、月曜日に帰京する人が多数いることへの対応だが、ここでは、増結される客車が一等から三等まであることから、この列車が富裕層だけでなく中流層も対象としていたことがわかる。

では、この一九〇五年の湘南の様子をみてみよう。八月一六日の『横浜貿易新報』には、「湘南の避暑客」と題して、湘南地方への来訪者は年々増加しているが、今年はそれと比較してもさらに多くの避暑客を迎えており、旅館や民家の空室はほとんどない状態であると報じている[21]。その避暑客は「所謂《いわゆる》親子兄弟姉妹若しくは友人相携へて海水浴に健康保養を主とせる避暑客は殆ど其八分を占め居れる[22]」と、家族連れや友人との客で大盛況を呈していることがわかる。

鉄道作業局では、新橋、名古屋、神戸、大阪などの主要駅では当日の乗車券が早朝より発売されていたが、主要駅以外では、一〇分前乃至二〇分前になってから売り始められていた。それが一九〇六年の夏には、鎌倉、逗子、横須賀、藤沢、平塚、大磯、国府津駅で、「主要駅と同じく間断なく出札口を開き何れの列車の乗車券をも発売する[23]」と、湘南地域の各駅でも時間を限らず乗車券を発売し、出札口を運行中稼働させることにしたのである。この一事からも、湘南地域に人々が押し寄せていた状況が確認できる。

明治も終盤の一九一一年三月の『横浜貿易新報』には、中学校、女学校、小学校の修学旅行が藤沢・江の島・鎌倉を舞台に実施され、「至る所人ならざるはなく江の島貝細工屋等は一時雑沓し江の島電鉄会社にては数台を増発して便利に供したるも尚不足なり[24]」と報じている。修学旅行の児童・生徒らが、藤沢・江の島・鎌倉の湘南周遊ルートに則して旅

(19)『鉄道時報』三一〇号、一九〇五年八月二六日

(20) 同右

(21)『横浜貿易新報』一九〇五年八月一六日

(22) 同右

(23)『鉄道時報』三六一号、一九〇六年八月一八日

(24)『横浜貿易新報』一九一一年三月二九日

程を為し、おそらく江ノ電といい、道路といい、旅行客で大混雑する様子が目に浮かぶようである。

このような湘南地域の大衆化は、ある種の批判や不都合を生むところとなり、この地を離れていく向きも現れてきた[25]。その一つが毎夏、片瀬の海浜を舞台にしてきた学習院の水泳演習場の移転である[26]。片瀬の地域イメージに大きな貢献をしてきた学習院の水泳演習であったが、片瀬海岸に押し寄せた海水浴客のあまりの混雑と、教育の一環である学習院水泳演習には不適切な遊興店の進出などによって、ついには片瀬からの撤退となったのである。この移転の一件は、湘南地域の大衆化を計る重要なバロメーターとなろう。

(25) 田山花袋は、『東海道線旅行図会』『東京の近郊』などで、江の島について俗であると厳しく批判している。

(26) 『読売新聞』一九一一年一二月二二日

湘南の両輪

しかし、湘南の特徴は大衆化への一辺倒を辿ったわけではないことにある。東海道線の国府津延伸とともに、新たに始まった事業に別荘地開発がある。藤沢市鵠沼藤ヶ谷の賀来神社境内には「鵠沼海岸別荘地開発記念碑」が建っている（図2）。碑文によると鵠沼は日本で最初の開発型別荘地ということになる[27]。

一八九八年に発行された『風俗画報』には、「明治二十四年。大隈伯爵が一たひ暑を此地に避けられしより。鵠沼の名は漸く江湖に伝はりて。遊客毎年踵を接して来る。方今は蜂須賀、高崎、田中、伊東等諸家の別荘十四、五ケ所あり、皆茅屋にして閑雅あいすべし[28]」と記されており、開発が始まって約一〇年を経過したのちでも別荘は一四、五軒しか建っていない様子がうかがえる。それが一九〇六年の『横浜貿易新報』には、鵠沼の別荘が増え、二、三年のうちには片瀬や鎌倉に劣らぬ避暑地になるだろうとある[29]。別荘の増加

(27) 島本千也「湘南の別荘地化——鵠沼地区を中心にして——」（「湘南の誕生」研究会編、前掲書注（2））

(28) 『風俗画報』臨時増刊一七一号、東陽堂、一八九八年八月二〇日

(29) 『横浜貿易新報』一九〇六年九月二一日

図２　賀来神社境内の「鵠沼海岸別荘地開発記念碑」（写真撮影：吉原勇樹氏）

は江ノ電が開通し、別荘地への入り口として、鵠沼駅が開業したことと深い関係があるだろう。大衆化が進むのと同時に、この地域には、貴顕紳士などの上流階級（ハイソサエティ）の進出も続いていたのである。大衆化とハイソサエティという両輪がうまく共存している、ここに湘南の特徴をみることができよう。

湘南は大衆化の進行と同時に、別荘を有する貴顕紳士たちの需要も増えていった。前述した鉄道作業局の車両増設が、最も安い三等車を利用する階層だけでなく、一等車・二等車を利用できる富裕層にも対応していたことがそれを示している。湘南地域はその広い層のすべてに応えられるだけの要素を持った地域だったことがわかるのである。

おわりに

江ノ電は幾たびかの困難を乗り越え、一九一〇（明治四三）年一一月四日、全線開通を迎えた。

鉄道や道路の開業・開通は、地域を外からも内からも変化させる。江ノ電の全通によってこのエリアの移動の大部分に鉄道を利用することが可能になり、以前に比べて時間的にも体力的にも、負担を軽減して旅行することができるようになった。江ノ電の全通は、藤沢・江の島・鎌倉という、観光地・海水浴場をつなげる湘南周遊ルートを完成させたのである。

江ノ電の全通とそれを利用する旅行の推奨は、レールという鉄の道を巡ることで、観光のモデルコースというべき道筋を徐々に形成していく。そしてモデルコースの誕生は、湘南地域の観光地の範囲を具体的に、且つ強力に固定化していった。

湘南周遊ルートの完成は、湘南という地域の範囲に少なからぬ変化をもたらした。明治二〇年代初期に東海道線と横須賀線が相次いで開通したことと関連して発展した、海水浴や別荘など上流階級の雰囲気が漂う、逗子・葉山から大磯・国府津までの漠然とした広い範囲を持つ大きな湘南という地域が認識された。その中に描かれた東海道線・横須賀線・江ノ電という三つの路線で巡るトライアングルは、いわば小さな湘南である。江ノ電の開通は、地図の上で湘南を目に見える形で枠づけ、強く人々に認識させたのである。

図3　江ノ電と江の島（写真撮影：吉原勇樹氏）

湘南という地域名称は、いつも憧憬の想いと共にある。そのなかでより身近に、そして一つの実態として可視的に湘南を表したトライアングルの形成に重要なパーツとなったのが江ノ電である。一五駅一〇キロメートルの小さな鉄道が果たした大きな成果に想いを描きつつ、光る海を背景にカタコト揺れてみようではないか（図3）。

column

江ノ電が走る街

大矢悠三子

辞書によると、巡礼とは聖地や霊場を巡拝する旅によって信仰を深め特別の恩寵にあずかろうとすること（小学館デジタル大辞林）で、宗教に関連する箇所を参拝してまわることである。そして、近年よく耳にするのが、聖地巡礼という言葉だ。聖地を冠していない巡礼という言葉は宗教儀礼であるのに対し、聖地を冠するこの言葉は宗教的な要素を含まない。コンテンツツーリズムとも呼ばれる。

実写の映画やテレビドラマの撮影地は特定もしやすく、その作品のファンだけでなく、観光の目的地のひとつとして来訪する人びともいた。そのひとつが、一九七六年から翌年にかけて日本テレビ系列で放映された「俺たちの朝」というドラマである。

鎌倉を舞台にした「俺たちの朝」は若者を中心に人気を博し、彼らによってロケ地巡りが盛んに行われた。開業から七〇余年の時を経た江ノ電の極楽寺駅は突如脚光を浴びることになり、休日でも七〇〇人から八〇〇人ほどだった極楽寺駅の一日の乗降客が、放映中の一九七七年五月三日には、一万人を数えた。これは江ノ電にとって大きな転換期となった。利用者数の増加のみならず、テレビ局とタイアップした「俺たちの朝」デザインの記念切符(1)も完売するなど江ノ電に大きな利益をもたらした。これにより廃線の危機にあった江ノ電は存続されることになり、以後多くの作品に登場するようになった。それは、やがて実写以外の世界にも浸透していく。

一九九〇年に連載が開始された井上達彦作『SLAM DUNK』(2)は、国内はもとより、特にアジア地域を中心に海外でも人気を博している作品である。原作のなかに江ノ電や沿線と目されるカットがあり、またアニメーションのオープニングに登場する江ノ電の鎌倉高校前一号踏切は「聖地」として多くの来訪者を集めている。その人

鎌倉高校前１号踏切（写真撮影：吉原勇樹氏）

気は絶大で、坂道から踏切を見下ろし、その向こうに拡がる相模湾の碧海をカメラに収めようと、近年では、オーバーツーリズム状態になっているほどである。

江ノ電が走る湘南の街は、別荘の存在と増加する観光客による大衆化というふたつのフェーズがバランスよく共存している。そして湘南には、いつの時代にも光と影、陰と陽がある。

踏切の奥に拡がる海、鎌倉高校前駅ホームから見える江の島、七里ヶ浜から望む富士山、光る水面の美しさと、そこにある色とりどりのサーフィンやヨット、そして江の島の参道を歩く人びとの賑やかさと活発な商い、そこにも、静寂と喧噪という陰と陽が見て取れる。それは上下の関係ではなく、また絶対的な対極でもなく、湘南を形づくる両輪のようなものである。

『SLAM　DUNK』に描かれる喧嘩のシーンさえも、鎌倉高校前一号踏切が描かれるあのワンカットが流れると、江ノ電の走る街にある、史跡、伝統、懐石料理やフレンチから食べ歩きのグルメ、海と山、おしゃれ、デート、夜遊び……そんな湘南イメージを彷彿とさせ、憧憬へと意識を誘導する効果を発揮する。これもまた湘南の持つふたつのフェーズがなせる技かもしれない。

背景にある種の意味を持つ作品が増えてきたことが、登場人物やシーンに縁のある地域を訪れ巡るという「聖地巡礼」（コンテンツツーリズム）を発展させてきた理由のひとつであろう。地域にとってはあらたな観光資源となってきているコンテンツツーリズムにおいて、江ノ電は類まれな存在感を持つ鉄道である。江ノ電沿線は単なるロケ地ではなく、物語の舞台としてクリエーターにひらめきや想像力をかきたてる地でもあると言えよう。

そんな街を今日も江ノ電は軽やかに鉄音を奏で走っている。

〔注〕

（1）江ノ島電鉄株式会社開業100周年記念誌編纂室編『グラフ江ノ電の100年』江ノ島電鉄株式会社、二〇〇二年

（2）「SLAM DUNK」『週刊少年ジャンプ』集英社、一九九〇年四二号―一九九六年二七号。

column

学生が見る鎌倉駅西口・御成通り商店街の観光地化の様相

山口太郎

鎌倉は、鎌倉幕府が設置された場所であり、神社仏閣ややぐらなどの文化財の多い歴史都市である。地形の特徴として、「三方を山に囲まれ、一方が海に面した地」であることがよく知られている。また、鎌倉は日本の歴史的町並み保全運動において、重要な役割を果たした地域である。高度経済成長期に、鶴岡八幡宮の裏山開発に対し住民や文化人による反対運動が起きた。「御谷騒動」と呼ばれたこの出来事で、開発は中止され、その後「古都保存法」の制定に発展した。日本初のナショナルトラスト運動であったこの活動は、現在「鎌倉風致保存会」が継承している。鎌倉のみどりの自然は、このような取り組みによって守られてきた。

鎌倉の魅力に引き寄せられ、この地には多くの観光客が訪れる。その玄関口、鎌倉駅周辺の都市構造上の軸線となっているのは、由比ヶ浜から鶴岡八幡宮まで延びる若宮大路である。この通りには、伝統的工芸品の鎌倉彫を販売する店舗をはじめ、商店が軒を連ねている。この若宮大路に並行するのが小町通りである。今日の小町通りを歩くと、食べ歩き向けの店舗を含む飲食店や、土産物店、雑貨店の類が目立ち、多くの観光客で賑わっている。小町通りでは、地元客向けの店舗は点在している印象になっている。随（二〇二〇）によると、現在の小町通りの出店状況は地域外からの出店が目立ち、また入れ替わりが激しいという。さらに、地元関係者の人々が現状を必ずしも好ましいと感じていないことが報告されている。

観光地に限らず、他所からの来客が見られるようになった商業地区のなかには、周辺の住宅地区へ商店が進出していくことも見受けられる。若者に人気のある東京の裏原宿や下北沢がその代表例である。鎌倉でも、小町通りの周囲の路地空間へ飲食店や雑貨店などの進出が確認できる。鎌倉の場合は、小町通り周辺のみならず、いろいろな場所で新規商店の進出が見られる[1]。

その事例として、鎌倉駅西口から由比ヶ浜大通りまでの三〇〇メートルほどの御成通りを紹介しよう。御成通りを事例とするのは、すでに観光地化している小町通りに対し、鎌倉駅を挟んで対称的な立地である点だけでなく、筆者の予備調査時に観光客と思われる人々の散策が確認できたからである。

二〇二二年一一月、神奈川大学国際日本学部国際文化交流学科観光文化コース「コース演習Ⅱ」の校外実習において、この通りの建物機能調査と商店への聞き取り、また、通りを魅力づけているものを写真撮影するという活動を行った。活動の成果は、学内でのプレゼンテーションや報告書にまとめた。ここでは、本コース学生がまとめた地図「おなりさんぽ」を参照して、御成通りを紹介する[2]。

建物機能調査とは、通りの面する各建物（いくつかのテナントに分かれていれば各テナント）を対象として、それらが住居なのか、事務所なのか、商店なのか、とくに商店の場合は主に何を販売していたり、どんなサービスを提供したりしているのかといった点を、現地での観察によって調べ上げることである。現地では、店名と共に「クレープ屋」、「婦人服店」、「体験型ジュエリー加工」といったように、詳細な機能（用途）を調査票に書き込む。そして、人文地理学では現地での観察の結果を地図として示すのが一般的である。地図化においては、現地で記してきた「クレープ屋」や「婦人服店」のままではなく、適切な数に分類する。地図が煩雑となることを避けるため、また、地区の特徴をつかみやすくするためでもある。

二人の学生は、御成通りの建物機能を次のように分類した。まずは、地元客向けとして、「美容」「事務所」「医療系」「不動産」「その他（ペットショップ／ジム／保育園／駐車場／生活用品）」と分類した。次に、観光客向けとして、「飲食・食品販売」「趣向品（雑貨／酒／花）」「ホテル／ゲストハウス」「体験型（〇〇作り／作品展示）」「服飾」と分類した。この分類に従って地図を作成した（図1）。出来上がった地図から分布の傾向を読み取った。地図中央の交差点より北側に飲食店が集まっている。また、駅近くには服飾系が集まっている。同交差点より南

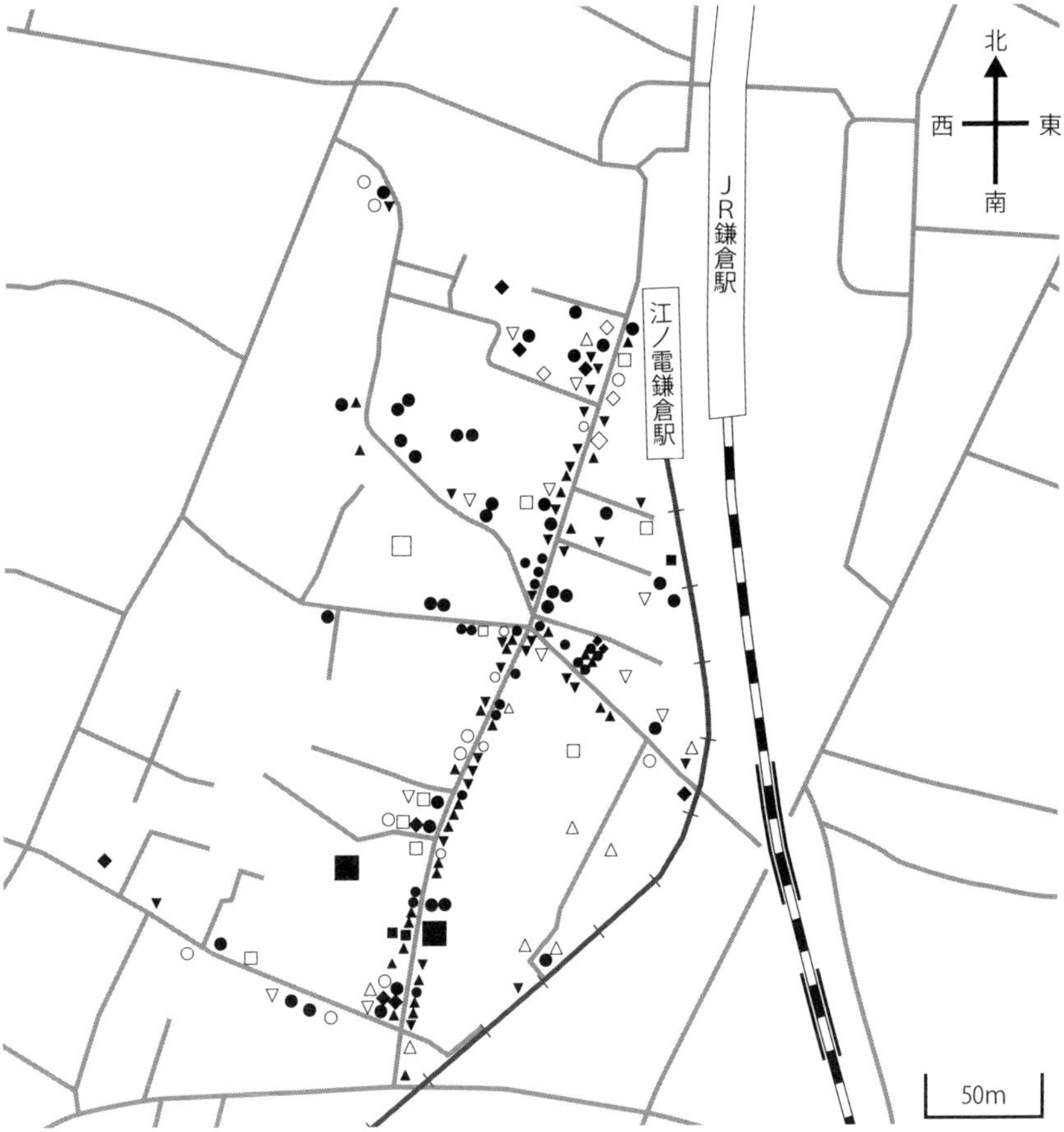

図１　鎌倉市御成通りの建物機能（2022年）

〔凡例〕
【観光客向け】●：飲食・食品販売、▲：趣向品（雑貨／酒／花）、■：ホテル／ゲストハウス、◆：体験型（○○作り／作品展示）、▼：服飾
【地元客向け】○：美容、△：事務所、□：医療系、◇：不動産、▽：その他（ペットショップ／ジム／保育園／駐車場／生活用品）
注　記号の大きさは建物規模を反映している。

側、とくに南東付近に趣向品類が集まっており、中央付近に宿泊施設が集中している。

御成通りは、鎌倉駅に近い地区ではあまり観光客向けの店舗は見られず、中程の交差点付近に観光客向けとも受け取れる店舗が存在していることが分かった。聞き取りによると、観光客が歩くようになったのはここ数年のことのようである。再びインバウンドがさかんになってきた今こそ、地域の人々の反応に耳を傾けなければならないだろう。

〔謝辞〕授業期間外に延長して地図作成に奮闘してくれた、神奈川大学国際日本学部国際文化交流学科観光文化コースの早川諒さんと小林日和さんに、記して感謝申し上げる。

〔参考文献〕

随尚華「商店街の観光地化によるアイデンティティの変化と商店街住民の対応―鎌倉市小町通り商店街を事例として―」『お茶の水地理』五九、二〇二〇年

〔注〕

（1）とりわけ代表的なのが、女性誌などで特集されることも多い「古民家カフェ」であろう。

（2）本来は二人が作成した地図を掲載したかったが、紙幅や印刷の都合で断念し、簡易な地図を再作成した。

「派大岡川　柳橋付近」 1953 年　五十嵐英壽氏撮影・寄贈　横浜都市発展記念館所蔵

後占領期の横浜の運河の景観を捉えた一枚です。画面の大きな川は現在埋められてしまった派大岡川で、こに架かっている橋が柳橋です。派大岡川の河岸には、ハシケを改造した住居の前で洗濯をする女性のを見ることができます。対岸に見えるのは横浜指路（しろ）教会です。現在は周りにビルが建ってしましたが、当時は非常に目立つ存在だったことがわかります。派大岡川は柳橋で大岡川と合流しますが、岡川の対岸には桜木町駅や三菱重工業株式会社横浜造船所が見えます。現在、派大岡川は埋め立てられ、岸線が通っていますが、横浜指路教会など現存するものも多く、歩くことで当時との違いを知ることがきる一枚です。（松本和樹）

神奈川大学人文学研究叢書 52
大学的神奈川ガイド――こだわりの歩き方

2024 年 10 月 15 日　初版第1刷発行

編　者　平山　昇

発行者　杉田　啓三

〒607-8494 京都市山科区日ノ岡堤谷町 3-1
発行所　株式会社　昭和堂
振込口座　01060-5-9347
TEL（075）502-7500 ／ FAX（075）502-7501
ホームページ　http://www.showado-kyoto.jp

印刷　亜細亜印刷

ISBN 978-4-8122-2317-8
乱丁・落丁はお取り替えいたします。
Printed in Japan

執筆者一覧（執筆順:氏名〔＊は編者〕／所属〔2024年９月現在〕／専門分野／主要業績／私的神奈川の楽しみ方）

＊平山　昇（ひらやま・のぼる）／神奈川大学国際日本学部准教授／日本近現代史／『初詣の社会史』東京大学出版会、2015年／夏は久里浜から東京湾フェリーに乗って飲むビールが最高‼　最近は県営いちょう団地のベトナム料理店をハシゴするのにもはまっています。

島川　崇（しまかわ・たかし）／神奈川大学国際日本学部教授／観光学・教育行政学／『新しい時代の観光学概論』ミネルヴァ書房、2020年／横浜ベイエリアのスタイリッシュなホテルめぐりと箱根の良質な温泉めぐりと富士屋ホテルと常盤木と諸星と翠葉とらすたとひげのぱんや。

青木祐介（あおき・ゆうすけ）／横浜開港資料館・横浜都市発展記念館副館長／近代都市形成史／『日本史のなかの神奈川県』（共著）山川出版社、2023年／神奈川の地ビール全制覇を目指してます!

崔　瑛（ちぇ・よん）／神奈川大学国際日本学部准教授／観光学／「起業家教育の協力事業者の現状からみる観光分野に特化した起業家教育の課題と今後の方向性」『観光ホスピタリティ教育』17号、2024年／真鶴の御林での森林浴と湯河原温泉。横浜山手西洋館めぐりも一推し。

太田原潤（おおたはら・じゅん）／神奈川大学日本常民文化研究所客員研究員／民俗学・考古学／「捨て場から探る縄文時代の漁撈活動」『季刊東北学』29号、柏書房、2011年／街中の川を覗き込むのも楽しめましたが、横浜の住まいから見る景色が大好きでした‼

木村悠之介（きむら・ゆうのすけ）／神奈川大学人文学研究所客員研究員／近現代日本宗教史／「久米邦武筆禍事件と「国家神道」再々考」『史学雑誌』133（7）、2024年／新幹線での旅は崎陽軒の横濱チャーハンを買い求めるところから始まります。これもまた神奈川の楽しみ方?

市川智生（いちかわ・ともお）／沖縄国際大学総合文化学部教授／日本近現代史、医療社会史／『暮らしのなかの健康と疾病』（共編著）東京大学出版会、2022年／野毛山動物園や中華街など懐かしの場所に娘を案内して、若い頃の記憶をよみがえらせています。

伊藤泉美（いとう・いずみ）／横浜ユーラシア文化館副館長／横浜華僑史・横浜近現代史／『横浜華僑社会の形成と発展』山川出版社、2018年／写真はあまり撮らず、その場・その時の匂い・音・風を記憶にとどめたい。

中林広一（なかばやし・ひろかず）／神奈川大学国際日本学部准教授／中国農業史・食物史／『中国日常食史の研究』汲古書院、2012年／何気ない景観の中には過去の痕跡が埋もれています。神奈川の各地を歩いてそうした非文字資料を探し求めるのも面白いものです。

山本志乃（やまもと・しの）／神奈川大学国際日本学部教授／日本民俗学／『団体旅行の文化史―旅の大衆化とその系譜―』創元社、2021年／江の島のみやげ物店の片隅で見つけた「貝細工」が気になっています。

清水和明（しみず・かずあき）／神奈川大学人間科学部特任准教授／人文地理学／「水稲作地域における集落営農組織の展開とその意義―新潟県上越市三和区を事例に―」『人文地理』65巻4号、2013年／横浜のあちこちを散策するのが楽しみです。

髙井典子（たかい・のりこ）／神奈川大学国際日本学部教授／観光行動論・文化観光／「観光に対する住民の態度へのプレイス・アイデンティティ理論適用の検討」『日本国際観光学会論文集』29巻、2022年／茅ヶ崎市北部でコミュニティ菜園を立ち上げました。仲間を募集中です!

柏木　翔（かしわぎ・しょう）／神奈川大学国際日本学部准教授／旅行者行動／（2023）"Understanding challenges faced by VFR hosts: A study of Japanese migrant hosts in Australia" *Journal of Hospitality and Tourism Management*, 54／東海大相模の野球応援。

小泉　諒（こいずみ・りょう）／神奈川大学人間科学部准教授／都市地理学／「東京都心周辺埋立地の開発計画とその変遷」『経済地理学年報』66巻1号、2020年／神奈川は開発の激しい地域が多いので、「今昔マップ」を見ながらその前後をたどる街歩きが楽しいです。

山口太郎（やまぐち・たろう）／神奈川大学国際日本学部准教授／観光地理学／「民間ガイドブックにみる横浜市の観光空間」『地域学研究』35号、2022年／横浜市関内・関外エリアで塔や銀行建築、運河などに注目してまち歩きを楽しんでいます。

原　淳一郎（はら・じゅんいちろう）／山形県立米沢女子短期大学日本史学科教授／日本近世史／『江戸の寺社めぐり』吉川弘文館、2011年／大山の山頂からみる三浦半島、相模湾と江の島の眺めは最高です。実家の裏にある震生湖（関東大震災で崩落してできた堰止湖）も良いハイキングコースです。

安室　知（やすむろ・さとる）／神奈川大学国際日本学部教授／民俗学／『日本民俗分布論―民俗地図のリテラシー―』慶友社、2022年／神奈川県には個性的な博物館・美術館がたくさんあり、いつもどこかで斬新な企画展が行われています。それを見て回るのが楽しみです。

吉田律人（よしだ・りつと）／横浜都市発展記念館主任調査研究員／日本近現代史／『軍隊の対内的機能と関東大震災』日本経済評論社、2016年／地域を知るにはコミュニティの場である「銭湯」と「居酒屋」が1番!　フィールドワーク後の湯と酒、そして肴は最高です!!

松本和樹（まつもと・かずき）／横浜都市発展記念館調査研究員／日本近現代史／「戦間期横浜臨海貨物鉄道の駅仲仕集団」『歴史評論』884号、2023年／目的も決めずにゆっくり散歩していて、ふとした出会いや発見があるとちょっと嬉しくなります。

大矢悠三子（おおや・ゆみこ）／神奈川大学人文学研究所客員研究員／日本近代経済史／『江ノ電沿線の近現代史』クロスカルチャー出版、2018年／横須賀線を戸塚で東海道線に乗り換えて「海、見えた!」などと心密かにワクワクしながら小田原あたりまで揺られるのを楽しみます。

事項索引

●あ行●

IHGホテルズ&リゾーツ …… 025
あいかわ公園 …… 252
アジア・コレラ …… 120, 121, 124, 136
アジア太平洋 …… 013, 094
飛鳥田一雄 …… 331
熱海軌道 …… 326, 329
熱海線 …… 325〜327, 329
雨乞信仰 …… 295
井伊直弼 …… 013, 079, 112〜115
飯山温泉 …… 252
移住 …… 012, 052, 065〜070, 110, 141, 152, 154〜158, 175, 251, 260, 261, 264, 306
伊勢山皇大神宮 …… 113, 145, 299, 304〜312
移転者 …… 245, 246
医療社会史 …… 119, 120, 137
岩瀬忠震 …… 114
ウィリアム・コープランド …… 174〜177
ヴェルニー …… 187
歌川国芳 …… 288〜290
歌川広重 …… 087, 088, 286, 306
越後杜氏 …… 231
N・G・マンロー …… 083, 084
江之島電気鉄道 …… 341〜343
江ノ電 …… 010, 335〜337, 340〜352
エリザベス・サンダース・ホーム …… 107
大山 …… 016, 188, 285〜295
大山阿夫利神社 …… 252
大山信仰 …… 291〜294
大山詣り …… 287
オギノパン …… 252
オクトーバーフェスト …… 222, 232
納太刀 …… 286, 292
おなりさんぽ …… 354
卸問屋 …… 333
温泉観光地 …… 267, 283
オンリー …… 101, 109

●か行●

海軍指定旅館 …… 194
外国人居留地 …… 017, 096, 116, 117, 124, 131, 140, 141, 145, 153
外国人墓地 …… 013, 107, 151, 165〜169, 175〜177, 185
外国人遊歩規定 …… 337
海水準変動 …… 091
海水浴 …… 337, 338, 345, 346
会芳楼 …… 144
華僑 …… 003, 006, 013, 128, 130, 140〜143, 146〜148, 152〜155, 157〜164, 306
河岸 …… 331, 333
葛飾北斎 …… 014, 023, 024, 074, 289, 290
神奈川県立歴史博物館 …… 042, 173, 181
神奈川宿 …… 008, 074, 299, 312
神奈川大学 …… 008, 018, 048, 090, 093, 097, 118, 169, 171, 216, 314, 354, 356
神奈川中央交通バス …… 240
茅山貝塚 …… 077, 084〜086, 091
唐沢公園 …… 129
川崎大師 …… 011, 295, 299〜305, 310
関係 …… 160, 161, 163
観光 …… 005, 015, 016, 046, 070, 093, 144, 147, 149, 165, 167〜169, 187, 195, 197, 198, 239〜241, 243〜267, 269, 270, 272, 273, 275〜277, 281, 283, 284, 341, 343〜345, 349〜351, 353〜356
観光客数 …… 269, 270, 272
観光行政 …… 240
観光行動 …… 269

観光振興戦略……240, 252
観光立村……005, 244
官設鉄道……300, 343
関帝廟……141, 143, 144, 146, 147, 149, 306
関東大震災……013, 018, 043, 128, 141, 145, 146, 148, 175, 180～182, 190, 224, 225, 307, 311～331
関東大震災殉難碑……326, 327
菊岡沾涼……294
気候変動……077
汽船……331～333
帰葬……006, 155, 157, 158, 163, 164
北林透馬……333
旧第一銀行横浜支店……043
崎陽軒……012, 045～049, 171, 172
きよかわの恵水(めぐみ)……241
居留外国人……128, 129
居留地……128, 337
キリンビール……171～182
くらしかる真鶴……066, 067
クリエイティブシティ・ヨコハマ……043
軍港都市……004, 016, 017, 187, 199, 319
京浜急行電鉄……016, 301, 303
京浜電気鉄道……304, 320, 324, 328, 329
コアファン……047
広域連携……252
高速道路……007, 252, 257, 334
高度経済成長期……145, 226～228, 230, 231, 272, 353
古都保存法……353
小松石……053, 054, 063
コミュニティ真鶴……059, 061～063
コラボレーション……046, 048
垢離取り……287, 288, 294
コロナ禍……014, 017, 035, 143, 269
コワーキングスペース……261, 262, 264
混血孤児……106～108
混血児……107, 109, 110, 166
コンテンツツーリズム……350, 351

さ行

再開発事業……043, 259
最終氷期最寒冷期……091
酒蔵……221～237
ザ・カハラ・ホテル&リゾート……014, 024, 031～034
佐久間象山……114
サザンオールスターズ……221
佐藤政養……114
三増酒……226～228
シウマイ……012, 045～047, 049, 171, 172
市街化区域……211, 234
市街化調整区域……211, 234
地ビール……176, 177, 222, 231
渋沢敬三……314
ジャンボクリスマスツリー……244～246
儒教……155, 164
宿泊施設……003, 199, 267～284, 356
城下町……010, 017, 201, 255, 256, 260
商業地区……353
湘南電鉄……190
『湘南遊覧唱歌』……196
常民文化ミュージアム……018, 314～316
縄文海進……081, 084, 085, 090～092
初代善隣門……142
シルク博物館……041
新型コロナウイルス感染症……119, 120, 124, 131, 137
『水滸伝』……290
洲崎大神……311, 312
SLAM DUNK……351
聖地巡礼……350, 351
聖母愛児園……107, 108
戦艦三笠……195, 198
千垢離……287, 289, 294

た行

ダークツーリズム……168, 169
大震災殃死者慰霊塔……327
第二次世界大戦……167, 193, 224
太平洋戦争……013, 094, 141, 168, 184
滝の川……074, 075, 083, 092
建物機能調査……354
玉楠の木……042
田村明……211
丹波杜氏……231
地球温暖化……081, 091
中華義荘……006, 013, 140, 151～164, 166, 167, 169
中華同済病院……128

鎮守府 … *187, 195〜197, 199, 200, 319, 341*
鶴巻温泉…… *252*
デスティネーションマーケティング… *253*
鉄道作業局 …… *343〜346, 348*
鉄道省東京鉄道局…… *328*
鉄道連隊…… *018, 327, 328*
東海道本線 … *007, 051, 257, 320, 324〜327, 329*
トーマス・B・グラバー…… *172, 173*
戸川公園…… *252*
鈍亭魯文…… *293*

●な行●

夏島貝塚…… *086, 088〜092*
七沢温泉…… *252*
日米和親条約…… *042, 140*
日中戦争…… *141, 193, 224*
日本常民文化研究所 …… *090, 314〜316*
日本郵船歴史博物館 …… *041, 043*
農業振興…… *213, 217, 247*
農業専用地区制度…… *009, 211*
野島貝塚…… *086〜089, 091*

●は行●

博奕(博打) …… *291*
博物館型研究統合…… *316*
博物館相当施設 …… *315*
箱根七湯…… *267, 271, 283*
羽衣町厳島神社 …… *115, 305, 306*
服部牧場…… *252*
初詣…… *011, 145, 300〜304, 310*
ハツヤマ…… *286*
BankART1929…… *043*
パンパン…… *101, 103, 104*
ビール … *012, 015, 171〜185, 222, 231, 232, 306*
ビール井戸 …… *173, 174, 185*
美の基準…… *051, 052, 054, 056〜065, 069〜072*
平潟湾 …… *086, 087*
平作川 …… *075, 077, 084〜086*
ファチマの聖母少年の町 …… *108*
米軍…… *015〜017, 098, 101, 105, 142, 166*
米軍基地…… *016, 017, 103*
ペスト …… *003, 014, 120, 123, 130〜137*
別荘…… *269, 283, 338, 347〜349, 351*
ベトナム戦争…… *105*
ペリー …… *013, 042, 084, 094, 114, 140, 151, 165, 187*
放射性炭素年代測定 …… *090*

●ま行●

マス釣り場 …… *241, 249*
真鶴出版…… *065, 066, 068*
神酒枠 …… *286*
三ツ沢貝塚 …… *083, 084, 092*
メリーさん …… *097, 098, 104*
面子…… *162, 163*

●や行●

野菜生産出荷安定法 …… *210*
谷戸…… *189, 216*
山アテ …… *286*
山崎洋子…… *018, 093, 103〜106, 109*
遊歩規定…… *337*
洋楽…… *017, 116*
横須賀海軍工廠 …… *188*
横須賀製鉄所…… *187, 199*
横須賀造船所…… *187*
『横須賀繁昌記』…… *188*
横浜開港資料館 …… *041, 042, 125, 133, 141, 144〜148, 310, 319, 320, 325, 326*
横浜開港一〇〇周年 …… *041*
横浜市営地下鉄 …… *083, 334*
横浜市史…… *042, 098*
横浜市電…… *018, 311, 321〜323*
横浜市電気局…… *310, 322, 323, 327*
横浜新報…… *132*
横浜税関資料展示室…… *041, 043*
横浜中華街 …… *013, 128, 139〜149, 153*
横浜電気鉄道…… *308〜311, 320*
横浜都市発展記念館 …… *043, 107, 126, 304, 330, 332, 334*
横浜成田山 …… *306*
横浜農場…… *216*
横浜ふるさと村 …… *216*
横浜貿易新報社 …… *180, 307, 308, 311*
横浜貿易新聞…… *131, 133〜136*

ヨコハマ・マリンタワー……041
横浜みなと博物館……041
横浜ユーラシア文化館……043, 148
ヨコハマグランドインターコンチネンタルホテル……024〜031
横浜市立万治病院……127
吉井貝塚……077, 084〜086, 091

●ら行●

リゾートトラスト……031, 032, 034
リノベーション……068, 262〜264
リモートワーク……017, 261, 265
寮・保養所……269, 272, 275, 281, 283
旅館業法……275, 279
ローカルブランド……045, 046, 048, 049
六大事業……211, 331, 334

●わ行●

和船……331

地名索引

●あ行●

愛川町……239, 241, 243, 252
青木町……311
青葉区……015, 206, 208, 209, 216
朝霞……106
浅草神社……304
旭区……206, 208, 209
芦ノ湖……267〜269, 272, 273
芦之湯……268, 271, 273, 278, 280
熱海……103
厚木市……204, 239〜241, 252
厚木町……322
穴守稲荷神社……304
雨降山大山寺……285
阿夫利神社……252, 285, 290
アメリカ……094, 114, 129, 337
安房神社……311
イギリス……041, 042, 122, 131, 337
池上本門寺……304
池辺農業専用地区……213, 214
泉区……206, 208, 209
和泉町……125, 127
伊勢佐木町……011, 097, 104, 124
伊勢神宮……016, 307, 308, 310, 319
伊勢原市……204, 252, 322
伊勢山皇大神宮……113, 145, 299, 304〜312
磯子区……208, 209, 310
一号線……007, 257, 319
入江川……324
インド……121, 122, 130
姥子……268, 271〜273
裏高島町……320
裏原宿……353
英国……025, 167, 180
英連邦戦死者墓地……167
江の島（江ノ島）……253, 295, 335〜337, 339〜341, 343〜347, 349, 351
江島神社……336, 337
海老取川……324
海老名市……204
円覚寺……016, 341
オアフ島……031
大磯……107, 197, 340, 343, 344, 346, 349
大岡川……073, 074, 310, 331, 334
大川（隅田川）……288
大阪……131, 318, 327, 346
オーストラリア……167, 168
大平台……268, 272, 273, 280
大船……188, 320, 329, 340, 341, 344
大山……016, 188, 285〜295
大山街道……319
大涌谷……268, 269, 271, 272
岡村天満宮……310
沖縄……015, 017, 098, 110
荻野山中藩……305
小栗堂……345
尾崎……250
小田原藩……305
小田原町……256〜258, 318
御成通り……353〜356
オランダ……124, 337
恩田川……215

●か行●

カウラ日本人戦争墓地……167, 168
香川……222, 223, 227, 228, 230, 234
片瀬……342, 344, 347
神奈川区……008, 023, 115, 206, 208, 209, 299
神奈川宿……008, 074, 299, 312

神奈川町……311
金沢区……086, 208, 209, 338
金沢道……319
カナダ区……167
鎌倉……016, 017, 197, 253, 300, 310, 336, 340〜344, 346, 347, 349, 350, 353〜356
鎌倉高校前駅……351
鎌倉道……319
唐沢川……240
川崎…011, 248, 255, 299, 300, 312, 320, 324
川崎市……005, 006, 204
関外……305, 331
関帝廟……141, 143, 144, 146, 147, 149, 306
関内……018, 021, 041〜043, 096, 331
木賀……268, 271, 273, 278
君津郡……333
清川村……005, 012, 239〜254
キリン園公園……174, 175, 185
鵠沼……340, 345, 347, 348
熊野神社……311
弘明寺……309, 310
京浜……015, 272, 319, 320, 331, 334
圏央道……252
県道厚木清川線……252
県道伊勢原津久井線……245, 252
県道宮ヶ瀬愛川線……252
小鮎川……241
国府津……011, 257, 264, 325, 326, 329, 338, 340, 343〜347, 349
神戸……131, 153, 320, 337, 346
港北区……206, 208, 209
港北ニュータウン……211〜214
港北ニュータウン農業専用地区…213, 214
強羅……268, 271, 273, 278, 280
極楽寺駅……350
駒ヶ岳……272
小町通り……353, 354
小涌谷……268, 271, 273, 280

さ行

栄区……208, 209
酒匂川……259, 322, 325
相模……014〜016, 075, 076, 089, 248, 255, 285, 286, 289, 292, 295, 299, 312
相模大野……101
相模原市…007, 011, 204, 239, 241, 252, 336
相模湾……051, 263, 318, 322, 338, 340, 344, 351
寒川神社……224
桜木町……308
三渓園……310
三軒茶屋……319
丹沢山地……241, 285
三一号線……319
品川宿……299
下北沢……353
下末吉台地……323
上海……116, 122, 140
十二天社……310
湘南…001, 002, 005, 009, 010, 014, 197, 198, 221〜223, 232, 248, 256, 335〜338, 340, 341, 343〜349, 351
湘南みずきTHOUSAND VILLAGE…234
シンガポール……160
新東名高速道路……252
新橋……300, 320, 339, 340, 344, 346
新富士見川……331
新横浜駅……007, 009, 215
新吉田川……331, 334
逗子…197, 205, 228, 310, 341, 344, 346, 349
煤ヶ谷……243, 245, 249, 250
スリーハンドレッドクラブ……229
清流の館……247
石尊社(石尊大権現)……285
瀬谷区……206, 208, 209
仙石原……268, 269, 271, 273, 275, 278, 280〜283
早雲山……272
底倉……268, 271, 273, 278, 280

た行

大師線……303, 320, 324, 328
ダイヤモンドヘッド……031
高島駅……324
高島町……307, 320, 323, 329
滝頭町……127
蛸川……268, 272, 273
丹沢……241, 242, 252, 253
丹沢大山国定公園……241
丹沢山地……241, 285

丹那トンネル……257, 325
茅ヶ崎……001, 002, 010, 014, 197, 221, 222, 228, 234, 235, 344
茅ヶ崎市……001, 204, 223, 224, 227, 228, 235
千葉……018, 188, 306, 311, 328
千葉県……087
茶湯寺……286
中央自動車道……252
中華街……006, 013, 014, 030, 041, 045, 128, 139〜149, 165, 203, 306
中華義荘……006, 013, 140, 151〜164, 166, 167
中国……006, 009, 010, 013, 122, 130, 131, 140〜142, 145, 152, 153, 155, 156, 158, 162〜164, 166, 290, 335
津久井街道……319
津久井郡……319, 336
土山峠……245
都筑区……206, 208, 209, 213, 215
鶴岡八幡宮……300, 341, 353
鶴見……304
鶴見川……215
鶴見区……180, 182, 208, 209, 213
寺谷農業専用地区……216
東海道……007, 008, 074, 255, 256, 286, 299, 318, 319, 322
堂ヶ島……268, 271, 273
東急ニュータウン松風台……228
東京……006〜008, 010, 030, 047, 051, 098, 110, 114, 160, 175, 182, 190, 211, 222, 240, 261, 265, 270, 271, 299, 300, 302, 303, 306, 307, 318, 319, 324, 325, 331, 334, 340, 341, 344, 353
東京市……303, 317, 319
東京湾……017, 081, 167, 321, 333
塔之澤……268, 271, 275, 278
東方農専地区……214
東名高速道路……007, 257
十日市場農業専用地区……212, 215
十日市場駅……215
戸塚……299, 340
戸塚区……206, 208, 209, 216
戸部……113
富岡……338〜341

●な行●

中区……008, 140, 152, 180, 207, 209, 213, 299, 305, 333
長崎……096, 122, 140, 153, 171, 172, 337
中津川……240, 241
中津湖……243, 244
長津田駅……215
中原街道……319
中村川……073, 074, 125, 128, 331, 334
中山駅……215
名古屋……007, 346
生麦駅……180
成田山（新勝寺）……295, 300, 306
新潟……153, 193, 337
西区……112, 207, 209, 213, 320
二ノ平……268, 272, 273, 280
ニュージーランド区……167
沼津……319, 325, 326
根岸……117, 310, 339
根岸外国人墓地……107, 166, 169
根府川駅……326, 327
野毛山……305, 306
野毛山公園……114

●は行●

派大岡川……331, 334
パキスタン……167
函館……140, 153, 337
箱根……003, 007, 011, 055, 253, 256, 267〜284, 301
箱根町……205, 267〜284, 318, 319
秦野市……239, 252, 288
八王子道……319
八号線……319
花園橋……334
羽田……301, 304
早川……267, 271, 322, 329, 356
葉山……338, 349
日枝神社……310
日ノ出川……331
兵庫……096
瓢箪山遺跡……304
平塚……014, 319, 322, 340, 343, 344, 346

平塚市……204
藤沢……292, 293, 322, 339〜346, 349
藤沢市……204, 228, 347
富士山……023, 188, 272, 295, 351
富津……331〜334
フランス……129, 337
弁天通……305
弁天橋……305
房総半島……017, 331, 333, 334
蓬莱町……331
程ヶ谷……286, 340
保土ヶ谷……340
保土ヶ谷区……167, 208, 209
保土ヶ谷宿……299
堀川……331
堀割川……125
本厚木駅……240
本覚寺……115
香港……130, 131, 140, 158
本所・深川……288
本牧……018, 323

●ま行●

舞岡農業専用地区……216
松影町……331
真鶴町……012, 051〜070
真鶴村……322
三浦市……204
三浦半島……016, 075, 084, 319, 321, 329, 331, 334
道の駅清川……243, 247〜249, 252, 253
緑区……206, 208, 209, 215, 241, 336
みなとみらい……008, 013, 014, 023, 024, 027, 028, 036, 040, 041, 093, 130, 136, 143, 147, 165, 171, 203
南区……110, 207, 209, 213
三保村……322
宮ヶ瀬……245, 247, 249, 250
宮ヶ瀬湖……241〜247, 249, 250, 252, 253
宮ヶ瀬湖畔園地……244, 250
宮ヶ瀬ダム……015, 241, 243〜245
宮城野……268, 272, 273, 275, 280
宮ノ下……268, 271〜273, 280
三吉町……135
六浦藩……305
明治神宮……300
元箱根……268, 272, 278, 280
元町……110, 147, 165, 188

●や行●

矢倉沢往還……319
谷太郎川……240, 241
山北町……239
山下町……041, 100, 140, 141, 322
山手……041, 116, 117, 129, 153, 175〜177, 180, 321
山手駅……152, 166
大和市……108
由比ヶ浜大通り……354
遊行寺……345
湯の花沢……268, 272
湯本……268, 271, 275, 278, 280, 345
横須賀……004, 016, 017, 073, 077, 082, 105, 187, 188〜190, 193〜200, 319, 331, 333, 341, 344〜346
横須賀市……081, 084, 086, 089, 196, 197, 199, 318, 319
横浜駅……011, 045, 047, 051, 171, 172, 203, 307, 308, 310, 312, 320〜323, 325, 329, 330
横浜外国人墓地……165, 166, 168, 175, 185
横浜銀行本店ビル……112
横浜公園……094, 096, 322, 334
横浜食料品市場……333
横浜スタジアム……046, 094
横浜村……008, 299, 305
吉田川……331, 334
吉田新田……073, 074, 125, 331

●ら行●

ランドマークタワー……112, 130, 136
リニア中央新幹線神奈川県駅……252
龍口寺……345
両国橋……287, 288
六郷橋……303
ロシア……097, 121, 122, 337

●わ行●

ワイキキビーチ……031
若宮大路……016, 353
若宮八幡宮……304